上海普通高校优秀教材

大学通识教育教材

中国文化导论

（第三版）

ZHONGGUO WENHUA DAOLUN

主　编　任家瑜　刘　捷
编　者　陈荣杰　郜林涛
　　　　吴思增　唐　纯

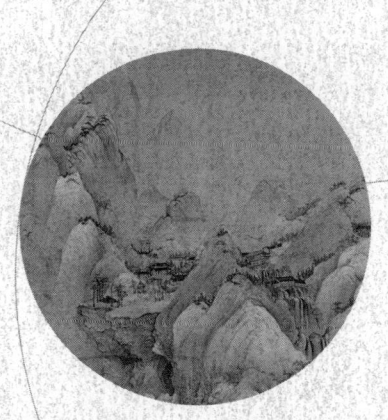

中国教育出版传媒集团
高等教育出版社·北京

内容提要

本书是大学通识教育教材。

本书全面系统地介绍了中国传统文化的方方面面，涵盖了儒家、道家、墨家、法家、兵家、佛教、道教、民俗、礼仪、建筑、器物、饮食、服饰、艺术等内容，由史而论，以论述史，旨在引导读者与古代先哲在精神上展开对话，继承和发展中华优秀传统文化。

本书适合作为高等学校相关课程教材，也可供有兴趣的社会读者阅读。

图书在版编目(CIP)数据

中国文化导论 / 任家瑜，刘捷主编. —3版. —北京：高等教育出版社，2022.1(2025.1重印)
ISBN 978-7-04-057458-6

Ⅰ. ①中… Ⅱ. ①任… ②刘… Ⅲ. ①中华文化—高等学校—教材 Ⅳ. ①K203

中国版本图书馆CIP数据核字(2022)第011456号

策划编辑	宇文晓健	责任编辑	宇文晓健	封面设计	张文豪	责任印制	高忠富

出版发行	高等教育出版社	网　　址	http://www.hep.edu.cn
社　　址	北京市西城区德外大街4号		http://www.hep.com.cn
邮政编码	100120	网上订购	http://www.hepmall.com.cn
印　　刷	上海新艺印刷有限公司		http://www.hepmall.com
开　　本	787mm×1092mm　1/16		http://www.hepmall.cn
印　　张	16	版　　次	2007年4月第1版
字　　数	335千字		2022年1月第3版
购书热线	010-58581118	印　　次	2025年1月第4次印刷
咨询电话	400-810-0598	定　　价	36.00元

本书如有缺页、倒页、脱页等质量问题，请到所购图书销售部门联系调换
版权所有　侵权必究
物　料　号　57458-00

序

陈荣杰教授请我为《中国文化导论》作序，我深感荣幸，该书的出版及课程的成功使我惊喜地发现，这正是我多年心有余而力不能及的期望。

大学是人类的精神家园。在传统意义上，大学以传播知识、创造知识、贮存知识为天职，承担着教书育人、科学研究与社会服务三个职能，其核心目标是为社会输送具有人文精神及科学精神的高层次人才。

由于处于激烈的升学及就业竞争中，今日的大学生面对着更多的名利诱惑及更大的生存发展的压力，无暇顾及学习必不可少的人文知识，特别是中国文化的基础及背景知识。而这必将会对大学生未来的发展产生一定的负面影响。陈荣杰教授等编写的教材犹如雪中送炭，为丰富、充实大学生的人文知识，进而实现大学生人文精神的树立与提升提供了可操作的平台，为通过调整大学生的知识结构，进而调整大学生的能力结构提供了重要契机。

没有知识的传授，就谈不上精神的传授，有了人文知识与科学知识，不一定表明就拥有了人文精神与科学精神。知识会随着时代的变迁而老化和更新，然而其中蕴含着的先哲们的伟大精神，独特的思维方式、观察的视角、解决问题的方法，今日仍然光彩照人，仍在很大程度上指导着我们的行为实践。所有知识上升到最高境界都是哲学，所有从不同观点出发获得的投影之高度综合才是事物真实的形象。兼容并蓄，由表及里，去伪存真，掌握知识中所负载的精神内容是大学生们在阅读此书时可取的学习态度。祝愿各位大学生通过学习本教材中的知识，实现在精神上与先哲们的对话，从而成为懂"物理"、辨"事理"、明"人理"的青年才俊，后成"家"，先成"人"。

祝《中国文化导论》走向更大的成功，祝大学生们通过学贯古今，成为自己精神世界的主人。

钱旭红

前　言

中国文化概述类的教材、读物,这些年来大作纷呈,从体例来看大致有三类,一者按历史进程陈述中国文化,由夏商周秦汉到唐宋元明清;一者将中国文化作为整体予以分析,从政治、经济到道德、哲学、艺术等;此外还有将"史"与"论"结合的。我们基于二十余年进行文化素质教育的经验,设计了一个从"轴心时代"的观念文化到形而下的制度、器物文化的体例,并不是故作标新立异,实在是势所必然。我们的教学目的是"在精神上与先哲们对话,从而使学生成为懂'物理'、辨'事理'、明'人理'的青年才俊",这就促使我们以独特的结构体系阐释中国文化、写作本书。

习近平文化思想指出:文化关乎国本、国运。中华优秀传统文化源远流长、博大精深,是中华文明的智慧结晶,是中华民族的根和魂。马克思主义基本原理同中华优秀传统文化相结合,是我们党对马克思主义中国化时代化历史经验的深刻总结,是对中华文明发展规律的深刻把握。"结合"的前提是彼此契合,"结合"的结果是互相成就,"结合"筑牢了道路根基,"结合"打开了创新空间,"结合"巩固了文化主体性。推动中华优秀传统文化创造性转化、创新性发展,让中华文化展现出永久魅力和时代风采。要更好担负起新的文化使命,第一,坚定文化自信。第二,秉持开放包容。第三,坚持守正创新。

"中国文化导论"在 2000 年即作为华东理工大学的公共必修课开设,至今已有二十多年。我们的课程性质、课程目标和教学对象、学时规定了我们的教学内容和体例,促使我们围绕"德",特别是"中国之德"来阐释中国文化。我们要努力引导当代学生与古代先哲就人的存在、人生的意义进行对话。传统文化,包括儒家、道家和佛家学说等,立论的起点和理论的构架多有不同,但最终都归结为人生意义的追问、生存境界的提升,对于大学生来讲,最迫切、最有价值的,也恰恰是获得人生观,亦即道德理性方面的启迪和教导。为此,本书阐释传统文化时以"轴心时代"的文化自觉为轴心,从儒家、道家、墨家到法家、兵家,以及佛教、道教,力图使学生在根本上把握传统文化的精髓,进而了解中国人精神人格、文化心理的底蕴与基调,再从观念文化拓展到民俗、礼仪、建筑、器物、饮食、服饰、艺术等。

每个国家和民族的历史传统、文化积淀等都不同，而源远流长、博大精深的中华文化，就是中华民族的精神命脉，是我们最深厚的文化软实力，体现着我们的价值取向、道德规范、思想风貌及行为特征。中华民族正昂扬地走在复兴之路上，而"一带一路""人类命运共同体"等关键词也在不断提醒我们：中国与世界的关系正在发生最为深刻的变化，中国方案、中国智慧正在塑造和引领新的世界格局。在这样的背景之下，传统文化如何继承，中外文化如何交流互通，传统文化如何实现在当代的创造性转化和创新性发展，这些问题都将成为我们理解中国、沟通世界的关键所在。而我们认为，其中最重要、最有意义的是使传统文化在构建我们社会的实践理性中发挥作用。中华优秀传统文化是我们民族的精神家园，为每一个华夏儿女提供存在之根、生命之魂。我们的学生如果领会了儒家之"仁"、墨家之"兼爱"、道家之"道"、佛家之"慈悲"，如果走进了中华优秀传统文化，就会多一点仁爱、多一份敬畏、多一些平常心。作为教育工作者，作为人文学者，我们所能做的也就是引领莘莘学子仰望天空，去回溯悠久的历史传统，爱人惜物。我们很自信，也很执着，这些年来安贫守拙，坚守在我们的阵地上。好在前有古人、后有来者，更有许许多多同行者。此次修订中，我们对部分内容进行了补充完善，还以二维码呈现的形式增加了包括教学视频与彩图在内的新形态资源，既增强了教材的可视化效果，又利于读者进行拓展学习。

本书沿用了前贤和当代学者的观点、资料，特在此一并表示感谢。

本书编写分工的情况是这样的：刘捷，第三章、第七章及全书统稿；陈荣杰，绪论、第一章、第四章；任家瑜，第六章、第八章；郜林涛，第五章、第九章；吴思增，第二章、第十章；唐纯，第十一章。最后要感谢所有参与了"中国文化导论"课程教学和教材建设的老师。本书疏漏浅薄之处在所难免，还请方家指正。

陈荣杰、刘捷

目 录

绪 论 文化中国 1
思考题 13

第一章 礼义之教——儒家文化 14
第一节 儒家概述 15
第二节 孔子 21
第三节 孟子、荀子及《大学》《中庸》 26
第四节 儒学与中国文化 31
思考题 39

第二章 逍遥之道——道家文化 40
第一节 道家概述 41
第二节 老子 44
第三节 庄子 47
第四节 道家与中国文化 53
思考题 64

第三章 兼爱之说——墨家文化 65
第一节 墨子及其学派 66
第二节 墨家与中国文化 72
思考题 76

第四章 富国强兵之术——法家及兵家文化 77
第一节 法家概述 78
第二节 法家与中国文化 85
第三节 《孙子兵法》和兵家文化 91
思考题 95

第五章 涅槃之境——佛教文化 96
第一节 佛教发展历程 97
第二节 佛教的教义教规 106
第三节 佛教与中国文化 111
思考题 117

第六章 神仙之道——道教文化 118
第一节 道教概述 119
第二节 道教的神仙世界 124
第三节 道教与中国文化 131
思考题 138

第七章 约之以礼——民俗与礼仪 139
第一节 岁时节日 140
第二节 人生仪礼 146
第三节 交往礼仪 153
思考题 159

第八章 华夏营造——建筑文化 160
第一节 古代建筑概述 160
第二节 皇家建筑 164
第三节 宗教建筑 168
第四节 园林建筑 173
第五节 民居建筑 178
思考题 183

第九章 器以载道——器物文化 184
第一节 玉器文化 184
第二节 青铜文化 190
第三节 陶瓷文化 195
思考题 202

第十章 足食丰衣——饮食与服饰 203
第一节 饮食文化 204
第二节 服饰文化 216
思考题 222

第十一章 传意传神——传统艺术 223
第一节 书画艺术 224
第二节 音乐舞蹈艺术 231
第三节 戏曲艺术 238
思考题 244

参考文献 245

绪论　文化中国

郑和从1405年至1433年七次率领船队远航,到达过三十多个国家和地区。明朝的航海技术、舰队规模乃至国家的综合实力都称雄世界。诚如英国学者李约瑟所言,郑和舰队的实力不但远远超过了亚洲各国的水师,甚至超过了欧洲各国海军的总和(李约瑟:《科学技术史》)。郑和所率领的由两万七千多人、二百多艘船组成的海上机动编队,并没有强取豪夺、掠人抢物,更没有攻城略地,建立要塞。朱棣赋予了郑和"宣教化于海外诸番国,导以礼仪,变其夷习"的使命。中国的航海家从容温顺,不记前仇,慷慨大方,从不威胁他人的生存;他们全副武装,却从不征服他人,也不建立要塞。郑和在西方社会有很高的评价,又使许多人难以理解。郑和之后,哥伦布率百余人、三艘船到达了美洲,达伽马率百余人、四艘船到了好望角。新大陆的发现给欧洲带来了丰富的宝藏,美洲的金银源源不断地流入西班牙等,而给新大陆带去的则是掠夺、战争和流行病,美洲大陆的印第安人从那以后减少了90%。郑和为什么没有像欧洲航海家那样发展海上贸易?当然这不仅仅是郑和个人的作为。明朝制定了"内安华夏,外抚四夷,一视同仁,共享太平"的方略,朱元璋在"皇明祖训"中这样告诫子孙:"四方诸夷,皆限山隔海,僻在一隅,得其地不足以供给,得其民不足以使令。"郑和以及明朝统治者的行为和思想是由中国传统的价值观、行为模式(亦即文化)所决定的。

文化:行为模式、价值观

今天,中国的发展使中国传统文化成为世界"热点",受到人们越来越多的关注。中华民族的伟大复兴必须从我们的现实环境,从我们所继承的文化传统开始,为了我们民族光辉灿烂的未来,我们应该审视、总结我们的文化传统,在继承和发展中逐步创造新的文化。中国在现代化的进程中走向世界,这就促进了我们的文化自觉,越来越迫切地要了解我们的传统文化;关注中国、关注中国在国际社会中的作用,这也使更多的外国人对中国的现实和传统产生兴趣,从而有越来越多的异域学子就学于"孔子学院"。

一、文化与中国文化的内涵

我们是中国人,我们是在中国的文化中成长的,有中国人所特有的生活方式和思维模式。

(一) 文化的内涵

英语中"文化"包含这么几层意思:① "高雅文化",其意义与"艺术""文明"相近;② 个人修养,比如说"有文化修养的人";③ 文化产品,诸如书籍、电影和电视节目;④ 一个既定人群的"全部生活方式"——一个特定群体的观念、价值、信仰的模式,以及他们"典型的"思考和感知方式。①"文化",在中国古代是"文治教化",与"武功"对举,也就是礼乐和典章制度等,如西汉刘向在《说苑·指武》中说:"凡武之兴,为不服也。文化不改,然后加诛。"但当今被大家使用的"文化"一语却转译自日语,对应于拉丁文的"cultura",其本义是对农作物的培植,后被引申为对人类心灵、情操、知识的培养。

英国学者泰勒在《原始文化》中将它定义为:文化就其广泛的民族学意义来说,是包括全部的知识、信仰、艺术、道德、法律、风俗,以及作为社会成员的人所掌握和接受的任何其他的才能和习惯的复合体。②泰勒的这个概念,一百多年以来由各个学科、各个学派引申。所谓"既定人群的全部生活方式",也就是社会实践所累积并借助符号而传承的"一切能力与习惯"。再比如美国学者克罗伯和克鲁克洪的论述:"文化由外显和内隐的行为模式构成,这种行为通过象征符号而获致和传递,文化代表了人类群体的显著成就,包括它们在人造器物中的体现;文化的核心部分是传统的(即历史地获致和选择的)观念,尤其是它们所带的价值,文化体系一方面可以看作活动的产物,另一方面则是进一步活动的决定因素。"③

人的存在、人的行为乃至全部生命活动由文化引导、约束。动物凭借自然本能行动,因而世界各地狮子捕食、繁衍的生命方式没有大的区别。人的饮食、居住和生命延续为文化所规定;既定的人群有其特定的观念、价值、信仰以及思考和感知方式,因而不同地域、不同历史时期的人们其生活方式千差万别。比如饮食,有的人吃面包,有的人吃米饭,等等。再从日常生活来分析,人们必须以生活世界为背景进行其生命活动,只有当个体对周围世界拥有稳定性和确定性的感受,拥有所谓秩序感、心理安全感,他才可能与他人进行社会互动。生活世界包含着由特定群体所认可并共享的期望、观念和知识。比如饮食,宴会厅和食堂有不同的程序。

文化包括"既定人群的全部生活方式","人类在社会里所获得的一切能力与习

---

① [英]戴维·英格利斯:《文化与日常生活》,张秋月、周雷亚译,中央编译出版社2010年,第8—9页。
② [英]泰勒:《原始文化》,连树声译,上海文艺出版社1992年,第1页。
③ 傅铿:《文化:人类的镜子——西方文化理论导引》,上海人民出版社1990年,第12页。

惯","外显或内显的行为模式",它其实是一个复杂的总体,一个完整的系统,表现为文字等符号,表现为人们的习惯、习俗,等等。目前学术界将文化大致区分为三个层面,换言之,人类的"文化"现象可以从三个层面予以把握。

最表层的是物态层面的文化,或称"器物文化",指物质形态所表现的物质生产活动及其产品的总和,包括人类加工创制的各种器具。例如衣裳、冕帽、鞋、袜,再如柴、米、油、盐、酱、醋、茶以及宫殿、平房、楼房、窑洞、帐篷,等等。文化中最直观的便是这种物态文化。在这一层面,提及中国文化,人们首先想到的恐怕就是长城、故宫、苏州园林以及瓷器、茶、旗袍等。

在这一层面之上的是制度和行为层面的文化,指在社会实践中形成的规范人们行为、调节相互关系的准则,包括制度、法律、礼仪、习俗和机构组织等。比如中国人的端午节、清明节。

最抽象、根本性的是意识层面的文化,亦即观念、价值、信仰以及思维方式,它表现于哲学、宗教、科学、文学、艺术等。

精神文化、观念文化是文化的核心部分,器物文化、制度和行为文化日积月累,必然沉淀、升华为观念文化,而精神领域的欲望、追求也自然会在行为和物质产品中现实地展开。

(二) 中国文化的内涵

中国,我们的祖国,一般是指民族国家、政治实体,还有另一层含义,指文化、中国文化。英国哲学家罗素这样说:"与其把中国视为政治实体还不如把它视为文明实体——唯一从古代存留至今的文明。"① 很久以来"中国""华夏"是一个文化的概念,"中国"一词在《尚书》就出现了,指的是商和周的京畿地区。春秋时一些能与周天子平起平坐的大诸侯国也自称"中国",这些地区的人民自称华夏族,自以为处在世界的中心,有一种自信、优越感。很长时间里,古人以为,中国是在世界的中心,周围是荒芜、野蛮的,中华文明是最先进的,所以要以"礼仪"文明"莅中国而抚四夷"(《孟子·梁惠王上》)。西周封邦建国就是一个开疆拓土、各民族大融合的过程,这样的民族大融合后来又一次次出现。魏晋南北朝时期,游牧民族南下,北魏统一北方,从大同迁都洛阳,大举汉化。再后来,元朝、清朝,也都出现民族大融合。一个发达的文明、有生命力的文明必定融合了其他文明,一个民族也是如此。

中国,既是政治实体,也是文明实体。这两个方面是统一的,相互促进的。中国的版图之上诞生了中国文明,而中国文明又引导着政治秩序和版图的构建。

中国文化,指的是在华夏大地上生存、发展的群体——中华民族的"全部生活方式",即我们民族的观念、价值、信仰的模式和"典型"的思考、感知方式,以及独特的物质内容。我们是中国人,筷子、茶、瓷器、团圆饭、同乡会、孔孟、老庄、佛神等构成了我们的

---

① [英]罗素:《中国问题》,秦悦译,学林出版社1996年,第164页。

生活世界,我们的文化支配着我们每个人的情感、思维和行为举措。比如对人民和祖国的爱、责任感,在我们的文化中最强烈而又最朴素的表述是"做人民的儿子",焦裕禄风雪夜看望老人时就说"我是您的儿子";而另一种文化的人则不能理解,甚至以为焦裕禄是图谋老人的家产。

中国,指的是土地、人民,更是共同生活的历史以及积淀起的文化传统。正是共同的价值观使华夏大地上的人民逐步融合,形成一个共同体,于是就有了中国、中华民族。德国哲学家雅斯贝斯将公元前五百年前后称为世界历史上的"轴心时代",在古希腊、印度、中国和以色列等地几乎同时出现了伟大的思想家,苏格拉底和柏拉图、释迦牟尼、老子和孔子以及犹太教的先知,人们开始用理智的方法、道德的方式来面对这个世界,这几个地方的古代文化发生了"终极关怀的觉醒"。就是在轴心时代,中国形成了自己的文化,几千年来繁衍发展,生生不息。

中国文化是中华民族凝聚力和创造力的重要源泉,也是综合国力竞争的重要因素。"人类一直靠轴心期所产生、思考和创造的一切而生存。每一次新的飞跃都回顾这一时期,并被它重燃火焰。"① 从秦到汉,中央集权国家的构建凭借的是儒家以及法家等思想观念;魏晋之间,天下大乱,暗无天日,人们从庄子的学说中找到了精神的家园;唐宋时期,儒学出现过衰微,人们又重新回到孔孟,开始了轰轰烈烈的儒学复兴运动;鸦片战争以后,救亡图存的呼声日趋高涨,这时法家和墨学被重新重视。总之,我们的先祖不断地从我们的"轴心时代"所创造的精神财富中汲取智慧和力量。

我们讲中国的文化,也就应该将重心放在"轴心时代"的儒家、道家、法家和墨家以及后来的佛教文化上。因为它们构成了我们民族价值观念、思维模式的核心,也是我们民族应对自然和社会的挑战、维新图强的思想宝库。秦始皇横扫六国、一统天下,他从他那个时代的文化传统中汲取思想资料,实行农战为本、郡县制、中央集权制等。汉武帝独尊儒学,以儒学作为国家意识形态。秦汉的政治制度以及运转方式一直被后人所承袭,统治阶级以严刑峻法、集权专制驾驭民众,以儒家所弘扬的伦理道德统一人心。是谓"外儒内法","明倡儒经、暗行法术"。汉代释教东传,魏晋玄学盛行,士大夫和庶民通过佛老之说找到了一个可以逃避现实苦难的"境界""田园",是谓"儒与道、释互补"。这构成了中国文化性格的另一个纬度:儒道互补。一者是积极入世,引导人们在现实世界中追求世俗性的满足;一者则提供了一个超越性的理想境界。在士大夫是佛老思想,在百姓则更偏向道教以及民间信仰。再进一步说,与"外儒内法""儒道互补"的上层文化相对应的,还有以墨家重义尚气为核心的下层文化,清官、侠客的传说便集中反映了民众对义气的崇尚和追求。

---

① [德]雅斯贝斯:《历史的起源与目标》,魏楚雄、俞新天译,华夏出版社1989年,第14页。

二、中国文化的传承

在全球化的大趋势下,不同国家、民族之间的交往日益增加,世界几乎成为一个"村庄"。这固然要求我们具有开阔的视野和胸襟,学习和借鉴其他文化的优秀成果;但更要求我们掌握和坚持自己的文化传统。因为我们毕竟是作为"中国人"参与"地球村"的合作与竞争的,我们可以穿西服、讲英语,但是,我们的思想观念、情感方式不可能脱离中国的现实和传统。中国人可以而且应该从传统文化中汲取精神力量,成为具有"中国心""中华魂"的一代新人,承担起我们民族伟大复兴的历史使命。传统文化经过千百年的积淀已经成为我们民族精神的内核,支撑着华夏儿女顽强、坚定地迎接来自自然和社会的种种挑战,生生不息,继往开来。

中国文化是我们祖先流传下来的物质和精神遗产。我们讲中国文化也就要追溯历史,探究传统。不过,我们的目标并不仅仅是弄清楚过去的事情,也不只是要探究历史上究竟发生了什么,我们更关注的是过去的事情所累积起来并持续下来的东西。我们走进历史是为了触摸传统,把握在历史进程中逐步形成并延续的"生活方式"——从生活物品、生活习惯到价值观念、思考方式。

当代美国学者爱德华·希尔斯指出,文化是围绕人类的不同活动领域而形成的代代相传的行事方式,是一种对社会行为具有规范作用和道德感召力的文化力量;同时也是人类在历史长河中的创造性想象的积淀,它包括物质产品、思想观念、惯例和制度。它使代与代之间、不同历史阶段之间保持了某种连续性和同一性,构成了一个社会创造与再创造自己的文化密码,并且给人类生存带来了秩序和意义。[1]我们生活在现实之中,但现实又是历史的延续,马克思说过:"人们自己创造自己的历史,但是他们并不是随心所欲地创造,并不是在他们自己选定的条件下创造,而是在直接碰到的、既定的、从过去承继下来的条件下创造。"[2]我们今天建设社会主义,自立于世界民族之林,我们是在"直接碰到的、既定的、从过去承继下来的条件下"从事这项伟大的事业,传统文化给我们留下了丰厚的遗产,同时也带来因袭的重负,不管我们是否自觉,我们终究生活在传统文化之中。传统是社会的一种生存机制和创造机制。借助于它,历史才得以延续、进行、飞跃,社会的精神成就和物质成就才得以保存和实现。因此,为了更好地走向未来,我们必须了解传统文化。

---

[1] [美]希尔斯:《论传统》,傅铿、吕乐译,上海人民出版社1991年,第1—44页。
[2] [德]马克思、恩格斯:《马克思恩格斯文集》第二卷,中央编译局编译,人民出版社2009年,第470—471页。

三、中国文化的历史脉络

我们的祖先在华夏大地上,利用自然资源生产、生活,创造了灿烂的华夏文明。一个民族的历史起步受惠并受制于自然环境。任何一种文化都是在一定的自然环境中形成的。中国东临浩瀚大海,西部是戈壁、高原,这是一个相对封闭的地理环境,大海与戈壁、高原起到了屏障作用,也阻挡了人们向外看的视线。在这样的自然环境中产生了农耕经济、宗法社会,正是在农耕经济和宗法社会的现实土壤上形成了独特的中国文化。

黑格尔把中国、印度、巴比伦和埃及这几个古老文明发祥地的地理环境归结为大河所灌溉的平原流域,与之对照的是海岸地域环境孕育的古希腊、古罗马文明,而古希腊、古罗马文明是现代西方文明的渊源、根基。中国幅员辽阔。两河流域、尼罗河流域没有太大的纵深,外来文化一涌而来就占据了古国旧邦,而西亚、埃及又处于交通要冲,呈开放状态。我们这样的自然环境在某种程度上保障了中华文明几千年延续不断。自先秦时期便已形成的中华优秀传统文化一直孕育并滋养着中华民族的文化底色。中国之版图以400毫米降水量为分界线,构成了中国历史上的两种生产、生活方式。古代,西北地区雨水少,人们以畜牧为生,迁徙无定。当牧区水草丰茂时,游牧民族满足于自己的草原生活,通过"互市"以畜产换得粮食、茶叶、布帛;而当草枯水乏时,常常南下劫掠。

中国两千多年来一直是以农耕经济为主。农业生产注重实际,一分耕耘一分收获,有多少汗水就有多少收获。久而久之形成了勤劳务实的作风、品格。中国古代贤哲一向提倡"君子务实",朴实、勤劳、埋头苦干一直是我们民族优良的传统,人们脚踏实地、兢兢业业,厌恶虚夸、巧取。

农业生产"日出而作,日落而息,凿井而饮,耕田而食",人们起居有定、耕作有时、安土重迁,于是就有对土地的眷恋,爱故土、重乡情。远离故土的游子,总是对故乡怀有深深的眷恋,希求"叶落归根"。

(一) 夏商与西周

中华文明是早熟的文明。黄河频繁的洪涝促使散居各地的部落组织起来,在治水的过程中部落联盟发展为国家,禹从部落联盟首领变为国王。

公元前21世纪,启继禹之位,开始了"家天下"。河南偃师二里头文化遗址发现了大型宫殿基址、排水管道设施,在石器、骨器之外还出土了铜器,并发掘出大型青铜冶铸作坊,这表明夏代已进入"铜石并用"时代。公元前1600年,成汤灭夏,建立商朝。商朝是中国历史上第一个有同时期文字记载的王朝。商朝并不是大一统的国家,是一个以商王国为主体的松散联盟,其中的诸方国,首领也称王。商代是神权政治的极盛时期,安阳殷墟所发现的十余万片有字甲骨多用作占卜,青铜礼器、人殉也都表明商人对神明的敬畏。

周地处西北,积极向先进文明靠拢而日益强大,也开始吞并周围的部落,直至公元前1046年牧野一战,周武王伐纣克殷,建立了周朝。

周人吸取殷商亡国的教训,强调"敬德",强调用人的道德保"天命",并在制度上做了创新。

夏、商两代仍保持氏族制的形式,各级氏族组织也是各级行政组织,部落首领即行政长官,整个国家则是以有夏氏或商族为统治部族的部族大联盟。商朝王位继承相当混乱,兄死弟及、父死子继、两兄弟的子孙轮流为王……周公吸取商朝未能建立确定不移的继统法以至内乱不止的历史教训,建立了立子立嫡的权力继承制度。嫡长子继承王位,其他诸子从王室中分出去,另立为宗。他们在各自封国内又是同姓宗族的大宗,其王位也是由嫡长子世袭继承,其余庶子作为小宗分封为卿大夫。卿大夫在各自封地里又是同姓宗族的大宗,其封爵仍由其嫡长子世袭继承,其余庶子作为小宗分封为士。这样的嫡长子继承制和分封制建构了以血缘亲情为纽带的宗法社会,从周朝到诸侯国再到大夫的采邑(家),根据血缘关系之亲疏而拥有相应权力及义务,国与家的传承和维系可以有序进行。分封制解决了权力分配的问题,王位有秩序地传承,同时又让诸王子分享王室的部分权力,从而使统治者内部权力及义务关系明晰而不至于相互怨愤。

西周封建制是重要的制度创新,以血缘为纽带建构了大一统的国家政权。分封制在夏、商两代均有,也就是承认既有的氏族、部落。商王直接统治的地区为王畿,王畿之外称为外服,即众多的邦国。商王将其子弟派往王畿以外的地区建邦立国,成为诸侯,是谓同姓邦国;商王又分封臣服的部落,是谓异姓方国。商代裂土分封的诸侯国比较少,而西周则迥然不同。周灭商后大规模地分封诸侯,派王室子弟或其他贵族到各地去建立诸侯国,代表周天子行使对地方的统治权,以拱卫王室。《左传·昭公二十八年》曰:"昔武王克商,光有天下,其兄弟之国者十有五人,姬姓之国者四十人,皆举亲也。"姬姓封国数量多,所在位置也多为要冲之地。比如鲁,封给周公旦(周武王的弟弟),周公留在国都管朝政,他的儿子伯禽率其部落和分给他们的殷商六个部落去建国;又如晋,封给周成王之弟叔虞,这里是夏朝的中心区域,历来为天下重地。周朝的异姓诸侯比较少,大都在武王灭商和周公东征时立有大功。比如齐被封给吕尚(即姜太公望),他辅佐武王灭商、周公东征,姜姓部族与周人的联盟关系由来已久,世代通婚,互为姻亲。"封建亲戚以藩屏周"(《左传·僖公二十四年》),这就形成天子、诸侯、卿大夫、士等各级宗族贵族组成的金字塔式等级社会,以周天子为中心,诸侯国拱卫王畿。诸侯国同样是通过分封使疆土掌握在兄弟、姻亲手中。国君将土地和人口分给王族和功臣,大大小小的封建主受到分封后各自为政,拥有军队,建立城邦。

封邦建国是开疆拓土、民族大融合的过程。诸侯王带着本氏族等,带着先进的农耕技术等,从中原到边远的、不发达的地区,造成了文明在发达地区与周边落后地区的大交融,周、商与各地土著居民融合,中原民族与周边民族之融合。

封邦建国,以家为原型构建了国,天子下面是诸侯,诸侯下面是大夫,彼此由血缘关系连接,拥有共同的祖先。这就是所谓宗法制,以血缘关系为纽带,尊崇共同祖先以维系亲情,并且由此区分尊卑长幼,确定继承秩序以及家族成员各自的权利和义务。宗法制实质是家族制度的政治化,以家为原型构建政治组织,进而展开政治运作,形成家与国同一、情与法同一的状况。秦朝,郡县制取代了分封制,国家组织和宗族组织分离了,上下级之间、中央和地方之间没有了血缘亲情。但是,帝王继统仍由皇族血缘确定,嫡长子继位,家长制依然如故;而社会的另一头,郡县以下的村落仍然以家族、氏族为基本单位。所以,人们把中国传统社会称为宗法社会,"家国同构",家族是家庭的扩大,国家则是家族的扩大和延伸。家是小国,国是大家,因而"国"与"家"彼此沟通,"齐家"与"治国"相互为用,所谓"治国必先齐其家者,其家不可教,而能教人者无之。故君子不出家而成教于国"(《礼记·大学》);父为"家君",君为"国父"。宗法制度特别强调对祖先的崇拜,强调尊祖敬宗,宗族有严格的宗庙祭祀制度,历代君主十分重视宗庙的营建,并将其与社稷并重,作为国家权力的象征,王宫前左宗(太庙)右社(社稷坛)的建筑格局一直延续到明清时期。在民间则普遍建有的祠堂、家庙,是家族祭祖之地。

(二) 春秋战国

周立国八百余年,前 300 年左右,周天子是"天下共主",普天之下莫非王土。公元前 771 年,镐京被犬戎攻破,周幽王被杀,翌年周平王迁都于洛邑,后人称为东周。周天子"天下共主"权威名存实亡,列国纷争、礼崩乐坏。西周礼制的瓦解,一个直接的原因是统治者为所欲为,践踏了先祖所制定的政治制度和道德规范,周幽王废嫡立庶,还举骊山烽火戏弄诸侯,周平王由母舅申国侯立,间接犯了弑父罪。上行下效,鲁桓公杀了哥哥夺取国君之位,鲁国国君又被大夫杀死,等等。其更深层面的因素在于封建制内在的缺陷,宗法社会是依赖血缘亲情维系的,几代下来,血缘关系远了,再者由于经济发展不平衡使一部分诸侯国及大夫日益强大,诸侯国或大夫拥有了更强的实力。于是,"礼乐征伐自天子出"一变为"自诸侯出",再变为"自大夫出"。东周五百余年,诸侯纷争,打来打去二百多个诸侯国到后来只剩下七个大国和十几个小国,周天子名存实亡,战国时代,七雄争霸,最后秦国灭六国,实现统一。

铁器的使用、牛耕的推广极大地提高了农业生产水平,大片新的土地被耕种,个体农民的生产活力冲破了集体耕种的井田制,"公作则迟""分地则速"(《吕氏春秋·审分》)。商业繁荣,出现了金属货币和大都市、大商人,诸如临淄、邯郸和郢,诸如孔子的弟子子贡、后来成为秦国的丞相吕不韦。随着经济的飞速发展,新兴的政治势力崭露头角,著名的如鲁国的三桓、齐国的田氏、晋国的六卿,他们控制和瓜分公室,并互相争斗,以扩充领地;比如晋国的六卿争斗到最后,剩下韩、魏、赵三家,晋国一分为三;姜姓齐国被田氏取代,也得到了周王的正式承认。三晋分晋、田氏代齐昭示着宗法制的崩溃,历史进入了战国时代。

春秋战国大变局,还要提到"士"这一阶层的崛起以及学术的普及。士最初是从贵族游离出来的。嫡长子继承封地,其他儿子只能凭学问、技能谋温饱。西周时期"学在官府",镐京沦陷,平王匆忙东迁,王宫里的一些文化官吏流落到民间。《论语》记载了周天子宫廷中掌管礼乐的官吏大乐师挚到齐国、二乐师干去楚国、三乐师缭到蔡国、四乐师缺去秦国,打鼓的方叔流落到黄河之滨①,等等。这些官吏流落于社会之后不得不靠出卖知识、技能来糊口。士从统治阶级中分离出来,改变了"学在官府"的状况,私学兴起,苏秦这样的农家子弟可以凭借其才能出人头地。另外,列国诸侯为了自己的霸业,争相"招贤纳士"。春秋时的齐桓公养士80人,到了战国,"养士"之风就更为盛行,诸侯国君,如秦穆公、魏文侯、齐威王、齐宣王、梁惠王、燕昭王都一度为天下士众所归。齐国国君在都城临淄西门外创建稷下学宫,将学者封为"大夫",任其著述讲学,"不任职而论国事","无官守,无言责"。稷下学宫延续了五代君王,一百多年,鼎盛时学者贤士达千人,孟子、荀子曾是"稷下先生",周围簇拥着"稷下学士"。

总之,铁器和牛耕的使用使井田制瓦解,封建制的政治结构失衡,士的阶层的崛起,这就使那个时代空前动荡、混乱,诸侯国之间战争连年不断,先是大国并吞小国,后来是大国对决,诸侯国内部则有大夫篡权盗国。封建社会瓦解,最终形成了中央集权的君主专制国家,这样的国家体制从秦朝一直延续到清朝。

春秋战国是个动乱的时代,也是一个飞速发展的时代。旧的政治秩序崩溃,诸侯国之间竞相争斗,反映到思想领域,价值颠覆进而引发价值重建,各式各样的思潮、学派如雨后春笋般出现,如儒、道、阴阳、法、名、墨、纵横、杂、农家等思想与流派。统治者为了富国强兵以立于不败之地,不得不广纳人才,不得不在政治、经济和军事方面进行改革。从春秋五霸到战国七雄,再到秦王一统天下,重新构建华夏大地上的社会秩序。在礼崩乐坏、人心不古的时代,先哲们在精神世界中寻觅社会的前途、人类的福祉。旧的生产和生活模式、政治制度以及价值体系瓦解,人们可以理性地审视天地之中的人,思考人在社会及自然中的位置、意义。士,具有独立人格、意志以及价值标准,义无反顾地承担其对礼崩乐坏的现实以及西周的礼乐文明之反思的历史责任。而诸侯争霸,没有政治中心,没有占统治地位的思想,这也使人们可以解放思想,自由地思考。

孔子认为西周的礼制是最完美的,他竭尽全力宣扬,并"以仁释礼",以其"仁学"突出了人性的尊严、人道的自觉。在农耕经济、宗法社会之上形成了西周的礼乐文明,孔子在理论上做了总结。

---

① 《论语·微子》:"大师挚适齐,亚饭干适楚,三饭缭适蔡,四饭缺适秦。鼓方叔入于河,播鼗武入于汉,少师阳、击磬襄入于海。"

墨子"出于儒而反儒",他讲"兼爱"——没有差别的爱,西周君君臣臣还有贵贱之分,墨子的目光穿过了等级森严、繁文缛节的西周而投向尧舜之世。天下大乱、民不聊生,极其险恶的环境逼迫人们抱团拼命求生存,墨家代表了手工业者、农夫的愿望。

道家走得更远,仰慕人与麋鹿为伍的蒙昧时代,通过对自然的叩问来阐述人的存在及其超越,否定了西周的礼乐制度。老庄的学说在诞生之初犹如空谷足音,而魏晋时期庄子被士大夫们喜欢,闻一多先生就曾评价魏晋是庄子的时代。

法家则向前看,人类在儿童时代淳朴、天真,是快乐的,但是人们不可能逆时光生长,不能停留在对过去的回忆中,治理国家的方式必须改变。法家是站在"国家"统治的立场思考问题,法家其实是战国以来政治实践的理论抽象,有助于实现富国强兵的目标,秦国就是在法家引导下后来居上,最后击败六国,建立了中央集权的国家。

此外,还有兵家(孙武、孙膑等)、名家(以惠施、公孙龙为代表,主张辨别名实关系)、阴阳家(用阴阳五行来解释世事变化)、农家、纵横家(例如苏秦主张合纵,即六国联合以抗秦;张仪主张连横,使六国屈从于秦)、杂家(例如吕不韦集宾客编成《吕氏春秋》,撮合各家观点)……总之,那是一个需要巨人而且产生了巨人的时代,如王国维所概括:"自周之衰,文王、周公势力之瓦解也,国民之智力成熟于内,政治之纷乱乘之于外,上无统一之制度,下迫于社会之要求,于是诸子九流各创其学说,于道德政治文学上,灿然放万丈之光焰。"①

中国传统文化往往被归结到儒家文化。因为儒家是传统文化的主体。儒学是夏商周三代古代文化的总结,道家、墨家、法家都与儒家有关联,甚至脱胎于儒家。道家是儒家之反动,墨家是儒家之极端化,法家可以看作儒家之"裂变"——继承之中有变异,构成对其母体之否定、破坏。

中华文明从苍茫天地中走来,经过了夏、商和西周,到春秋战国,终于出现了孔子、老子等文化巨人,作为我们民族的代表反思着文明的历程,探索社会发展的方向和人类生活的准则。历史的长河奔腾向前,不断会有新的问题、新的挑战出现,我们的祖先不断地回到"轴心时代"去汲取智慧和力量。人们不断地从"轴心时代"先哲所创造的精神财富中燃起新的思想火焰。

(三)从秦朝到清朝

公元前221年,秦朝建立了统一的多民族国家,确立了中央集权政治体制,中央政府设置三公及九卿分管各项政务。在地方"废封建,行郡县",将全国划分为36个郡,由中央政府委任郡守和县令。秦始皇还实行"书同文""车同轨""行同伦",以吏为师,以法为教,并在日常生活方面做出规范,比如庶民以黑布裹头,称为黔首。汉承秦

---

① 王国维:《王国维文集》第三卷,中国文史出版社1997年,第36页。

制,但治国思想有了变化,汉初以"黄老思想"为治国之本,实行"无为而治"。经过几十年的休养生息,社会经济得到了恢复和发展。汉武帝加强中央集权,征伐匈奴,"罢黜百家,独尊儒术"。汉武帝派张骞"通西域",丝绸之路开通了中西经济文化交流的渠道。

秦汉之后的魏晋南北朝,国家分裂、战乱不已,儒家的"三纲五常"受到严重的挑战,出现了"非君论""无君论";名士"皆以任放为达",高谈老庄、专谈玄理,纵情山水。佛教传播、道教兴起,和老庄一起给深陷苦难的人们以精神慰藉。尤其是佛教得到广泛传播,寺院增多,比如魏明帝时洛阳城内外就有1 367所。敦煌莫高窟、大同云冈石窟、洛阳龙门石窟、甘肃炳灵寺石窟、麦积山石窟都于此时开始营造。这一时期,北方的匈奴、鲜卑、羯、氐、羌等族先后进入中原建立政权,南方的越、蛮、奚、俚、僚等族也与汉族发生交往。他们从轻汉、抑汉走向全面汉化,"入中国则中国之"。北方贵族、平民大量逃难过长江,南方得到开发。

隋再一次实现了大统一。隋凿通大运河,在长安城的东南兴修大兴城(至唐称长安),逐渐将秦朝的三公九卿制发展成以宰相为长官的三省六部制,开创了科举制。隋炀帝大兴土木,又多次远征高丽,急功近利,激化了社会矛盾,隋朝和秦朝一样二代而亡。紧随其后的唐朝,多民族实现融合,长安成为国际大都市。中国进入了经济、文化全面繁荣的"盛唐"。百姓生活富庶,如杜甫所描绘的"小邑犹藏万家室,稻米流脂粟米白,公私仓廪俱丰实"。丝绸、棉布、茶、酒、糖、瓷器从专业作坊生产出来,在城市进行贸易,甚至远销海外。棉布从西域传入,蔗汁熬糖从印度传入,人们以博大的胸怀吸纳外来文化。同时,华夏文明的成就也远传海外,造纸术经大食(阿拉伯帝国)传入欧洲,改变了羊皮作纸的情况。炼丹术西传推动了欧洲炼丹术的成长。中国瓷器通过东南亚、穿过印度洋,到达波斯、叙利亚、埃及和非洲东南岸。

北宋(960—1127)时欧洲还处在中世纪,诺曼公爵登陆英格兰带去了欧洲大陆文明。中国幅员辽阔又相对封闭,土地肥沃,物产丰富,中央集权的政治制度保障了生产力发展、社会的稳定。陈寅恪先生言:"华夏民族之文化,历数千载之演进,造极于赵宋之世。"[①] 冶金、造船、纺织、印刷、制瓷、医药等行业取得了前所未有的技术进步;手工业、商业繁荣,成为国家的重要财政来源;商行组织出现,纸币流通;海外贸易增加,船只远航于印度洋各地,包括南亚次大陆、波斯湾和阿拉伯半岛,甚至达到非洲的索马里。法国汉学家谢和耐曾感慨:"直至11、12世纪以前,中国人并未显示商业上的才干。但打那以后,经商能力便成为中国人最卓越品质之一。"文官制度成熟,文化精英几乎都通过文官考试而成为国家管理者,欧阳修、苏轼、王安石、司马光既是文坛领袖又是当朝重臣。

蒙古铁骑横扫亚欧大陆,忽必烈灭宋,1271年以大都(今北京)为都城建立元朝。

---

① 陈寅恪:《邓广铭〈宋史职官志考证〉序》。

忽必烈接受了汉文化,取《易经》"乾元"之意而定国号为"元"。

明代,玉米、番薯、花生的引入使土地可耕作面积大增,人口大幅度增加,商品经济活跃,出现了所谓的"资本主义萌芽"。在思想领域,启蒙思想开始向古代专制制度挑战,比如黄宗羲言:"天下之大害者,君而已矣。""天子之所是未必是,天子之所非未必非。"①郑和的远洋航行标志中国拥有世界第一流的航海能力,四百年来中国一直是亚洲海洋大国。但经过几次摇摆,明朝统治者最后采取了闭关锁国的政策。欧洲传教士来到中国,带来了文艺复兴以来的科技成就,利马窦与徐光启合作翻译了《几何原本》,传入了《泰西水法》《远镜说》《奇器图说》以及火炮制造术等。中国文化也通过传教士传到了西方。利马窦翻译了"四书",介绍了"太极"和"理"的理论。欧洲启蒙学者,例如莱布尼兹、伏尔泰等人都从中国文化中吸取营养,作为"鞭挞旧欧洲的巨杖"。统治者加强集权专制,压制了经济发展、社会进步。到这个阶段,欧洲的情况是城邦获得越来越多的权力和发展空间,市民阶层崛起。而明清两朝却反其道而行之,中央集权恶性膨胀。朱元璋废除百官之长的丞相,分相权于吏户礼兵刑工六部,直属于皇帝;设置特务机关"锦衣卫",监视官员,滥施惩罚;还提倡理学,推广科举,规定科举考试时使用"八股文"。朱元璋意识到了商人财富的增长可能对他的专制政权带来的挑战,因此重拾抑商重农的传统,"农桑为衣食之本"。"这种维护落后的农业经济,不愿发展商业及金融的做法,正是中国在世界范围内由先进的汉唐演变为落后的明清的主要原因。"②

清朝沿用明朝的政治体制,并摆出尊孔崇儒的姿态,宋明理学又成为官方哲学。这个时候西方开始了工业革命,俄国皇帝彼得一世派遣庞大的使团前往西欧学习技术,他自己也去学造船、航海。清朝的地理环境以及农耕经济,大一统的中央集权体制以及思想专制、愚民统治,使人们仍然以天朝自居,不去关心外面的世界,仍然以为华夏乃文明之邦而周围皆夷狄。清朝延续自明朝开始的闭关锁国政策,拒绝他国的通商要求,满足于"四夷宾服,万国来朝",直至被列强的大炮轰开了国门。

中国与欧洲的距离拉开了,中国人感受到这种差距,开始学习西方技术以抵御侵略者的坚船利炮,"师夷之长技以制夷",于是有了雄心勃勃的洋务运动,有了张之洞所提出的"中体西用"的主张。甲午海战的失败使有识之士认识到国家的实力不仅仅是靠兵器、船舰,还要在制度方面进行改革,于是有了轰轰烈烈的戊戌变法;再进一步,中国文化的转型深入了思想意识领域,西方新思想大量引进,同时又回到轴心时代寻找思想资料,重新阐释孔子,墨家、法家被发掘出来。"诗界革命""小说界革命""史界革命""军国民教育""科学救国""实业救国"等口号纷纷提出,轰轰烈烈的"五四"运动彻底开启了中国的新时代。

---

① 黄宗羲:《明夷待访录·原君》,中华书局1981年。
② 黄仁宇:《万历十五年·自序》,生活·读书·新知三联书店1997年,第3页。

 思考题

1. 文化是什么?如何理解"茶文化""汽车文化""政治文化"之类的说法?
2. 文化的意义何在?为什么说文化是软实力?文化对经济发展、社会进步有何作用?
3. 自然环境对华夏先民生产活动和生活方式的影响有哪些?
4. 在中国文化的基本框架中,儒、道、墨、法、佛等的位置是怎样的?
5. 宗法制是如何形成的?

第一章 礼义之教
——儒家文化

很久以来,"中国""华夏"是一个文化的概念,"诸侯用夷礼则夷之,夷而进于中国则中国之"。"中国"一词在《尚书》即已出现,指的是商和周的京畿地区。春秋时一些能与周天子平起平坐的大诸侯国,诸如晋、郑、宋、齐、鲁、卫也自称"中国",这样中国的范围就扩大到今河南、山西、山东一带。《左传》中"中国"一词出现数十次,经常将"中国"与"夷狄"并列,而区分这二者的标准是礼制施行与否。唐人孔颖达云:"中国有礼义之大,故称夏;有服章之美,谓之华。华夏一也。"中华民族的民族意识、文化认同是从"礼"的自觉开始,并以之为核心。在古人看来,"礼"是文明的标志、核心。孟子讲"仁者无敌""不嗜杀人者能统一天下",也就是要以"礼仪"文明"莅中国而抚四夷"。唐朝,突厥一再侵犯,唐高祖曾考虑迁都而焚毁长安,后来唐太宗发兵大破突厥军,俘获男女数十万。如何处置?窦静主张使之居塞外,"置之中国,有损无益";魏徵认为应使他们回突厥属地,决不可留在中国以免将来成为"腹心之疾";温彦博反驳:"孔子云'有教无类',如果对突厥人有教有养,几年后都成了唐民,有什么后患?"唐太宗最后采纳了温彦博的建议,将数十万突厥人安置于幽州到灵州一带。

华夏文化是"礼文化"。在古代,文化是个混沌的概念,礼乐刑政一体,而所有这一切的产生不过是"圣人"为了教化庶民而创造的;社会的运作即"圣人"以"礼"教导、启迪民众的过程。"礼",源于宗教,而后内化为道德,再外化为法律,具备了宗教、道德和法律三个方面的内容和功能。礼起源于祭神,礼本来是宗教祭祀的仪式。殷商覆灭,周人意识到应"以德配天""敬天保民",于是有周公"制礼作乐"。礼的性质就此发生了根本性的变化,由宗教祭祀的仪式演变为规定政治秩序以及人与人关系的典章制度和道德规范,演变为现实生活中人的行为准则,"礼治天下"也就是"德治天下"。孔子是周公的追随者,孔子"以仁释礼",试图通过对自然亲情的体验和提升而唤起并强化人们的道德理性,使其自觉自愿地遵守"礼",是谓以仁释礼、仁体礼用。礼,作为人的行动准则,也就要求所有的人都遵循,荀子由此而将礼与法相提并论,荀子的思想后来被法家进一步发挥。汉武帝"独尊儒术",儒学成为国家意识形态,儒家典籍被称为"经"。这样,以周公的政治实践为基础,孔子建立的阐述礼的学说——儒学,就成为我们民族价值观念、社会理想的基石和轴心。

第一节 儒家概述

儒,最初指的是职业,负责治丧、祭神等各种宗教仪式,大概就是冠婚丧祭时的司仪。胡适认为,"儒"是殷民族传授礼教的教士,穿戴古衣冠,外貌文弱迁缓,习行殷的古礼,在很困难的政治状态之下继续保存着殷人的宗教典礼。他们的职业工作内容还是治丧、相礼、教学;但他们的礼教已渐渐渗入统治阶级,前来学礼的弟子已有王公贵族的子弟以及各国的国君、权臣。后来,儒指有道之士、学者。孔子要求他的子弟"汝为君子儒,毋为小人儒"。总之,儒,本来指一个社会阶层,确切地说是春秋时期士阶层中的一部分,他们峨冠博带,熟悉礼乐,以其礼乐知识技艺作为谋生手段。后来"儒"中的一部分通过对礼乐文化的反思和总结而形成了明确的社会理想、价值观念,"儒"成为一个学派,成为春秋战国时期的一大显学。到了汉代,经过最高统治者的推广,儒学又成为国家意识形态,以至中华文明被人们称为"儒家文明"。

一、先哲制礼:儒学渊源

儒家学派奉周公、孔子为宗,唐以前的文庙以周公为主祀,孔子等先贤为陪祀。"元圣"周公是周文王第四子、周武王的弟弟。武王死后,其子成王年幼,由周公摄政当国。"周公摄政,一年救乱,二年克殷,三年践奄,四年建侯卫,五年营成周,六年制礼作乐,七年致政成王。"① 周公为周朝制定了礼乐制度。如杨向奎先生所言,"没有周公一代人创造的礼乐文明,就没有西周的文明,我们也很难想象中国传统的礼乐文明将是什么样的光彩"②。

中国政治与文化之变革,莫剧于殷周之际。武王克商是中国古代真正意义上的革命,不是一般的改朝换代。殷周革命,奴隶制变成了封建制;更深刻的变化是,商亡周兴,身逢其变的人们认识到"天命靡常",因而思考怎么样"以德配天"。纣王深信天命有常:"我生不有命在天?"于是乎有恃无恐,倒行逆施,酗酒、杀戮,最后众叛亲离,自焚而终。周公等人在天下平定后,反观商朝的兴衰,发现商朝前期的一些王还是很好的,特别是像祖丁、武丁等,有的在位五十多年,有的在位七十多年。到后期的那些

---

① 郑玄注,陈寿祺校:《尚书大传》卷二,商务印书馆1937年。
② 杨向奎:《宗周社会与礼乐文明》修订本,人民出版社1997年。

王都是短命的,在位或五六年,或三四年,周公认为根本的原因是他们失德。商朝的灭亡也不是由于天命,而是由于他们失德。《尚书》留下了周公对当年臣下的训诰:"殷鉴不远,在夏后之世。"① 通过对历史的反思,周公提出"明德"的执政纲领。为了保证这样一个纲领的实施,周公制礼作乐。"礼"的意义和实质是"别""尊尊",以"礼"来稳定社会的等级秩序,相传有吉礼、凶礼、宾礼、军礼、嘉礼等,使"贵贱有等,长幼有差,富贵轻重皆有称";"乐"的作用是"和",即所谓"亲亲",用"乐"来让人们在等级秩序下相互亲和。诚如王国维先生所言:"周之制度典礼,实皆为道德而设。""其旨则在纳上下于道德,而合天子、诸侯、卿大夫、士、庶民以成一道德之团体,周公制作之本意,实在于此。"②

西周礼乐制度的建立标志着古代文化从敬鬼神转向重人事。周公提出"敬德保民",意识到了"皇天无亲,惟德是辅"(《尚书·蔡仲之命》),"民之所欲,天必从之"(《尚书·泰誓》)。从商代卜辞到先秦文献,"德"都与"得"相通,二字可以互训。因此,"德"有获得、占有之意。西周以前,卜辞中多次出现"德伐"连文,表明与获得奴隶与财富相关。周人认为,占有并不易,要靠人为的努力。因此,"德"就从"获得"延伸出尽"人事"的含义,在周人的观念中,"德"即是尽人力"保民""惠民"而拥有民心及天下。

二、圣人立教:先秦儒家

孔子是儒家创始人。孔子追随周公,自称"述而不作",只是在绍述西周的礼乐典章制度。孔子总结并阐发了夏、商、周三代尊尊亲亲的传统文化,"以仁入礼",为礼乐制度找到了内在的情感依据——"仁"。孔子以西周的礼乐文化为源头创立了儒学,不遗余力地宣传、普及西周礼乐文化,在他的周围聚集了一批"志于道"的仁人志士,形成了一个称为"儒家""儒学"的学派。

孔子作古,"儒分为八",《韩非子·显学》称:"自孔子之死也,有子张之儒、有子思之儒、有颜氏之儒、有孟氏之儒、有漆雕氏之儒、有仲良氏之儒、有孙氏之儒、有乐正氏之儒。"③ 其实,子思、孟子、乐正子有继承关系,应该算一派,后来人们称为思孟学派,思孟学派和以荀子为代表的孙氏之儒,影响比较大。

思孟学派是指以子思和孟子为代表的儒家学派。子思,名伋(约前483—前402),他是孔子的孙子,相传他受学于曾子,人称"述圣"。他继承并发展了孔子的"中庸之道",在孔子"内省"、曾子"自省"的基础上提出"率性之谓道",倡导循性以求中

---

① 程俊英:《诗经译注》,上海古籍出版社1985年。
② 王国维:《王国维文集》第四卷,中国文史出版社1997年。
③ 王先慎:《韩非子集解》,中华书局1998年,以下所引该书均出此版。

庸——通过"率性""慎独",努力做到"尊德性而道问学,致广大而尽精微,极高明而道中庸"。孟子是子思的再传弟子,孟子发挥了孔子学说中"仁"的部分,"孟子道性善,言必称尧舜",对人的道德理性充满信心,"人皆可以为尧舜";他提出了"养浩然之气"的概念,致力于培养至大至刚的精神,将追求精神的自我完美作为人生的至上意义。孟子确立了儒家的道统:"尧舜—汤—文王—孔子。""五百年必有王者兴,其间必有名世者",表现出"平治天下,当今之世,舍我其谁"的强烈使命感。

荀子则着重发展了孔子学说中"礼"的部分,荀子认为人之性本恶,要通过道德教化和刑法惩戒使人守规矩,"今人之性恶,必将待师法然后正,得礼义然后治"①。荀子援霸道入儒,主张礼法双行、王霸杂用,被看作儒学的"别宗"。荀子也算是法家的宗师,韩非、李斯皆出其门下。

三、儒术独尊:汉代经学

秦始皇"焚书坑儒",儒学受到了大摧残。汉代统治者及其思想家反思秦王朝覆没的历史教训,意识到儒学在统治民心方面所具有的不可取代的作用,汉武帝接受了董仲舒的建议,全面推行"罢黜百家,独尊儒术"的方针,钦定《诗》《书》《礼》《易》《春秋》为"经典",在京师立太学,设"五经博士",鼓励后生学子学习儒家经典;武帝又下令郡县"举孝廉",使天下儒生为其效力,由此开启以儒学为宗取士选拔官员的历史。

儒学在汉代开始成为经学。董仲舒是经学的大师。汉代所提倡的经学有"古文经学"与"今文经学"之分。"古文经学"是指从孔子故宅壁中发现或由各地献上来的用古文写成的经书,后来演变为注重文字考证和训释的学派;"今文经学"则是指由经师口授、再由弟子用当时的文字记录下来的经书,重视经书中的"微言大义"。董仲舒是今文经学的大师,长于"春秋学",从《春秋》的字里行间发掘"微言大义",建立了"天人感应"说和"三纲五常"观。

董仲舒的"天人感应"说宣扬了君权神授的观念,同时又发展了孔子敬畏天命的学说,试图以神权来限制君权。在董仲舒的学说和当时流传的纬书中,"天"被描绘成儒学中至高无上的神,"天者,百神之大君也"②。天为万物之祖,百神之君,其认为天创造了人类,人类为天的副本,天人之间声气相通、休戚相关,大宇宙与小宇宙对应。天主宰万物,通过阴阳五行的变化和符瑞、灾异对万物和人类社会发挥作用;君主受命于天,是代天行事,须以天意为行为准则。董仲舒将君权置于"天"之下,为中央集权的君主专制制度的合理性提供了有力的论证。君主成了事实上的天,神圣不可侵犯,古代专制制度被系统化、神圣化。另外,在"帝王"之上悬以"天",至少在其理论体

---

① 张觉:《荀子译注》,上海古籍出版社1995年,第498页,以下所引该书均出此版。
② 董仲舒:《春秋繁露》,上海古籍出版社,1989年。

系中对君权进行了限定、规范。董仲舒指出了天人之间存在着某种相互作用、相互影响的目的性关系,特别是他的"谴告说",认为人间的统治者如果违反了"天道"或天的命令,就会受到警告,如果还不纠正,就要受到惩罚。"天人感应",自然界本身也是有目的性的——不是超自然的神的目的,而是自然界本身所具有的生命目的。

董仲舒构建起了"三纲五常"的伦理道德观念,"君为臣纲、父为子纲、夫为妻纲"。君权、父权、夫权被绝对化,要求人们无条件服从。他还强调,天不变,道亦不变,专制社会的统治秩序永远不变,这样就把专制社会的统治秩序神圣化为形而上学的宇宙法则。汉代经学有盛衰之变,唐代时又有新的发展。

四、道统再扬:宋明理学

佛教传入中国后,蓬勃发展,冲击了儒教的统治地位;佛教以及道家学说又给儒学提供了新的思想养料。唐代的韩愈、柳宗元就开始积极应对佛教和道教的挑战,弘扬儒学传统,到两宋时期形成了一场声势浩大、波澜壮阔而又影响久远的儒学复兴运动。儒学发展进入了一个新的历史阶段,成就了一种新的、更完备的形态——理学。

理学的创始人是周敦颐,他"主静",即"无欲",无私欲。无私欲则明如镜,"静虚"则直、公、溥(一视同仁)。二程(程颢、程颐)提出了"天理"的概念,标志理学的诞生。"天理"即三纲五常,"人伦,天理也"①。朱熹是理学的集大成者,孔子、孟子以后古代儒家的代表人物,世称朱子。朱熹的学术思想,在中国元明清三代,一直是古代统治阶级的官方哲学。

朱熹(1130—1200),字元晦、仲晦,号晦庵。朱子聪明过人,好学深思,19岁登进士第,为官十分关心民间疾苦,主张设"社仓"以济民困,正"经界"以改变贫苦百姓"无业而有税"、地主豪强"有业而无税"的不公平状态;后来任焕章阁待制兼侍讲,给宁宗皇帝讲课,必从"正心诚意"讲起,皇帝觉无味。朱子一生时间大多用来著书讲学,在其生前,其学被定为"伪学"遭到禁止,甚至还有大臣上书"乞斩"朱熹。1313年,元仁宗下诏恢复科举考试,规定以朱熹《四书章句集注》为必读课本和标准答案,同时还下诏将朱熹和二程等人从祀孔庙。

朱熹发挥二程"天理"的概念,"夫天下之事,莫不有理。为君臣者有君臣之理,为父子者有父子之理,为夫妇、为兄弟、为朋友,以至于出入起居、应接事物之际,亦莫不各有理焉;有以穷之,则自君臣之大,以至事物之微,莫不知其所以然与其所当然"(《朱文公文集》卷十四)。朱子以"理"为其哲学本体,其主要目的与功能在于说明儒家伦理纲常的至上性、绝对性和永恒性。程朱认为,人之所以为人,或者说人禽之别的标准,就在于人有天理。人性中的先天善性,人心中的本然之心,就是天理之显现。

---

① 程颢、程颐:《二程集》,中华书局1981年。

相反,人性受后天污染而有的恶性,人心中后天所有的欲望,便是人欲,是天理的反面。本性、本心为善的人之所以有恶,就在于其先天之善被后天的物欲污染,以至于天理被人欲所蒙蔽,人的善性暗而不彰,人的本心昏而不明。只有通过去除物欲,灭己之私的"克己"功夫,才能恢复人的先天善性。二程认为,"目则欲色,耳则欲声,以至鼻则欲香,口则欲味,体则欲安"(《宋元学案·伊川学案》)之类感官的需要和享受,都是人欲。朱子对此稍做修正,他认为人的最低的物质需要并不是人欲,超出最低需要的部分则是人欲,比如说饮食并不是人欲,而是天理,而想要享受美味则是人欲,而非天理。理学家的口号是"明天理,灭人欲",试图以此来限制当政者的私欲膨胀,引导皇帝和士大夫一心为公。同时也提出禁欲主义,比如反对寡妇再嫁,理由是"饿死事小,失节事大"。理学家通过"理"或"天理"这个本体,将孔孟"仁""性"与"天"联系在一起,将儒家的伦理纲常说成天地的"理"。

"正心诚意"是朱熹的重要思想。他曾经上书皇帝论述天下应该急办的六件事:辅翼太子、选任大臣、振举纲维、变化风俗、爱养民力、修明军政。这六件事都很急迫,"而本在于陛下之一心,一心正,则六事无不正"(《宋史·朱熹传》)。在朱熹看来,只要心正意诚,心中所呈现的就全部是"天理",按照"天理"行事也就必然成功。据《宋史》载,有人在路上遇到朱熹,劝他见皇帝时别再讲正心诚意了,朱熹答曰:"平生所学,惟此四字。"要"正心诚意"也就必须"格物致知"——通过正确的途径去把握"天理"。

宋明理学是儒学的复兴,面对佛教、道教的冲击,面对汉末以来中国社会极为严重的信仰危机和道德危机,追随孔孟的学者仁人从传统儒学中发掘富有生命力的内容,比如《周易》《孟子》与《中庸》中关于"性"与"天"的论述,又借鉴佛教和道教在哲学本体论方面的成果,完成了儒学形上学体系的构建。理学又是三教合流的产物,儒学的"道统"强调正是对应佛道二家的传教谱系,"灭人欲"的主张与佛道的禁欲主义的趋向是一致的。

陆王心学是程朱理学的别流。理学的核心是"即物穷理",先就天下之物穷研其理,然后才有新的自我认识;陆九渊认为:"宇宙便是吾心,吾心即是宇宙。"[①]"明心见性。""心即是理。"(《象山先生全集·卷十一·与李宰》)明代的王守仁是心学集大成者,他主张:"心外无物,心外无事,心外无理,心外无义,心外无善。"(《阳明全书·与王纯甫》)王守仁强调心是宇宙的本体,教导人要扩充良知、身体力行,在实践中追求人生理想;他认为凡夫俗子也可以通过道德修养达到最高境界,"满街都是圣人"。

清朝的乾嘉汉学是对宋明理学的反动。"空谈误国",顾炎武、黄宗羲、王夫之本着"经世致用"的宗旨治学,遥承两汉学术旨趣,企图通过对传统儒家经典的重新诠释,发掘中国文化的精髓。

---

① 陆九渊:《陆九渊集》,中华书局1980年,第483页。

五、老树新花：现代新儒学

孔子以后儒学几经冲击又不断复兴。秦始皇"焚书坑儒"之后是汉武帝"独尊儒术"，魏晋以降佛学在华夏迅速传播，冲击着儒家的经学，于是便有朱熹为代表的儒家复兴运动。"五四"新文化运动对儒学展开了全面的批判，尔后又出现了振兴儒学的现代新儒学。

"五四"新文化运动举起了"打倒孔家店"的大旗，对儒学进行了全面批判。被称为"中国思想的一个清道夫"的吴虞，由专制主义推想到家族制度，又由家族制度推想到儒家伦理，企图由此挖掘出中国专制文化的病根。他指出："君主之既握政教之权，复兼家长之责，作之君，作之师，且作民父母，于是家族制度与君主政权遂相依附而不可离。"（《读〈荀子书后〉》，载于《新青年》第三期第一号）鲁迅则通过《狂人日记》《孔乙己》《祥林嫂》等文学作品深刻而形象地揭露了专制礼教对人性的残害，在满纸仁义道德的字里行间读出了专制礼教"吃人"的本质。

第一次世界大战的爆发，对西方文明产生危机感的知识分子把目光投向东方。比如英国哲学家罗素说出了这样的话：中国人已经发现了一种生活方式，并且已经实践了不少世纪，如果它能够被全世界所采用，它将会造福于全世界。这种情形使得一些向西方探寻真理的中国知识分子回过头来重新审视以儒学为代表的传统文化，形成了现代新儒家——会通中外，以接续儒家"道统"为己任，以服膺宋明儒学为主要特征，谋求儒学现代化的学术流派。现代新儒家，分为三个阶段的代表：梁漱溟、张君劢、熊十力属于第一阶段；冯友兰、贺麟、钱穆属于第二阶段；牟宗三、唐君毅、徐复观属于第三阶段。

梁漱溟首先公开重树儒家旗帜。他把世界文化区分为西方文化、中国文化和印度文化三种类型，对三者做了一番比较，最后得出这样的结论：在人类处于"人对物质"问题的时代，西方文化能够解决生活中遇到的问题，但现代已经进入"人对人"问题的时代，西方文化不再适应，而中国文化必将在全世界范围内兴起。"现今西方思想界已彰明的要求改变他们从来的人生态度，而且他们要求趋向之所指就是中国的路，孔家的路。""世界未来文化就是中国文化的复兴。"①

冯友兰指出，世界上的学说可以分为两种类型，即"世间的哲学"和"出世间的哲学"。前者只注意现实社会的人伦日用，进入不了高深的境界；后者欲进入高深的境界，但却粗暴地割裂了崇高境界与现实生活的联系。世间的哲学"道中庸而不极高明"，出世间的哲学则"极高明而不道中庸"；而以儒学为主体的中国哲学，既追求崇高

---

① 梁漱溟：《东西文化及其哲学》，商务印书馆1922年。

的境界，又不离人伦日用之间，"极高明而道中庸"，属于"超世间的哲学"①。

1958年，张君劢、唐君毅、牟宗三、徐复观等人在香港《民主评论》联名发表题为《中国文化与世界》的宣言，明确提出了新儒学"返本开新"的思想纲领，强调儒家思想对于人类具有普遍意义，认为儒学不但不与现代科学、民主相矛盾，反而是它本身所具有的内在必然要求，是现代化的巨大动力。牟宗三从所谓"内圣外王"的角度入手将儒学分为三个时期，先秦原始儒学是第一期，讲的是"内圣外王"；宋明理学是第二期，强调道德意识，突出了"内圣"这一面；现代新儒学是第三期，要"开这个时代所需要的外王"②。在牟宗三看来，中国没有近代意义上的民主和政治，只有皇权至上性，要在新的历史条件下使民族文化不消亡，就必须提供新外王的思想。为了从"内圣"开出"新外王"，从"德性主体"转出"知性主体"和"政治主体"，牟宗三提出了"良知坎陷"的主张，即道德主体(良知)在肯定知识的价值的前提下，自觉地"坎陷"(下降、逆转)自己以转出知性主体。

20世纪80年代以来，现代新儒学又有进一步发展。2004年9月5日由许嘉璐、季羡林、杨振宁、任继愈、王蒙五位发起，72位社会各界名流签字的《甲申文化宣言》宣称："华夏56个民族共同创造的中华文化，至今仍是全体中国人和海外华人的精神家园、情感纽带和身份认同。""中华文化注重人格、注重伦理、注重利他、注重和谐的东方品格和释放着和平信息的人文精神，对于思考和消解当今世界个人至上、物欲至上、恶性竞争、掠夺性开发以及种种令人忧虑的现象，对于追求人类的安宁与幸福，必将提供重要的思想启示。"现代新儒学仍然在探索儒家思想与现代化相融合以弘扬儒学。

第二节 孔 子

孔子是中国古代最著名、最有影响的思想家、教育家，千百年来一直被看作中国文化的象征。

一、志于道：孔子事迹

孔子，名丘，字仲尼，按《榖梁传》所记应为公元前551年出生。孔子生长于鲁国(周公旦之子伯禽封地)，从小浸淫在周文化的氛围中，"孔子为儿嬉戏，常陈俎豆，设

---

① 冯友兰：《新原道：中国哲学之精神》，生活·读书·新知三联书店2007年，第2—5页。
② 牟宗三：《从儒家的当前使命说中国文化的现代意义》，封祖盛：《当代新儒家》，生活·读书·新知三联书店1989年，第160—162页。

孔子

礼容"。孔子是宋国国君的后裔,宋乃殷商的后裔,所以孔子临终时说:"丘也,殷人也。"孔子幼年丧父,家境贫寒,"吾少也贱,故多能鄙事"。孔子十五岁即"志于学","三十而立",所学已颇有成就,开始授徒讲学,连鲁大夫孟僖子、其子孟懿子和南宫敬叔都来学礼。

孔子是中国历史上第一位私人教师,在他之前文化教育为学官垄断,一般庶民子弟没有入学机会。孔子广收门徒,"有教无类",不论贫富贵贱只要交"束脩"并履行入学礼节都可受教育。孔子弟子三千,比较有成就的有七十二人。孔子以"六经"为教材,教授礼、乐、书、数、射、御"六艺"。孔子因材施教,在教学中采取启发诱导的方式,"不愤不启,不悱不发,举一隅不以三隅反,则不复也",循序渐进、由博返约。"子路曰:不仕无义。……君子之仕也,行其义也。"这就是说,出仕为政是一种义务和责任;逃避做官是逃避责任的不义之举。"百工居肆以成其事,君子学以致其道。"孔子的理想是造就"致其道"的君子,治国、安邦、平天下。

孔子又是中国文化的奠基者。孔子收徒讲学,为了教学的需要,搜集文献,编集整理了《诗》《书》《礼》《乐》《易》《春秋》。《乐》失传,"五经"一直是儒学的经典,也是中国古代文明的一个表征。

孔子一生坎坷,落魄而终。汉高祖刘邦路过山东祭祀了泗水边的孔庙。孔子第八代孙被封为"鲁文信君",孔子的后裔开始领有官方身份。王莽执政时,追谥其为"褒成宣尼公"。后来,汉光武帝刘秀在公元29年派遣大司空祭扫孔子,创后世帝王遣使祭孔的先例。汉明帝令郡县道的学校都要祭孔子。南北朝时,割据一方的军阀为了证明自己的正统地位纷纷争设孔庙,并开启依庙立学的风气。唐高祖下令在国子学立周公庙和孔子庙,以周公为"先圣",孔子为"先师"。唐太宗下诏在州县都设立孔庙,而后下令废除周公庙,以孔子为"先圣",颜渊为"先师",孔子升座南面,成为"素王"。唐玄宗诏封孔子为"先圣",并谥为"文宣王",孔子穿上王者的冠冕服饰,并有十哲侍列(颜回、闵子骞、冉伯牛、仲弓、冉有、子路、宰我、子贡、子游、子夏)。清朝康熙皇帝祭拜孔庙行三跪九叩的大礼,并特书"万世师表";雍正皇帝也是即位伊始就追封孔子王爵,乾隆九次祭拜孔庙,并将自己的女儿下嫁给七十二代衍圣公孔宪培。

二、以仁入礼:孔子的仁学

孔子是周公的追随者,周公创制了"礼"。孔子自称"述而不作",只是在绍述先代的礼乐典章制度;孔子在绍述的同时为礼乐制度找到了内在的情感依据,即"仁"。孔子的政治主张、社会理想是"礼",即实现西周的"礼治";孔子又将"礼"置于"仁"之下,孔子曾大声疾呼:"人而不仁,如礼何?人而不仁,如乐何?"——没有"仁","礼""乐"又有什么意义呢?

孔子以"仁"对人与人的关系做了新的阐述。"仁"首先是指一种情感,即"爱人",从父子、兄弟间的亲情出发:"孝弟也者,其为仁之本欤?"由此推己及人,即所谓"忠恕之道",以此达到人与人之间的普遍和谐。仁,依字形来理解,就是人与人之间的事,"'仁'是以孝悌为根本,又超越血缘亲情,由近及远的'差等'之爱"[①]。孔子以仁释礼的实质即从礼中发掘出其内在的血缘亲情的依据,从而使外在的、带有强制性的,亦即作为政治制度的"礼"转化为人的内在的道德觉悟。

"仁"在西周以来是道德规范的一个侧面,孔子将它提升为人的基本品格和要求;或者说,孔子用"仁"这个概念来概括做人处世的基本原则:爱人。"弟子入则孝,出则弟,谨而信,泛爱众,而亲仁",在孔子看来仁包括"爱亲"和"泛爱众"两个方面的内涵。

(一)"孝"为仁之本

孔子讲"仁者爱人",这个"爱"是原始社会氏族血亲之爱的自然感情的遗留。孔子在说明"三年之丧"必要性时指出:子女出生三年才能脱离父母的怀抱,父母给子女的爱远远不止三年,所以,父母去世后一段时间内,真正有道德的人,他必然"食旨不甘,闻乐不乐,居处不安",子女感念与父母先天性的血肉联系和后天的养育之恩,所以要尽孝的伦理义务。

孔子所谓的"孝"包含三层意思,即"敬""无违""无改于父之道"。其一,"子游问孝。子曰:'今之孝者,是谓能养。至于犬马,皆能有养;不敬,何以别乎?'"其二,"孟懿子问孝。子曰:'无违。'樊迟御,子告之曰:'孟孙问孝于我,我对曰,无违。'"其三,"子曰:'父在,观其志;父没,观其行;三年无改于父之道,可谓孝矣。'"因为父子之间具有最直接的血缘联系,以至高于王法,孔子有"父为子隐""子为父隐"的说法,孟子也公开主张"父子之间不责善"。

孔子非常重视"孝",他把"孝"看作"仁"之本,"其为人也孝弟而好犯上者,鲜矣。不好犯上而好作乱者,未之有也。君子务本,本立而道生,孝弟也者,其为仁之本"。道理很简单,"仁"作为人的基本品德不是凭空产生的,它是从爱自己的亲人出发的。"立爱自亲始",人最先受到的是父母之爱,因此也报之以爱。人类之爱首先从这里开始,如果使这种情感得以保持、扩充和发展,就会有仁的品德与行为。《中庸》引用了孔子的一句话:"仁者,人也,亲亲为大。义者,宜也,尊贤为大。亲亲之杀(降等之意),尊贤之等,礼所生也。"这就是说,"仁"是人之所以为人的本质,人之爱以亲情为起点,有爱自己亲人的感情才会推己及人,"老吾老以及人之老",才可能尊

[①] 马振铎、徐远和、郑家栋:《儒家文明》,中国社会科学出版社1999年,第29页。

敬贤人,合乎礼仪。孔子重视"孝""悌",以血缘联系为纽带的自然亲情被看作道德情感、道德义务的依据,通过自然亲情的体认而确定长幼尊卑,进而确定彼此的义务、责任。

孔子认为,"事父""亲亲"会十分自然地孕育、衍生出"事君""尊尊"的道德感情和道德行为,使人成为敬祖忠君的好人。这样,父与子、兄弟关系由自然人伦延伸到上下、君臣关系,成为社会人伦。"孝"这样一种建立在自然亲情之上的伦理道德泛化,推广到政治以及全部社会活动领域。儒家所标榜的"三纲五伦",后来成为古代社会最基本的道德规范。"三纲"中的两纲、"五伦"中的三伦是针对家庭成员之间的关系,而居于"五伦""三纲"之首的又是"父子",君臣关系不过是父子关系的延伸。宗法制度的本质是家族制度的政治化,是谓"家国同构"。家是小国,国是大家,因而"国"与"家"彼此沟通。家族是家庭的扩大,国家则是家族的扩大和延伸。因而"齐家"与"治国"相互为用,所谓"治国必先齐其家者,其家不可教,而能教人者无之。故君子不出家而成教于国";父为"家君",君为"国父"。于是就有移"孝"为"忠"的价值观念,"君子之事亲孝,故忠可移于君"①。孝的伦理情感被推衍、转化为忠于国家朝廷的政治观念。孔子的学说集中地概括了以"家国同构"为基本特征的宗法社会中人与人关系的实质,因而后来被历代统治者所选择,承担其"治天下"的历史使命。

(二) 仁者爱人

孔子充分地肯定了以血缘联系为基础的"孝""悌"之爱,又突破了血亲的局限,"泛爱众",将这种"爱"扩大、延伸,使之成为处理人与人关系的普遍原则。"仁",首先是一种以血缘联系为依据的自然亲情,不是"博爱""兼爱";但最终指向的又是普遍的人类之爱,由亲情之爱推衍到对天下所有人的爱,企求"老者安之,朋友信之,少者怀之"。孟子后来说得更透彻:"亲亲而仁民,仁民而爱物。"首先是"亲亲",对亲人的爱;而后就有"仁民",对大众的爱;再进一步则"爱物",生成对万物的爱。

"爱亲"而"泛爱众",孔子在"礼"中突出了"仁",开启了中国历史上"人的发现"。马厩失火,孔子问人不问马。"仲尼曰:'始作俑者,其无后乎。'为其象人而用之也。"这都是由亲情之爱拓展到对大众的爱,从而积极地肯定人的价值、人的尊严。《易经》把天、地、人列为"三才",意味着人的地位可以和天地并立,同样伟大,同样崇高。正是从"仁者爱人"立场出发,儒家才会有"德治""仁政"的政治理想。孔子主张"节用而爱人",主张"取信于民",主张"庶""富""教"(人口众多、富足、教养)。在孔子看来,国即家,统治者应该将百姓看作其子民,体恤、关爱民众,使他们生活好起来,并不断地提高其素质,总之,让人真正成为人,拥有物质保障和精神上的尊严、追求。孔子认为政治家的责任即爱人——为大众造福。孔子称赞子产有"古之遗爱",因为子产在郑国执政二十二年实行了一些强国富民的改革。管仲曾严重违背礼制,孔子还是肯定

---

① 汪受宽:《孝经译注》,上海古籍出版社1998年,第68页。

他,"管仲相桓公,霸诸侯,一匡天下,民到于今受其赐"。后来的孟子更是明确将"民"置于"君"之上。

(三) 忠恕之道

"夫子之道,忠恕而已矣","忠恕之道"可以被看作"为仁"之方,正因为有"人的自觉",现实世界中所遇到的每一个人都应该被看作活生生的生命存在,所以,孔子认为人们处世做事要将心比心,设身处地想想别人的处境,就像对待自己那样对待别人。"仲弓问仁。子曰:'出门如见大宾,使民如承大祭。己所不欲,勿施于人。在邦无怨,在家无怨。'"孔子认为,仁者就应该爱人、敬重人,走出家门如同去会见贵宾,使役民众如同承办大祭;"己所不欲,勿施于人",自己不想要的东西,切勿强加给别人,自己不想做的、不能做到的,也就不要让别人去做。实践了"恕"之道,人与人也就"无怨"了。"忠"则是从积极方面来讲,尽心尽责,"己欲立而立人,己欲达而达人",自己要存在、发展,推己及人,也要承认并帮助人们的存在、发展。

孔子所向往的"大同"和"小康","天下为公"或"天下为家",都是人与人相亲相爱、和睦共处的世界;仁,又被解释为人与人之间的和谐关系①。对每个个体而言,自我要自立、发展,就必须尊重、承认其他人的存在、发展。退一步讲,即使不能成全他人,起码也要对他人采取宽容的态度。法国启蒙思想家伏尔泰认为:"'己所不欲,勿施于人'是超过基督教义的最纯粹的道德。"《法国人权宣言》的第四条暗合了"己所不欲,勿施于人"的原则:"政治的自由在于不做任何危害他人之事。每个人行使天赋的权利以必须让他人自由行使同样的权利为限。"孔子所提倡的"忠恕之道"具有普适性和现代意义。

三、为政以德:孔子的治国理念

孔子在"礼"中贯注"仁",以亲情为核心的"礼"就成了人与人关系的普遍准则。孔子是第一个主张把劳动者当作人看待的思想家,并且以道德原则来调整统治者与被统治者之间的关系,要求人们之间彼此相"爱"。由此,"礼"开始从贵族走向平民,西周贵族社会的政治制度、道德规范演变为整个社会的行为模式及和睦相处的和谐境界。由此,孔子提出了"德治"的政治主张。

从先秦典籍看,礼属于上层人士的行为规范,一般民众则以刑罚治理,是谓"礼不下庶人,刑不上大夫",荀子亦称"由士以上则必以礼乐节之,众庶百姓则必法术制之"。孔子认为"礼乐不兴,则刑罚不中",没有"礼"的辅助,没有建立在亲情之上的仁爱,法律也就不能有效地发挥作用,甚至法律本身也失去了意义。孔子主张"德治","道之以政,齐之以刑,民免而无耻;道之以德,齐之以礼,有耻且格"。如果统治者以

---

① 季国清:《儒家的当代阐释》,人民出版社2010年,第27页。

德治国,老百姓就会围绕在统治者身旁。因为德政的德治主要是从心理感情上对人民进行感化,能够培养人民的羞耻心和道德感。相反,如果政治家完全依靠行政命令和法律刑罚,人民就会用弄虚作假的方式逃避刑罚。这样不但不能培养人的道德意识,反而使民众以无耻为荣,因而导致新的政治动荡。

实行德政的关键在于统治者的德性修养。孔子说:"政者,正也。子帅以正,孰敢不正?"政事就是端正的意思,统治者要带头垂范,他又说:"其身正,不令而行;其身不正,虽令不从。"这样我们也就理解,在儒家看来修身养性与治国平天下是紧密联系在一起的,"为人"与"为政"是统一的。孔子认为"为仁由己",强调人们要严格要求自己,"君子求诸己,小人求诸人","躬自厚而薄责于人"。《论语》有言:"曾子曰:吾日三省吾身:为人谋而不忠乎?与朋友交而不信乎?传不习乎?"对于他人则奉行"宽恕"的原则,这也是孔子做人的一条原则:"君子成人之美,不成人之恶,小人反是。""正己""修己",也就可以"安人""安百姓"。

第三节 孟子、荀子及《大学》《中庸》

孟子:人皆可以为尧、舜

孟子与荀子在《史记》中合传,孟子与荀子向不同的方向发展了孔子的学说。孟子说:"人皆可以为尧、舜。"荀子则言:"人之生也固小人。"孟子发挥了孔子学说中"仁"的部分,"内圣之学"的发展从孟子开始到《中庸》,再到宋儒。荀子则着重发展了孔子学说中"礼"的部分,"外王之道"发展的序列是荀子、《易传》到董仲舒再到后世的"经世致用"。

一、仁者无敌:孟子的信念

孟子(约前372—前289),名轲,字子舆,战国邹(今山东邹城)人。孟子远祖是鲁国贵族孟孙氏,后家道衰微,从鲁国迁居邹国。关于孟子的师承,司马迁谓其"受业于子思之门人",但孟子自云:"予未得为孔子徒也,予私淑诸人也。"孟子一直崇拜孔子,追随孔子,他说:"自生民以来,未有盛于孔子也。""乃所愿,则学孔子也。"

孟子曾周游列国二十余年,宣传他的"王道"和"仁政"主张,并一度成为齐宣王之客卿。但当时各诸侯正忙于合纵连横的兼并战争,没有人愿意采纳他的建议。于是孟子退而著书,在教学活动中孟子得到很大的慰藉,谓君子有"三乐":"父母俱存,兄弟无故,一乐也;仰不愧于天,俯不怍于人,二乐也;得天下英才而教育之,三乐也。"孟子在宋朝,随着理学的兴起,才被人们所"发现"。北宋神宗熙宁四年(1071),《孟子》一书首次被列入科举考试科目之中;元丰六年(1083),孟子首次被官方追封为"邹国公",翌年被批准配享孔庙。以后《孟子》一书升格为儒家经典,南宋朱熹又把《孟子》

与《论语》《大学》《中庸》合为"四书"。元朝至顺元年(1330),孟子才被加封为地位仅次于孔子的"亚圣公"。

(一) 性善论

孟子将孔子的"仁学"发展到了极致。孔子讲"性相近也,习相远也",人性本来是差不多的,没有善恶可言,学习或社会环境使人与人差别巨大。孟子继承孔子"为仁由己"的思想,认为人们经过自我努力皆可达到至善境地,提出了"人皆可以为尧舜"的观点。

孟子认为,仁是人的本性所固有,"人皆有不忍之心"。先天的"善端"就像种子,经过人们自觉的道德修养发展为"善德"。人具有一种先验的善性,"人性之善也,犹水之就下也;人无有不善,水无有不下"。而人性之所以是善的,是因为人生来就具有"善端",有"恻隐之心",比如当人看到一个小孩子将要掉入井里时,第一个念头就是要去救他,此念之萌动就是恻隐之心的发动。"由是观之,无恻隐之心,非人也;无羞恶之心,非人也;无辞让之心,非人也;无是非之心,非人也。恻隐之心,仁之端也;羞恶之心,义之端也;辞让之心,礼之端也;是非之心,智之端也。人之有是四端也,犹其有四体也。"因此,孟子的结论是:"仁、义、礼、智,非有外铄于我也,我固有之也,弗思耳矣。"

孟子"性善论"是孔子"仁学"的逻辑展开。"仁"是由"亲亲"之爱而拓展的"爱人",这种"爱"基于人们对自身生命的体认和肯定,人们意识到生命存在的意义,所以格外珍重自身,进而珍重与自己的生命活动有直接联系的父母、兄弟,再进一步,拓展到所有的人。孟子所谓的"恻隐之心"其实就是人对于生命的怜惜、珍重。孟子由齐宣王不忍闻被杀之牛之哀鸣而肯定其"仁"心,所揭示也正是对生命的爱、同情。人们之间的同情、尊重,即"恻隐之心""不忍之心",也就是所谓"良心""人性",孟子说:"仁,人心也;义,人路也。""仁也者,人也。"

孟子认为,先天的"善端"就像种子,只有人们自觉培育道德修养才能使其发展为"善德"。由此,孟子极大地强调了人的道德修养,提出存心养性、返身而诚、养浩然之气。在孟子看来,人与天具有本质上的一致性,扩充主体之心即可沟通天人关系,"尽其心者,知其性也;知其性,则知天矣,存其心,养其性,所以事天也"。尽心知天并不是说人可以随意规定"天",而是强调天以其自身的本质规定人的本质,只要人充分发挥主观能动性,扩充自身的本心,即可以把握天的本质,达到人与天的合一。"诚者,天之道也;思诚者,人之道也。至诚而不动者,未之有也;不诚,未有能动者也。""万物皆备于我矣。反身而诚,乐莫大焉。强恕而行,求仁莫近焉。"相反,一个人如果不愿意向善,那就是"自暴""自弃""自贼"。孟子认为人之所以会有不善是由两方面原因造成的。一是外界影响,他说:"今夫水,搏而跃之,可使过颡;激而行之,可使在山。是岂水之性哉?其势则然也。人之可使为不善,其性亦犹是也。"二是人自身是否有向善的主观愿望,他说:"人之异于禽兽者几希,庶民去之,君子存之……求则得之,舍则失之,是求有益于得也,求在我者也。"

(二) 仁政、王道说

孟子从其性善论出发,提出了"仁政""王道"政治理想。他指出,"仁政"源于先王的"不忍人之心":"人皆有不忍人之心。先王有不忍人之心,斯有不忍人之政矣。以不忍人之心,行不忍人之政,治天下可运之掌上。""不忍人之政",具体地说,也就是要"省刑罚,薄税敛","使民以时",这样可以使百姓富起来,如此,"使民养生丧死无憾也。养生丧死无憾,王道之始也"。在民富之后,孟子主张要教民,"设为庠序学校以教之"。孟子认为:"善政不如善教之得民也,善政,民畏之;善教,民爱之。善政得民财,善教得民心。"孟子很清楚,"夫仁政,必自经界始",实现"仁政"要"制民之产";因为"无恒产而有恒心者,惟士为能。若民,则无恒产,因无恒心"。孟子还具体描绘了"仁政"的蓝图:耕地按井字形分为九块,中间一块是公田,周围八块为八家的私田,使每家有百亩之田、五亩之宅,八家同养公田;乡亲之间"乡田同井,出入相友,守望相助,疾病相扶持,则百姓亲睦"。

孟子"保民而王"的主张建立在"民贵君轻"的理念之上。孟子认为,"得天下"的关键是"得其民""得其心",而"得民心"则是要满足民众的生存欲望。中国历史上许多思想家提出过"重民""爱民""亲民"的主张。比如荀子言:"君者,舟也;庶人,水也。水则载舟,水则覆舟。"孟子则明确将"民"置于"君"之上:"民为贵,社稷次之,君为轻。"如果国君不听从大臣的忠言,大臣可以拂袖而去;面对倒行逆施的暴君,臣民可以将他们看作"独夫民贼"而征伐、诛杀。

二、儒家别宗:荀子

荀子:儒家之别宗

荀子把孟子称为"俗儒",自己则以"大儒"自命。荀子在继承孔子思想的同时又吸收了道、墨等家的思想要素,在儒家学派中别立一宗,因而有"别儒"之称。

荀子(约前313—前238),名况,人称荀卿、孙卿,战国末年赵国人。当时齐国的威王、宣王广招天下的贤士,尊之为"上大夫",使他们聚居于齐国的稷下学宫著书立说,最盛时有上万人。荀子也到稷下游学,三次被推为祭酒,是稷下学宫的学术领袖。荀子打破了"儒西行不到秦"的惯例,带着学生到秦国访问。荀子在楚国期间与春申君结交,被任命为兰陵令。后来住在兰陵家中专心研究学问,著书数万言。

(一) 性恶论

荀子认为:"人之性恶,其善者伪也。"孟子所谓的人性指的是人之所以为人的特性,孟子认为人区别于其他动物所具有的根本标志即在于人有"人伦",人如果没有仁义礼智信那就几近于禽兽。荀子的人性是指人还未进入社会生活之前、生来俱有的自然本性,"生之所以然者谓之性";故而荀子得出了与孟子迥然不同的结论:"性者,本始材朴也;伪者,文理隆盛也。无性,则伪之无所加;无伪,则性不能自美。性伪合,然后成圣人之名,一天下之功于是就也。"在荀子看来,"人之生也固小人",至于仁义,则是由后天所学、所行、所为而获得的。

荀子的性恶论与他的"明于天人之分"的天道观紧密相连。在孟子看来,天道与人道、天性与人性是完全一致的;人道就是天道,人性就是天性。荀子则认为,天人各有其独立性,天有天的法则,人有人的法则;作为人道的"义"不是天道或天性的体现,不是天赋予人而为人所固有的东西。"礼义法度者,是生于圣人之伪,非故生于人之性也。"

荀子进而提出了以人"制天"的主张。他将"天"解释为自然,"天行有常,不为尧存,不为桀亡","天"的运行有自己的规律,与人世间的治乱凶吉毫不相干,因而人没有必要对它顶礼膜拜,"大天而思之,孰与物畜而制之?从天而颂之,孰与制天命而用之?"

(二)隆礼重法

"今人之性恶,必将待师法然后正,得礼义然后治。"荀子言性恶论,由此强调以"隆礼重法"——德法并举来治理国家。孔孟倡导王道和仁政,法家主张霸道和法制,荀子坚持了儒家礼治的社会理想,又综合了法家的观点,他认为:"治之经,礼与刑,君子以修百姓宁,明德慎罚,国家既治,四海平。"

荀子的人性只限于食色、利欲等自然天性,"不事而自然谓之性"。荀子认为"顺是",对人的自然天性不加干涉而任其自然发展,那就会带来"恶"的后果。荀子看到了道德约束力的局限,强调以法来维护礼,甚至主张要实行重刑,称"治则刑重,乱则刑轻"。荀子的"礼",更偏重社会制度层面,因而它是外在的、带有强制性的规范。"礼起于何也?曰:人生而有欲,欲而不得,则不能无求;求而无度量分界,则不能不争;争则乱,乱则穷。先王恶其乱也,故制礼义以分之,以养人之欲,给人之求,使欲必不穷乎物,物必不屈于欲,两者相持而长,是礼之所起也。"在这段文字中,荀子表述了三层意思:"礼"起源于人的自然本能;先王制定"礼",人类社会才井然有序;礼的功能即"分",区别贵贱之等、长幼之差等,使人们各得其所。

荀子关于"礼"的理论影响深远。荀子的学生韩非、李斯后来成为法家的代表人物。谭嗣同说:"二千年来之政,秦政也;二千年来之学,荀学也。"[①]

三、《大学》《中庸》:孔氏遗书

《大学》《中庸》本为《礼记》中的两篇文章,后来宋儒将它们抽出与《论语》《孟子》合并称为"四书"。

[①] 谭嗣同:《谭嗣同全集》下册,中华书局1981年,第337页。

"大学"原意是指王公贵族子弟的学校,与"小学"相对,不过《礼记》所谓的"大学"指的是为学的一种境界,"化民易俗,近者说服,而远者怀之,此大学之道也"。儒家的"大学之道"是统治者以学教化民众、移风易俗。《大学》系统地阐释了先秦儒家"内圣外王"主张:"大学之道,在明明德,在亲民,在止于至善。……古之欲明明德于天下者,先治其国;欲治其国者,先齐其家;欲齐其家者,先修其身;欲修其身者,先正其心;欲正其心者,先诚其意;欲诚其意者,先致其知;致知在格物。物格而后知至,知至而后意诚,意诚而后心正,心正而后身修,身修而后家齐,家齐而后国治,国治而后天下平。"

这就是所谓"三纲领"和"八条目"。"三纲领"是儒家"为学"要解决的三个根本性问题:"明明德"即明白自己的德性,或者说使自己的德性得以昭示于人;"亲民",亲爱人民,或解为教化民众,也就是所谓齐家、治国;"至善"是儒家社会理想的最高境界,亦即所谓"平天下",使天下"太平",进入"大同"世界。"大道之行也,天下为公。选贤与能,讲信修睦,故人不独亲其亲,不独子其子,使老有所终,壮有所用,幼有所长,矜寡孤独废疾者,皆有所养。男有分,女有归。货恶其弃于地也,不必藏于己;力恶其不出于身也,不必为己。是故谋闭而不兴,盗窃乱贼而不作。故外户而不闭,是谓大同。"也有人解释,三纲领实际上只是一个纲领,即"止于至善",而"明明德""亲民"则是其方法、途径。

"八条目"即格物、致知、诚意、正心、修身、齐家、治国、平天下。"格物""致知""诚意""正心"这些步骤,都是修身的道路和手段。孔子强调修身为本、正身以正人,在孔子看来把孝敬的风气影响到政治上也就算是参加了政治。孟子指出:"天下之本在国,国之本在家,家之本在身。"经过《大学》的发挥,这个理念就更明确了,即以"德"为核心,由内而外、由己及人,"修身""齐家""治国""平天下"。

《中庸》提出了有德之人必须好"三达德",实行"五达道",才能达到"中庸"的境界。所谓"五达道"即君臣、父子、夫妇、兄弟、朋友这五方面的关系,其行为准则是"君惠臣忠""父慈子孝""夫义妇顺""兄友弟恭""朋友有信"。这"五达道"的实行要靠"三达德"——智、仁、勇。而要做好"三达德"达到中庸的境界,就要靠"诚"。教育的目的就是要人们努力进行主观心性的养成,以达到"至诚"的境界。

《中庸》着重讲了修身养性的方法,即"中庸之道":"喜怒哀乐之未发谓之中,发而皆中节谓之和。中也者,天下之大本也;和也者,天下之达道也。致中和,天地位焉,万物育焉。"这就是说,人的情感及其行为要恰到好处,不能偏执;另一种说法,"中者,不偏不倚、无过不及之名。庸,平常也"[①],就是说在思想上把握天道性命之理,在处事接物上显得平平常常。

---

① 朱熹:《四书章句集注》,中华书局1983年,第3页。

第四节　儒学与中国文化

孔子由凡人而王、而圣,儒学由"诸子百家"中的"一家"而上升到"独尊"的地位。儒家思想适应了建立在自然经济基础上的家国一体的社会结构的需要,因而成为占统治地位的思想,渗透到社会的方方面面,儒家的理念建构着中国的教育、政治、法律、风俗;儒家的价值观成为华夏文明的社会理想、精神追求。

一、礼乐刑政一体:礼教社会

儒学源于西周的礼乐文化。中国上古曾有一个"家为巫史"的时代,人人做巫、事事问神,官巫(或许那时官巫合一)旱灾舞雩、丧事降神,民间的男巫、女巫则忙于祛病、禳祸、卜凶吉。殷墟发现的十多万片甲骨,几乎全是祭祖和占卜的记录,由此可见殷人宗天尚鬼风气之兴盛。"殷人尊神,率民以事神,先鬼而后礼,先罚而后赏,尊而不亲。""上帝"之称也最早见于卜辞,指称天地之主宰,兼有降灾祸赐福佑的功能。殷人还把日月星辰、风雨雷电和山川土地等人格化为自然神,视为上帝的使臣而加以崇拜。殷人事事求卜问神,听天由命,表现出对"天"的极端敬畏,在他们观念中神灵、祖先能够降灾祸或授福佑于时王。殷商王朝覆灭后,以周公为代表的杰出政治家意识到事神敬天之外,更要"以德配天""敬天保民",赋予天命、天意以伦理的性格,"周人尊礼尚施,事鬼敬神而远之,近人而忠"。于是,中国文化由巫信祭祀进展为礼乐文化。周公"制礼作乐",礼的内容、意义也变了,由宗教祭祀的仪式演变为规定政治秩序以及人与人关系的典章制度和道德规范。

礼起源于原始宗教信仰,起源于祭神;礼本来是一种用于宗教祭祀的仪式,"礼,履也,所以事神致福也"①。在甲骨文中,礼的写法是两串玉放在器皿中,象征人向鬼神有所奉献。考古发掘证实,在新石器时代已经出现了基于祭神活动的礼仪,辽宁喀左发现的距今五千年的红山文化遗址中,有大型的祭坛、神庙、积石冢等,这是一处规模庞大的祭祖活动场所。据《尚书》载,舜在代替尧担任部落联盟首领时,为了表示自己已经取得了最高祭司的权力,曾举行了一套祭祀仪式,首先祭祖天,然后按尊卑次序祭四时、寒暑、日、月、星、水旱等"六宗",以及名山、大川、丘陵、坟衍等群神。周以及后世帝王也一直以自己的祖宗配神,如司马迁所说:"周公既相成王,郊祀后稷以配天,宗祀文王于明堂以配上帝。"周代礼乐文化的特征即在于以礼仪这么一套具有象征意义的行为模式和结构程序来规范、调整个体与他人以及宗族的关系,并在这个过

---

① 许慎:《说文解字》。

程中区别贵贱之等、长幼之差。周公所制定的礼制既是"经国家,定社稷,序民人"的政治制度,又是处理君臣、父子、夫妻、兄弟、舅甥关系的伦理原则。在礼的框架中,天子与诸侯、诸侯与大夫之间的尊卑亲疏关系体现了出来,人们揖让进退、乐舞歌唱、衣服饮食、宫室车马等也就井然有序。比如"天子棺椁七重,诸侯五重,大夫三重,士再重"。比如孔子"席不正,不坐","食不语,寝不言"。从《仪记》中我们可以知道西周的礼仪是相当繁复精致的,包括冠礼、婚礼、相见礼、乡饮酒礼、丧礼、祭礼等,显示了我们的先民从神、天的主宰下解放出来,开始以道德理性来规范现实世界中人与人的关系。如此而言,周公制礼作乐其实是"还礼于俗",使先前日益蔽于神而不知人的礼仪重新还原到民俗,还原到人们的日常生活。

孔子"以仁入礼",将"孝悌"之类的亲情作为"礼"的前提、根基,"这就把'礼'以及'仪'从外在的规范约束解说成人心的内在要求,把原来的僵硬的强制规定,提升为生活的自觉理念,把一种宗教性神秘性的东西变而为人情日用之常"①。而且,"礼"建立在亲情之上,以父慈子孝的自然之爱为依据,这样,所有的社会成员都可以用"礼"来教化、约束,都可以成为文明人。孔子"仁者爱人"的观念意味着"人的发现",由此,"礼不下庶人"的惯例被突破,所有的人都是人,都应该成为文明人,用"礼"来规范,"齐之以礼"。孔子所讨论的即以"礼"治家、治天下,通过自然亲情的发现和强化而确认彼此的伦理义务、责任,使家庭乃至社会和睦有序。

汉代统治者"马上得天下",却转而以儒学统一人心,治理天下。这是历史的必然。刘邦从叔孙通一班儒生所安排的朝仪中体会到了做皇帝的威严、尊贵,周孔之礼凸显了"明伦纪、辨名分、正人心、端风俗"的价值和功能,汉开始步入中央集权的专制帝国的政治运作。汉武帝接受了董仲舒的建议,推行"罢黜百家,独尊儒术",儒学成为国家意识形态,孔子也成了没有圣王之位却有圣王之实的"素王"。孔子的学说重心是调节家族成员之间的伦理关系,以家族成员之间的伦理关系为框架进而建构整个社会的伦理规范。这样一种伦理型文化恰恰是"伦理社会"的社会现实在观念领域的反映。中国两千多年来一直是农业社会,在自给自足的自然经济中人们的生产和生活局限在自己的家庭,诸如家庭仪式、社会救助以及造房等一些大的社会活动超出了家庭的能力,则依赖亲戚朋友,首先是血缘最近的兄弟;家庭是社会组织的基本单位和原型,所以以孔子为代表的儒家思想家把伦理规范的重点放在家庭内部的统一,道德的功能即在于规范家庭成员之间的关系,主要是父子、兄弟之间的伦理关系,并且从此引申出其他社会关系之间的伦理规则。这不仅仅因为在农业社会中,家庭是社会最基本的单位,家庭稳定了整个社会也就太平无事;而且,在一个由宗法制发展而来的农业社会中,社会的组织原则以及相应的伦理规范不能不以家族制为原型,比如由父子之"亲"敷衍出君臣之"义",由兄弟之"序"引申出朋友之"信"。人们只能由

---

① 李泽厚:《中国古代思想史论》,生活·读书·新知三联书店 2008 年,第 15 页。

家而国形成一个统一的社会,就伦理来讲则移"孝"为"忠"。下级以侍奉"父母"的姿态对待上级,上级则以"父母官"自居,皇帝把天下的民众看作"子民"。所以统治者津津乐道于"以孝治天下"。这样,华夏大地上就出现了这样一种政治模式,贯通并规范这个庞大的帝国运作的是周公创制、孔子予以升华的"礼"。"中国人的生活完全以礼为指南。""他们(指中国的立法者)把宗教、法律、风俗、礼仪都混在一起。所有这些东西都是道德。所有这些东西都是品德。这四者的箴规,就是所谓礼教。中国统治者就是因为严格遵守这种礼教而获得了成功。中国人把整个青年时代用在学习这种礼教上,并把整个一生用在实践这种礼教上。"①

以儒家思想为宗旨的中国社会是"礼治"社会,贯彻着儒家"德治"的政治理念,以尧舜之类的古代贤君为楷模,要求帝王先修身养性,完善道德境界,再以身垂范,治国、平天下。儒学内容丰富,包括了人类生活和社会发展的各个方面,是一个完整的文化体系,其中最突出、最核心的是伦理道德,孔子及其后学是从伦理规范的角度来讨论政治、经济、法律、道德以及教育、艺术的。儒家相信人性是善的,下民可教、可化,士大夫以及统治者可以弘扬其道德人格而承担其勤政爱民的责任。儒家的"德治""礼治"属于"人治",主张以人的道德理性构建和谐的社会、人情化的国家。而政治的清明和官吏的廉洁依赖执政者的品质、修养,"其人存则其政举,其人亡则其政息"。由此不难理解圣君贤相千百年来一直是大众的理想。

中国社会是"礼治"社会,"礼"规定了人与人关系的准则、人的行为规范,并且,长期的教育已经使这些外在的规矩内化为人的内在习惯,成为个体的"良知""良心"。而"法"则以"礼"为基础,努力维系"礼"的实行。西汉之后,儒法合流,儒学"法典化",立法和司法中"纳礼入律""引经决狱",以礼入法使得礼教的伦理纲常具有法律上的效力和强制力。唐朝政府颁行的《唐律》就贯彻着"德礼为政教之本,刑罚为政教之用"的原则,首篇即列出"谋反、谋大逆、谋叛、恶逆、不道、大不敬、不孝、不睦、不义、内乱"十种最严重的罪行,规定"十恶不赦",一律处以重刑而不能享有赎、免等特权,"不敬、不孝、不睦、不义"皆属于礼的范围。至于官府衙役审案判讼,以伦理入法律则更为普遍,比如法律中的送惩权(父母以不孝罪名将子孙送官府惩处)、亲戚容隐(允许亲人间隐瞒罪行)、血亲复仇(一定程度上容忍血亲复仇)、代刑(子孙、兄弟代替受刑)。

正因为礼是为人处世的准则,所以,人的成长、人的社会化也就是学习礼的过程,即所谓"知书达礼"。教育的意义、作用便是个体体认并且自觉承担"家""国"所给定的义务,达到与社会和谐的境界,即历代儒家学者所倡导的"明人伦"的教育宗旨。中国古代的教育属于人文教育,教育的使命是使每一个社会成员成为具有善良品格、道德素质的个人。

---

① [法]孟德斯鸠:《论法的精神》。

二、内在超越：儒教

儒学在古代起到了宗教的作用，被人称为"儒教"。我们知道，孔子对神、鬼之类超自然的东西一概采取"存而不论"的态度，"未知生，焉知死""未能事人，焉能事鬼"，儒家对人死为鬼的怀疑实际上否定了作为天堂或地域的彼岸世界，也就堵塞了宗教产生之路。据此，许多学者认为儒学不是宗教。儒学本来是关于人的存在、生命意义的理性思辨，孔孟学说为芸芸众生提供了终极关怀。后来的统治者对儒学以及儒家圣哲顶礼膜拜，予以神化，而具有巫术、鬼神遗风的民众又需要超自然的信仰，这样儒学也在社会生活中起到了宗教的作用。再进一步说，儒学即儒教，古代敬天法祖的宗教传统被儒学所继承，在汉代结合阴阳五行等思想形成了儒教；孔子被神圣化，孔庙和其他祭祀形式出现，儒家也具备了宗教仪式。

儒学毕竟不同于一般意义上的宗教。牟宗三、唐君毅称之为"内在超越""道德的宗教"，钱穆概括其为"人文的宗教"。因为儒家的"天"有神性但不是神，有目的性但不是神的目的。更重要的是，儒学引导了人们以"内在超越"的方式寻求人生的终极性，以非宗教的形式实现"此在世界的超越"。儒家承认个体死亡是人生不可避免的命运，人所能做的只是避免死于"非命"罢了。人终归要死的，但他通过道德修养取得的完善人格，他所建立的功业可以不朽。儒家不追求个体生命的永恒，而重视生命的永恒延续，一个人虽难逃一死，但他的生命、事业可以在其后代身上得到延续，曾祖、祖、父、子、孙、曾孙……构成一个永恒的生命链条。礼所标榜的"尊尊""亲亲"的境界，这是一个等级有序、人情洋溢的天地，在这个世界中人们并没有太多的异己感，因此人们无须到超验的彼岸世界中去寻找寄托。人们一向以群体和血缘为本位，因而不需要"上帝"之类的绝对中介来实现人与人之间的联系与沟通。所以中国人注重历史、注重现实、注重文化的积累和传承，可以不依赖神祇地面对现实人生，有限的个体可以在无限的种族延续之中求得不朽。相反，面对人的生命的有限性这个事实，宗教文明相信人死后灵魂可以升入天国，向往着在彼岸世界获得永恒。因此，我们说儒学有宗教性或宗教精神，又不是严格意义上的宗教。

也有学者认为，儒教即宗教，它不仅具有稳定社会的世俗伦理价值，具有安定人心、安身立命的宗教特性，而且有宗教设施、组织、教义和祭祀活动。儒学本来就继承了商周时代的天命神学和祖宗崇拜，经过汉代和宋代的两次改造，儒家学说被改造成了儒教：孔子是教主，六经是经典，天地君亲师是崇拜对象，祭天祀孔是其宗教仪式，儒家的道统是其传法世系，它不讲出世，但追求的是精神性的天国[①]。从夏、商、周到

---

① 任继愈：《论儒教的形成》，中国社会科学，1980 年第 1 期。

明、清,有相应的神灵祭祀系统,国家有专管宗教祭祀的部门。天子祭天、祭祖及天下名山大川,诸侯祭社稷及境内名山大川,大夫祭五祀,秦汉以后地方官吏的祭祀、祈雨活动等,都是国家宗教活动。儒教还逐步完善了祭祀先圣先师的制度,立祠立庙祭祀。从京城到各州府县都有孔庙,每年春秋、每月朔望都由政府官员率行祭礼。儒者死后以入孔庙陪同孔子享受祭祀为最高荣誉。宋代以后,在孔庙之外,儒者还私建"先贤祠",其数量上一度不少于佛教的罗汉堂。儒者生前时刻怀抱着对上帝的敬畏;死后,其代表人物被作为神灵加以祭祀。

三、君子风范:儒学与中国的文化性格

"斯文在我",孔子终其一生为恢复、弘扬"礼治"的社会理想而奔走呼号,孔子的人生实践以及"非礼勿视,非礼勿听"的教诲为后学树起了君子的理想人格。孔孟的儒学开启了华夏民族的伦理性文化。亚里士多德说"求知是人的本性",雅典城邦的保护神是智慧之神雅典娜,站在她身旁的猫头鹰象征思想和理性。而中国社会,人之为人的标志和尺度即在于对于礼的认同和掌握,人的发现和自觉始终与道德理性的觉醒与完善联系在一起,人们通过道德意识和实践而充分肯定着人的价值和尊严。儒家所谓的"君子"集中概括了中国文化的社会理想、价值观念,千百年来一直是我们民族的理想人格,构成了华夏民族文化性格的基调和底色。

(一) 正己正人、成贤为圣

孔子一再称道的"君子"体现了儒家的人格理想,为后人所崇敬、仿效。君子最初的含义是指大夫以上的贵族,地位高贵,饰容不凡,熟悉礼仪文化。春秋末"君子"与"小人"的称谓开始有德才具否的意思。孔子告诫其弟子要作"君子儒"而非"小人儒"。君子成为人格理想,他们坚持仁义之类的精神追求,自觉承担起"济苍生""平天下"的道义责任,保持积极进取、奋发有为的精神状态,在现实生活中恭敬谦让、诚信守则。

孔子是这样描述君子的,"君子不器……君子周而不比,小人比而不周……君子怀德,小人怀土;君子怀刑,小人怀惠……君子欲讷于言而敏于行……君子坦荡荡,小人长戚戚……君子成人之美,不成人之恶,小人反是……君子和而不同,小人同而不和……君子耻其言而过其行……君子病无能焉,不病人之不己知也……君子求诸己,小人求诸人……君子矜而不争,群而不党……君子不以言举人,不以人废言……"简而言之,"君子喻于义,小人喻于利"。孔子认为,君子胸中有"道""义",处事为人皆有规有矩,所以"君子坦荡荡","三军可夺帅,匹夫不可夺志"。儒家的"人伦之至""百世之师"是尧、舜、禹、汤、文、武、周公等圣人。圣人终究是人格的楷模,孔孟认为,士的责任和理想也就是精通六艺,修养品行,正己而正人,以其高洁的品格感染、教育民众,辅佐君王,平天下。

(二) 安贫乐道、自信乐观

孔子宣称义即道德原则,义的内容即仁。孔子认为人生的理想即追求道德价值的实现。孔子不否认物质生活,他认为首先要解决物质生活的问题,然后才能提高人们的精神生活。但是,孔子又认为精神生活高于物质生活,只有充分展开精神生活,进入"仁"的境界,人才真正成其为人。孔子认为,做一个人,应该"志于道":"士志于道,而耻恶衣恶食者,未足与议也。"孔子自述其为人说:"发愤忘食,乐以忘忧,不知老之将至……饮疏食,饮水,曲肱而枕之,乐亦在其中矣。不义而富且贵,于我如浮云。"

"志于道",忠于自己的理想和抱负,所以孔子及其追随者面对现实世界中的困厄、清苦并没有失去信心。孟子明确地提出了"尊德乐道",他认为遵循并实践仁义礼智信,便会使人内心产生极大的愉悦以至手舞足蹈、不能自已。因为有理想,有高尚的精神追求,即便物质生活艰苦、社会环境险恶,人们仍然能自信地面向现实,乐观积极地生活。由此,形成了古代士大夫"志于道""乐于道"的理想主义精神人格。比如唐代诗人刘禹锡因参加革新运动得罪了当朝权贵,被贬到安徽和州,知县策某一再刁难,刘禹锡居所由城南门调到城北门,从三间缩小到一间半,最后竟只剩一间。刘禹锡愤然写下《陋室铭》,并勒刻于石头立在门前,"惟吾德馨""何陋之有"等语都脱胎于《论语》。

理想主义和道德理性使人们获得了充分的信心和自尊,一介书生也可以蔑视权贵。孔子有"匹夫不可夺志"的说法,孟子进一步突出了"君子"的人格尊严和傲然气势,"以顺为正者,妾妇之道也。居天下之广居,立天下之正位,行天下之大道,得志与民由之,不得志独行其道,富贵不能淫,贫贱不能移,威武不能屈,此之谓大丈夫"。孟子认为,士大夫与国君交往时,要"说大人,则藐之,勿视其巍巍然","彼以其富,我以吾仁;彼以其爵,我以吾义"。知识分子的自信和力量,在中国是建立在道德人格之上,"从道不从君"。

(三) 忧国忧民、刚健自强

孔子讲"君子忧道不忧贫",士作为道德理性和价值理念的维护者肩负起拯救苍生、安抚天下的责任。孟子继而提出"忧患"的概念,认为人的生命存在、事业兴败、国家存亡都与主体精神上的危机意识、进取意识联系在一起。儒家认为学做人所面临的根本问题就是道德境界的完善,而"明明德"的最终结果和目的则是"平天下"。由此,古代知识分子形成了关怀国家与民族命运的博大情怀和强烈的爱国主义精神,人们以"国"为"家",自觉承担其对于"天下兴亡"的责任。在中国历史上,知识分子"位卑未敢忘忧国",期待为苍生黎民和君王社稷而奉献一腔热血,而当国家面临外族入侵,则整个民族都积极行动起来,"苟利国家生死以,岂因祸福避趋之",同仇敌忾,保家卫国。

追求理想的道德理性和忧国忧民的责任意识,使儒家的人生实践和价值观念包含了积极有为、乐观自信的特点。孔子虽然承认天命,但不是消极地等待命运的安排,而是积极努力争取达到人力所能达到的最高限度。孔子所倡导并且为后来儒生效法的刚健自强、奋发向上的精神,可以说是我们民族精神中最重要、最有意义的部分。我们民族千百年来历经磨难而仍然充满活力,不断自我更新,正是凭借着这种积极进取、乐观向上的精神。

四、儒家的现代价值

2004年,许嘉璐、季羡林、杨振宁、任继愈、王蒙五人发起签署《甲申文化宣言》,主张重新评估和重建文化传统,弘扬中华传统文化的核心价值。

关于儒家传统与现代化的关系,马克斯·韦伯指出:中国的儒教严重阻碍了中国资本主义发展。西方新教伦理导出资本主义精神和理性的资本主义,而儒家修身、治家、罕言鬼神天命是一种理性主义宗教,其特征是安于传统,顺从权威,热衷于旧文化而不知向前[①]。20世纪60年代,被世界公认为儒家文化圈的日本和亚洲"四小龙"经济腾飞动摇了这种理论。

在现代化历程中儒家文化拥有其价值、意义,这一点是可以肯定的。儒家的现代价值至少可以从以下几个方面来讲。

(一) 全球化中的文化认同

以儒家为核心的传统文化是中华民族的文化身份和民族精神的核心内容和基本标志,我们民族对于真理和社会公正、进步的追求集中地体现在儒家"志于道""喻于义"的价值观念、人格理想上,在今天,人们一提及中国传统文化就会想到孔子,以至世界各地的学习中文和中国文化的学校纷纷冠名"孔子学院"。中国正走向世界,并在这个过程中崛起。全球化的时代需要民族文化,对我们来说,也就是要以儒家为核心的传统文化实现文化认同,进而凝聚民族精神,众志成城,完成中华民族的伟大复兴。

人类社会生活正跨越国家和地区界限,在全球范围内全面沟通,构成广泛而紧密的联系,全球化成为现代社会人的一种生存境遇,对人们的思维方式、文化观念、价值取向都发生了重大的影响,使各国特别是后发现代化国家的文化认同成为一个无法回避的问题:如何在异质的文化面前保持自己的本土文化,如何在全球化中确认自己的文化身份。《文化多样性与人类全面发展——世界文化与发展委员会报告》中指出:"标准化的信息和消费模式在世界各地传播,引起人们内心的焦虑和不安。人们开始把注意力转向自己的文化,坚持本土文化价值观,把文化作为确定自我身份的一种手段和力量之源。对于那些最贫苦无依的人们来说,他们的价值观是他们拥有的唯一财富。在这个纷繁复杂的世界上,传统价值观使他们不至于迷失自我,并赋予他

---

① [德]马克斯·韦伯:《儒教与道教》,王容芬译,商务印书馆1995年。

们生活以切实的意义。……人们担心的是,在经济发展的过程中,民族身份、归属感和个人的意义正在逐渐消失。"① 你我是什么人、应该怎么生活、要去什么地方,这都要文化来解释,并且必须以特定的文化传统为坐标。对华夏儿女来说,必须学习我们的文化传统,感受、体会进而拥有中国情结、中国心。

(二) 现代社会里的身心安顿

儒家的价值观和人生理想引导着现代社会的人追寻人生意义。儒家强调人的道德理性,重视人的精神生活,在孔子看来,一个人应该"志于道",衣食之类的物质享受可以讲究,但终究是次要的。孟子赞扬了"富贵不能淫,贫贱不能移,威武不能屈"的"大丈夫"。儒家肯定了人存在的价值和意义,警示人们不要为追求物质文明而忘掉人的精神生活、人性的尊严。世界范围内,在工业化、理性化的现代社会,对于财富、成功的渴求恶性膨胀,"一切等级的和固定的东西都烟消云散了,一切神圣的东西都被亵渎了","冷酷无情的'现金交易'"消解了"宗教虔诚、骑士热忱、小市民伤感"②。一方面功利主义、物质欲望泛滥,另一方面是精神世界的"祛魅",宗教的、天国的权威瓦解,多元化的价值使人们面临价值混乱、信仰危机。孔子主张"见利思义",物质生活是人类生活的基本内容,但精神生活高于物质生活,精神贫乏会导致灵魂的毁灭。现代人可以从孔孟的遗训和生活实践中获得启迪,克服"文明病"及现代性焦虑,诗意地栖居在机械化、格式化的工业社会。

四十多年来,中国在改革开放中走向工业化、现代化,人民生活状况和社会面貌都发生了深刻的变化。道德建设等不能不立足于本土的文化资源,比如讲"爱",对于华夏儿女,恐怕就不能不从儒家的"仁爱"入手,不能不借用"仁者爱人""老吾老以及人之老"之类的古训。

(三) 全球共识中的中国智慧

儒学是人类文明的一部分,属于全世界所有追求和平、自由、平等、公平与正义的人们。美国前总统里根1982年8月27日致旧金山祭孔大典主任的信中说:"孔子高贵的行谊与伟大的伦理道德思想,不仅影响了他的国人,也影响了全人类。孔子学说世代相传,提示全人类丰富的为人处世原则。"美国加州州长宣布该州自8月21日至28日为尊孔周。(《齐鲁晚报》)如前所述,法国启蒙思想家曾从孔子学说中获得启迪。工业革命成功后,现代化的弊端使一些西方思想家到东方文化,特别是到中国传统文化中去寻找人生真谛和社会发展方向。英国哲学家罗素于1920年访问中国后写道:中国至高无上的伦理品质中的一些东西,现代世界极为需要。这些品质中我认为和气是第一位的。"如果在这个世界上有'骄傲到不屑打仗'的民族,那就是中

---

① 联合国教科文组织、世界文化与发展委员会:《文化多样性与人类全面发展——世界文化与发展委员会报告》,张玉国译,广东人民出版社2006年,导论第7页。
② [德]马克思、恩格斯:《马克思恩格斯选集》第一卷,中央编译局编译,人民出版社2012年,第403页。

国。中国人天生宽容而友爱、以礼待人,希望别人也投桃报李。"①

在现代通信、现代交通、现代信息技术的推动下,全球构成了一个多维的经济、政治、文化及社会生态的相互依存关系网,使地球变成了一个大的村落。全球化的进程唤醒了人们的全球意识、共同意识,不同地区、不同文化背景的人们相互关注,民族文化和全球共识凸显了出来。1993年,美国芝加哥世界宗教大会,通过了孔汉斯起草的《世界伦理宣言》。其中说:"经历了数千年,在人类许多宗教和伦理传统之中都可以找到下列原理,并不断维持下去,即:'己所不欲,勿施于人。'……这应该是贯通于生活的所有领域——家庭与社区、种族、国家与宗教的不可取消的、无条件的规范。"② 孔子的"忠恕之道"已经成为全人类和平共处、和谐交往的"黄金法则"。

思考题

1. 为什么人们用"儒家文化""儒家文明"来形容中国古代社会?
2. 孔子做了什么?为什么说没有孔子,中国文化就是另一个样子了?
3. 孟子的性善论,在何种意义上是合理的?在什么情形中又会有消极作用?
4. 儒家的"德治"即"人治",由此分析人们对"圣君贤相""清官"的期待。
5. 儒学传统在现代社会中的积极作用是什么?

---

① [英]罗素:《中国问题》,秦悦译,学林出版社1996年,第154页。
② 张立文:《"孔子与当代"国际学术会议论文集》,河北大学出版社2005年,第105页。

第二章 逍遥之道
——道家文化

　　苏轼早年具有儒家辅君治国、经世济民的政治理想,积极投身现实政治,但他在新旧两党间均受排斥,一再受挫,曾罹"乌台诗案",险遭杀身之祸,后被责授湖北黄州团练副使,又被远贬广东惠州,再贬海南儋州。大起大落、饱受苦难的苏轼并未隐居避世,反而成就了旷世才华。贬官黄州的一天晚上,苏轼耕地回来,雨后的乡间小路安静清幽,只有自己竹杖敲打石头的声音铿然作响,他诗性大发,吟《东坡》诗:"雨洗东坡月色清,市人行尽野人行。莫嫌荦确坡头路,自爱铿然曳杖声。"这表现了诗人热爱自然、旷达乐观的思想情怀。北宋元符三年(1100),苏东坡遇赦北归,离开海南时写了一首《别海南黎民表》:"我本海南民,寄生西蜀州,忽然跨海去,譬如事远游……"本是四川眉山人的苏东坡,却说自己是"海南民",寄养在四川,回中原却说成是"远游"。苏东坡在庙堂则不恋山林,在山林就不恋朝市,随遇而安,顺应天命。他生性放达,为人率真,深得道家风范,好交友、好美食,创造出"东坡肉"等许多饮食精品,好品茗,亦雅好读书,游心于老庄、佛禅,在心灵上找到了安顿之所。苏轼在读《庄子》时曾慨叹:"吾昔有见,口未能言,今见是书,得吾心矣。"

　　中国文化以儒为主、儒道互补。孔子之说树立了中国知识分子的人生理想,追求功名,经世致用,平治天下;道家之论则满足了中国知识分子浪漫的、悠闲适意的要求。从魏晋开始,人们以道家思想超越苦难人生,遗世独立,在艺术和世俗生活中寻求逍遥的境界。正如冯友兰先生所说:"道家使中国人处于游戏状态,儒家使中国人处于工作状态。这就是为什么每个中国人在成功时是儒家,而在失败时是道家的原因。"

　　道家以"道"为世界的本原,故称之为道家。道家作为儒家思想的补充,共同建构了中华民族的传统思想文化。老庄对宇宙本体的形而上的抽象代表了古代思辨哲学的最高成就,老庄学说提供了一种抗拒逆境的精神力量和消融苦闷的途径,成为士大夫精神人格的基本成分。

道家哲学还深深影响到中国的道教与佛教两大宗教思想的发展。道教尊老子为太上老君,奉《道德经》为道教基本经典,奉《庄子》为《南华真经》,并且用老庄哲学来论证道教的神仙学,建立了道教的宗教哲学体系。汉代、魏晋时期的佛教,也往往援用道家的思想来解释印度的佛经,禅宗更是明显吸收了庄子的思想。

第一节 道家概述

道家始于老子,后成为诸子百家中的一家,是古代中国社会思想文化体系中以道为核心观念、崇尚自然无为、人道顺应天道的一个流派。

一、隐居放言:道家源流

《汉书·艺文志》云:"道家者流,盖出于史官。"史官是王室内负责记载成败、存亡、祸福、古今之道的人,由于阅世多,更事富,而通古今之变,可以说史官在当时是最有学问的一类人。被称为道家奠基人的老子在东周当过守藏室之史,即负责保管文献资料,记录历史事件,等等。

春秋初年,周王朝衰落,出现了学下私人的现象。在此过程中,出现了一批不满于社会现实的隐士。这些隐士,无力改变社会现实而远离现实过着隐居的生活,他们并未彻底隐退,而是留心世事,用"隐居放言"的方式关心社会,根据自己的知识结构和对上古文化的了解以及隐居生活比较接近自然的特点,提出了效法自然、以自然为宗的主张。这一批隐士,实际上构成了一个学派,也就是汉朝人给他们命名的"道家"或"道德家",老子就是这些隐士的代表。

二、老庄代表:先秦道家

先秦道家,创始于老子,而大成于庄子,"老庄"成为道家的代名词。其实,道家的主要代表人物除老庄之外,还有关尹、彭蒙、田骈等,主要著作除了《老子》《庄子》外,还有《文子》《吕氏春秋》和《淮南子》等。

老子的"道"源于原始氏族制、楚文化精神以及先秦古籍。我国母系氏族的典型文化——仰韶文化遗址中出土了各种玉器,除了一些动物造型外,绝大多数为圆形,如环、佩、玦、琮、璜、璧等,这类尚圆意识,影响了道家思想。崇尚阴柔是老子思想的特色,也是《老子》一书的基调。老子崇尚阴柔,是继承上古文化中女性崇拜的体现。在原始社会,氏族成员集体劳动,共同分配劳动产品,氏族首领虽行使自己的管理职权,却不私自占有大家的劳动成果。老子把这种上古文化的遗风加以理想化,并提升为一种普遍的"道"的品格——"生而不有",与"普天之下,莫非王土"的现实世界形成鲜明的对照。老子吸收了上古时期的格言、谚语及古帝王的统治经验,并把这些思想资源提升到了哲学的层面加以阐发。

老　子

老子思想具有楚文化的色彩。其哲学的博大精深与楚文化的开放性有密切关系。他以水喻"道",得益于楚文化的生成环境;楚文化中的两大鲜明特征——神秘性与创生性,影响了老子之道。楚国"信巫鬼,重淫祀",赋予老子之道一定的神秘性;楚文化的创新求变精神,使老子之道具有极大的变化性。楚人尚红色,推崇张扬个性和自由精神,老子著作即体现了楚人的这种精神取向。《老子》五千言以"小国寡民"作结,目的即为了创造少有干预、自然和谐的生存环境。从文风看,《老子》也体现了自由活泼的思维风格。因此,从地域角度来说,孔孟代表周鲁文化,而老庄则代表荆楚文化。蔡元培先生在《中国伦理学史》当中,也将老子思想视为"北方文化之反动力"。

先秦道家与《易经》之间也有深厚的联系,受《易经》的影响发展而来。"易"之名,代表"变化"。《易经》在国外的译名是"The Book of Changes",其哲学是围绕阴阳两元素的对立,阐述宇宙和世间万物的变化。正如许地山所言:"道家思想的渊源也与儒家一样,同出于《易经》。"《老子》由天而论及人,以一系列成对的概念阐述其思想,诸如"有无""难易""高下""大小""死生""强弱""刚柔""贵贱"等,突出了"变化"的规律,这些都可以看到《易经》的影响。

庄子及其学派继承并发展了老子思想。司马迁说庄子"其要本归于老子之言",成为道家中的一个高峰。与老子相比,庄子明显地把注意力放在了治身即"内圣"方面。他的治身,主要表现为对个人生命的关注;因为特殊的时代背景,又被迫采取"外其形骸"(养神、养心)的选择,提出"心斋""坐忘"等,作为其逍遥游世的内在依据。

三、稷下道家:黄老之学

道家这一名称下实际上包含着众多的派别及倾向,如老子与庄子之间就有关尹、杨朱、列子等,他们的事迹及学说要旨在《庄子》及《吕氏春秋》中都有记载。此外更重要的是战国时期声势浩大的黄老学派。"黄"指黄帝,"老"指老子,所谓黄老之学实际上是借黄帝之名,宗老子之学。

黄老学是战国时期的显学,其代表作便是马王堆汉墓出土的帛书《黄帝四经》,当时许多人学习黄老学,如《史记》中曾提到田骈、环渊、慎到、接子等,他们都是齐国稷下学宫中的稷下先生,"皆学黄老道德之术,因发明序其指意",故黄老学在稷下得到了迅速发展。

稷下道家的特点是显扬老学,淡化庄学,同时兼采儒、墨、名诸家,尤其是法家的思想,把道家的自然哲学改造为政治哲学。这种政治哲学的核心思想是"君人南面之术",所谓"术",即政治权术。在老学、庄学与黄老学中,把治身与治国结合最为紧密且对后世政治发挥实际影响的便是黄老学派,特别是稷下道家。《管子》中说:"心安是国安也,心治是国治也。"① 心安、心治是治身、内圣,国安、国治是治国、外王,二者究其实又是一体、一理②。

黄老之学盛行于西汉,对汉初政治产生过重要影响,西汉初年的君臣大多信奉黄老之学。东汉时期,黄老之学蜕变为"自然长生之道",向道教转变。

汉初黄老之学的盛行实际上只是一个相当短暂的时期,汉武帝独尊儒术,而后佛教传入,道教产生。道教继承了道家思想的某些观点,把老庄、黄老宗教化,并与神仙长生、民间巫术相结合。道教或许可以被看作道家发展的一种变态,道家也借助于道教的形式得到了发展。

四、雅谈清议:魏晋玄学

东汉末至两晋是两百多年的乱世,儒家名教之学失去魅力,士大夫对两汉经学的烦琐及三纲五常的陈词滥调普遍感到厌倦,于是转而寻找新的哲学论辩。"玄学"就是魏晋时期出现的一种崇尚老庄的思潮,"玄"是黑色,又有微妙、神秘等意思。《老子》第一章说:"玄之又玄,众妙之门。"③ 可以说玄学是道家的继续。何晏、王弼首开其风,王弼更以简洁有力的注经之作,从理论上深入道家之学并予以阐发,而向秀、郭象则发展庄学的注释工作。

同时,士人强调精神自由,追求生命情调,构成了魏晋时期特有的文化现象。老庄思想中玄妙超然的理论命题、道法自然的哲学思想,变成了名士们道化自然的生活实践,他们纵酒酣歌、服药炼丹、褒衣博带、傅粉施朱……更出现了描写山水诗最为诚挚、富有韵味的大诗人陶渊明。陶渊明不愿为五斗米而折腰,归隐田园,萧统谓其"怀抱旷且真",如他的《饮酒·结庐在人境》:"结庐在人境,而无车马喧。问君何能尔,心远地自偏。采菊东篱下,悠然见南山。山气日夕佳,飞鸟相与还。此中有真意,欲辩已忘言。"诗歌不是表达外在的社会功利,而是着力关注人的生命价值、才情、气质、格调,这也是此时期文艺的整体风貌。

---

① 孙波注释:《管子》,华夏出版社2000年,第235页。
② 陈鼓应:《道家的社会关怀》,梁启超、胡朴安、陈撄宁等:《道家二十讲》,华夏出版社,2008年,第158页。
③ 陈鼓应:《老子注译及评介》,中华书局,1984年,第53页,以下所引该书均出此版。

魏晋之后,道家思想被道教、易学与儒学理论所借用,而佛教在中国化的过程中,尤其是发展到禅宗的阶段,明显地体现出佛道合流的趋势。

第二节 老 子

"道"是老子哲学的最高范畴和中心思想,在这个系统中,本体论是属于最高层次的,是老子政治论和人生论的形而上的依据,天道自然无为,人道顺应自然,老子以自然为宗去把握天人关系,最后的结论是人效法天。面对春秋时期的社会文化变革,孔子由"吾从周"出发,对夏商周文化进行总结,走的是一条重建传统宗法伦理权威的救世之路;老子以自然否定了以"礼"为核心的西周宗法伦理文化。孔子从人道出发强调天与人、人与人关系的和谐;而老子则侧重于天道,提倡自然主义,强调人性和天道均取于"自然",从而达到天人之和谐。

老子:自然之道

一、青牛西去:老子其人

老子,名耳,字聃,"聃"是耳朵特别长的意思,后人传"老君耳长七寸"。《礼记》则说:"老聃,古寿考者之号也。"老子生于春秋末期,据说孔子曾到洛阳向他请教过有关"礼"的知识,现在洛阳还有"问礼巷"。《史记》记载老子是楚国苦县厉乡曲仁里(今河南鹿邑)人。因此道家被称为楚文化或淮水文化。

老子曾担任过东周"守藏室之史",即负责保管文献资料、记录历史事件的官吏。他了解天道和礼法,具有自然、社会与人生的丰富知识。当时,周王室已经衰落,周天子丧失了独尊的地位,王室内部为争夺权力而连续发生内乱,大动干戈。在周王室的内部斗争中,老子目睹了统治者的凶恶、残暴以及周天子对诸侯的乞怜等,这使老子对政治倾轧以及人世沧桑有更深刻的洞察和反思。后来周景王之子王子朝等带着东周王朝的图书逃往楚国,老子也就弃官隐去。《史记》中记老子经过函谷关时,关令尹喜见一团紫气从东方冉冉飘来,知是圣人来临,于是请老子留下真言才许过关,老子因此著书五千余言,即《道德经》,又称《老子》,后骑青牛西去,"莫知其所终"。"紫气东来"后来成为一个典故,帝王之家与平民百姓将"紫气"当作吉祥、祥瑞的象征,老子骑坐的"青牛"也成了神仙道士的坐骑,"青牛"也成了老子的代名词,老子又被称为"青牛师""青牛翁"。

二、自然即道:老子学说

"道"是老子哲学的最高范畴和中心观念,也是老子探究天道和人道以及天、人关系的指导理论,他的整个哲学系统都是围绕"道"而展开的。

(一) 自然即道的本体论

"道生一,一生二,二生三,三生万物。"这里所说的"一""二""三",即形容"道"创生万物的历程。老子的"道",是先天地而生的世界万物的本原,派生并滋养万物。它不受时间和空间的限制,不会因他物的生灭变化而有所影响,因此,"道"是具有超越性的。他说,"道"是万物之母:"道可道,非常道。名可名,非常名。无,名天地之始;有,名万物之母。"这里的"无"和"有"看似对立,实则相连续。"无"含藏着无限未显的生机,蕴含着无限之"有"。老子用"无""有"的别名,来表达形而上的"道"向下落实而产生万物的过程。

道家哲学的出发点是"避世",欲洁其身,还要提出一个思想体系,赋予他们的行为以意义。老子身逢乱世,更真切地体会到了个体的脆弱和渺小,于是他把目光和心灵投向茫茫天地,"有物混成,先天地生,寂兮寥兮,独立而不改,周行而不殆,可以为天地母"。"道"作为现实世界的本原和万物之母的形态出现,同时又是人生命活动的源泉和依托、至境,这样,在对"道"的仰慕和皈依中,个体超越了自身的有限性。

"道"生养万物,却不作万物的主宰,无为是"道"的玄妙德性。在老子之前,传统的天命神学认为"天"是世界的主宰者,如孔子在探讨天人关系时,认为天是人事的最高决定者。在孔子那里,天是有旨意的,天的这种旨意是不可抗拒的。而老子,在中国思想史上第一个明确地否认了有意志的天。老子所说的"天",是指客观存在的大自然,天道运行的规律是"无为而化"、自然而然。由于天道具有自然无为的特质,它排除了上帝鬼神的作用,并把宇宙的创造力归之于宇宙本身,以自然为宗去把握天人关系。

(二) 守雌贵柔的人生观

老子的整个哲学系统的发展,是从宇宙论伸展到人生论,再由人生论延伸到政治论。老子对人事的把握,是以天道的自然法则为宗而验之于人事,他所期望的是:人的行为能取法于"道"的自然性与自发性,要人们保持自己的质朴,恢复到人性的自然。在老子看来,道"生而不有,为而不恃,长而不宰","道"的根本特点是"反","反者,道之动",即一切事物都在不可阻止地向其对立面转化,"物壮则老,是谓不道,不道早已"。"物极必反",按照这个规律,老子从反面着力,提出了"弱者道之用"的思想、守雌贵柔的人生理念。庄子谓老子"以濡弱谦下为表"[①],《吕氏春秋》谓"老聃贵柔"[②]。

按照一般人的看法,柔弱是绝对不可能战胜刚强的,而老子则不仅看到事物的这种表面现象,他的智慧在于看到了事物矛盾的转化,赞扬了柔者、弱者的内在生命力。"专气致柔,能如婴儿乎"?在人生修养方面,应该集中精力,行为柔弱,像婴儿那样。

---

① 陈鼓应:《庄子今注今译》,中华书局,1983年,以下所引该书均出此版。
② 杨坚点校:《吕氏春秋·淮南子》,岳麓书社,2006年,第127页。

"知其雄,守其雌,为天下谿。为天下谿,常德不离,复归于婴儿。"一个人知道自己是雄健的,却安于雌柔,成为天下的溪涧。做到了这一点,他的德性就不会离失,而回到婴儿的状态。显然,老子这里赞扬的也是柔、雌,而不是健、雄。老子经常用水来比喻自然力量的伟大,比喻人类高尚的品质。他说:"上善若水,水善利万物而不争,处众人之所恶,故几于道。居善地,心善渊,与善仁,言善信,政善治,事善能,动善时。夫惟不争,故无尤。"水的特征是柔,它处境卑下但能滋润万物不与万物争利。老子认为,水的这种特性接近于道,因而上德之人应该像水那样具有利于万物而不与万物争的品德,它应该是道的体现者。

老子对阴柔的崇尚,是其继承上古文化中女性崇拜的体现,是母系氏族社会妇女阴柔、好静、守雌、谦下等品质和传统的哲学抽象。老子说:"谷神不死,是谓玄牝。玄牝之门,是谓天地根。""玄"是微妙难知之意,"牝"谓母体。"玄牝之门"象征着女性的生育部位。老子认为"玄牝之门"是微妙难知的,因此用它比作天地万物的根源。这显然是对女性生育功能的推崇和引申。它向我们昭示了老子崇尚阴柔与上古文化中女性崇拜的关系。

需要指出的是,老子的人生论与其辩证法思想也是相互联系的。老子贵柔的哲学是饱经沧桑之人的历史感、宇宙论的概括,也体现出一个智者对事物辩证法的直觉。老子认为,真假、善恶、美丑、有无、难易、长短、高下、前后等都是矛盾对立的,老子看到了事物发展的规律,任何事物的某些性质如果向极端发展,这些性质可能会转变成它们的反面:"祸兮福之所倚,福兮祸之所伏。""物或损之而益,或益之而损。""天下之至柔,驰骋天下之至坚。"这都显示了老子对人生和宇宙的一种"达观",任何事物都将走向其反面,天下没有不散的筵席。

(三)无为而治的政治哲学

"无为"是老子哲学非常重要的一个观念,老子认为任何事物都应该顺应它自身的情状去发展,不必用外界的意志去强加制约。"无为",即顺其自然、不加以人为的意思;"人为"则指不必要的作为、强作妄为之义。老子提出政治上的无为而治,其实是批评执政者好大喜功的"有为"所造成的人性异化及由此带来的种种弊端:"民之饥,以其上食税之多,是以饥;民之难治,以其上之有为,是以难治。"正是针对有为之政的危害性,老子从自然界的规律性中得到启发,强调社会亦应该顺道而为。"我无为而民自化,我好静而民自正,我无事而民自富,我无欲而民自朴。""是以圣人处无为之事,行不言之教。"人们要本着"无为"的原则做事,而后取得"无不为"的效果。

老子治国及治身的方法,其特别处在于"以退为进"或"损之而益"。政府以不干扰人民为上策,其职责在于辅助人民,使百姓并不感到政府力量的存在,"功成事遂,百姓皆谓我自然",反而觉得是自我发展的结果,这是最好的统治境界:"太上,不知有之。""其次,亲而誉之。其次,畏之。其次,侮之。"第二等的治理境界是国君以德感化百姓,用仁义教育百姓,使之觉得他和蔼可亲。再次一等的治理是用刑法威吓百姓,所以百姓都惧怕他。最差的治理是用权术诡计欺骗愚弄百姓,所以百姓都憎恨他。老子"无为"的政治主张事实上触及西方十九世纪"自由放任主义"的理念,与斯密所谓"看不见的手"、哈耶克所说的"自发秩序"、边沁对政府所提出的"要安静"等说法不谋而合。

因而,老子反对人为的、违背道的规律所作的种种干预,反对用刑、礼、智来治理国家,反对加重税收,反对拥有强大的兵力。他说:"绝圣弃智,民利百倍。绝仁弃义,民复孝慈。绝巧弃利,盗贼无有。"老子的理想政治是:"小国寡民,使民……甘其食,美其服,安其居,乐其俗,邻国相望,鸡犬之声相闻,民至老死不相往来。"面对社会政治的严重混乱和衰败,儒家试图通过"统治者"恢复"周礼"、通过"正名"和"为政以德"等一系列"有为"的行为重建社会政治秩序。但是,老子却截然不同地完全从"反向"或"逆向"去思考解决问题的方法。老子说:"天地不仁,以万物为刍狗;圣人不仁,以百姓为刍狗。"所谓"刍狗"是祭扫时用草扎成的狗,人们只不过用它来做代用品,对它是没什么感情可言的。天地对万物如此,不掺杂感情色彩;圣人对百姓也是如此,没有什么仁慈可言,听任百姓自在地生活,自生自灭。"天道"取法自然,"人道"取法天道,"天道"顺其自然,治国也应顺着事物的规律,顺着百姓的本性去做。所以老子说:"道常无为而无不为,侯王若能守之,万物将自化。"

老子说:"下士闻道,大笑之,不笑不足以为道。"然而,老子的这种"达观"又是在急剧变化的时代中失意者无可奈何的自慰。老子运用辩证的观点观察事物,从人类和草木由柔弱向坚强、由成长向死亡转化的生存现象中,得出"坚强者死之徒,柔弱者生之徒"的结论,从而认为人生处世也应该"贵柔"。但是,老子夸大了柔弱的意义,甚至提出"绝学""弃智""不尚贤""不贵难得之货"之类消极的主张,这就走向了另一个极端,"蔽于天而不知人"。

第三节 庄　　子

庄子是一位个性鲜明、独具特色的思想家,他既是深邃的哲学家,也是天真浪漫的诗人,他的哲思和艺术化的人生体悟相互作用,形成了独具特色的人生哲学,以回归自然、超然物外为追求,倡导突破形体的局限,达到精神境界的超升。

庄子:逍遥游

一、独与天地精神往来:庄子其人

庄子,名周,战国宋国蒙城(河南商丘东北)人。他的生平,我们知之甚少,只知道他曾经是宋国管理漆园(制漆作坊)的小官,不久就隐居了,后以打草鞋为业,甚至靠借债度日。庄子与孟子为同时代人,是惠施的朋友,他淡泊名利,为人清高孤傲,放旷怪诞。《史记》上说:"楚威王闻庄周贤,使使厚币迎之,许以为相。"庄子说:千金、相位确是重利尊位,但这好比祭祀用的牛,喂养多年,便给它披上绣花衣裳送到太庙作祭品。"我宁游戏污渎之中自快,无为有国者所羁,终身不仕,以快吾志。"(《史记·老庄申韩列传》)他还以腐鼠喻官位,以表明自己的高洁人格及对名利的轻视态度。

庄子不仅轻视权力富贵,而且对生死之事也非常淡然。据说庄子的妻子死了,朋友惠施去吊唁,看到庄子竟然在"鼓盆而歌",面对惠施的指责,庄子还振振有词:她出生前原本就不曾有生命,在这混沌的世界里由精气及至形体、生命,变来变去,如今又回到了死亡,就好像四季的运行全是顺着自然之理,有什么好悲哀的呢?生死不过是"气"的聚散,一种自然现象,这样便能化解和忘却死亡之忧。庄子自己临终前,也反对弟子厚葬,他说,要以天地为棺椁,以日月为连璧,以星辰为珠玑,以万物为赍送。《庄子·至乐》篇中,庄子又写了一个寓言,说他遇到一个骷髅,问骷髅:"你怎么这么可怜,究竟是怎样到了这个地步?"夜里骷髅托梦给他:"我虽然死了,但是上无君管,下不管臣,没有四时辛劳,自由自在,即使是当了天子也没有我快乐。"庄子不信,就试探着问:"我可以让你复活成人,你可愿意?"骷髅皱着眉头说:"我怎能放弃我的这种快乐而去遭受人间的辛苦呢?"很多人觉得庄子是在批判社会的黑暗,实际上庄子注重的是人在种种束缚下的现世中,怎样保持个人的精神自由。

在庄子看来,人生有种种束缚,不得自由,特别是"方今之时,仅免刑焉"。庄子的恣意放诞其实包含着对乾坤颠倒的社会现实的蔑视和抗争。"以天下为沉浊,不可与庄语。"(《庄子·天下》)既然这样,庄子只好"独与天地精神往来"了。

庄子对人生深刻的洞察,疏离于社群的孤傲感,精神自由的哲学追求,雅奥难解的诗一般的语言,想象丰富的浪漫文风,使得后来学者把庄子与德国哲学家尼采相比较。庄子强烈地抨击宗法礼制文化和礼教对人性的束缚,尼采尖锐地批判基督教文化的颓废性和资本主义社会的商业化、庸俗化,他们都对世俗价值提出了深入的反省和检讨[①]。

庄周主要继承老子的"以道为体"的形而上学,使道家哲学走向自由逍遥的精神。庄周的哲学思想主要保存在《庄子》一书中。《汉书·艺文志》中著录五十二篇,现存的三十三篇为晋人郭象所编,计内篇七篇,外篇十五篇,杂篇十一篇。一般认为内篇是庄子所作,外篇、杂篇是其后学所作。总的来说,《庄子》一书的思想还是统一的,以寓言为主。庄子文章想象无穷,情感是超功利的,其文瑰丽奇异、汪洋恣肆,给人以审美的愉悦。

---

① 陈鼓应:《尼采哲学与庄子哲学的比较研究》,冯友兰、钱穆、胡适等:《庄子二十讲》,华夏出版社2009年,第271页。

二、神游天地、心不逐物：庄子智慧

庄子是老子思想的继承者和发展者，他的学说涵盖了当时社会生活的很多方面，其根本精神还是归依于老子的哲学——"其要本归于老子"（《史记·老庄申韩列传》）。

（一）物物者非物：庄子的天道观

庄子和老子一样，也将"道"看作天地万物的宇宙根源、本体，"夫道，覆载万物者也"（《庄子·天地》）。老子强调"道"的"无为"本性，主要是为他的社会政治理想寻找宇宙论和本体论根据；庄子又将这个"覆载万物"的"道"转化为心灵的境界，强调"道"主要是为人的自由生命之存在提供宇宙论和本体论依据。

《庄子》对宇宙形成进行了探索。他在《知北游》中说："有先天地生者物耶？物物者非物。物出，不得先物也，犹其有物也。犹其有物也，无已。"在庄子看来，产生物的不是物，而是道。天地运行，一切自然现象的产生都归于道。自本自根的道才能先于物而存在并成为万物的根本。庄子把道和人紧密结合，使道成为人生所要达到的最高境界。《庄子·大宗师》中说："夫道有情有信，无为无形；可传而不可授，可得而不可见；自本自根，未有天地，自古以固存；神鬼神帝，生天生地；在太极之先而不为高，在六极之下而不为深，先天地生而不为久，长于上古而不为老。"道虽无形无象，却是真实无妄的实在，"道"是宇宙的本体，产生万物的根源，是超越时间、空间的绝对存在，它无所不在，无所不能，可以主宰一切。庄子以"道"为最高范畴，同时也以"道"来认识事物存在的矛盾性问题。

（二）齐万物、一是非：庄子的认识论

庄子主张以道观物，强调事物存在的相对性、不确定性，进而又否认是非、大小、贵贱，乃至有用和无用的区别，从而引出了"齐物"之论。《庄子·齐物论》中说："物无非彼，物无非是。自彼则不见，自知则知之。故曰：彼出于是，是亦因彼。彼是方生之说也。虽然，方生方死，方死方生。方可方不可，方不可方可；因是因非，因非因是。是以圣人不由而照之于天，亦因是也。是亦彼也，彼亦是也。彼亦一是非，此亦一是非，果且有彼是乎哉？果且无彼是乎哉？彼是莫得其偶，谓之道枢。枢始得其环中，以应无穷。是亦一无穷，非亦一无穷也。故曰：莫若以明。"物的大小、贵贱、有无、是非的区别，都因为不同的认知主体或者主体的不同认知角度、不同的认知情景而出现。所以世间没有了对错之分，没有客观标准判断是非。

庄子不仅要齐同万物，而且要齐同种种对物的认识。庄子充满了对人的认识能力和知识的可靠性的怀疑，《庄子·齐物论》称："毛嫱丽姬，人之所美也，鱼见之深入，鸟见之高飞，麋鹿见之决骤，四者，孰知天下之正色哉？"显然经验知识是不确定的，而且是极不可靠的。庄子从齐万物、齐是非发展到齐物我，把自我的主观精神无限膨

胀,以此去消除和泯灭客观世界的差别和矛盾。为此,庄子突出了事物的相对意义。在庄子看来,事物的彼此差别都是相对的,它取决于观察事物的角度。从"道"的角度看,此也是彼,彼也是此,没有确定的界限,细小的草茎和粗大的房柱子,丑的和美的,等等,从"道"来看,都是一样的,无任何差别。《庄子·德充符》又说:"自其异者视之,肝胆楚越也;自其同者视之,万物皆一也。"如果从事物"相异"的方面看,就是肝与胆也会像楚国与越国那样相去遥远;从相同的方面看,万物毫无区别。这也就是《庄子·秋水》中说的:"以道观之,物无贵贱。以物观之,自贵而相贱。"事物的贵贱、大小、有无,完全是由于人们所持的角度、标准不同导致的。既然如此,客观事物本来就没有什么区别,天地之大与毫毛之小是一回事,那也就没有是非、真假之别。庄子认为,是非、真假不过是人们的"成心"和"偏见"所致,"彼亦一是非,此亦一是非"。

他主张超越是非,扬弃我执,打破自我中心,如此也就达到物我同一、因任自然的"物化"境界。庄周梦蝶,究竟是自己变成了蝴蝶,还是蝴蝶变成了庄周呢?这个问题无须解决,梦也好,庄周也好,蝴蝶也好,究竟是什么,不必去追究,因为从"道"的角度看,什么都一样。如此,则可以"自喻适志",适逸自由。

(三)乘天地之正:精神世界的绝对自由

庄子认为,人生的至高境界是逍遥自得,是精神的自由。庄子通过诗人的想象,即精神世界的"逍遥游",超越琐碎、平庸的现实而进入无拘无束的永恒境界,"天地与我并生,而万物与我为一"。《逍遥游》是《庄子》中最充满激情、想象和浪漫色彩的篇章,而"逍遥"所体现的是庄子对无拘无束的绝对自由的向往和追求,"北冥有鱼,其名为鲲。鲲之大,不知其几千里也。化而为鸟,其名为鹏。鹏之背,不知其几千里也;怒而飞,其翼若垂天之云。是鸟也,海运则将徙于南冥。南冥者,天池也"。这里的"北冥""南冥""天池"都不是人所能到达的地方,其旷远非世人的肉眼所能窥见,要以心灵之眼才能领会,这喻示着需要超越有形的空间与感官认识的限制。在这博大的境界中,赋予凡夫俗子以绝对的自由,可纵横驰骋于其间,而不加以任何的限制。

"逍遥游"是要从"有所待"到"无所待"以达"逍遥",大鱼、鲲鹏与"御风而行"的列子虽然都实现了自我价值,却都"有所待",庄子认为这并不是最高境界,最高境界在于冲破极限,对世俗之物无所依赖,不受任何拘束地徜徉于人世间,从而获得"逍遥",即与形体相对应的精神的逍遥。"逍遥游"是"无所待"的自由,即绝对的自由——"乘天地之正,而御六气之辩,以游无穷者"(《庄子·逍遥游》)。在庄子看来,人生所至的最高的境界便称为"道"的境界。向自然之道的返归也就是所谓"逍遥游",个体超越了现实存在的有限性。庄子的"逍遥游"是对人生各种困境的超越,忘物忘我、无恃无累无患的绝对自由的精神状态,无时空之限,无是非之辩,"于无何有之乡,广莫之野,彷徨乎无为其侧,逍遥乎寝卧其下"(《庄子·逍遥游》),无己、无功、无名,这是人生最完美的境界。庄子逍遥游思想有其复杂性,其中既有嫉世孤傲、超拔忘物的积极一面,又有对现实命运妥协的随顺委蛇的消极一面。

庄子还提出了一套进入这种绝对自由境界的具体做法,即"心斋"与"坐忘"。所谓"若一志,无听之以耳而听之以心;无听之以心而听之以气。听止于耳,心止于符。气也者,虚而待物者也。唯道集虚。虚者,心斋也"(《庄子·人间世》)。这就是说:使心志高度集中,不能耳听,而用心听;然后进一步不用心听而用气听。这三个步骤,走的是一条淡化、虚化外部事物对思维发生作用的途径,从而使思维的方向从外到内,思维的内涵从有到无,从实到虚;一旦到达了虚——"心斋",就能进入"道"的境界。"坐忘"则是培养一种具有开阔宇宙意识的自我人格的心理过程。庄子假借仲尼对颜回的教诲,描述了颜回"忘礼乐""忘仁义",最后"坠肢体,黜聪明"而"离形去知,同于大通"(《庄子·大宗师》),从而物我两忘、天人合一,回归于自然。庄子认为,通过"心斋"与"坐忘"而"虚己以游世",人们就可以取得精神上的绝对自由。这时,社会上存在的,包括自己遇到的如祸福、荣辱得失乃至是非、善恶、毁誉、生死等,都没有任何意义了,无须计较。如此就可以进入"道"的自由世界,忘记人世的一切,人世间所有矛盾和苦恼也就消弭于无形了。

(四)游心于无穷:庄子的"游世"精神

正因为庄子在想象的天地里翱翔,庄子的"道"呈现出博大、宏伟的气象,他用"游"来表达精神的自由活动,正如陈鼓应先生所说,庄子的"游"要培养"隔离的智慧",使精神从现实的种种束缚下提升出来,另外,要培养一种开放的心灵,使人从封闭的心灵中超拔出来,从以自我为中心的格局中解放出来,扩大生命的内涵,提升"小我"成为"宇宙我"。[①]

庄子以出世作为最高的精神追求,然而庄子也意识到,人不可能脱离世间。虽然他力图从精神上超越现实,但事实上离不开现实,所以想出了一套"不谴是非,以之与世俗处"(《庄子·天下》)的办法。在《庄子》中,"游"字比比皆是,"乘物以游心""游心乎德之和""游心于物之初""游心于无穷""虚己以游世"……在以"道"为最初本源的前提下,以避居山林的遁世作为小隐,庄子的"无用"体现了隐者从避世到游世的转变。避世是隐者传统的态度,而庄子认为在乱世中避世不足以自保。《庄子·山木》中有一段寓言,说庄子带着弟子行于山中,见有一棵大树枝叶茂盛,却是一棵"不材"之木,这棵树因其"不材"而活得很好,没有被木匠伐去。庄子等人出了山,住在故人家,故人杀"雁"(鹅)招待,把一只不会叫的杀了,留下了会叫的。庄子主张应居于有用与无用之间。

同样,庄子希求从一切世俗的拘束里解脱出来,求得精神上的自由,对于生死,也是如此。他认为死生只是变化中的一种现象而已。变化流转是一切万物的真相,生命的出现与消失,犹如昼夜的更替,乃是大化中的一个过程,了解这一生命流变的真相,也就不必过多执着于死生的忧喜,死亡不过是"悠然而往,悠然而来而已",人不必

[①] 陈鼓应:《庄子论"道"》,张松如、陈鼓应、赵明等:《老庄论集》,齐鲁书社 1987 年。

局限于形躯,当在自然变化中求得生命的安顿。因此,庄子的死生观念,即"尽年"二字。任其自然,不贪生,所以不求长生,不祈死,所以不自残其生[①]。能安于所化,精神才能获得大解放。

(五)道法自然:天性自然的肯定

庄子要求不役于物,要求恢复到人的本性,他非常明确地以"自然"反对"人为","天在内,人在外……牛马四足,是谓天;落马首,穿牛鼻,是谓人。故曰:无以人灭天,无以故灭命,无以得殉名"(《庄子·秋水》)。天指自然,庄子的"自然"喻示着人性的自由伸展与人格的充分发展,不受外在力量的压制或约束。在《庄子·应帝王》中有一个浑沌凿七窍的故事:南海的帝王名叫儵,北海的帝王名叫忽,中央的帝王名叫浑沌。儵和忽经常到浑沌的国境里相聚,浑沌待他们很好。儵和忽商量报答浑沌的美意,想到人都有七窍,用来看、听、饮食、呼吸,唯独他没有,打算为浑沌凿七窍。一天凿一窍,到了第七天,浑沌就死了。"浑沌"代表着质朴、纯真、自然的一面。庄子认为,人若处在无知无欲、浑然不觉的状态里,是永恒而自由的,一旦有了过多的知识和欲望,有了外在力量的强制,反而就失去了永恒和自由的精神。《庄子·天地》中记,有一天孔子带着学生周游列国,看到一位老农在用瓦罐打水为菜圃灌溉,费神费力而功效甚微,子贡好心告诉他说:"老先生,现在有一种机械器具,很省力,效果很好。"可老人却说:"有机械者必有机事,有机事者必有机心……我非不知,羞而不为也。"机械器具使人易生机巧功利之心,庄子借此故事提醒人注意文明对人类天性的不利一面。《庄子·马蹄》中说:"同乎无知,其德不离;同乎无欲,是为素朴;素朴而民性得矣。"庄子所说的"素朴"就是对人性的回答,即无知无欲的自然状态,相对立的便是社会的法度、礼义、规范,这种对立的东西就是自然本性的桎梏,如同羁绊对烈马的束缚一样。于是他主张要消除对回归自然本性的干扰,复归到纯真无为的自然性中来。

庄子还主张人应当敬畏自然,时刻要怀有一颗敬畏之心,把"道""自然"作为人生行为的准则和最后归依。他说:"夫明白于天地之德者,此之谓大本大宗,与天和者也,所以均调天下,与人和者也。与人和者,谓之人乐;与天和者,谓之天乐。"(《庄子·天道》)"与天和""与人和"即达到天人合一的境界。人与自然的和谐状态,也是事物协调完满、充满生命力的最佳状态。和谐得以保持,世界就充满生机,就兴旺进步;和谐受到破坏,事物就向相反方向转化。要循天之道、顺物之性,顺应天道,则"无誉无訾,一龙一蛇,与时俱化,而无肯专为;一上一下,以和为量,浮游乎万物之祖;物物而不物于物"(《庄子·山木》)。顺物之性,则使物得以自然生长。庄子说:"圣人处物而不伤物。不伤物者,物亦不能伤也。唯无所伤者,为能与人相将迎。"(《庄子·知北游》)能与外物和平共处,互不伤害,才能和他人友好往来。"天与人不相胜也"是庄

[①] 胡朴安:《庄子的入世方法》,梁启超、胡朴安、陈撄宁等:《道家二十讲》,华夏出版社2008年,第16页。

子处理人与自然关系的重要原则,"处物而不伤物"正是天人不相胜的具体表现。《庄子·马蹄》中描述了人与自然万物和谐共处的景象:"当是时也,山无蹊隧,泽无舟梁;万物群生,连属其乡;禽兽成群,草木遂长。是故禽兽可系羁而游,鸟鹊之巢可攀援而窥。夫至德之世,同与禽兽居,族与万物并,恶乎知君子小人哉!同乎无知,其德不离;同乎无欲,是谓素朴,素朴而民性得矣。"这种对自然的回归精神尤其珍贵。

庄子继承老子道即自然的思想,集中地阐述了道家"德""天命"的观念。天与命并称由来已久。"命"的观念用来解释人事的不得不然,无可避免。庄子说:"死生,命也,其有夜旦之常,天也。"(《庄子·大宗师》)庄子所言之"命",是指一种必然性的变化趋势,如同死与生一样,非人力可左右,就像永远有白天黑夜一般,颇有其规律,十分自然,故而庄子又称之为天。《庄子·秋水》中有言:"无以人灭天,无以故灭命。"意即顺从人生际遇的自然过程,不要加以人为因素去打破其中的平衡状态。

庄子在言天、人、命的时候,也讲了"德",从天、命这个侧面反映人的内涵和品性。陈鼓应认为,"道"显现于物或作用于物就是"德"。作为万物之源的道是毫无形迹的,无法为人类的感觉和知觉所直接接触,形而上之"道"落实到物质界,作用于人生,便可称为"德"。"德"是"道"的作用,也是"道"的显现,"道"是指未经渗入一丝一毫人为的自然状态,"德"是指参与了人为的因素而仍然返回到自然的状态,故而庄子言"德,和也"(《庄子·缮性》),"德者,成和之修也"(《庄子·德充符》)。在庄子看来,万事应"以德为循"(《庄子·大宗师》)。就人而言,"德"的最佳表现就是无悲欢喜怒之情存在,当是一种"心如死灰"的状态,是"致虚极,守静笃"的直接结果。庄子的"德"是人和万事万物之间的一致性和协调性的关系,"知其不可奈何而安之若命,德之至也"(《庄子·人间世》)。知道世事艰难无可奈何而能安心去做,既不抗拒,也不怨愤,更不颓废,这就是德性的极致,道德修养的最高境界。

总之,历史不能倒退,即使人类为文明的进步付出了代价,甚至损害了人的自然天性,但发展和进步仍是不可阻挡的趋势。庄子哲学的意义,并不在于真的让我们回到原始社会,与野兽同群,而在于其揭露了阶级社会的不公,描述了现实的苦难,表达了对个体生命的尊重。

第四节 道家与中国文化

中国文化的基本线索,以儒为主,儒道互补。如果说儒家满足了中国人功名的、人事的、严肃的需要,那么,道家则满足了中国人浪漫的、从容不迫和悠闲适意的要求。儒家使中国人处于工作状态,道家使中国人处于游戏状态。道家对于中国艺术精神的发展也有着极其重要的影响。闻一多和郭沫若先生都认为中国的艺术导源于庄子,一部中国文学史深受庄子的影响而产生发展。

一、道法自然：道家对中国社会的建构

道家是中国古代智慧最有活力和灵性的部分，滋养了人们的精神活动和日常生活，在古代的政治活动和艺术活动中，道家的影响尤为明显。

（一）不争之争：道家的政治智慧

周武王韬光养晦，最后一战克商，周公功遂身退，全德保民……作为史官的老子正是从古人先贤的成败得失中总结、提炼出政治活动的法则和技巧，"柔弱胜刚强"，"夫惟不争，故天下莫能与之争"，《老子》的五千言浓缩了古代政治博弈和军事斗争的智慧，为后来高明的政治家、军事家心领神会，施展于历史的大舞台。

儒、墨、法三家所论政治可以归结为有为政治，有为政治即是人治；道家所主张的是无为政治，无为政治即无治或天治。汉代文景之治、唐代贞观之治、开元盛世等，都是中国历史上的治世。

汉初倡行黄老之术的第一位重要人物是曹参，高祖时曹参为齐相，后来萧何病卒，他继任相国，便援用在齐所行"贵清静而民自定"等黄老之术以治天下。他为相三年，选任官吏专用不善文辞、忠实朴厚之人。政令措施，一切循例而行，毫无更改。遇有建议兴革的，他便用酒把来人灌醉，使其扶醉而去，无从建议。并且他明确地向惠帝表示为政之道即在安定不必更张。因此曹参死后，人们谓其治绩是"载其清静，民以宁一"。汉初一些著名的地方长官如汲黯、郑当时等，都是"管其大体而已"，甚至"卧而治之"。由于汉初统治者实行了近五六十年的休养生息政策，社会经济繁荣，出现了"文景之治"。

唐王朝的"贞观之治"亦与唐太宗李世民善于吸收和运用道家学说有关。李世民治国以"贵静"为宗旨，他说："夫治国犹如栽树，木根不摇，则枝叶茂荣，君能清静，百姓何得不安乐乎？""静之则安，动之则乱。"他接受魏徵谏言，使百官"各当所任"，强调"君无为，臣有为"，做到了广选人才，直纳谏言，反对"君臣相疑"，而提倡"君臣相遇"。后来的玄宗皇帝亲撰《御注道德真经》和《御制道德真经疏》，更是把道学中的政治思想贯穿在自己的治国之策中。

守雌贵柔的观念，引申到政治和军事领域，便有了韬光养晦、以柔克刚之类的方法论。老子所推崇的是"不争"之"争"："夫惟不争，故天下莫能与之争。古之所谓'曲则全'者，岂虚言哉！诚全而归之。"（《老子·第22章》）具体地说，也就是"后发制人"，"以退为进，以守为攻"。中国历史上以少胜多的战例大多采取"后发制人"的战略，诸如楚汉成皋之战、新汉昆阳之战、袁曹官渡之战、吴蜀彝陵之战、晋秦淝水之战等。也正因为如此，《老子》也被人称为"兵书"。其实，"后发制人"也是政治斗争的策略。在政治角逐以及人事纠葛中，"自见者不明，自是者不彰，自伐者无功，自矜者不长"。自我表现、自以为是、自我炫耀、自尊自大等争强好胜的举动往往会适得其反。

老子说:"将欲歙之,必固张之;将欲弱之,必固强之;将欲废之,必固兴之;将欲取之,必固与之。是谓微明。柔弱胜刚强。"(《老子·第36章》)

(二)诗意栖居:道家的生活方式

儒家具有积极入世的特点,老子则采取远离现实的方式去关注现实。他把"道"这种生成万物、润泽万物而不作万物主宰的原则推广到政治、人生方面,就是一种"生而弗有,为而弗恃,功成而弗居"的原则。"不有""不恃""弗居"并不是完全出世,也包含着对现实、人生的关注,只是其方式与儒家不同而已,即要人们顺应自然,按照道的自然无为的法则行事。当政治清明、仕途顺畅时,士大夫们热衷于儒家,把"修齐治平"作为信条;而当社会混乱、政治腐败、个人不幸时,他们便隐居山林,或著书立说,或清心寡欲与天地同乐,等待时机再图实现自己的抱负(当然其中也不乏消极颓废者)。士大夫们在"入世"与"出世"中求得心态的平衡。

道家人生哲学重视精神境界,追求个体的精神自由。庄子强调通过"心斋""坐忘"等内心修养功夫,从精神上超越一切自然和社会的限制,达到心神虚静、与"道"相通的逍遥境界,也就是真人的境界。这种理想人格,具有强烈的超越性质,是即世而又游世的自由人格。人虽然不能不生活在现实社会中,但可以尽量按照纯朴自然的本性生活,力求获得身心最大限度的自由,尽量避免一切残害本性的外在干扰,超越一切世俗、社会强加给人的束缚,进入"物我同一""人我同一""神与物游"的精神境界。这种精神非常普遍地存在于中国古代士人当中,魏晋名士表现尤为显著。

魏晋是庄子的时代,士大夫们实践着庄子的人生哲学,"越名教而任自然",以老庄学说与"礼教"抗衡,他们崇尚自然,在山水、酒和药中获得片刻的宁静。当时最有名的是嵇康、阮籍、山涛、刘伶、阮咸、向秀和王戎,七人常集于竹林之下,肆意酣畅,故世谓竹林七贤。比如阮籍本有济世之志,但时局维艰,曹魏政权处于风雨飘浮之中,阮籍不愿曲奉于司马氏,便言志于诗,醉卧樽酒中。《晋书·阮籍传》记载,司马昭想为司马炎向阮籍求结为亲家,阮籍醉了六十日,司马昭没有机会与他说话,因而放弃了。钟会多次用时事、政事探问他的看法,想要借其回答给他降罪,阮籍皆因酣醉获免。阮籍尤其善做青白眼,见到崇尚礼义的世俗之士,就用白眼相对。对于同道中人,则现出青眼。刘伶更是生性放诞,经常是抬棺狂饮,且身上一丝不挂于屋中,人见均嗤之,他却反唇相讥:"我以天地为栋宇,屋室为裈衣,诸君何为入我裈中?"这些名士们喜炼丹服药,穿衣喜宽袍大袖且经久不洗,故而多虱,因而"扪虱而谈"在当时是很高雅的举动。

在当时的读书人当中,普遍推崇一种超脱从容的"雅量",视身心的愉悦安泰高于政治功利的和雅风度。比如谢安的"临危不乱"。建元十九年(383)八月,前秦大举伐晋,东晋闻讯,举国震恐。谢安一边应付战局,一边还在登山漫游、高谈对弈。在这场战争中,东晋以少胜多,不仅使国家转危为安,而且留下了"八公山上,草木皆兵"的历史佳话。符坚的士兵听到风声鹤唳,以为是追兵呼喊,纷纷弃甲逃亡,这就是淝水之战。捷报传来,谢安正在府中与客人下棋。他拿过捷报阅过,便随手放在一边,继续下棋,好像什么也没看到一般。客人急问前方战事如何?他依旧从容安详:"孩子们已打败了敌人。"这便是他的心胸涵养。

陶渊明是中国历史上第一位田园诗人,也可以说是第一位隐士诗人。他把田园题材带入诗中,在他开拓的这一全新表现领域中,我们看到的是超然傲岸的人生理念,是身心回归自然的返璞归真之美。"种豆南山下,草盛豆苗稀""欢然酌春酒,摘我园中蔬""晨兴理荒秽,带月荷锄归"……平淡无奇的农田耕作、生活琐事,在他笔下熠熠生辉,其乐融融。被贬为黄州"团练副史"的苏东坡一天耕地而归,月朗星稀,独自而行,他听着自己的脚步声和竹杖敲打石头的声音,吟了一首《东坡》:"雨洗东坡月色清,市人行尽野人行,莫嫌荦确坡头路,自爱铿然曳杖声。"在与大自然的朴素相处中,诗人获得了一种超越世俗得失的安宁,一种无欲的愉悦,一种自我的解放和自由。这种"与道同一"的境界,也就是道家所认为的生命之本真状态和真正价值。

总之,道家的"清静无为"思想、淡泊飘逸的人格追求,经过魏晋玄学的发展而成为一种审美文化,显示了魏晋士人独到的人格魅力。后来的李白、白居易、苏轼等,中国的知识分子多多少少都有魏晋名士的遗风,嗜酒、寄情山水,试图在精神上摆脱世俗困扰,达到自由的境界。

(三)艺术自觉:道家与中国艺术

道家遗世独立的精神和澎湃激情激发了中国人对艺术和文化的创造。老子、庄子本身从未谈过关于艺术的问题。但是,道家,尤其是《庄子》所向往的人生境界中蕴含着的艺术精神,对于中国艺术的发展有着极其重要的影响。道家文化中的艺术精神经由魏晋玄学和其时的艺术理论家的阐发得以发扬光大,并达到自觉。魏晋玄学融会儒道,进一步沟通了宇宙根本和人生境界。王弼说圣人体无而有情,嵇康标举越名教而任自然,郭象言身居庙堂而心寄山林。特别是玄学提倡的"得意忘象"(王弼),"寄言以出意""求道于言之表"(郭象)等思想方法,开启了中国艺术以立意、传神、求韵味为上的根本精神。

1. 山水清音:自然真美的追求

艺术表现自然的美感,深受道家影响。或许庄子就是田园诗人的先祖。远离朝廷,归守田园,轻视礼俗,放意山林,困来即卧,饥来则食,兴起而往,意尽而归,随其本性,因其自然。中国山水诗在魏晋时代开始产生,可说是道家中兴"不期而然"的收获。徐复观在《中国艺术精神》中认为道家精神,尤其是庄子精神,是中国艺术精神的主体,以庄学为中心的魏晋玄学,乃是促使自然山水成为审美对象的主要推动力。

山水诗中直接呈现山水"媚道"之"形",不以主观情绪和知性去干扰山水的原本状貌,任山水自然显现,就是庄老所谓还物之"自然"。庄子《秋水》篇里有这样一则寓言故事:一天,庄子与朋友惠施在濠梁的一座小桥上散步,水中无数游鱼,悠悠然戏水而来,庄子被这景象所感动,发出欢悦的赞叹。惠施觉得很奇怪,问:"子非鱼,安知鱼之乐?"庄子听来,却觉得这个问题提得更奇怪:"子非我,安知我不知鱼之乐?"庄子所代表的道家观物心态,乃是以自然的方式去看待自然的心态。人不仅没有理由把自己的欲念计较之心,投射到自然上去;而且人应该放弃自我本位,化入自然。因而,要想真正知道鱼的快乐,只有"变"成一条鱼,像鱼一样悠然游于水中。惠施执着于人与鱼的对立,所以不能知道鱼的快乐,不能感受到庄子的心境。

儒家讲的"仁者爱及万物",主要是一种常人之境、"有我之境"。叶茵《山行》云:"青山不识我姓字,我亦不识青山名。飞来白鸟似相识,对我对山三两声。"叶茵以鸟为知心好友,写出了人与鸟的一见如故,了无猜忌、了无防范的交情;而庄子说的"游于物",则是一种无挂无碍的至人之境、王国维先生所说的"无我之境"。"无我",即放弃人为的智觉,有此游于物的心境,则可以感应、谛听大自然最深的生命妙乐。王维诗云"明月松间照,清泉石上流",正是诗人化身为松林间的脉脉月光,山石上的汩汩清泉;"行到水穷处,坐看云起时",人的行、坐活动,与水、云的起落节奏,已经融合无间,如自然生态一般。有时,诗人似乎与情意绵绵的落日、夕烟化为一体了,"渡头余落日,墟里上孤烟";有时,诗人索性变成一丛野花,一只幽鸟,"野花丛发好,谷鸟一声幽"。当诗人将自己完全委托于山水的本性时,诗人的性灵融入其间,这便是身与物化、神与天游的和谐境界,"无我之境"的生命哲学底蕴。

所以,真性灵的文学,多是归返自然,属于超脱派、道家派的,甚至可以这样说:"中国若没有道家文学,中国若果真只有不幽默的儒家道统,中国诗文不知要枯燥到如何,中国人之心灵,不知要苦闷到如何。"①

2. 黑白虚实:淡与韵的趣味

道家启迪着艺术家追求淡与韵的趣味。中国文艺突出地表现了对言外之意、墨外之韵的追求。从六朝到唐宋,我们看到整个社会的审美趣味由浓向淡的转变。司空图《二十四诗品》集中地体现了文人墨客对于淡的推崇,如论"冲淡"一品云:"素处以默,妙机其微,饮之太和,独鹤与飞。犹之惠风,荏苒在衣,阅音修篁,美曰载归。"论"典雅"一品云:"坐中佳士,左右修竹……落花无言,人淡如菊。"论"高古"一品云:"畸人乘真,手把芙蓉……太华夜碧,人闻清钟。"到宋代,"淡"成了士人普遍的审美趣味。诗歌讲究平淡。梅尧臣谓:"作诗无古今,唯造平淡难。"宋文继承韩柳,但拒斥了韩文怪奇的一面,发扬了文以字顺的一面。书法、山水画同样推崇温和、太平、淡泊之美。

其实,淡、枯、拙作为形式上的要求,它们所体现的都是境外之韵的追求。尤其是水墨画的创作。我国画家对水墨的青睐,可以从老庄思想中寻找到哲学根据。老子言"五色令人目盲",庄子也说"五色乱目"。老庄反对五彩缤纷的富丽之美,是因为五色与"道"之无色的朴素本性相违,"朴素而天下莫能与之争美"。我国绘画对墨色的

---

① 林语堂:《道家是个幽默派》,梁启超、胡朴安、陈撄宁等:《道家二十讲》,华夏出版社2008年,第52页。

选择,是道家对形式美的审美理解的产物。老庄的这种贵朴尚素的审美意识陶冶了古代画家,故他们摒弃五色,独用墨色,追求"既雕既琢,复归于朴"的境界。

中国水墨画面,基本上由有墨处与无墨处组成,无墨处皆成妙境。古人云"画在有笔墨处,画之妙在无笔墨处",肆力在实处,而索趣在虚处。有画与无画是黑白关系。有画处,墨也,无画处,白也。老子曾十分简洁地把黑白之理概括为:"知其白,守其黑。"白是作为黑的对立面而存在的,无白就无黑,有黑就有白,白就成为水墨画中必不可少的要素。白的意义是广泛的,凡是山石的阴面处、石坡的平面处、画外之水天空阔处、云雾空明处、山脚杳冥处、树头的虚灵处,均视为白。白可用作天,作水,作烟云,作道路,作日光。

有画与无画是虚实关系。王微《叙画》云中国画是"以一管之笔,拟太虚之体"①。有画为实,无画为虚。因山之实,显云水之虚,因云水之虚,传山水之神。老庄在虚实问题上有极高的哲学智慧。老子言"天下万物生于有,有生于无",并且更强调、更重视"虚无"的意义。虚无不是零,而是隐与少,蕴含着无限之实有,庄子云:"人皆知有用之用,而莫知无用之用也。"他们真正地把握到了虚无的作用,是应变无穷的灵窍。宗白华先生说:"八大山人画一条生动的鱼在纸上,别无一物,令人感到满幅是水。我最近看到故宫陈列齐白石画册里一幅上画一枯枝横出,站立一鸟,别无所有,但用笔的神妙,令人感到环绕这鸟是一无垠的空间,和天际群星相接应,真是一片'神境'。"②中国画不讲焦点透视,背景不好画也不用画,它是从宇宙整体和心灵虚静的观念来作画的,一片空虚恰好表现的是宇宙的生气。

总之,中国画虽凝聚着诸家玄思妙想,但更多地秉承了老庄的美学与哲学思想。老庄美学深深地埋植于中国绘画中,凝成了中国绘画之魂。

建筑的门窗、亭台楼阁,更是虚实相生的艺术典范。谢朓诗谓"窗中列远岫,庭际俯乔林",许浑诗云"山翠万重当槛出,水华千里抱城来",门窗不仅是为了进出和取光,而更要从中体会外界的生命、自然的运动、宇宙的节奏。"亭榭台阁"其位置无论是依山傍水,或山间山顶,湖心泽畔,都能尽虚实之妙。特别是高处之楼亭,高而四面皆虚,造成了视界的远与阔,人在其中,可以仰观俯察,四面游目,远近往还。范仲淹《岳阳楼记》写于岳阳楼上看洞庭湖:"衔远山,吞长江,浩浩汤汤,横无际涯,朝晖夕阴,气象万千。"欧阳修在醉翁亭见"四时之景不同而乐亦无穷也",建筑之虚,得自然景物之实,建筑之静,得自然景物之动,虚实相生,如苏轼诗云:"惟有此亭无一物,坐观万景得天全。"

3. 提意取神:逸的美学境界

文艺中逸的境界,与道家思想关系密切。在淡与韵的追求中,韵是无迹的,可体

---

① 宗炳、王微:《画山水序·叙画》,人民美术出版社1985年。
② 宗白华:《美学散步》,上海人民出版社1981年,第77页。

会可感受而难以言说,淡往往有迹又好似无迹。在文艺的发展中,产生了一个最能与道家思想相契合的概念:逸。道家之神是逸。从根本上说,逸不讲法,也不求精确的形似,它不是以形写神,而是以神写形。晋代顾恺之提出了著名的以传神为主、形神并重的美学观点。顾恺之善画人像,有时画好的人间隔数年还不点上眼睛。人问原因,他说:"四体妍蚩,本无关于妙处,传神写照,正在阿堵中。"① 这一观点,得到了后代人的补充,如元代杨维桢《论画》说:"故论画之高下者,有传形、有传神。传神者,气韵生动是也。"其都认为艺术要着重表现人的内在精神之美,提意、得神。

中国书法这种世界上最抽象的艺术,也同样从老庄思想中汲取精神养料。很多情况下,"自然"引发了书家的灵感,更重要的是,他们通过精深的形象思维,把各种事物所具有的线条、结构、姿致、风度、神情、韵律等因素,经过提炼、转化,再熔铸到书法艺术当中。

唐代颜真卿与怀素有这样一段对话:颜真卿曾经问怀素,您的草书除了老师传授之外,还有什么其他心得吗?怀素回答说,我经常观看夏云,以它为师,夏云因风变化,其痛快处,如飞鸟出林,惊蛇入草,一一自然。怀素拜"夏云"为师,并从风吹云动的"无常"变化中,体味出草书磅礴的气势、多变的笔法以及痛快酣畅的表现形式。书法史上,以云为师者、以山水为师者,甚至以蛇为师者(相传,宋人文与可"因见道上蛇斗"而悟得用笔之理)大有人在。

书法中最能体现书家豪气、超逸之美的当属草书。虞世南《笔髓论·释草》云:"草则纵心奔放……或气雄而不可抑,或势逸而不可止,纵于狂逸,不违笔意也。"② 这样的主张正是"草圣"张旭的创作理念,而"纵心奔放""纵于狂逸"也正是张旭草书的艺术特征。据说他每当大醉就要写草书,常常乱跑,挥笔而大叫,甚至以头濡水墨中而书。醒后自视手迹,以为神异,不可复得。杜甫曾作《饮中八仙歌》言"张旭三杯草圣传,脱帽露顶王公前,挥毫落纸如云烟",写他狂放不羁的醉态。《古诗四帖》是其草书的代表作品。章法突破了以往程式,结体的变形、字与字之间的连绵达到不可识别和彼此不分的程度,纯粹变成了线条的舞动。张旭在谈到创作时说:"始吾见公主担夫争路,而得笔法之意……见公孙氏舞剑器而得其神。"此说明书法家的创作,不是形象的照搬,而更关注意味、神韵的体现。因此,"提意取神"就成为历代书法家努力学习的一个艺术奥秘。

"逸"的追求还体现在宋人的文人画里。他们的画更多地表现为水墨,表现为空白多的构图,表现为柔逸的笔法。更重要的是不使这些形式变为规则,而是超越形式的任心而行,以神写形。如苏轼以红色画朱竹,元代倪瓒赞其"逸笔草草,聊写胸中之逸气"。艺术家对于"逸"的境界的追求与道家崇尚自由的观念是一致的,作品中寄寓

---

① 徐震堮:《世说新语校笺》,中华书局1984年。
② 虞世南:《虞世南笔髓论》,中国书店出版社2006年。

着他们的思想情感、人生感悟,是其个性与精神人格的体现。

总之,道家的思想极契合于文艺,不断地走向文艺、渗入文艺;另一方面,中国文艺的发展,又不断地趋向道家精神。趋于自然,淡与韵味的追求,逸的境界,构成了这一双向运动的三个里程碑。

二、厚德载物:道家与中国的文化性格

面对人生的痛苦和无常,面对现实的残酷和忧患,老庄劝慰人们要深层次地重新思考人生,以"无可无不可"的姿态顺应现实,进而超越人生的有限性。儒家思想侧重于对现实的执着性层面,激励人们去为了实现理想而积极奋斗;而道家思想则侧重于对现实的超越性层面,鼓励人们追求心灵的自由,不为现实世界的困顿、痛苦所折服。儒道两家相辅相成、一显一隐,构筑了中华民族的文化性格。"任何民族的生存和发展,其精神都不能不包含两个基本的层面。其一是对现实的执着性;其二是对现实的超越性。或者说,都不能不包括现实精神与超越精神。因为,唯其有现实精神才能生存,唯其有超越精神才能发展"[①]。

(一) 身重于物,珍爱生命

道家意识到人的生命存在的意义,非常明确地指出,对于人而言,生命是最珍贵的,应该受到尊重。在天地之中,芸芸众生为了名利而忙忙碌碌,"人为财死,鸟为食亡"。老子提出了问题:"名与身孰亲?身与货孰多?得与亡孰病?是故甚爱必大费,多藏必厚亡。"老子的结论是很清楚的,"身重于物",名利都是身外之物,对于任何人来说,生命才是最根本的。庄子更是直截了当地揭露并抨击了人类社会中"物"奴役人的悲剧:"自三代以下者,天下莫不以物易其性矣!小人则以身殉利,士则以身殉名,大夫则以身殉家,圣人则以身殉天下。故此数子者,事业不同,名声异号,其于伤性以身为殉,一也。"庄子拒绝楚王千金和相位,就是不愿意为了名、天下而伤害自己的性命。庄子主张:"能尊生者,虽贵富不以养伤身,虽贫贱不以利累形。"在春秋战国时代,血与火的残酷现实严重践踏了个体的生命价值,老子、庄子对诸侯的国家以及道德观念失去了信心,只能"苟全性命于乱世"。但是,道家言"身重于物",强调"尊生",唤起人们对于自身生命价值的关注和重视,在中国思想史上树起了另一个价值坐标。后来的人们正是以道家"身重于物"的观念而视荣华富贵如粪土浮云。

道家重生、尊生,也是一种博大的爱。对于生命的体验或许也应该从自身开始,所以,老子讲:"爱以身为天下,若可托天下。"只有爱惜自身的人,才会爱惜天下人的生命。老子说:"我有三宝,持而保之。一曰慈,二曰俭,三曰不敢为天下先。""慈"就

---

① 王树人:《超越的思想理论之建构——论道家思想对中华民族精神形成的杰出贡献》,陈鼓应:《道家文化研究(第二辑)》,上海古籍出版社1992年,第41页。

是慈爱、仁慈。这一伦理准则的提出首先是针对统治者而言的。面对好战的统治者和战争给人民带来的灾难,老子极力主张反战。他指出:"大军之后,必有凶年。"战争破坏生产,伤害性命。一场大的战争过后,赤地千里,田园荒芜,百姓必定陷于饥寒交迫之中。统治者要从爱惜百姓生命的角度出发,停止战争。对于个体而言,"慈"则意味着心怀仁爱、善待他人。老子说:"圣人常善救人,故无弃人;常善救物,故无弃物。"圣人慈爱的胸怀是博大的,他爱所有的人,不抛弃任何人。并且,这种爱是没有条件的,不论亲疏、善恶,"善者,吾善之;不善者,吾亦善之"。

道家的"慈"属于"不仁"之"仁"。道家以自然为本位,从"自然"出发来观照人生、社会和宇宙;万物无一例外地都根源于"道",因而都是必然的、合理的,必须尊重它们,爱护它们。所以,在老庄看来,最大的爱应该是让天地万物按照其天性而自由地生长。正是在这个意义上,老子说,这是"天地不仁""圣人不仁",百姓和万物都是"刍狗"。天地并无所偏爱,只是顺应自然,任凭万物自然生长;圣人应该效法天地,纯任自然,无所偏爱。庄子提出"物无贵贱"的观点,认为站在"道"的高度观照万物,万物并无贵贱高下之别,主张平等地看待一切、包容一切。道家所体现的是平等、博大、宽容的精神。

(二)少私寡欲,淡泊名利

从"生道合一"的立场出发,道家重生、贵生,主张解除现实社会的功名利禄对人的扭曲,使人的生存状态回归到自然状态。在现实生活中,人们往往由于欲望过分膨胀,自然的人性被贪欲扭曲,为争夺名利钩心斗角、尔虞我诈,结果使社会陷入一片混乱。在春秋战国这么一个转型社会中,由于社会竞争的空前激烈,人性中丑陋的一面更突出地表现了出来。因而道家一再强调返璞归真、少私寡欲、无己无恃、不为物累。老子认为,声色犬马,饮食男女,本是人的生理需要,但是人如果过分地追求,非但无益,反而会伤性害命。道家并不是禁欲主义,而是要求人们顺应自然,不要刻意去追求名利财货,老子主张"圣人欲不欲,不贵难得之货","甘其食,美其服,安其居,乐其俗"。

作为自然生命和社会存在,人的欲望是现实的,是必须肯定的。儒家强调"利"必须置于"义"之下,即由道德理性来驾驭欲望。道家则从"道即自然"的观念出发,非常深刻地指出了感官享受与精神生活、物欲与性命的矛盾,"五色令人目盲;五音令人耳聋;五味令人口爽;驰骋畋猎,令人心发狂"。因而劝导人们在生活方式上朴素、自然,以充分地展开生命自身的运动,满足生命的需求,提升生存的境界。诸葛亮在《诫子书》中,告诫儿子:"静以修身,俭以养德,非淡泊无以明志,非宁静无以致远。"①

当然,对于贪得无厌的统治者而言,"祸莫大于不知足,咎莫大于欲得"。老子认为,社会混乱、国家动荡,正是由于统治者不断膨胀的欲望促使他们蠢蠢欲动,胡作非为,比如齐宣王田猎、楚灵王建章华宫、秦始皇建阿房宫、隋炀帝游江南等。所谓"历

---

① 张连科、管淑珍校:《诸葛亮集校注》,天津古籍出版社2008年,第109页。

览前贤国与家,成由勤俭败由奢"。

(三) 自由超越,专注性灵

儒、道两家对生命价值的理解是大不相同的:儒家以人伦为出发点,道家则以自然为出发点。在实现生命价值的途径和方法上,儒家是立德、立功、立言,践行人伦规范;道家则是体道、悟道以达到"与道同一"。

儒家提倡自强不息、积极进取、贫贱不移的精神,但现实有它残酷无情的一面,在追求功名利禄的过程中遭遇挫折、失败的人们,走投无路之时,往往从道家思想中找到他们所渴求的精神安慰。所以,道家在伦理哲学的理想境界和人生态度方面,填补了儒家思想留下的精神空间;它提供了一种抗拒逆境的精神力量和消融苦闷的途径,从而抑制了宗教因素在中国固有文化中的滋长;它使中国文化具有很强的涵容、理解和消化外来文化的能力。道家重自然的特色和儒家重现实的特色互相补充、互相配合,构筑了中华民族的文化性格。

道家对于中华民族精神的影响也有负面的作用。如在社会问题的批判中,老子也有其思想的局限。如老子说:"人多利器,国家滋昏;人多伎巧,奇物滋起。"似乎人们只要节制自己的物欲,就能使国家政治清明,人民安居乐业。显然,这不是解决社会问题的根本办法。至于人们技巧的提高,本是文明进步的一种表现,当然不能从否定文明进步的角度去防止邪恶事情的发生。再如,在一般民众的心态中不那么明显而在士人阶层中明显存在的"遁世"问题,士人在社会的大变动中,对诸多社会问题迷惘,选择暂时的退避,在无为中进行沉思,这种遁世很难说是纯粹消极的;但在官运亨通时"入仕",而在身处逆境时,则退避三舍,听天由命,则易使中国人心态麻木。

道家以"无为"为体,以"无不为"为用,以柔克刚、以弱胜强、以退为进、以不争为争,补充和纠正儒家学说中的不足,这当然有积极的一面。道家在世界观上强调一个"化"字,认为任何事物都处在变化之中,强弱、祸福等都是会向自己的对立面相互转化的;在事物的转化过程中贵在一个"因"字,主张因循自然、因势利导;进而要求人们忍、让,克制自我,达到人与人、人与自然的"和"。但另一方面,"道法自然"还可能被人们引出只能服从、顺从自然的意思,由此而来的"无为""不争"和"不为天下先"会导致明哲保身、随大流的惰性,以及见风使舵的劣行。或许,农耕社会,人们只能守柔处下;在日新月异的现代社会,人们更需要积极进取。

总之,儒、道对人生价值的不同看法和互补,对中国文化的影响是深刻的。它从整体上影响了中国文化,使之具有与西方文化不同的长达两千多年的人文主义精神传统;也使中国文化带有重人群之和与重自然之谐的特色。

三、自由精神:道家在近现代的新阐述

近代社会,在反对古代专制,追求民族复兴的历程中,进步思想家也将目光转向

了老子,在道家思想中发现了自由主义的精神内涵。今文经学者魏源以为儒学不足以救弊,将老学视为治国安邦的宝典,视《老子》为"救世之书",力图发挥老子革新救弊的积极作用;曾国藩甚至提出"以老庄为体,禹墨为用"的主张,代表了这一代知识分子试图寻求老学经世致用的努力。西学东渐,在自由、民主思潮的激荡下,严复强调:"《老子》者,民主之治之所用也。"① 其欲以道家文化为中介,沟通中国与西方、传统与现代。这是试图通过对道家传统进行新解释,使之适应现代社会之要求。与此相近的还有章太炎,他在《齐物论释》中引出自由平等之说。

"五四"以后,在民主革命的大潮中学界对道家有新的阐释,吴虞视老庄为反专制的"消极革命派";胡适则特别推崇老子无为而治的治国理念,发掘老子思想中被尘封的自由思想,认为这一思想与现代民主政治不谋而合。陈寅恪先生既钟情于中国传统又执着于自由之精神,他认为,中国以后若想在思想上自成系统,有所创获,必须一方面输入外来之学说,一方面不忘民族之本位。此两种相反相成的态度,乃道教之真精神,新儒家之旧途径。在近现代中国思想史的发展过程中,道家呈现出强大的生命力。

近现代的中国是一个极其动荡的时代,政局的不安在带给人们苦难的同时,也带来了创造的热情与动力。在哲学领域内尤其如此。这一代学人多怀抱深厚学养和宽广的胸襟,试图融会儒释道思想而建立自己的理论体系,在他们建构哲学体系所凭借的哲学观念和思维方法中可以看出道家思想的巨大影响,有些是具有道家情怀的哲学史家(如汤用彤、蒙文通),有些属于儒道融通的哲学家(如冯友兰、熊十力),有些则堪称当代新道家(如金岳霖、方东美、宗白华)。

道家思想中所蕴含的自由精神,在中西文化的交流中被越来越多的人所发现、认可。英国科技史学家李约瑟承认道家思想是宗教的和诗人的,又强调它们是科学的、民主的,并且在政治上是革命的。他认为,中国人的性格中有许多最吸引人的因素都来源于道家思想。更值得一提的是诺贝尔物理学奖获得者、日本物理学家汤川秀树,他在思考物理学的基本粒子命题时,陷入困顿状态,他想到了庄子关于"混沌"的一段话,由此受到了启发。老庄思想与现代物理学的契合,李政道先生也曾提及,他认为量子力学的"测不准定律"与"道可道,非常道。名可名,非常名"观念颇有符合之处。汤川秀树非常推崇老庄哲学,他认为,老庄论证了"脱离了自然界的人不可能是幸福的,而且人对自然界的抵抗力是小得可怜的……我们现在不得不担忧人类会不会沉没到科学文明这种人造的第二自然中去。老子的'天地不仁,以万物为刍狗'的声明获得了新的和威胁性的意义"②。这位关注人类命运的科学家惊叹:两千多年前的老子就已经预见到了今天人类文明的状况,写下了《老子》这部奇特的书。

---

① 王栻:《严复集》第四册,中华书局 1986 年,第 1092 页。
② 葛荣晋:《道家文化与现代文明》,中国人民大学出版社 1991 年,第 302 页。

思考题

1. 谈谈老子其人和著述,老子的理想。
2. 谈谈庄子的主要观点,你认为庄子思想最精彩、最动人之处是什么?
3. 老子讲"圣人不仁",道家是不是否定人间的爱、亲情?
4. 如何评价儒家崇尚积极有为、自强不息,而道家却主张"无为",崇尚"柔""弱"?
5. 谈谈道家思想对中国艺术的影响。

第三章　兼 爱 之 说

——墨家文化

墨子听说公输般替楚国制作了攻城的云梯，准备去攻打宋国，他从鲁国步行十天十夜赶到了楚国。见了公输般，墨子就说："北方有人侮辱了我，你是我的好友，我想请你去杀了他。"公输般回答："我讲仁义，从来不杀人。"墨子就说："你既然不杀人，那为什么要为楚国造云梯，去杀无辜的宋国人呢？楚国土地有余，而人口不足。杀不足的，去争有余的，不能算智慧。宋国没有罪，而去攻打它，就不能算仁义。你如果真讲仁义，就带我去见楚王，让我说服楚王。"公输般只得带墨子去见楚王。墨子见楚王后，对楚王进行了一番说服工作。可楚王还不死心：我已经让公输般造好了云梯，一定得把宋国攻下来。墨子知道，单用言辞是说服不了楚王的。他解下腰带摆成城池，用木片比作攻城的器械，在楚王面前跟公输般比试攻守技巧。公输般九次设计攻城的战术皆被墨子挫败。公输般没辙了，说："我知道怎么对付你，但是我不说。"墨子也说："我知道你怎么对付我，但是我不说。"面对一脸困惑的楚王，墨子直截了当地说："公输般的意思是想杀掉我，以为杀了我，宋国就不可守了。然而我的弟子禽滑釐等三百人，已经拿着我的守城器械，在宋城上等待着楚国来的敌人。就算杀掉我，墨家仍有传人，宋国是攻不下来的。"楚王无奈地摇着头说："好吧，我决定不去攻打宋国了。"这就是墨家，长于工艺，善于辩论，更有急公好义的侠肝义胆，首领一声令下，众门徒"赴火蹈刃，死不还踵"。

墨家在"轴心时代"是与儒家双峰并峙的"显学"。墨子曾学"孔子之术""儒学之业"，后因不满儒家的繁文缛节、靡财害事，故"背周道而用夏政"，学习大禹刻苦俭朴的精神，以"兼爱"否定"仁义"。墨家所代表的是工匠、农夫等劳动阶层的利益和愿望。秦汉之际，墨学逐渐湮没而成为"绝学"，但其中所蕴含的科学、经济、文化理论，以及"兼爱非攻"的思想观念，仍旧深深地影响着中国人的价值取向。

第一节　墨子及其学派

墨子是墨家学派的创始人,胡适称之为"中国出现过的最伟大的人物"。墨子出于儒而反儒。西周的礼乐文明,从平民的立场来看都是奢侈品,劳民伤财,墨子以这个观点批判传统制度及儒学。墨子的主张在平民中拥有广泛而深远的影响,"孔子是文雅的君子,墨子是战斗的传教士"①。

一、摩顶放踵利天下：墨子及其门徒

墨子名翟,生卒年不详,大约是在孔子之后。墨子曾经从师于儒者,学习《诗》《书》《春秋》等儒家典籍,庄子称其"好学而博"②。司马迁说墨子是"宋之大夫",墨子当过制造器具的工匠,有"墨子大巧"的说法。传说墨子曾花了三年时间制成一只木质的老鹰,这只鹰在天空飞了一天后坠毁了。墨子或许并不姓墨,不过是"以墨为道"。工匠、农夫整日辛劳,肤色黧黑。墨子以身为"贱人"而自豪,鄙薄"面目美好"的"王公大人"。

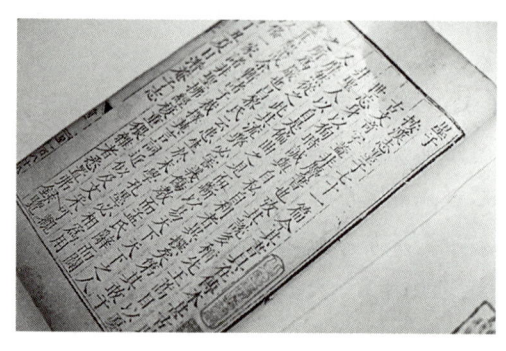

《墨子》

墨子的一生都在为扶危济困的正义事业而奔忙,"日夜不休,以自苦为极",他长期奔走于各诸侯国之间,宣传他的政治主张。除了历史上有名的"止楚攻宋",墨子还阻止了鲁阳文君攻郑、攻宋。他"南游使卫",宣讲"蓄士"以备守御。墨子多次访问楚国,献书于楚惠王,但拒绝了楚惠王赐予的封地,因为楚惠王不能"听其道,行其义"。墨子晚年来到齐国,企图劝止项子牛讨伐鲁国,但没有成功。越王邀请墨子做官,并许给他五百里的封地。墨子以"听吾言,用我道"作为条件,而不计较封地与爵禄。

墨子还是一位科学家、工程师。《墨经》中有世界上最早的针孔成像实验,还有关于机械运动、杠杆平衡等力学问题的论述。《墨经》还对一些几何概念进行了抽象的概括,并给出了科学的定义,如"平,同高也","直,相参也",等等。

墨子和孔子一样广收门徒,传道授业。在墨子看来,教育也是"为贤之道"。"为

---

① 冯友兰:《中国哲学简史》,涂又光译,北京大学出版社 1985 年,第 62 页。
② 陈鼓应:《庄子今注今译》,中华书局 1983 年,第 862 页。

贤之道将奈何？曰：有力者疾以助人，有财者勉以分人，有道者劝以教人。"①墨子也主张知行合一，"士虽有学，而行为本焉"，"君子以身戴行者也"。在墨子周围形成了一个团体，共同生活，为实现其理想而奔走、呼号。墨学团体是一个组织严密、纪律要求非常严格的政治性团体，后期发展为准宗教性的社团，首领称为"钜子"。

墨家作为先秦时期的显学，弟子门人众多（《墨子·公输》中称"然臣之弟子禽滑釐等三百人"），而其中愿意为墨家理想赴汤蹈火的坚定追随者也不下百人（《淮南子·泰族训》中称"墨子服役者百八十人，皆可使赴火蹈刃，死不还踵，化之所致也"）。在这些墨家门徒之中，不乏"为王者师"的能人异士。墨子的得意门生禽滑釐曾经像仆役般侍奉墨子三年，手脚都起了老茧，脸也晒黑了，使得墨子都不禁感动于他的赤诚之心，主动将自己守城防御的种种机关计谋倾囊相授。墨子的弟子高石子曾经被推荐到卫国做官，多次积极向卫君提出治国良策，卫君却不采用，他于是愤而放弃高官厚禄，离开卫国，仍旧回到墨子的身边求学问道，被墨子称赞为"倍禄而乡义"的贤者（《墨子·耕柱》）。仕于越国的公尚过、仕于楚国的耕柱子、仕于宋国的曹公子、仕于齐国的胜绰等人，都是知名的墨子弟子，其中有的谨守墨子教诲，也有的贪图爵禄（如曹公子）、攻伐弱小（如胜绰），各不相同。另外还有随巢子、胡非子，相传也是墨子弟子，皆有著作传至后世。墨子死后，墨家后学分离为三派，分别为相里氏之墨、相夫氏之墨、邓陵氏之墨，三派所传《墨子》经文有所差异，以致今本《墨子》的许多篇目都有上、中、下之分。三派弟子虽然分布于不同国家，但仍旧听命于"钜子"。相传孟胜、田襄子、腹䵍等学者都先后担任过墨家"钜子"。

在墨子以苦为乐精神的感召下，墨学弟子"量腹而食，度身而衣"（《墨子·鲁问》），"手足胼胝，面目黧黑，役身给使，不敢问欲"（《墨子·备梯》）。他们吃苦耐劳，过着极其简朴和艰苦的生活，作战时冲锋陷阵，平时则从事生产劳动。在墨子看来，如果不能吃苦，就是违反大禹的遗教，不配称为墨者。"后世之墨者，多以裘褐为衣，以跂蹻为服，日夜不休，以自苦为极。"（《庄子·天下》）墨家有严格的家法，墨门弟子必须听命于"钜子"，为实施墨家的主张，舍身行道，即便犯禁触官也在所不辞。墨门弟子到各国做官必须推行墨家的政治主张，行不通时宁可辞职。做官的墨者要向团体捐献俸禄，做到"有财相分"。墨子弟子胜绰，被推荐到齐国做官，胜绰跟从主人作战很勇敢，墨子责备他违背"非攻"的理论，一声令下，把他召回来了。在秦国的腹䵍，他的儿子杀了人。秦王说："先生年老，只有一个儿子，我已赦免他的死罪。"腹䵍说："墨家有定法，杀人者处死，伤人者处刑，为的是禁止杀人、伤人。大王虽有好意，我不可不行墨子的定法。"腹䵍后来还是将其儿子杀了。而最具代表性的事件，则当属孟胜率众为阳城君守义赴死的壮举。

楚国的孟胜是战国初期的墨家"钜子"，阳城君外出时请孟胜守护其领地，并将一

---

① 吴毓江：《墨子校注》，中华书局1993年，以下所引该书均出此版。

块璜分成两半当作令符,将一半交给孟胜,嘱咐他见到令符才能听从命令。当时楚悼王去世,之前妒恨吴起的众大臣在葬礼上群起而攻之,虽然杀死了吴起,但也损伤了楚王的遗体。阳城君也参与了这一事件,因此楚肃王在继位后,便下令将阳城君等参与诛杀吴起的大臣们逮捕治罪,并收回他们的封地。但楚肃王的使者并没有令符,于是孟胜选择践行诺言,带领墨家弟子拼死守城、拒不交出。孟胜的弟子徐弱曾经劝他:"您现在的牺牲既对阳城君无益,又会危及墨家的存亡,不如弃城投降吧。"孟胜义正词严地回答他:"身为墨家'钜子'的我,既是阳城君的老师,又是他的朋友,还是他的下属。如果我不能以死报答阳城君对我的信任,那么墨家的声名便会毁于一旦,今后追求严师者不会选择墨者,追求贤友者不会选择墨者,追求良臣者更不会选择墨者。因此,我即便要死,也要践行墨者的道义,彰显墨家的精神。况且宋国的田襄子十分贤德,我可以派人将'钜子'之位传给他,让他延续墨家的思想。"徐弱听了孟胜的话,深为感动,自告奋勇地为被派去见田襄子的使者杀敌开路。于是,孟胜派出三人去宋国传"钜子"之位于田襄子,然后赴死,而跟随孟胜赴死的弟子约有一百八十人。那三人转告田襄子继任"钜子"后,又要折返楚国与孟胜共同赴死,田襄子以刚接任的"钜子"身份命令三人留下,但也没有成功。墨者的纪律严明、舍生取义,由此可见一斑。

墨家秦汉时衰微,清末被重新发现,梁启超言:"假使今日中国有墨子,则中国可救。"[①]革命党人从墨子的学说中发掘出博爱、平等的思想观念,发现了科学知识和科学精神,更以墨家"杀己以存天下"的英雄气概投身革命斗争。

二、"爱无等差":墨子的主张

有一次,墨子准备动身周游列国,弟子魏越问他:"如果能见各地的诸侯,您将说什么呢?"墨子说:"到了一个国家,就要选择最重要的事情进行劝导:假如一个国家政治昏乱,就告诉他们尚贤、尚同的道理;假如一个国家贫穷,就告诉他们节用、节葬的道理;假如一个国家沉迷于声乐享受,就告诉他们非乐、非命的好处;假如一个国家野蛮、不讲礼节,就告诉他们天志、明鬼的道理;假如一个国家以欺侮、侵略别国为事,就告诉他们兼爱、非攻的益处。"(见于《墨子·鲁问》)墨子的这些观点是针对国家的不同弊病所生发出的极具针对性的治国策略,由此也形成了墨家的十大思想纲领(同时也是《墨子》中的十大篇目):尚贤、尚同、节用、节葬、非乐、非命、兼爱、非攻、天志、明鬼。墨学所归纳的纲领,虽然有十条,但其实都是从一个根本观念引发出来的,那就是兼爱。

(一) 兼爱非攻

墨子特别反对战争,主张"非攻"。他从维护小生产者利益的立场出发,反对那些

---

① 梁启超:《墨子学案》再版,商务印书馆 1922 年。

攻伐兼并的战争。他指责"王公大人、天下之诸侯",为了一己之私利,"攻伐无罪之国",侵入别国,割掉其庄稼,毁坏其城池,杀害其牲口,焚毁其祖庙,屠杀其人民,搬走其宝器,给人民造成了深重的灾难。

墨子也主张以"爱"来化解人世间的矛盾、争斗。不过,墨子的"兼爱"是没有差别、无条件的爱。墨子认为,"国之与国之相攻,家之与家之相篡,人之与人之相贼,君臣不惠忠,父子不慈孝,兄弟不和调",是"天下之害"(《墨子·兼爱中》)。出现这样的情绪源于人们"不相爱","交相亏贼",他称之为"别"。只顾自己不顾他人的人叫"别士",只顾自己不顾全国的君主叫"别君"。"别"是天下之大害,应予消除,办法是"兼以易别":"兼相爱、交相利。"(《墨子·兼爱下》)所谓"兼",是相互、彼此的意思,即不分人我:"视人之国若视其国,视人之家若视其家;视人之身若视其身。"(《墨子·兼爱中》)有人提出:天下那么大,怎么可以通过某些个体的"兼爱"行为达到目的呢?对此,墨子的回答是,如果我以天下的公利为利,急他人所急,那么,他人也会以这样的方式去感召更多的人,如此无限地推衍下去,天下再大,"兼爱"思想也会全面铺开。

墨子的"兼爱"不分亲疏远近,不分尊卑贵贱。即使像获、臧这样的奴隶,也在所爱之列:"获,人也;爱获,爱人也。臧,人也;爱臧,爱人也。"(《墨子·小取》)墨家和儒家都主张待人以爱,由自然亲情而发现人与人的共同性,相互同情、尊重,进而达到天下一家的"大同世界"。孔子主张由亲及疏、由上而下,人们相亲相爱,因而儒家的"仁爱""亲亲有术,尊贤有等"(《墨子·非儒下》);而墨子则是站在小生产者、贫民的立场讲爱,墨家的"圣王之道"是"爱无差等"的"天下兼相爱":"若使天下兼相爱,爱人若爱其身,犹有不孝者乎?视父兄与君若其身,恶施不孝!犹有不慈者乎?视弟子与臣若其身,恶施不慈!故不孝不慈亡有。犹有盗贼乎?视人室若其室,谁窃?视人身若其身,谁贼?故盗贼亡有。犹有大夫之相乱家,诸侯之相攻国者乎?视人家若其家,谁乱?视人国若其国,谁攻?故大夫之相乱家,诸侯之相攻国者亡有。若使天下兼相爱,国与国不相攻,家与家不相乱,盗贼无有,君臣父子皆能孝慈,若此则天下治。"(《墨子·兼爱上》)墨子还以孝为例论述了爱无差等的思想。他认为,必须先爱别人的父母,别人才会爱自己的父母。爱别人的父母是使自己的父母得到爱护的前提:"必吾先从事乎爱利人之亲,然后人报我以爱利吾亲也。"(《墨子·兼爱下》)因此,作为一个孝子,爱别人的父母应像爱自己的父母一样,不应有所分别。

墨家的"兼相爱"与"交相利"是紧密结合着的。孔子"罕言利",墨子大谈"利",在墨子眼中,"义,利也"(《墨子·经上》),"仁人之事者,必务求兴天下之利"(《墨子·兼爱下》)。墨子所崇尚的古代的圣人,爱民利民,忠信相连,"又示之以利"(《墨子·节用中》),即给人民以实际利益。

(二) 出于儒而反儒

墨子早年曾师从儒者,而对儒家思想的不满与反思,正是其思想主张的源头。孔子讲爱有差等,墨子讲爱无差等;孔子讲亲亲,墨子讲尚贤;孔子讲繁礼,墨子讲节用;孔子讲厚葬,墨子讲节葬,孔子讲远鬼,墨子讲明鬼,孔子讲兴乐,墨子讲非乐;孔子讲天命,墨子讲非命;孔子讲人治,墨子讲法治;孔子轻视生产劳动,墨子积极从事生产实践。但这些主张并非对儒家思想的简单批判,而是以"兼爱"为原则,注重实效的治国良方。

在"兼爱"的原则下,墨家提出了尚贤、尚同的政治理论和政治主张。墨子认为"官无常贵,而民无终贱"(《墨子·尚贤上》),"可使治国者,使治国,可使长官者,使长官,可使治邑者,使治邑",而"不肖者抑而废之"(《墨子·尚贤中》),"虽在农与工肆之人,有能则举之"(《墨子·尚贤上》)。墨家尚贤使能的用人原则,与儒家基于血缘关系的"亲亲"用人原则是相对立的。儒家维护世袭贵族的政治制度,墨家则主张让平民百姓中的贤良之士参与管理国家和治理社会。

墨子节用、节葬、非乐的主张反映了社会底层民众的愿望。墨子同情战乱中颠沛流离、饥寒交迫的百姓,他指出民有"三患":"饥者不得食,寒者不得衣,劳者不得息。"(《墨子·非乐上》)墨子揭露"当今之主"的搜刮无度:向百姓征收重税,用来建造宫室台榭,左右的人都起而仿效,以致财政匮乏。这就造成了贫富悬殊,"富贵者奢侈,孤寡者冻馁"(《墨子·辞过》),老百姓"饥寒并至"。墨家倡导统治者"节用"。"节葬"实际上是"节用"的一个方面,墨子认为厚葬、久丧之习俗是愚蠢之举,"匹夫贱人死者,殆竭家室"(《墨子·节葬下》)。他提出一套薄葬、短丧的办法,使人能"疾而从事,人为其所能"。墨子也正是从减少一切不必要的开支及简朴生活的社会理想出发而"非乐"的,在墨子看来,音乐加重了人民的负担,比如演奏众多乐器的青年男女脱离了生产劳动,还要供给他们美衣美食。这些观点针对儒家所倡导的"礼乐教化"进行了反思,并试图为国家提供更实际、更利于积蓄实力的治国手段。

孔子不仅"敬鬼神而远之",而且"不语怪,力,乱,神"。墨子却要言"天志",倡"明鬼"。《墨子·天志上》中说:如果一个人处在家族中而得罪了家长,他还可逃避到相邻的家族去;如果处在国中而得罪了国君,还有邻国可以逃避;在光天化日之下得了罪,有什么地方可以逃避呢? 上天不会对山林深谷等幽暗无人的地方有所忽视,他明晰的目光一定会看得见。《墨子·明鬼下》表面上保留了大量鬼神显灵的先秦传说,而其主旨则是为了使天下之人"信鬼神之能赏贤而罚暴也",从而使得"天下失义,诸侯力正"的乱世能够恢复秩序。所以说,在墨子的理论体系中,"天"和"鬼"是高于人的权威,是无法逃脱的正义。在"尚同""尚贤"的前提下,墨子将"兼爱"作为天意,借用天的权威来推行他自己的政治主张。"顺天意者,兼相爱,交相利,必得赏;反天意者,别相恶,交相贼,必得罚。"(《墨子·天志上》)小生产者虽不否认王权的合理性,但他们寄希望于"天志""神鬼"能塑造一个顺应天意的好天子。

总而言之,墨子所设计的治国理念是以"尚贤""尚同"为核心的,寄希望于一位像大禹那样英明睿智、无私奉献的"圣王",能够在"天志""神鬼"的监督之下兢兢业业地贯彻上天的意志,带领天下万民通过"节用""节葬""非命""非乐"等途径,共同营造一个"兼爱""非攻"的世界。

三、同异交得:《墨经》中的科学探索

墨子不仅是战国时期伟大的思想家、政治家,而且在科学上也有很高的造诣。墨子本人就曾经是制造器具的工匠,而他的弟子中也不乏来自社会中下层的能工巧匠。这就使得这些刻苦耐劳的墨家学者,能够将生产实践中的各种问题和经验加以总结,从而提炼出弥足珍贵的科学知识。今本《墨子》中的《经上》《经下》《经说上》《经说下》《大取》《小取》六篇旧称《墨经》,是战国后期墨家的著作,我们从中便可以发现大量关于光学、力学、数学等自然科学方面的知识记载。

墨家学者基于大量的观察事实,对光的各种现象进行了实验和分析,做出了科学的说明。其中最著名的是小孔成像的实验:在一间黑暗小屋朝阳的墙上开一个小孔,人对着小孔站在屋外,在阳光照射下,屋里相对的墙上就会出现一个倒立的人影。对此,《墨经》解释说:"光之人煦若射。下者之人也高,高者之人也下。足敝下光,故成景于上。首敝上光,故成景于下。"(《墨子·经说下》)就是说:光穿过小孔就像射箭一样是呈直线的,人的头部遮住上面来的光,成影就在下边,人的足部遮住下面来的光,成影就在上边。由此,其明确阐述了光的直线传播原理。《墨经》中还解释了本影与半影的现象,"景二,说在重"(《墨子·经下》),"二光夹一光,一光者景也"(《墨子·经说下》),其实就是指当两个光源照射一物时就会有两个半影夹持着一个本影,从而造成一个物体有两个影子的现象。另外,对于平面镜、凸面镜和凹面镜的不同成影效果,墨家也已通过切实的实验予以分析,并区分出了球心与焦点的不同。

墨家还从一些事物的研究中,概括出了一系列有意义的力学问题。例如关于杠杆平衡的问题,《墨子·经下》曰:"长重者下,短轻者上,上者愈得,下下者愈亡。"此即指出杠杆的平衡不但取决于两端的重量,还与重臂、力臂的长短有关。又如关于浮力的问题,《墨子·经下》曰:"荆之大,其沈浅也,说在具。"这就是说在载重量相同的前提下,负荷重物的形体(如船)越大,在水中下沉得就越浅,形体越小,下沉得就越深。

而对于一系列几何的概念,墨家也加以抽象概括,做出了科学的定义。例如"平,同高也",将"平"定义为高低相同;"直,参也",将"直"定义为三点共线;"圆,一中同长也",这里对"圆"的定义相当于现代数学所说的"对中心一点等距离的点的轨迹"。《墨经》中对点、线、面、体的一系列概念解释,是我国数学理论的萌芽。

墨家以自然科学知识为自己学说的基础,具有朴素的唯物主义观点,推动了中国

古代科学技术的发展。也正因为墨家有着丰富的自然科学知识,故而在与其他学派的论争中,其往往能够充分利用自己的知识特长,有力地驳斥论敌。

第二节 墨家与中国文化

  动荡时代过去之后,以救世为己任、带有宗教色彩的墨学趋向消亡。不过,墨家"贵于义""日夜不休,以自苦为极"的价值观念和生活方式为后来的社会底层的民众所认同、承袭,激励着劳苦大众求正义、致太平;墨家所体现的急公好义的人格理想、道德追求成为我们民族文化心理和民族精神的一部分,与其他进步的文化一起支撑起"中国的脊梁"。

一、致太平、求平等:平民之梦

  墨家不满于贵贱对立、贫富悬殊的现实,"背周道而用夏政",把希望的目光投向天下一家、人人相亲相爱的尧舜时代。这又回到了儒家所描绘的"大同":"大道之行也,天下为公。选贤与能,讲信修睦。故人不独亲其亲,不独子其子,使老有所终,壮有所用,幼有所长,矜寡孤独废疾者,皆有所养。男有分,女有归。货恶其弃于地也,不必藏于己;力恶其不出于身也,不必为己。是故谋闭而不兴,盗窃乱贼而不作,故外户而不闭,是谓大同。"(《礼记·礼运》)事实上,尧舜时代,作为中华民族的童年岁月,给后来的人们留下了温馨、美好的记忆,也一直为追求社会进步、大众幸福的思想家们(儒、道、墨等)所津津乐道。墨家从"天下为公"的"原始共产主义"社会中发现并积极肯定了人人平等的理念,主张普天下的民众相亲相爱,不分贵贱、亲疏;主张通过"尚贤""尚同"而实现社会成员政治上的平等。比如东汉张角创立太平道,声称黄帝时的天下是太平世界,无剥削压迫,也无饥寒病灾,更无诈骗偷盗,人人自由幸福,进而提出了"致太平"的口号,号召大众与不合理的现实抗争。这是平民的理想,引发了劳苦大众的热烈响应,一时间有数十万民众投入黄巾农民起义。

  墨家的思想观念和社会理想代表着工匠、农夫等劳动大众的利益和愿望,因而为后来的反压迫、求公平的平民阶层所继承并弘扬。小生产者辗转于社会底层,不大可能走"学而优则仕"的道路,他们所期盼的是"均贫富"的"太平世界",是"济世除暴"的英雄。墨家学说满足了他们的精神需要,使他们可以超越苦难的现实,可以以实际行动改变自己的命运。这样,墨家思想也就成为平民的理想,概括了小生产者的道德理想和英雄主义精神。梁启超注意到了墨家的思想对社会下层民众的影响:"墨教之根本义,在肯牺牲自己。……是道也:秦汉以后士大夫信奉者盖鲜;而其统乃存于匹夫匹妇。……今之匹夫匹妇,曷尝诵《墨子书》? 曷尝知有墨子其人者? 然而不知不识之中,其精神乃与墨子深相悬契。"① 有学者认为,墨家的思想构成了传统文化的另一体系,即与以儒法为主、道佛相辅的上层文化相对应的下层民间文化;还有学者认为中国人的灵魂中斗争着儒、道及墨家所代表的"匪"②。儒家以"中庸为至德",恪守"中和",讲究"温、良、恭、俭、让",道佛两家主张超脱,以全真保性、无欲无争为归。儒家和道家所造就的"君子"的人格理想与普通民众是有距离的。广大民众具有的那种勤俭刻苦、强力从事、敢作敢为的行为风格,以及急公好义、以身殉道、一往无前的人格理想均属于墨家,确切地说,为墨家思想所概括。黄巾农民军在官军的进剿中失败,后来竟有众多人投河而死。这种慷慨赴死的惨烈和悲壮很容易使人联想到"墨子服役者百八十人,皆可使赴火蹈刃,死不还踵"(《淮南子·泰族训》)。

墨家"兼爱"的观念反映的是劳苦大众的愿望和追求,墨家进而将之置于"天""神"的权威之下。墨子言"天志""明鬼",墨家之义——劳苦大众的理想和希望被假以"天""鬼"的形式提出,"天下有义则生,无义则死","反天意者,别相恶,交相贼,必得罚"(《墨子·天志上》)。在古代社会,劳苦大众对社会公正和秩序失去信心,只能以"天""神"来否定王权的合理性,反抗统治者的倒行逆施。后来的农民起义往往以"天""兼爱"为旗帜,比如元末红巾军的"天遣魔军杀不平……杀尽不平方太平"。平民阶层反抗专制有自身的价值观念和行为路径,也就是沿袭墨子及其追随者的道德观念和人格理想。

二、急公好义:墨家与中国的文化性格

墨家平等博爱的理想和敢作敢为的精神品格已经成为我们民族的"集体意识",成为人们反抗阶级压迫和外族欺凌,追求社会公平、公正的思想武器和道德资源,并且不断地为中华民族"新的飞跃"提供思想资源。比如孙中山进行革命活动时把墨子尊为"平等博爱"的中国宗师,在《民报》第一期中刊登了墨子画像。

(一) 平等博爱,天下为公

墨子提出在天面前人人平等的兼爱观念,进而主张"尚贤""尚同"。这只能是理想,寄寓了贫苦大众的期待的梦幻的理想。后来的人们正是凭着这样的理想来批判现实社会中种种不平之现象,进而以命相搏。在陈胜的"王侯将相宁有种乎"的说法中可以看到墨家的"官无常贵而民无终贱"的理念,刘邦的"约法三章"来源于墨家之法"杀人者死,伤人者刑"。太平天国的《天朝田亩制度》提出"有田同耕,有饭同食,有衣同穿,有钱同使,无处不均匀,无人不饱暖",与墨家的"天必欲人之相爱相利,而不欲人之相恶相贼也"如出一辙。《水浒传》中铺陈的理想之境:"八方共域,异姓一

---

① 梁启超:《墨子学案》再版,商务印书馆1922年,第二自序第1—3页。
② 闻一多:《闻一多全集》第三卷,生活·读书·新知三联书店1982年,第469—473页。

家……千里面朝夕相见,一寸心死生可同。相貌语言,南北东西虽各别,心情肝胆,忠诚信义并无差。其人则有帝王神孙,富豪将吏,并三教九流,乃至猎户渔人,屠儿剑手,都一般儿哥弟相称,不分贵贱且又有同胞手足……"这完全是墨家"兼爱"主张的写照。

墨家的"兼爱"千百年来激励着劳苦大众反抗阶级压迫,追求社会公正,也是近代资产阶级革命的思想武器。比如孙中山承认,他的三民主义等思想观念,"有因袭吾国固有之思想"[①],他认为:"古时最讲爱字的莫过于墨子,墨子所讲的'兼爱'与耶稣所讲的'博爱'是一样的。"[②] 孙中山所向往的"天下为公"的社会主张,更多地继承了墨家所代表的平民阶层的理想,如墨子所津津乐道的"万民和,国家富,财用足,百姓皆得暖衣饱食"(《墨子·天志中》)。

(二) 赖力仗义,救世献身

墨家的理念和行为体现出的侠义品格构成了我们的民族精神中积极、宝贵的一面,即追求理想,为民众的利益和社会的公正而奋不顾身。墨家特别崇尚"力",认为人要在这个世界上生存就必须吃苦耐劳,最大限度地发挥其"力"。墨家又特别推崇"义","万事莫贵于义"(《墨子·贵义》),墨家的"义"也就是不分贵贱、亲疏的爱。在墨子及其追随者身上,我们可以看到"力"和"义",后人将其概括为赖力仗义的侠义精神。在这里,儒家与墨家是相同的。儒家充分肯定人们由其道德人格和精神追求而拥有的伟大力量,"三军可夺帅也,匹夫不可夺其志也"(《论语·子罕》),进而强调道德理想及由此而产生的个体的尊严的重要性,当"义"与"生""二者不可得兼"时,个体应该坚持正义、保持气节,不惜牺牲生命。儒家的"杀身以成仁""舍生而取义"与墨家的"万事莫贵于义""杀己以存天下"相映成辉,一起支撑起"中国的脊梁"。中国历史上的仁人志士,为了黎民百姓而不辞辛劳,不计个人得失,甚至舍弃身家性命,他们正是凭借着精神的力量而使生命迸发出绚烂光彩。在我们的文化传统中,人性、理性崇高的一面表现为对儒家、墨家关于"义"的热烈呼号和执着捍卫。梁启超说:"墨学精神,深入人心,至今不坠,因以形成吾民族特性之一者,盖有之矣。"[③]

墨家是中国历史上最早的侠。墨家体现了侠的道德观和人格理想,至少可以说,墨家思想是侠的主要思想来源。他们功成不受赏,施恩不图报,重允诺,轻生死。如前文所提及的孟胜及其弟子舍生取义的事迹,凸显出的是这样一群血性男儿:勇敢,尚武,理性,甚至粗野,勇武无比,豪气凌云,具有雄伟、劲烈的阳刚之气。墨家"言必信,行必果""必先万民之身,后为其身""杀己以存天下"的道德规范是侠的精神人格和处世原则的集中概括。司马迁笔下的游侠,"其言必信,其行必果,已诺必诚,不爱

---

① 孙中山:《建国方略》,《孙中山全集》第六卷,中华书局1985年。
② 孙中山:《三民主义》,《孙中山全集》第三卷,中华书局1985年。
③ 梁启超:《墨子学案》再版,商务印书馆1922年,第二自序第1页。

其躯,赴士之厄困,既已存亡死生矣",这正是墨家行为模式的生动的写照。冯友兰指出,墨家虽然出于侠,但又不同于普通侠士,墨家是"为主义的"并"自有其道德"。其实,侠的精髓即"义",替天行道,匡扶正义。至于那些为了个人痛快而杀人越货、打家劫舍的亡命之徒,不过是打着"侠"旗号的盗匪而已。

侠,既是一个社会阶层,又是一种人格理想。按冯友兰的说法,儒、侠皆出自西周的士,一者精通礼乐,一者擅长剑拳,西周的封建制衰微,那些失去爵位的人就成为诸侯们的"门客""客卿",关键时刻,他们挺身而出,为感恩报德而舍身赴难。比如荆轲为报燕太子丹的知遇之恩而赴死,"风萧萧兮易水寒,壮士一去兮不复还"。事实上,东周时纵横七国的"士"多少都有一些"侠"的气质,如毛遂、唐雎等。在急遽动荡的社会中,侠的队伍迅速膨胀,失去了土地等生产资料和生活手段的农民、工匠,以及在政治斗争中失败的官吏、贵族也加入其中。侠属于失去社会身份和归属的游民。另外,他们能够弃置"忠君"的信条和放弃随遇而安的态度,又和个体所具有的刚毅、果敢、尚武、重义的血性气质有联系,并且在墨家"杀己以存天下"和儒家"仁者必有勇""杀身成仁"的人格理想中获得认同和道德荣誉。就此而言,侠又是一种社会理想和人生价值观的体认和实践。即便在文人学士中也有许多人以"侠"自许,李白"少任侠,手刃数人",有"托身白刃里,杀人红尘中"的诗句。再比如张良,韩国贵族后裔,韩亡后他荡尽家财结交刺客,找到了一个可使大铁锤的勇士,在博浪沙狙击巡游天下的秦始皇,此后亡命江湖。陈胜起义,张良率侠客百余人自成一军,其后辅助刘邦,一统天下,汉初论功行赏,被封为留侯。天下大定,他"即道引不食谷,杜门不出岁余"(《史记·留侯世家》)。少年游侠、中年游宦、老年游仙,这样的人生轨迹是有代表性的。

在中国历史上,赖力仗义的侠义品格集中地体现了我们民族的理想主义和英雄主义,给人以积极向上的精神力量,鼓励人们为了社会公正和人类进步而奋不顾身,也给水深火热中的百姓以希望和信心,使人们面对污浊的社会现实而不至于完全丧失对于社会公正、公平的追求。因此古往今来会有那么多侠客及清官的传说。从古代的《三侠五义》《水浒传》到现代的武侠小说,作品的主人公都是正义的捍卫者,仗义力行,自觉地承担起为天下兴公利、除公害的社会责任。"人心平,雷不鸣,吏得职,侠不出"(明人陈子龙语),古时政治黑暗、腐败,百姓乃至官僚、知识分子的权利得不到基本的保障,进而失去了对社会公正的预期和信心,这时人们也就寄希望于侠客,甚至挺身而出,以一己之力、一腔热血去报仇雪恨,匡扶正义。比如,关于侠的塑造,《水浒传》中的林冲原是禁军教头,有一定的社会地位和美满的家庭,他当然不愿意放弃这一切,所以他受辱后,一再忍让,即便被高俅设计陷害做了囚徒,他仍期待服役期满,重新过其正常的生活。这就是说,他对社会还没有失去最基本的信心,还心存"王法",还恪守君臣之道,虽然痛感朝纲昏暗,但他也不得不忍气吞声。最后在高俅试图将他置于死地的情况下,他才奋起反抗,杀死谋害他的高俅的爪牙,雪夜投奔梁山。他不得不以强力讨回公道,通过触犯法律、攻击国家机器之类的反社会方式而追求社会正义。需要指出的是,侠客重义气、重允诺而轻生死,甚至以嗜血杀人为豪壮、勇武的表现,这又是一种缺乏理性的野性表现。比如李逵手持两把大斧,有时,不论是官兵还是百姓,不问青红皂白一路砍杀;武松因为张督监的陷害而使"血溅鸳鸯楼",杀死张督监全家。

 思考题

1. 墨家的"爱"与儒家的"爱"有什么区别?
2. 谈谈墨家是如何代表平民的愿望和理想的。
3. 儒家、道家和墨家都崇尚简朴的生活,试做比较。
4. 谈谈墨家与古代侠客的关系。
5. 胡适将墨子称为"中国出现过的最伟大的人物",你如何理解这句话?

第四章　富国强兵之术
——法家及兵家文化

秦王嬴政读韩非《孤愤》《五蠹》曰:"嗟乎,寡人得见此人与之游,死不恨矣!"一位年轻的君王怎么会为两篇文章如此激动,以致为了见作者而对邻国发动战争?我们知道,嬴政是一个冷血、内敛的铁腕人物,他13岁被立为秦王,但朝政一直被吕不韦掌控。嬴政隐忍不发近十年,后来一举平定了嫪毐与太后的叛乱,又免除了吕不韦的相职,迫其自杀。嬴政刚刚经历了与吕不韦的生死搏杀,读到"万乘之患,大臣太重;千乘之患,左右太信",自然会感慨万千。三家分晋、田氏篡齐,这是活生生的现实,秦国也差一点易姓换朝,症结就在"国地削而私家富,主上卑而大臣重",所以国君要大权在握,不能轻易信任大臣,因为"臣主之利与相异"。嬴政一路杀戮,以刀剑维系其政治地位和身家性命,他在《孤愤》一文中为自己的行为找到了合理性。这位年轻的君王读到《五蠹》一文时,一定不由得击掌称妙。"上古竞于道德,中世逐于智谋,当今争于气力",儒家所标榜的仁义道德适用于古代,"以先王之政,治当世之民"如同守株待兔,"故明主之国,无书简之文,以法为教;无先王之语,以吏为师;无私剑之捍,以斩首为勇"。秦王是一个有大抱负并想有一番大作为的君主,他对自己及秦国的未来有很高的预期,他在韩非的论述中看到了他的帝国蓝图:以法为教,以吏为师,以斩首为勇……接下来,在华夏大地上出现了一统六国、建立中央集权的秦帝国。

《史记·太史公自序》曰:"法家不别亲疏,不殊贵贱,一断于法,则亲亲尊尊之恩绝矣。"法家及兵家学说属于强国争霸之"术"。历代统治者,"其教孔孟者,其法亦必申韩"[①]。韩非称战国时期"境内皆言兵,藏孙、吴之书者家有之"。秦王依照法家的政治理念,富国强兵,改制立法,建立并维持强大帝国。后来汉武帝实行"德刑并用"之策,由此奠定了中国政治文化的基本模式——"外儒内法""明倡儒经、暗行法术"。

---

① 中共中央文献研究室:《毛泽东读文史古籍批语集》,中央文献出版社1993年,第344页。

第一节 法家概述

战国时代,诸侯争霸,征伐不已。为了增强国家的综合实力以免落后挨打,同时由于社会结构、生产方式发生变化,治国理念和方式必须有大的变革,富有远见的政治家纷纷进行改革,于是就有了轰轰烈烈的变法运动。比较著名的有魏国的李悝变法、赵国的公仲连变法、楚国的吴起变法、韩国的申不害变法、齐国的邹忌变法、燕国的乐毅变法、秦国的商鞅变法等。前后九十余年间,改革的浪潮一浪高过一浪,其中秦国的商鞅变法最为彻底。为了论证政治改革的必要性、合理性,李悝、商鞅等人著书立说,形成了法家理论。

一、"争于气力":法家兴起

法家起源于政治实践。生产方式及社会结构的变化引发了治国理念和方式的变革,中原大地上出现了波澜壮阔的变法运动。

(一) 法家渊源

三晋地区是法家的发源地。晋国地处夏人的故墟,四周又遍布戎狄部落,晋国建国之始不得不因地制宜地延续夏以来的政治制度和风俗习惯,暂不实行西周的宗法、礼乐制度,故而三晋之地以血缘关系为纽带的宗法观念一直较为淡薄。春秋中期,周天子权威日衰,中原地区成为大国角逐争霸和戎狄入侵蚕食的场所。迫于诸侯争霸、戎狄侵扰的现实压力,魏、韩、赵三国相继进行了变法,以求富国强兵。魏国李悝变法,韩国申不害以法治国,一时国治兵强;赵武灵王推行"胡服骑射",移风易俗,建立起一支强大的骑兵队伍,扩地数千里。

法家的师承与儒家有关。孔子之后,子夏到魏国,在西河讲学,弟子有三百多人,李悝、吴起、魏文侯等都是他的学生。商鞅则是李悝的学生。再后来,荀子的学生韩非和李斯,一个是法家的大思想家,一个是充分实现了法家政治主张的政治家。

(二) 法家先声

法家最早可以追溯到春秋时期的管仲、子产。管仲在齐国任相四十余年,帮助齐桓公实现改革,齐国后来成为春秋时期第一个霸主。管仲虽重视礼在治国中的重要作用,但他强调礼义的强制性,注重法律的作用,主张以法理政、以法统军、以法治民。"法者,所以兴功惧暴也;律者,所以定分止争也;令者,所以令人知事也;法律政令者,吏民规矩绳墨也。"(《管子·七臣七主》)

"仓廪实则知礼节,衣食足则知荣辱"(《管子·牧民》),基于这样的观念,管仲大力发展经济,采取了非常规的举措,比如为鼓励通商贸易而实行轻税政策,不重复征税,优待其他国家的商人,拉一车货到齐国的免费提供饮食,拉三车货的再提供马的饲料。齐桓公要对人口、房屋、树木、六畜征税,管仲却主张"寓税于价",把税隐藏在商品里,间接征收,使纳税者看不见、摸不着,不至于造成心理上的抵抗,"取之于无形,使人不怒";管仲实行了盐业专卖,盐、铁矿均为国家垄断,民间商人经营盐池、冶铁作坊,产品归国家统购统销。管仲的经济改革使偏僻的齐经济繁荣,齐国生产的高档丝织品畅销周边诸侯国,乃至"天下之人冠带衣履,皆仰齐地",临淄成为丝织中心,齐国的盐铁也行销中原。以"富国强兵"为宗旨致力于经济发展,管仲是先行者,被后世的桑弘羊、王安石所效法,"寓税于价"、盐业专卖的做法更是影响深远。

子产在郑国进行了一系列改革,他整理田制和农户编制,承认土地私有,按田亩征税。他铸造刑书,把法律条文铸在鼎上,放置于王宫门口,使百姓有所依止。子产"严刑为治"的观点后来成为法家的一条基本原则。子产临终时对其继承者说,治理国家有宽、猛两种手段,"唯有德者能以宽服民,其次莫如猛。夫火烈,民望而畏之,故鲜死焉。水懦弱,民狎而玩之,则多死焉。故宽难"(《左传·昭公二十年》)。

(三) 法家之起

法家的开创者是李悝(前455—前395),他明确地把富国强兵作为目标,改革西周立国以来的政治经济制度。李悝任魏相,针对魏国国力贫弱的状况,他提倡"尽地力之教",大力发展农业生产;并采取了一系列措施,比如废除"井田"的旧疆界而鼓励自由开垦,调整租谷。李悝还创"平籴法"以稳定粮食价格,即好年成由政府出钱籴进一定数量的余粮,坏年成亦由政府按坏年成的等级粜出一定数量的粮食。李悝总结了子产"铸刑鼎"以来各国法制建设的成果,编撰了中国古代第一部较为完整的法典——《法经》。李悝的《法经》现已失传,但在历史上曾产生过很大影响,商鞅西入秦国时就带着《法经》,后来的《秦律》《汉律》也都以《法经》为基础编写。

法家:从李悝到商鞅

韩昭侯选中了申不害为相,在韩国实行变法。申不害整顿吏治,加强君主集权统治,收回了侠氏、公厘氏和段氏三大强族的特权,摧毁其城堡,清理其府库财富以充国库,并将贵族的私家亲兵收编为国家军队。申不害执政15年,"内修政教,外应诸侯",《史记》曰:"终申子之身,国治兵强,无侵韩者。"(《史记·老子韩非列传》)

稍后,吴起在楚国也进行了变法。吴起(约前440—前381),卫国人,曾到鲁国拜曾参为师,后改学兵法,在鲁国担任大夫,领兵打败了齐国。但鲁君不信任他。吴起便到魏国,协助李悝进行了兵制改革;魏文侯死后,他受到大臣公叔痤等人排挤,被迫奔楚。吴起一到楚国就受重用,掌兵防御韩、魏,一年以后,吴起被楚悼王任命为令尹,大刀阔斧地进行政治改革,"封君之子孙三世而收爵禄"(《韩非子·和氏》),打破旧贵族的世卿世禄制,奖励"战斗之士";废除无用、无能的官职,剥夺王室贵族的权力;还责令一些与王室关系疏远的贵族徙边垦荒。数年之间,"南平百越;北并陈、蔡;却三晋;西伐秦"(《史记·孙子吴起列传》)。

赵武灵王推行了"胡服骑射"政策。赵国受中原大国欺侮,林胡、楼烦等游牧民族也不时骚扰。赵王看到长袍宽袖不便于骑马射箭,提出"着胡服""习骑射",改革军事装备和作战方法。赵王强令男人改穿胡人式的紧袖短衣、长裤,顶住了来自保守派的压力。赵国新建的骑兵在战争实践中显示出优越性,攻击匈奴,建立云中、九原两郡,又在阴山筑赵长城以抵御胡人,公元前296年吞并中山国。赵国由此成为震慑中原的强国,"秦之所畏害于天下者,莫如赵"(《战国策·赵策》)。

二、为秦开帝业:商鞅变法

富国强兵,使国民依附国家,国家成为一个庞大的战争机器,去攻城略地、称王称霸,这是战国以来变法的目标,但最终获得成功的是秦国的商鞅变法。

(一)商鞅其人

商鞅(约前395—前338),卫国人,原姓公孙,名鞅。商鞅"少好刑名之学",受李悝、吴起的影响。他初为魏相公叔痤家臣,公叔痤病重时向魏惠王举荐他为相,又说王不用鞅必杀之,不能让他离开魏国。魏惠王对公叔痤的嘱托不以为意,商鞅后来应秦孝公的求贤令入秦。商鞅初见孝公,大谈三代的"帝道",孝公听着不时打盹,事后还责怪引荐者。五天后商鞅再次求见,献上"王道",孝公仍然没有兴趣。第三次见面,商鞅讲出了有关"强国之术"的"霸道",孝公被深深吸引,跪坐的双膝一点一点向前移动;接连几天,商鞅在孝公面前展现了富国强兵的宏伟蓝图。孝公三年,商鞅与甘龙、杜挚辩论,孝公同意其变法观点。商鞅担任左庶长,掌握秦国军政大权,实施变法。公元前340年,商鞅领兵攻打魏国,对阵的魏将公子昂

商鞅变法

是商鞅昔日好友。商鞅请公子昂和谈,在会谈后将其扣押,趁机大破魏军,迫使魏国交还过去夺走的土地。

公元前338年,秦孝公去世,太子驷即位,即秦惠王。公子虔等人告发商鞅"欲反",秦惠王下令逮捕商鞅。商鞅逃亡至边关,无处寄宿(依商君之法,留宿无凭证的客人是要治罪的)。他想到魏国去,但魏国拒绝他入境。他回到自己的封邑,举兵抵抗失败,死后被秦惠王处车裂之刑,并灭族。

(二)商鞅之法

公元前356年,秦国开始推行商鞅所制定的新法,主要内容有:① 推行什伍连坐法,老百姓五家编为"一伍",十家编为"一什",互相担保,互相监视。一家犯罪,九家都要检举,否则十家一起判罪。② 奖励军功,严禁私斗,"有军功者,各以率受上爵,

为私斗者,各以轻重被刑大小"。③ 实行"尊卑爵制等级",官爵大小以军事上立功多少为标准,没有功劳的,即便贵族也只有平民般的待遇。④ 奖励老百姓努力生产,粮食、布帛贡献多的,可以免除一家劳役;懒惰和弃农经商的,连同妻子、儿女一起充为官奴。一家有两个儿子以上的,儿子成人以后就要分家,否则一人要交两份税。

商鞅以铁腕手段实行他的政治主张,新法公布前,徙木为信,树立了自己的权威。新法损害了贵族们的利益,遭到他们的强烈反对,太子驷公开出来反对,商鞅严厉地处罚了太子的师傅,太子傅公子虔被割鼻,太子师公孙贾被施黥首之刑。

商鞅在公元前350年开始第二次变法,主要措施是:① 废除分封制,在全国建三十一县(也有史书认为是四十一县或三十六县),县设令、丞,直接由国君任免。②"开阡陌封疆""废井田""民得买卖",废除了井田制度,承认土地私有,允许人们开荒、买卖土地。③ 统一斗、桶、权、衡、丈、尺等度量衡,方便税收和交换。④ 焚诗书,定秦律,"燔诗书而明法令"。⑤ 迁都咸阳,为了便于向东发展,把国都从原来的栎阳迁移到渭河北面的咸阳(今陕西咸阳东北)。

商鞅的新法适应了社会发展的现实需要,在孝公的支持下推行得比较彻底,改革取得显著成效,行之十年,道不拾遗,山无盗贼,家给人足,秦民大悦。民勇于公战,怯于私斗,乡邑大治。秦国成为强国,周天子派使者送祭肉来给秦孝公,封他为"方伯"(一方诸侯的首领)。

(三) 商鞅的执政理念

商鞅治国的核心原则是"缘法而治"。"法者,国之权衡也。"(《商君书·修权》)其变法首先就"修刑",即改革刑法,树立法的权威。商鞅改"刑不上大夫"的旧法为"法不阿贵""刑无等级",他提出的"壹刑"的主张,不仅肯定了法律的客观公正性,而且明确地否定了贵族的特权:"所谓壹刑者,刑无等级,自卿相、将军以至大夫、庶人,有不从王令、犯国禁、乱上制者,罪死不赦。"(《商君书·赏刑》)商鞅"严刑"以实行"缘法而治",为的是"立君",即强化国君、国家的权威,"夫利天下之民者,莫大于治,而治莫康于立君。立君之道,莫广于胜法,胜法之务,莫急于去奸,去奸之本,莫深于严刑"(《商君书·开塞》)。商鞅所崇尚的是国家集权,社会的资源配置、价值追求高度统一,凝聚在一个意志、一个目标之下,"圣人之为国也,壹赏,壹刑,壹教"(《商君书·赏刑》)。"守十者乱,守壹者治。"(《商君书·靳令》)举国上下同仇敌忾,这是落后国家奋起直追的必然选择,但又以牺牲了民众的物质和精神享受为代价,甚至吞没了个体的权利、生命。

商鞅强化国君、国家的权威,为的是"驱农归战","入使民属于农,出使民壹于战……民壹则农,农则朴,朴则安居而恶出"(《商君书·算地》)。商鞅推行"农战为本"的国策,在他看来,"国之所以兴者,农战也"(《商君书·农战》),商鞅改革的目标即要调动民众从事"农战"的积极性,他采取了一系列措施鼓励甚至逼迫人们去开垦荒地,多产粮,多生子,去战场上杀敌立功。商鞅认为:"圣人知治国之要,故令民归心

于农。"(《商君书·农战》)为此,商鞅主张实行愚民政策:"愚农不知,不好学问,则务疾农。"(《商君书·垦令》)

三、帝王之术:韩非的理论综合

韩非(约前280—前233),"喜刑名法术之学,而其归本于黄老"(《史记·老子韩非列传》),写了研究老子的文章《解老》《喻老》。韩非是韩王室诸公子之一,他几番上书,力劝韩王变法以振兴积贫趋弱的国家,终不得志,只得著述以抒孤愤。韩非应诏出使秦国,与秦王相谈甚欢,他劝秦王存韩灭赵。秦王怀疑有阴谋,之前韩桓惠王曾为"疲秦"派工程师郑国入秦游说建大水渠,李斯趁机下谗言,韩非入狱后服毒自杀。

韩非总结了先秦法家的改革实践和理论成就。商鞅言"法",申不害讲"术",慎到重"势",韩非的思想立足于强化君王集权,综合了商鞅等人的理论与实践成果,"为法家思想之最高发展"。

(一)"当今争于气力"的历史观

"法治"是李悝、商鞅以来先秦法家的一项基本主张,它是针对封建贵族所主张的"礼治"而提出的。以儒家为代表的礼治论者主张治国如持家,以道德感化民众,统治者率先垂范,任用贤能。韩非认为,在"争于气力"的时代再讲道德、行礼治,就像守株待兔一样愚蠢。他举例说,一个"不才之子",父母怒责、乡人申斥、师长教训,他都无动于衷,直到"州部之吏"将他抓了起来,他才会害怕而改邪归正,可见"父母之爱不足以教子,必待州部之严刑者"(《韩非子·五蠹》)。他又举例,大圣人孔子以仁义号召海内,但跟着他干的不过七十余人,而鲁哀公乃小国君主,却由于有权势,"境内之民莫敢不臣"。他的结论为:"为治者……不务德而务法。"

韩非认为一个时代有一个时代的道德标准,断然反对人伦道德退化的理论。他说:"上古竞于道德,中世逐于智谋,当今争于气力。"(《韩非子·五蠹》)"上古竞于道德",并不是人人都好,而是因为当时物多人少;今天人们互相争夺,不是道德沦丧,而是因为物质相对匮乏。韩非从物质生活条件决定着人们的道德和精神面貌这个角度来观察问题。儒、墨两家总是歌颂古代人人品高尚,"辞让"而不为己,认为当今之人处处为己而不"辞让"。韩非打破了儒家道德至上论的叙事框架。

在韩非看来,不应用某种道德观念衡量人,应该用利益去解释人们的行为。"医善吮人之伤,含人之血"(《韩非子·备内》),绝不是医生心地善良,那是为了求利。制造车的希望人富贵,制造棺材的希望有人死,绝不是前者心善,后者心恶,而是由利益决定的。同样,也不要相信有什么超脱利益的君子。"夫陈轻货于幽隐,虽曾、史可疑也;悬百金于市,虽大盗不取也。"(《韩非子·六反》)总之,不应用道德论人,而应以利害察人。

韩非的政治理论是建立在他对人性的深刻洞察之上的。韩非认为人生来就是好利的,人皆"自为",他还从人的自然本能来论证:"以肠胃为根本,不食则不能活,是以不免于欲利之心。"(《韩非子·解老》)韩非继承了荀子的性恶论。荀子承认人性好利,不过他认为这是属于"恶"的,应加以改造。韩非则认为人之好利的本性无须改造,恰恰相反,可以利用。这是法家共同的看法。商鞅也说:"民之性,饥而求食,劳而求佚,苦则索乐,辱则求荣,此民之情也。"(《商君书·算地》)人们都说父母与子女之间最亲近,血肉之情不可言以利。然而在韩非看来,父子之间也是计利而行的,"父母之于子也,产男则相贺,产女则杀之"。同出父母之怀,为什么一贺一杀呢?原因就在于"虑其后便,计之长利也"(《韩非子·六反》)。父母子女之间"犹用计算之心以相待也,而况无父子之泽乎"(《韩非子·六反》)。人的本性是"自为""好利",政治就应从这一实际出发,把全部政策自觉地建立在"利"的基础上。人们的"利"相互排斥,但又可以结合在一起。为了"利",人们可以相互为用,也可以相互争斗。政治的妙诀就在于做好"利"的排列组合,并为君主所用。

(二)"主尊臣忠"的政治学

韩非教导当世君主如何掌控并运用政治权力巩固其统治,谋求自己和国家的生存与发展。面对礼崩乐坏的现实,孔子试图恢复君臣、父子之正道,孟子则言:"王何必曰利,亦有仁义而已矣。"(《孟子·梁惠王上》)韩非则试图从政治运作的角度来确保社会长治久安,主张"主尊臣忠",精心运作"法""术""势"以维持国君的权威、权力,从而实现强权富国,称霸天下。

三家分晋、田氏篡齐,君主不能掌控群臣以致最后国灭身亡。这是统治者挥之不去的梦魇,又是必须面对的现实。韩非直面那个时代政治危机之症结、社会秩序之核心,"私行立而公利灭","爱臣太亲,必危其身;人臣太贵,必易主位……是以奸臣蕃息,主道衰亡。是故诸侯之博大,天子之害也;群臣之太富,君主之败也"(《韩非子·爱臣》)。西周以来的封建制下,天子与列国、国君与大夫均为礼所约束,然而亲情、道德终究是靠不住的,发展到后来便是诸侯国坐大、大夫篡权。晋国、齐国的大夫废除国君而自立,其他国家都曾有公子执政、大臣权重的王权危机,从李悝到商鞅,法家政治一路走来均是削弱贵族权势、强化王权。韩非高屋建瓴,在理论上详尽阐释了国君与大臣之间的利害关系,进而引导国君抑制、打击权贵。既然人"皆挟自为心""用计算之心以相待",君臣关系说到底也就是赤裸裸的利害关系,"臣尽死力以与君市,君垂爵禄以与臣市,君臣之际,非父子之亲也,计数之所出也"(《韩非子·难一》)。这就像市场上的交易,"主卖官爵,臣卖智力"(《韩非子·外储说右下》),总之"君臣异心""上下一日百战"(《韩非子·扬权》)。儒家立足于君臣相依而强调信、忠、仁、义等道德准则,是谓"为政以德";韩非将人看作利益主体,主张通过调整利害关系以维持社会秩序,"凡治天下,必因人情。人情者有好恶,故赏罚可用;赏罚可用则禁令可立,而治道具矣"(《韩非子·八经》)。韩非认为君主不明了人情之常才会对君臣关系产生不切实际的观念,企图通过亲情、道义等建立君臣的合作关系,但恰恰是信、忠、仁、义使君王信任其大臣而没有足够的防范,终至权力慢慢为臣属侵夺。韩非主张"务力不务德",社会治理无须依靠和期待尧舜那样的贤圣君主,只要有中人之资即可,"抱法处势则治,背法去势则乱","夫国之所以强者,政也;主之所以尊者,权也……故明君操权而上重,一政而国治"(《韩非子·心度》)。

韩非主张"主尊臣忠","人主者,天下一力以共戴之,故安;众同心以共立之,故尊。人臣守所长,尽所能,故忠。以尊主御忠臣,则长乐生而功名成"(《韩非子·难势》)。君主之操国政,不在仁恩而在威势。在韩非看来,人人"皆挟自为心",君主所依托的大臣、左右必定会出于私利而蒙骗、利用之,甚至觊觎王位。"君臣一日而百战",因此君主要会用权术"潜御群臣","人主者不操术,则威势轻而臣擅名","商君虽十饰其法,人臣反用其资"(《韩非子·定法》)。国家富强了,但君权没有强化,国家富强的成果就会被大臣篡夺,成为扩张私门的资本。韩非指出了商鞅的失误,引入了申不害的"术"论。韩昭侯以申不害为相,申不害认为君臣犹如富贵之家与盗贼,臣子总想窃取君主的社稷,国君要使用种种权术窥探臣子的内心,同时深藏不露。韩非主张法、术结合,"君无术则弊于上,臣无法则乱于下,此不可一无,皆帝王之具也"(《韩非子·定法》)。如果没有统一的法令就不能治民防奸,如果只有"法"而君王未掌握驾御臣下的"术",大臣们就会发展个人势力,危及君王的权力、地位。因此,人君既要讲"法",又要有"术","藏之于胸中,以偶众端,而潜御群臣者也"(《韩非子·难三》)。韩非津津乐道于"御臣之术":"一曰众端参观,二曰必罚明威,三曰信赏尽能,四曰一听责下,五曰疑诏诡使,六曰挟知而问,七曰倒言反事。"(《韩非子·内储说上》)比如"疑诏诡使",即国君故布疑阵而传出诏命,以迷惑臣下,观其诚伪;"挟知而问",即掌握了事实后反而询问臣子以考察其忠奸;"倒言反事",即故意说反话、做逆理的事情来试探臣子。

韩非认为理想的政治架构是中央集权,"事在四方,要在中央;圣人执要,四方来效"(《韩非子·扬权》),而中央权力则由君主独握,"王者,独行谓之'王'"(《韩非子·忠孝》),"明主之道,在申子之劝'独断'也"(《韩非子·外储说右上》)。韩非设想,把一切事务分授给大臣,君主采取"循名而责实"(《韩非子·定法》)的督责之术,以使"明君无为于上,群臣竦惧乎下""臣有其劳,君有其成功"(《韩非子·主道》)。韩非主张"主尊臣忠",综合了前期法家"法""术""势"之理论,为了强化以国君为代表的国家的权威,抑制贵族势力和旧的传统,必须"以法治国";实行法治必须掌握政治上的权势,巧妙地驾驭群臣,因而统治者要有"势",还要讲究"术"。韩非精辟地概括了专制社会权力运作的原则,为中央集权国家的社会管理做了理论准备。儒家所讲的政治其实是道德的延伸,墨家的尚同、尚贤是一个乌托邦的政治理想,道家的"无为"所体现的是对现实政治的批判,韩非也参与奠定了中国政治文化的基石。《韩非子》被称为"帝王之学"。

第二节　法家与中国文化

秦国由弱而强,进而一统天下,这可以看作法家思想在社会实践中的成就。秦朝覆没后,法家声名狼藉,为人所不齿,法家思想与它所构建的中央集权的专制体制却延续了下来,法家"农战为本""缘法而治"的治国方针也被后来的统治者承袭,法家任法去私、锐意改革的精神则成为我们民族文化性格中的一部分。

一、独制天下:专制集权的政治模式

嬴政13岁即位,22岁亲政,任用尉缭、李斯,自公元前230年至公元前221年,他先后灭韩、魏、楚、燕、赵、齐六国,建立了中国历史上第一个统一的多民族中央集权制国家。尔后他还派蒙恬率兵出击匈奴,把战国时秦、赵、燕三国的长城连接起来,修筑西起临洮(今甘肃岷县)、东至辽东的万里长城,并征服南方的百越,设置桂林、象、南海等郡。

(一)秦王击破六国

法家所实行的一系列改革使秦国的后发优势充分地发挥了出来,终于成就了奇迹,局促一隅的秦国居然横扫中原、一统天下。

秦国在诸侯列国中建国较晚,秦襄公被封立国时,鲁、齐等国已经有两百多年历史。秦国又在边远地区,秦国人长期与戎狄杂居,并不断交战,生活方式和社会文化带有游牧民族的特点,商鞅变法之时,秦国仍处于"戎狄之教,父子无别,同室而居"的状态。总之,与中原诸国相比,秦国属于落后的、尚未开化的诸侯国,甚至被看作"夷狄"。在这样的文化背景下,秦国更多地保持了尚武好战的精神、功利主义的风气、质朴粗犷的习俗,这正是贯彻法家思想的合适土壤。商鞅变法使秦国富强,雄踞关中,秦文化也发生了根本性的变化,法家思想成为秦文化的主体。相对于礼乐文化传统较为悠久的中原诸国,秦更容易突破血缘和社会地位的限制而大胆起用能人,在治国理念上也容易推崇霸道而轻视王道,在战争、外交中也可能毫无顾忌地使用计谋,以暗杀之类手段实现其目的。由商鞅变法所建立的官僚爵位制、刑律和"什伍"编户制,调动了将士、民众的积极性,使社会所蕴藏的潜力超乎寻常地发挥了出来。

秦始皇素有宏图雄心,广纳海内豪杰,所倚重的能人干将大多不是秦国人,也没有高贵的出身和显赫的声名,名将白起、王翦是平民,李斯是小吏,张仪、范雎、蔡泽也属于鄙人、平民。如此,除了秦始皇的眼光、魄力外,更主要的是秦国具有政治制度上的优势。在战国时期,政治改革的核心即废除建立在封建制基础上的"世卿世禄"制,推行军功爵制。由于秦国的文化传统,商鞅的变法最成功、最突出。这样就极大地提

高了军队的战斗力,使社会各阶层的人们投身于帝王的霸业。帝王的霸业也成就了白起、李斯乃至一个个士卒的功业。新的制度又培养了一批军功地主,改变了社会阶级的构成,这些新兴的军功地主,具有开拓精神,勇于改革不合理的社会现象,成为推动社会生产力进步的重要力量。

总之,法家所推行的新法及全新的治国理念调动和集中了几乎全部社会资源,秦国犹如一部战争机器。由秦始皇兵马俑中如原人、原马一样大的兵马俑,可以想象浩浩荡荡、所向披靡的秦军,如此的虎狼之师当然难以抵挡。

(二)中央集权的帝国

秦始皇创建了中央集权制的国家,这是一个空前伟大并影响深远的制度创新,而指导秦始皇在现实世界中实现这种创造的,正是法家的治国理念和社会理想。

华夏大地幅员辽阔,远古时期交通极不方便。周朝统治者不得不分封其亲戚、盟友以统治国家。秦王朝统一之初,人们自然也想到"以封建国",丞相王绾认为诸侯初灭,燕、齐、楚地方辽远,应该封子弟为王,遣往镇守,得到群臣的赞同。法家对"亲亲、尊尊"的宗法制的坚决否定使秦朝统治者敏锐地觉察到原来国家体制的缺陷,李斯力排众议,指出:"周文武所封子弟同姓甚众,然后属疏远,相攻击如仇雠,诸侯更相诛伐。周天子弗能禁止。"(《史记·秦始皇本纪》)秦始皇后来采纳了李斯的意见,分天下为三十六郡,郡下设县,郡的长官是郡守,县的长官是县令(万户以上)或县长(万户以下)。县以下依次是乡、亭、里、什(十户)、伍(五户)。秦后来征服南方的百越,又设置了桂林、象、南海等郡。

依据"圣人执要"的集权原则,秦王朝在国家管理机构上也做了制度创新:两府并设、三公鼎立、九卿分工。丞相府与御史大夫府分立并设,丞相府是管理国家的中枢权力机构,丞相是皇帝的第一助手,丞相二人行政,其中以左为上,御史大夫则起着制约、监督的作用。三公即丞相、太尉、御史大夫,分掌行政、军事、监察大权。直属中枢机构,中央设置了九个管理部门,其主管官员后称"九卿"。秦所建立的国家管理模式两千年来被一直沿袭下来。后世,中央权力机构制度由三公九卿制变成了三省六部制,政权三分,大大加强了皇权。到明清,中央权力机构由六部、都察院、翰林院、大理寺等组成。六部为:吏部,掌文官选授和文武百官的考核赏罚;户部,掌土地、人口和财政;礼部,掌礼仪祭祀和科举、学校;兵部,掌武官选授、军资器械、地图、驿传、厩牧等;刑部,掌司法;工部,掌农林水利、工程营造和工匠管理。

(三)君王专制的观念

法家所倡导的"尊主卑臣"的观念为秦始皇强化君主专制和独裁提供了理论依据。韩非将君臣关系比作父子、夫妻关系,并赋予某一方绝对的权力,"臣事君,子事父,妻事夫,三者顺则天下治,三者逆则天下乱"(《韩非子·忠孝》)。儒家所崇尚的君权并不是无条件的,它有个前提,即君主必须实行"仁政",以德服人。法家的君权是建立在实力、势力(亦即暴力)基础上的,"凡五霸所以能成功名于天下者,必君臣俱有力焉"(《韩非子·难二》),所以,这样的君权是绝对的、无所限制的。法家的理论论证了秦始皇肆意妄为的合理性。韩非笔下的君王,"独制四海之内,聪智不得用其诈,险躁不得关其佞,奸邪无所依";在君王的权威之下,"臣毋或作威,毋或作利,从王之指;毋或作恶,从王之路"(《韩非子·有度》)。李斯说得更简单:"主独制于天下而无所制也。"(《史记·李斯列传》)秦始皇修建阿房宫和骊山墓,五次大规模巡游,在名山胜地刻石记功,又派方士徐福率童男女数千人至东海求神仙,等等,胡作非为,毫无顾忌。其长子扶苏仅仅对坑儒之举表示不同意见,即受斥责,被赶出京城去北方戍边。

法家君权绝对无限的观念,自然会产生暴政、愚民之类的施政纲令。秦始皇为使他的王朝千秋万代代代承袭,接连颁布了"妄言法""焚书令""挟书令""诽谤法"等苛法;另外,又加大了已有刑法惩罚的力度,秦国原来的《秦律·徭律》规定:"失期三日到五日,谇;六日到旬,赀一盾;过旬,赀一甲。"谇是羞辱,赀是罚款。到后来,秦始皇将其改为"失期,法皆斩"。秦始皇的"繁刑严诛"终于把秦帝国境内的大多数人推向绝境,也把他的皇朝推向了绝境。

后来的汉武帝推行"德刑并用",以德为主,以刑辅之,儒家的德治与法家的法治并用。他一方面"尊儒",奉行儒家德治的传统;另一方面用"刑名之术",以严刑峻法一统天下。中国政治文化的基本格局由此形成,是谓"儒表法里"。周代重德治,"亲亲、尊尊",儒家的仁义、仁政即这种传统的理论抽象;秦始皇"毁先王之法,灭礼谊之官,专任刑罚"(《汉书·刑法志》),以酷刑苛法治国。如果说秦始皇制定了中央集权国家的制度,那么汉武帝的政治实践则为后来的统治者提供了管理中央集权国家的策略、方式。

二、"农战"与"法治":法家的治国方略

法家积极探索富国强兵之道,商鞅"农战为本""缘法而治"的治国方略经过韩非的理论总结,被后来的统治者承袭,成为历代君王治国的基本方针。

(一)"农战为本"

"农战为本"是商鞅变法所遵循的基本原则,也是法家治国的核心理念。商鞅认为:"国之所以兴者,农战也……国待农战而安,主待农战而尊……故圣人之为国也,入令民以属农,出令民以计战。"在《商君书·垦令》一文中商鞅提出了20种督促人民耕垦土地的办法,比如国家按统一标准征收地税,农民负担的地税就公平了;国君讲求信用,百官不敢作弊,农民就会积极耕种土地。韩非继承了商鞅、荀子重视农业并抑制工商业的主张,"仓廪之所以实者,耕农之本务也"(《韩非子·诡使》)。他明确地提出农本工商末的理念。韩非将从事农战以外的人都看作社会的蠹虫,所谓"五蠹"即学者、言谈者(指纵横家)、带剑者(指游侠)、患御者(指依附贵族私门的人)、工商之民。商鞅虽然一再非议商贾,但仍将商与农、官并列为国家不可缺少的三种人;韩非

则将商人斥为败坏社会风气、危害国家稳定的"蠹虫"。

出于"农战为本"的治国方略,法家主张实行愚民、弱民政策,使民众摒弃杂念,归心于农战。商鞅指出,一个君主,要想控制天下,战胜敌国,使自己立于不败之地,首先必须制服自己境内的平民。当然,商鞅还有更深层次的考虑,商鞅认为"民强国弱,民弱国强",国家和人民是对立的,要想国家富强,就必须削弱人民的力量,"故有道之国,务在弱民"。而弱民的根本手段则是使民"朴",也就是愚民。韩非说得更彻底,应当让人民经常处于饥寒而求食不能的状态,只有仰仗国家禄赏才能存活,这样才能保证人民顺从国家意志。法家很明确地推行愚民政治。商鞅说:"愚农不知,不好学问,则务疾农。"(《商君书·垦令》)

(二)"缘法而治"

法家将"法"作为国家的根本,强调"以法治国"。管子言:"治国使众,莫如法。"(《管子·明法解》)商鞅曰:"明王之治天下也,缘法而治。"(《商君书·君臣》)韩非说:"故以法治国,举措而已矣。"(《韩非子·有度》)法家"以法治国"所针对的是儒家的"人治""德治"主张。儒家认为治理国家依赖具有高尚道德的圣人、贤人身先垂范:"其人存则其政举,其人亡则其政息。"(《礼记·中庸》)商鞅认为,"德治"只适用于民性纯朴的古代,他把人类社会的发展分为上世、中世、下世三个阶段,"上世亲亲而爱私,中世上(尚)贤而说(悦)仁,下世贵贵而尊官","故效于古者,先德而治;效于今者,前刑而法"(《商君书·开塞》)。韩非批评儒家提倡的"德治"是"欲以先王之政,治当世之民"(《韩非子·五蠹》),属于"守株待兔"式的愚蠢行为。法家以社会发展的历史观及好利恶害的人性论为理论依据,从富国强国的目的出发,实行政治改革,推进"缘法而治",商鞅在秦国的变法实践,以及随之而来的秦国的强盛,终于使"缘法而治"的法制理念为社会所接受。

"缘法而治"所面对的是"亲亲尊尊"的宗法制,要改变的是从世袭贵族到平民百姓的生活方式,勇于改革的法家政治家不得不以严刑重罚来推行新法,移风易俗。商鞅采取了轻罪重罚的做法,即使在街道上乱弃灰土也要处以"黥"刑(在脸上刺字)。又如"什伍连坐法",百姓被按户籍五家一伍、十家一什编制起来,要相互告发、同罪连坐。旅客住宿要有官府凭证,不然与"奸人"同罪。商鞅提出了"以刑去刑"的观点,"以刑去刑,国治;以刑致刑,国乱。故曰:行刑重轻,刑去事成,国强;重重而轻轻,刑至事生,国削"(《商君书·去强》)。为此,他主张"禁奸止过,莫若重刑""刑多而赏少"和"先刑而后赏"。韩非继承了商鞅的"以刑止刑"的观点,力主重刑厚赏,"赏莫如厚而信,使民利之;罚莫如重而必,使民畏之"(《韩非子·五蠹》)。韩非主张对百姓要施以重刑,还为严刑酷罚找到了理论依据,他认为,轻罪处以重刑,则重罪不至,人民不敢轻易犯法,重刑乃"非所以恶民,爱之本也"(《韩非子·心度》)。

法家过分强调国家意志而将民众视为"草芥","缘法而治"也导致了法律的刑法化和刑法的刑罚化。在中国古代,刑、法、律三者是同一的,法即刑,法律的作用是用严厉的刑罚来管束民众。《大清律例》的436条律文中,90%都是涉及刑事的律文,其余10%是有关民事的内容,但因为"违法事重"也采用刑罚来处理。普通的民事纠纷往往用风俗习惯和宗法族规来处理。而刑法则意味着严酷的刑罚,为了制裁犯罪以达到"以刑去刑"的目的,用恐怖的手段惩罚犯罪者,故而古代法律中刑罚的种类繁多,仅就死刑而言,就有斩首、腰斩、弃市、凌迟等。

法的权威性及法家严刑峻法的主张一旦与至高无上的王权结合在一起,就可能导致极其野蛮、残暴的专制统治。法家主张君王具有最高的立法权和执法权,这就使君王高居于法律之上。在古代社会,"法"一直在君权的支配之下。法家的"缘法而治"与弱民、愚民政治相结合,构成了古代社会的专制集权。

三、任法去私:法家与中国的文化性格

法家顺应历史发展,开拓创新,勇于与旧的传统决裂,在中国历史上留下了改革创新、与时俱进的光辉篇章,后来的改革者多从法家的变法实践和理论中汲取力量。法家任法去私、锐意改革的精神成为我们民族文化性格中积极的一部分。

(一)任法去私、缘法而治

以缘法而治为宗旨的法家,为了维护"法"的权威性而保障其"法治"的有效实行,他们一再强调立法和执法中"尚公"的原则。事实上,"以法治国",用法规、刑律来约束人的行为,奖赏或惩罚社会成员的行为,这就限制甚至剥夺了贵族阶层的特权,在一定程度上实现了社会各阶层的公平、公正,这也就容易理解贵族阶层对"法治"的抵触、反对。子产"铸刑书"招致了贵族们的强烈反对,因为"刑"本身含有限制贵族特权的内容,而公布成文法更是实际上剥夺了贵族阶级擅断罪行和任意刑杀的权力。西周以后,"先王议事以制,不为刑辟"(《左传·昭公六年》),统治者临事而议定,不预先约定法规,因为"刑不可知、威不可测"(《左传·昭公六年》孔颖达疏语)。子产作为一个负责的政治家,为了国家的长治久安而放弃了一己私利,"侨不才,不能及子孙,吾以救世也"(《左传·昭公六年》)。子产铸刑书开创了古代公布成文法的先例,也打破了"刑不上大夫"的传统,迈出了"以法治国"的第一步。

商鞅提出公私之分,主张任法去私,反对"释法任私"(《商君书·修权》)。商鞅新法招致统治阶级内部的强烈反对,太子带头践踏法规。商鞅当然清楚太子是明日的君王,掌握着自己的身家性命,但他更清楚"法之不行,自上犯之"(《史记·商君列传》),法令如果有"私"则难以推行。为了新法,也为了他的理想和事业,他奋不顾身,执法如山。太子及旧贵族的疯狂报复,商鞅不会没有预料到,毕竟只有极少数出类拔萃的政治家才能达到任法去私的境界。商鞅如此执着、坚定,恰恰体现了中国历史上第一批政治改革家任法去私的优秀品质。商鞅最后悲惨的结局为其政治家的生涯画上了一个惊叹号。后来的人们继承了商鞅的思想观念,并以商鞅为楷模,秉公执法,

不畏权贵,不徇私情。慎到更明确提出,法的重要作用在于"立公弃私","法之功莫大使私不行","有法而行私谓之不法"(《慎子·逸文》),他认为官吏就应该"以死守法",而不是忠于君主个人。韩非说:"夫立法令者,以废私也,法令行而私道废矣。"(《韩非子·诡使》)他主张"法不阿贵,绳不挠曲。法之所加,智者弗能辞,勇者弗敢争。刑过不避大臣,赏善不遗匹夫"(《韩非子·有度》),明确地否定了等级观念,力图将所有的人置于法律的约束之下。

法家任法去私、缘法而治的理念是中国法制文化的宝贵遗产,也是我们民族优秀道德品质的一部分。杰出的、负责的政治家应该像子产、商鞅那样以"救世""存天下"为己任,缘法而治,不计个人得失,维护社会的稳定和人的最基本的尊严。比如汉武帝的妹妹隆虑公主之子昭平君,又是武帝女儿夷安公主的丈夫,他犯法当死,隆虑公主临死前以金千斤、钱千万为其赎罪,汉武帝按汉朝的法律批准了。隆虑公主死后昭平君又犯法当死,延尉不敢擅作主张,请示汉武帝。武帝"为之垂涕叹息,良久曰:'法令者,先帝所造也,用弟故而诬先帝之法,吾何面目入高庙乎?又下负万民。'乃可其奏,哀不能自止,左右尽悲"(《汉书·东方朔传》)。汉武帝依法处置自己的女婿、外甥,将自己置于法之下,捍卫了法的公正性、普遍性,也在一定程度上捍卫了社会公正。我们知道,在古代社会,法终究在王权之下,当法危及王权时不得不"变通",比如商鞅执法时以师傅代替太子受罚,曹操触犯军法时以割头发代替枭首。而这也恰恰说明王权也要顾及法的权威。

(二) 与时俱进、锐意改革

法家与时俱进、勇于革新的进取精神激励着人们积极顺应历史发展潮流,开拓创新。中国历史上的改革者多从法家的变法实践和理论中汲取力量。比如王安石继承了商鞅"三代不同礼而王,五伯不同法而霸"(《商君书·更法》)的革新精神而发出"天变不足畏,祖宗不足法,人言不足恤"(《宋史·列传第八十六》)的铿锵之声,大刀阔斧地改革时政。

在历史上,法家是以改革者的姿态出现的。法家主张"变法"以破除旧的生产关系和社会制度,促进生产力的迅速发展,从而达到"富国强兵"的目的。法家之所以为君王所用,是因为,从表面看,他们所标榜的"富国强兵"迎合了君王们的需要,实质上,他们所主张的改革正反映了历史发展的必然趋势。面对"礼崩乐坏"的现实,儒家主张"克己复礼",恢复西周的社会秩序;墨家"背周道而用夏政",希望回到氏族社会;道家走得更远,以"自然"否定了人类文明,怀念"鸡犬之声相闻,民至老死不相往来"的蒙昧时代。法家则看到了社会发展的必然性,从历史进化论出发,充分肯定了新的社会制度代替旧的社会制度的必要性、合理性,旗帜鲜明地提出变法的政治主张。在"法先王"与"法后王"的问题上,商鞅曾经和保守派有过激烈的争论。甘龙认为:依照以往的法度而治国,官吏熟悉,百姓也能相安。商鞅斥责道:"三代不同礼而王,五伯不同法而霸。智者作法,愚者制焉;贤者更礼,不肖者拘焉。"(《史记·商君列传》)

韩非将守旧复古的行为斥为"守株待兔"。在因袭传统的宗法社会,法家面向未来、积极变革的主张犹如空谷足音,后来的改革家多从法家的思想观念和政治实践中汲取精神力量,以致人们将不少改革者、历史进化论者归入法家行列。

变法既然是一场深刻的社会变革,就必然触及一部分人的既得利益,从而引起他们的强烈反对,新旧势力的斗争是不可避免的,因此,更需要积极进取、为理想而奋不顾身的大无畏精神。吴起、商鞅等人勇于变革、不畏权贵、不怕牺牲,他们的改革实践促进了国家的富强、社会的进步,也为我们的民族留下了英雄主义、理想主义的光辉典范。后来的改革者,正是从他们身上汲取勇于革新、发愤图强的开拓进取精神,比如北宋的王安石、明朝的张居正。王安石为了拯救积贫积弱的宋王朝进行了声势浩大的改革运动,从农业到手工业、商业,一直到军事、教育,先后制定并实施了诸如农田水利、青苗、免役、均输、市易、免行钱、矿税抽分制等一系列的新法。近代以来,在西方列强的压迫下,中国亟待找出变法自强之路。于是,法家被寻求以改革而图富强的仁人志士所注意。严复说:"居今日而言救亡学,惟申韩庶几可用。"章太炎立志要为受人"诼诽"达两千年的商鞅、韩非翻案,他赞赏法家"法不阿贵"的精神,特别推崇韩非"宰相必起于州部,猛将必起于卒伍"的观念,指出,秦始皇不任亲贵,从平民百姓中选拔重臣良将,终于一统天下。梁启超则充分肯定韩非的"法治主义",指出"法治主义,为今日救时惟一之主义"。

第三节 《孙子兵法》和兵家文化

正是在诸侯争霸的连年征伐中,孙武等杰出的军事家创建了中国的兵家文化。"兵者,国之大事,死生之地,存亡之道,不可不察也。"(《孙子兵法·始计》)古人重视战争,政治家一直将军事作为立国之本,孔子就认为"以不教民战,是谓弃之"(《论语·子路》),兵家文化也是传统文化中的一部分。兵家文化范围很广,包括兵器、兵制、作战布阵、行军列队,以及选将、练兵等。兵家文化的核心——战略、战术的基本原则,概括了先哲们对于战争规律和法则的认识,直到今天仍然对军事活动具有指导意义,并在政治、经济及外交活动中被援引。

一、存亡之道:兵家文化

姜太公被尊为兵家始祖,他策划并参加指挥了牧野之战,以少胜多,击败商纣王大军。虽然姜太公没有兵书留传下来,不过在先秦文献中仍然可以看到他关于战争的精辟见解。所谓"太公兵法"虽然多是托名之作,但也折射出姜太公在后人心目中的地位。

《孙子兵法》是中国现存最早、最完备的兵书,也是世界上最早的兵书。孙子,名武,字长卿,齐国人。齐国内乱,孙武之父孙凭率全家到吴国避难。孙武在姑苏城隐居,与逃避楚平王陷害而流落他乡的伍子胥成为莫逆之交。新吴王阖闾即位,决心伐楚,启用伍子胥。在伍子胥的极力推荐之下,孙武晋见吴王阖闾,献兵法十三篇,并通过练女兵受到吴王信任,被任命为将军,率吴军在柏举(麻城)大战中以三万主力击破楚国二十万大军,"西破强楚,入郢,北威齐、晋,显名诸侯"(《史记·孙子吴起列传》)。由于《孙子兵法》的影响力,他被后人称为"兵圣"。

吴起是孙武之后著名的军事家,司马迁将他与孙子合传。吴起率鲁军大破齐军,后来到了魏国,在李悝的推荐下被任用为将。吴起一举攻克了秦国五座城市,后守河西二十三年,秦兵不敢侵扰。《吴子》是其战争经验的总结,也是战国前期兵家思想的集大成之作。

孙膑,齐国人(一说是孙武的后世子孙),传说曾与庞涓一起随鬼谷子学习兵法,庞涓任魏惠王的将军,忌其才能,诳他赴魏处以膑刑。孙膑后逃到齐国,被齐威王任命为军师,用"围魏救赵"的战法使魏军停止了对赵都邯郸的攻击;后来用"减灶灭敌"的战法大败魏军,庞涓自杀而死。孙膑后退隐写成《孙膑兵法》。1972年,人们在山东临沂银雀山的西汉墓葬中发现了写着《孙子兵法》和《孙膑兵法》的大批竹简,失传了一千七百多年的《孙膑兵法》重见天日。

古代兵书中,比较著名的还有《司马穰苴兵法》《尉缭子》《六韬》及西汉的《黄石公三略》,曹操的《魏武帝注孙子》、诸葛亮的《将苑》、唐朝李筌的《太白阴经》、北宋曾公亮等人的《武经总要》、南宋陈傅良的《历代兵制》、明代戚继光的《纪效新书》等。

二、武学圣典:《孙子兵法》

古人充分认识到了战争与国家兴亡的关系,孙子将军事称为"国之大事,死生之地,存亡之道"(《孙子兵法·始计》),并有"兵凶战危""非危不战"的精辟见解;孙膑强调"战胜而强立,故天下服矣",又言"乐兵者亡,而利胜者辱"(《孙膑兵法·见威王》)。人们也必定要重战、慎战,认真地对待战争。就国家管理者而言要贯彻"农战为本"的指导思想,富国强兵,增强综合国力;就战争指挥者而言则要以其谋略最大限度地发挥军队实力,克敌制胜。孙子力图凭借人的主观能动性而"先胜""全胜",这正是为将之道的集中概括。

(一)未战先谋的"先胜观"

谋略一直是军事科学的中心,因为战争其实就是人们以军事实力为物质基础而展开的智慧上的角逐,没有不用军事计谋的战争。未战先谋,以谋求胜,这是孙子的一个重要思想。"胜兵先胜而后求战,败兵先战而后求胜。"(《孙子兵法·形篇》)要想取得胜利,首先要做充分的筹划、谋算,预测战局的趋势和变化,做好种种准备,这也就是所谓"不打无准备之仗、不打无把握之仗"。"夫未战而庙算胜者,得算多也;未战而庙算不胜者,得算少也。多算胜,少算不胜。"(《孙子兵法·计篇》)孙子认为多谋而胜,当然这个"多"既指数量上的,比如将各种情况都预计到了,准备了大量的预案,又指质量上的,"谋""算"高人一筹。

孙子对军事谋略的概括一语中的:"兵者,诡道也。故能而示之不能,用而示之不用,近而示之远,远而示之近。利而诱之,乱而取之,实而备之,强而避之,怒而挠之,卑而骄之,佚而劳之,亲而离之,攻其无备,出其不意。此兵家之胜,不可先传也。"(《孙子兵法·始计》)孙子说得很清楚,战争即"诡道",是谋略的较量而不是军力的简单比拼,所以战场上一再出现以少击多、以弱克强的奇迹。孙子进一步指出,谋略的实质即通过"能"与"不能"、"用"与"不用"、"近"与"远"的调度及"诱""取""备""避""挠""骄""劳"等手段,达到"攻其无备,出其不意"的效果。刘邦暗度陈仓、曹操长途奔袭之所以成功,也是因为"攻其无备""以迂为直",正如利德尔·哈特所言:"选择一条敌人最想不到的行动路线。"

(二)"不战而屈人之兵"的全胜观

孙子运用老子"不争"的智慧,提出了"全胜"的思想。"是故百战百胜,非善之善也;不战而屈人之兵,善之善者也。……故上兵伐谋,其次伐交,其次伐兵,其下攻城。攻城之法,为不得已。"(《孙子兵法·谋攻》)这里透射出孙子对战争与政治目的关系的深刻洞察,战争毕竟是达到某个政治目的的手段,服从于战争之外的利益需要。因此,最成功的战争是"不战"之战,通过战场之外的角逐"屈人之兵""拔人之城","故善用兵者,屈人之兵而非战也,拔人之城而非攻也,毁人之国而非久也,必以全争于天下,故兵不顿而利可全,此谋攻之法也"(《孙子兵法·谋攻》)。孙子已经意识到了战争的限度,战争只能是达到某个战略目的的手段,不能追求"毁人之国"。当然,孙子的思想是属于他那个时代的。苏秦亦云:"臣之所闻,攻战之道非师者,虽有百万之军,北之堂上;虽有阖闾、吴起之将,禽之户内;千丈之城,拔之尊俎之间,百尺之冲,折之衽席之上。"(《战国策·齐策五》)

"全胜"的作战理念,就战争本身而言则是要通过"计谋"瓦解对方,在未战时先使对方"屈",然后一战而胜。《孙子兵法》正是以此为核心而展开对于谋略和战术的探讨的。"兵以诈立",老子云:"以正治国,以奇用兵。"孙子成长于军人世家,对战场搏杀的残酷性有足够的了解,他操练宫女时"杀人立威"也足以说明这一点。对于驾驭充满诡计的兵事,孙子提出了一系列的指导原则,比如"知彼知己""因敌制胜""兵贵胜,不贵久""避实而击虚""以迂为直""出其不意""致人而不致于人"等。而这一切正是为了实现"全胜"的作战理念。

中国兵学的精髓即在这里。在老子"大音希声,大象无形""反者道之动"及墨子"止楚攻宋"的智慧之下,孙武提出了"不战而屈人之兵"的思想。"不战而屈人之兵"

是我们祖先对战争目标、战略原则的深刻把握。西方军事思想深受其文化传统中的骑士精神影响,克劳塞维茨的《战争论》立足于堂堂正正的决战,奉行"最大限度地使用暴力"的原则。第一次世界大战以阵地战为主,战场成为惨绝人寰的屠宰场,使启蒙运动以来人们对于理性的信仰面临巨大的危机。关于战争,人们也开始重新思考,利德尔·哈特《战略论》(1929年)提出了"间接路线",主张把战斗行动尽量减到最低限度,避免正面强攻的作战方式,努力用各种手段出其不意地奇袭和震撼敌人,使其在物质上遭受损失,在精神上丧失平衡,以达到不进行决战而制胜的目的。显然,利德尔·哈特深得《孙子兵法》的真传。他在《战略论》一书中大段引述了孙武的格言,甚至可以这样说,他的军事著作中所阐述的观点其实在两千多年前的《孙子兵法》中就可以找到。从克劳塞维茨津津乐道于正面大会战,到利德尔·哈特"不进行决战而制胜",西方军事思想发生了深刻的变化。

三、好谋而成:兵家与中国的文化性格

中国古代有尚谋的文化传统,先秦纵横家其实都是马基雅维利式的谋略大师,诸子百家的大智睿识也有指向政治和军事斗争的。孔子鄙视"暴虎冯河"之类的鲁莽之徒,他推崇"临事而惧,好谋而成者也"(《论语·述而》)。老子讲的守雌处弱、韬光养晦,即进行政治斗争和军事较量的策略、技巧,因而《老子》被看作论"君人南面之术"的谋略著作,甚至有人说《老子》是一部兵书。的确,老子"弱之胜强,柔之克刚"的思想在"城濮之战""马陵之战""官渡之战""淝水之战"中得到了淋漓尽致的发挥。

谋略一直是军事科学的中心,"狭路相逢勇者胜,力势相均谋者成"。孙武对战争的研究围绕着"谋"而展开。孙子认为:"兵者,诡道也。"因此领兵上阵就要善于"谋"。孙子将军事看作"国之大事",在这个前提下再讨论"诡道",这也就将"伐谋"与国家的存亡、民众的生死联系在一起,因而谋略也就合乎道德,变得合情合理。《孙子兵法》集中地体现了中国尚谋的文化传统。此外,历史上还出现了许多研究谋略的书,比如《百战奇略》和《三十六计》。三十六计如下:瞒天过海、围魏救赵、借刀杀人、以逸待劳、趁火打劫、声东击西、无中生有、暗度陈仓、隔岸观火、笑里藏刀、李代桃僵、顺手牵羊、打草惊蛇、借尸还魂、调虎离山、欲擒故纵、抛砖引玉、擒贼擒王、釜底抽薪、浑水摸鱼、金蝉脱壳、关门捉贼、远交近攻、假道伐虢、偷梁换柱、指桑骂槐、假痴不癫、上屋抽梯、树上开花、反客为主、美人计、空城计、反间计、苦肉计、连环计、走为上计。

古人较多地关注"人事",致力于调动智慧处理好人与人的关系。以诚取信、以义感人,未尝没有功利目的,诸如吴起吮吸士兵背上的疽痈,冯谖替孟尝君"市义",刘备三顾茅庐使诸葛亮"鞠躬尽瘁,死而后已",等等,都含有谋的成分——施仁、施恩、施义、施惠而使他人在精神的感召之下归附并为其效力。但是,由战场和官场上的角逐所发展起来的权谋一旦被用于为自身的利益而不择手段地对抗、争斗,人就会降低到

动物的水平,受趋利避害的本能所支配,将对象及自身都看成工具和手段。这种权谋如果拓展到社会生活的其他领域,甚至成为做人的基本原则,人与人的关系中就会充满"心机""算计",互相猜疑、提防、谋算,那是很可怕的。因此,法家的"权术"和兵家的"权谋"只能是一种技术,而不能成为哲学——关于人的存在及其价值的阐释、理念。

 思考题

1. 法家与儒家的分歧是什么?为什么法家在宗法社会遇到了强烈的反对?
2. 谈谈儒家、道家、墨家和法家的不同治国理念。
3. 谈谈商鞅变法的成就。为什么法家在秦国获得了成功?
4. 法家的"以法治国"与现代社会的"法治"有什么区别?
5. 孙子"不战而屈人之兵"的理念在现代社会的商业竞争中可以运用吗?

第五章 涅槃之境
——佛教文化

"平常心是道"是禅宗的一个重要命题。中唐著名禅师马祖道一不主张有意识地进行宗教的修习,他这样说:"谓平常心无造作,无是非,无取舍,无断常,无凡无圣。经云:非凡夫行,非贤圣行,是菩萨行。只如今行住坐卧,应机接物,尽是道。"(《景德传灯录》卷二十八)此后许多禅师都讲"平常心是道"。比如有人问大珠慧海禅师修道是否用功。大珠说:用功。问如何用功,大珠说:"饥来吃饭,困来即眠。"

那人不理解:"一切人总如是,同师用功否?"

"不同。"

"何故不同?"

"他吃饭时不肯吃饭,百种须索;睡时不肯睡,千般计较,所以不同也。"

这样不须索、不计较,任运自在地吃饭、睡觉,才是修禅者的用功,或者说,是不用功的用功,这正是与一般人吃饭、睡觉不同的地方。

"平常心是道"是一种对人生、生活的态度。庄子曾说过:"不刻意而高,无仁义而修,无功名而治,无江海而闲,不导引而寿。无不忘也,无不有也,澹然无极而众美从之。此天地之道,圣人之德也。"(《庄子·刻意》)也正是此意。禅与庄子的话是相通的,都指向一种至高至纯的人生境界。佛教,尤其是禅宗,试图让人放弃执着,复归于平常心,它是宗教,又是一种生活智慧。

佛教是世界三大宗教之一,佛教徒及其组织、佛教思想文化和佛教仪式制度三种基本要素构成其系统结构。佛教既是一种信仰实践,又是一种社会力量,还是一种文化现象。

佛教诞生于印度,自汉代传入中国,在两千多年的漫长岁月中,曾受到本土文化——儒学和道教的抵制与排斥,终因自身的文化包容力与灵活适应性,在与儒学、道教的相互渗透中,渐渐巩固了在中国文化体系中的地位,并传播到日本、朝鲜等周边国家。可以说,中国是佛教的第二故乡,佛教是中国传统文化中的一部分。

第一节　佛教发展历程

中国佛教来源于印度,而印度的早期佛教则是在古印度列国时代创立的。印度文明异常丰富、玄奥而神奇,凝聚着东方的智慧。佛教产生于印度文明的独特背景下。在相当长的时间里,佛教曾是印度文化的代表。

一、灵光初曜:原始佛教的创立与发展

(一)释迦牟尼创立佛教

印度在公元前800年至公元前550年间形成了婆罗门教。雅利安人根据肤色和职业把社会各阶层划分为四大种姓(种姓原意为颜色、肤色):婆罗门(祭司)、刹帝利(王族、武士)、吠舍(商人、工匠)、首陀罗(农民、仆役)。种姓世袭,不同的种姓禁止通婚和共食,以避免高种姓者被不洁的血统和食物玷污。违背种姓禁令所生的子女会被逐出种姓,沦为不可接触的贱民。婆罗门教就建立在种姓制度之上。婆罗门教的种姓制度和祭祀仪式,特别是婆罗门的宗教特权引起了刹帝利等种姓的不满。公元前6世纪,印度进入了列国纷争时代,沙门(非婆罗门教的出家人)思潮异常活跃。在反婆罗门教的沙门思潮中,出生于刹帝利种姓家庭中的释迦牟尼,创立了与婆罗门教分庭抗礼的佛教。

释迦牟尼出生于北印度的迦毗罗卫城(在今尼泊尔南部),为该国的王子。乔达摩是他的名字,悉达多是他的家族名或姓氏,成道后,他被尊称为"释迦牟尼",意思是"释迦族的贤人"。乔达摩二十九岁时放弃王位,出家修行,先是遍访名师,学习宗教修行方法,接着又按照当时印度流行的苦修方式,实行最严格的修行。六年后,他已形销骨立、憔悴不堪,然而还未找到解脱的真谛。他终于意识到,苦修绝不是真正的解脱之路。于是,他在河中洗去了身上的污垢,又接受了一位牧羊女的施舍,喝了鹿奶和肉粥;他来到一棵菩提树下,结跏趺坐并发誓:"不成正觉,不起此座!"经过七天七夜的苦思冥想,当他抬眼看到东方有明星冉冉升起时,刹那间大彻大悟,成为体悟真如的佛陀(佛陀即觉悟者之意)。

在此后的四十五年中,佛陀席不暇暖,四处宣教。他得到了许多国王、贵族、富商的大力支持,也获得了广泛的信徒。同时,他开始建立佛教僧团。佛陀主张种姓平等,四种姓都可以加入佛教僧团。僧团在开始的时候并无严格的制度,凡是信仰佛陀学说的人,不分种姓贵贱,均可加入,在僧团内部过着平等的生活。起初,僧团以云游乞食为主,无固定的住处,后来为了满足雨季安居的需要,才开始在僧众的所在地,建立了精舍。佛陀陆续制定了日常的衣、食、住、行及个人品质等各方面的

细则,作为僧团全体成员共同遵守的戒律。佛陀临终时,向弟子们交代了修行佛法的四项原则:依义不依语,依法不依人,依智不依识,依了义经不依不了义经(《大般涅槃经》卷六)。

佛教在最初几百年内,一直是少数人的宗教,直到公元前3世纪阿育王在位,他大力扶植佛教,使其向大众宗教转变,佛教也开始了向外的传播进程,从恒河流域的中印度传播到印度广大地区,还先后传到东南亚、中亚及中国。

(二)大乘佛教的兴起

大乘佛教大约在公元1世纪兴起,大乘佛教指印度在部派佛教之后所发展出来的新兴佛教。随着佛教的不断壮大,佛教徒的社会阶层也越来越复杂,而原来的佛教那种戒律严谨、消极避世的修行方法已不能满足越来越多样化的要求。于是,大乘佛教便在印度涌现出来,与维护佛教原始教义的教派形成了明显的对立。"大乘"是意译,乘指车子,或泛指交通工具。大乘佛教认为,佛陀根据人的根性、资质差别,分别讲说不同的佛法。小乘则是相对于大乘而言的,小乘佛教主张自度,以往的原始佛教和部派佛教都是小乘佛教。只有大乘佛教才能使无数的人达到解脱的彼岸。"小乘"原是大乘佛教所给的一个贬称。

大乘佛教的主要精神就是度人利他的慈悲精神和深入众生的入世精神。大乘佛教致力于众生的解脱,把普度众生作为最高的理想,这比小乘佛教以个人解脱为最终目的的境界更高了一层。大乘佛教把拯救他人者称为菩萨,创造出一个菩萨的果位。由于菩萨所体现的慈悲济世精神更符合大乘佛教的精髓,随着大乘佛教的发展,菩萨在大乘佛教中的地位甚至显得比佛更重要。小乘佛教注重出世,独处山林之中,追求的是脱离凡世的困扰,通过静心修行而达到自身解脱。大乘佛教则主张普度众生,不脱离世间,通过入世修行,教化大众以求正果。

印度佛教流行的最后一个宗派是密宗。密宗的兴起大约是在7世纪。密宗其实是佛教与婆罗门教结合的产物。佛教在长期发展的过程中,吸收了印度原有的咒语密术,逐渐形成了一种以重视咒语密术的神秘力量为特点的新流派。佛教发展到密宗,在理论上已走向了全面的困境,与印度教的差别逐渐模糊。此后随着外族军队的入侵,印度佛教遭到空前打击。

二、白马东来:佛教在中国的传播

印度佛教诞生五百年后,大约在公元前2世纪,佛教沿着通贯亚洲大陆的丝绸之路传到中国现在的新疆地区,两汉之际经玉门关、河西走廊传到中原,尔后逐渐传向全国,深入民间。佛教传入后,中国人在吸收印度佛教的同时,也时时刻刻在用本民族的传统文化改造它,佛教在中国的发展历程,也可以称作佛教中国化的历程。佛教在中国的文化中生根、成长,最终成为中国文化的重要一脉。

(一) 西来法术：两汉佛教的初传

佛教传入中国前，中国人与其他世界古老民族一样早已盛行万物有灵崇拜，相信宇宙间存在各种神灵，崇拜日月星辰、风雨雷电、山川社稷，一般还相信人死后成鬼。由于儒家只注重人伦道德教育方面，所以一直到佛教于两汉时期传入时，中国人仍是只有一些杂乱的信仰，未形成任何"宗教"来统一这些散漫的崇拜。

佛教何时初来东土，历来有种种传说。史书载西汉末年，公元前 2 年，有"博士弟子景卢受大月氏王使伊存口受《浮屠经》"[①]。不过公认的说法是汉明帝夜梦金人的故事。据说在东汉永明七年(64)，汉明帝有一次梦见了一位闪闪发光的金色天神从天而降，醒来后将此梦告诉群臣，博士傅毅解释说在西方的天竺，有天神名佛，明帝所梦当为佛。于是汉明帝派臣子西行求法，在大月氏迎回了竺法兰和迦叶摩腾两位高僧，他们用白马驮着佛像和佛经来到了洛阳。汉明帝特为天竺僧人修建了寺院，名为白马寺，号称中国的"释源祖庭"。这被认为是佛教传入中国的开端。

白马寺

白马寺

佛教传入中国，最初的传播极为缓慢，一直到东汉末，还很少有佛经被翻译到中国。西汉以来，天帝、鬼神、祖先的崇拜和祭祀，以及占星、望气等种种方术，在社会上都很流行，特别是求长生不老的神仙方术更为盛行，绝大部分的中国人也只是把佛教当成和传统的神仙方术差不多的一种外来的道术。到了东汉末，这种情况逐渐改变。当时已有一些外国僧人来到中国，他们不断将佛典译成汉文，介绍给中国人。中国固

---

① 《三国志·魏书·乌丸鲜卑东夷传》裴松之注引鱼豢《魏略·西戎传》，中华书局 1982 年，第 859 页。

有哲学的根本问题是教人如何做人,儒家学者历来津津乐道如何成为君子、圣人;道家追求的是成为神人、至人。前者强调道德的完善,后者则注重自由的精神境界,二者价值追求虽然不同,但均属于对现实人生的思考。他们对于超越性的彼岸世界,缺少必要的关注。而来自印度的佛教的根本宗旨是教人解脱。东汉末正逢一场空前的社会动荡,民众深陷战乱的苦难。佛教关于人生无常、众生皆苦,以及因果报应、生死轮回之类的说教,无论是对知识分子还是对普通百姓,都是颇具吸引力的。

佛教传入之初,小乘佛教与大乘佛教是同时流传的,不过中国人很快就有选择地接受了大乘佛教。大乘佛经讲佛身常在和一切众生皆有佛性、皆可成佛,这与中国传统中的"人人皆可为尧舜"颇为吻合。大乘佛教"自度度人"、普度众生的思想更符合中国人的入世精神。大乘佛教所崇仰的那些佛、菩萨,无一不有自己的誓愿,然救世济众是他们共同的誓愿。地藏菩萨发愿说:"若不先度罪苦,令是安乐,得至菩提,我终未愿成佛。"(《地藏菩萨本愿经》)后人为地藏菩萨所作的对联——"地狱未空誓不成佛,众生度尽方证菩提",充分体现了大乘佛教的济世精神。因此大乘佛教传入后被越来越多的中国人所接受。

佛教从传入中国之初就开始了对中国本土文化的依附。佛教的思想教义起初包含着许多与中国传统文化不一致的东西。佛教若想在中国落地生根,就必须面对与中国文化的调和问题。自汉以来,中国文化的正宗无疑是儒家。佛教最初要进行传播,就必须处理好与儒家的关系。佛教与儒家之间最大的冲突就是伦理道德方面的差别。儒家的核心思想是以维护宗法制度为目标的伦理道德,儒家讲君臣、父子、夫妇,忠孝节义,在家事父,在外事君,而佛教是一种出世的宗教文化,既然是出世,则于君于父,均不再受其约束。印度佛教主张出家的沙门不必跪拜君主、父母,甚至父母要向沙门行礼,这令认同"百善孝为先"的中国人,无论如何也无法接受。佛教在传入的初期,曾有过"沙门不敬王者"的傲骨,但很快发现,不敬天法祖,不敬重皇权,根本行不通,遂强调佛教信徒要忠君孝亲,做"顺化之民"。后来佛教着重强调五戒与儒家五常的一致性。到了唐代,僧尼已拜父母。现在看来,当时的佛教徒们做得很成功。他们一方面利用儒家思想来解释佛教教义,极力证明佛教与儒家其实是殊途同归的。既然中国人对儒家已经习以为常,那么用儒家经典解释佛教教义自然更符合中国人的思维习惯,更容易为中国人所接受。另一方面,佛教徒也极力调整不符合中国传统的佛教教义,早期汉译佛经就通过删节经文来避免和儒家伦理观念发生冲突,以改变中国人对佛教的排斥,为佛教争得了生存的空间,同时也使佛教走上了中国化的道路。

(二)乱世福音:魏晋南北朝佛教的发展

魏晋南北朝,佛教经典源源不断传入,佛教与中国本土文化直接产生碰撞,先是依附于传统思想中的道术,后与魏晋玄学合流,并由此走向了南北朝时的独立发展道路。

从社会心理而言,自西晋短暂的稳定被战乱破坏以后,战争连年不断;上自贵族,下至普通百姓,生命朝不保夕,佛教的彼岸和来生之说,无疑给人带来极大的慰藉。以孔子为代表的儒家伦理,"不语怪力乱神",很少关心人死后的世界,而佛教却有一套精致高明的轮回报应思想,为广大民众指明了死后的灵魂归宿,从而赢得了大众的认同、信服。

而从学术发展的趋势来看,魏晋时代儒学有所衰退,玄学则大行天下。玄学以老庄之学解释儒家经典,论证永恒不变的本体——道,分析有无之辩,名教与自然的关系。而佛教大乘空宗的般若学说在理论上与玄学有相通之处,所以在知识分子中受到了广泛的欢迎。起初佛教徒以玄学的术语论证般若学说,被称为"格义"。般若学讲"诸法性空",万法皆为因缘聚合的假象,唯有通过般若(智慧)方能体认真如。东晋时出现的所谓"六家七宗",都是用玄学的方法解说"空"的本义,其思想虽不尽合般若性空的本义,却使佛学依赖于玄学而得到了广泛的传播,尤其是在知识分子中赢得了更多的认可,也使中国佛教的理论水平得到了很大的提高。

东晋以后,南北分立,佛教在南北各自获得发展的机遇,呈现出不同的特色。在北方,少数民族政权更迭频繁,有的少数民族的君主自以为不是汉族正统,故而排斥汉文化,转而大力扶植外来的佛教。同时,这些君主也想借佛教来统治、辖制人心,便于驾驭民众,又以为自己若多多保护佛教,亦可以多积功德,来世再做皇帝享福,佛教遂在中国北方迅速发展。后赵的君主石虎就是个典型的例子。著名高僧道安整理佛经目录,制定教团仪轨,为汉族地区的寺院制度奠定了基础。他规定的凡出家僧人皆为释迦牟尼弟子,应以释为姓的做法沿袭至今。后秦的君主姚兴从龟兹迎请高僧鸠摩罗什,在长安为其开设译场。鸠摩罗什译出了大量高水平的大乘经典,如《般若经》《法华经》《维摩诘经》等,对中国佛教影响极大。北朝时期,虽然发生过两次大规模灭佛事件,但总的来说,统治者对佛教是大力支持的。尤其是魏孝文帝,更是花费大量人力物力,凿窟建寺。云冈石窟与龙门石窟正是于北魏开始修造。

佛教在江南社会迅速扩展,同样有赖于帝王贵族浓厚的崇佛之风。东晋诸帝,无一不信奉佛教,结交僧尼,他们给予沙门特殊的礼遇,甚至让他们出入宫廷、干预政事。士大夫们也不甘落后,他们喜好释典,崇修佛寺。皇室贵族竞相修建寺庙,为佛陀大兴土木。南朝的梁武帝佞佛达到了极点,他先后四次舍身寺院,再由群臣以重金赎出;他还制定了一些佛教的戒律,比如规定出家人皆应食素。在江南先后出现了一些颇具影响力的高僧。东晋的慧远居住在庐山东林寺三十余年,他极力调和佛教与世俗王权的关系,提倡佛教与儒学的融合,对佛教的中国化起到了一定的推动作用。刘宋时期的竺道生发挥《大般涅槃经》的佛性论,鼓吹"一切众生悉有佛性",甚至说"一阐提人皆得成佛"(一阐提人是指断尽善根的人),此后涅槃佛性学说取代般若学,成为中国佛学的主流。

(三)龙象辈出:隋唐佛教的全盛

经过了几个世纪的动荡,隋朝又一统天下。到唐朝,中国古代社会迎来了空前的繁荣富强,佛教也进入了鼎盛时期。

隋文帝父子都竭力扶植佛教,隋朝佛教也具有南北统一的融合趋势。智顗大师创立了中国佛教的第一个宗派——天台宗。到了唐代,唐高祖为三教排了座次:道教第一、儒家第二、佛教第三。唐太宗在登基之初,便下令在全国交战之地建立佛寺,剃度僧尼,借以安抚人心。单是都城长安,佛寺就不可尽数,至今还有大雁塔、小雁塔扬名天下。至于大大小小的僧人,也春风得意,韩愈在《华山女》一诗中说他们:"街东街西讲佛经,撞钟吹螺闹宫廷。"武则天登基时更是拉拢佛教徒,登基后在龙门石窟大规模修造佛像,并以天子身份对高僧神秀施跪拜之礼。

盛唐佛教,高僧辈出、宗派林立,除天台宗外,还有法相宗、华严宗、净土宗等,尤其是禅宗的出现,标志着佛教中国化历程的最终完成。

1. 天台宗

天台宗始创于隋代,因创始人智顗常住浙江天台山而得名,天台山国清寺也被视为天台宗的祖庭,其教义主要依据《妙法莲华经》,故亦称法华宗。智顗为陈代高僧,后由陈入隋,被杨广封为智者大师,弟子灌顶得其真传。中唐时传到湛然,他以中兴天台宗为己任,发挥三谛圆融的义理,还提出了无情有性说。后经会昌灭法,天台宗声势骤衰,但法脉至近代仍不绝。

2. 法相宗

因为创宗者玄奘、窥基师徒长期住长安大慈恩寺,法相宗故也称为慈恩宗,今西安大慈恩寺被视为法相宗祖庭。该宗崇奉印度大乘有宗学说,宣扬"万法唯识",故又称法相宗、唯识宗。法相宗的开创人玄奘,河南洛州缑氏县人,幼年出家,遍览佛典;痛感各派学说纷杂,立志西行求法。贞观二年(628),他从长安出发,以惊人的毅力克服了各种困难,终于到达印度,入印度佛教最高学府那烂陀寺拜高僧戒贤为师。他游学印度十七年,融会贯通,有极深造诣,在印度得到"大乘天"的崇高声誉,于贞观十九年(645),携带梵本六百五十七部回到长安,备受朝廷的礼遇。玄奘得唐太宗、高宗父子的支持,建立了完备的译场,翻译了大量佛经,还撰有《大唐西域记》,他被梁启超誉为"中国佛教第一人"。法相宗在玄

玄奘取经图

奘师徒创立时曾盛极一时,但因其理论过分烦琐艰深,非佛学修养十分高深者不能窥其门径;且又拘泥于印度佛学传统而不加以变通,与中国文化传统格格不入,故仅传三世即告衰亡。

3. 华严宗

华严宗以《华严经》为根本经典。创始人法藏曾被武则天赐号"贤首大师"。华严宗以"法界缘起"为其核心理论,因而又称贤首宗、法界宗,其祖庭为西安华严寺。法藏著有《华严经探玄记》等,还吸收了玄奘所译经论中的一些教理,用以发挥其圆融无碍的缘起学说。唐武宗灭佛,华严宗开始衰落,但唐宋以来仍有传人。

4. 净土宗

净土宗是以往生极乐净土为目的的宗派,所以称为净土宗。传说东晋慧远曾在庐山建立白莲社提倡往生净土,故净土宗又称莲宗。

北魏时期,弘扬净土思想的高僧昙鸾曾住山西玄中寺传播净土教义,故山西交城玄中寺被视为净土宗祖庭。净土宗的实际创立者为唐代高僧善导。净土宗提倡观佛、念佛以求往生西方净土。修此宗者不必佛学高深,只要专心静虑,称颂"南无阿弥陀佛",临终时就会被阿弥陀佛接引到西方净土,只要用心虔诚,人人可学、人人能学。中国佛教的其他宗派大多义理深奥,不被文化水平不高的一般善男信女理解。净土宗由于修行方法简便,故自中唐以后在下层民众中广泛流行,时至今日,佛教徒开口必颂"南无阿弥陀佛",足见其影响之大。

到中唐以后,佛教的寺院经济不断扩张,占据了大量的土地和人口,与世俗统治者的经济利益发生了严重的冲突,终于导致统治者对佛教的打击。唐武宗会昌五年(845),武宗下令没收寺院土地,拆毁佛寺,强令僧尼还俗,给了佛教毁灭性的打击。虽然此后即位的唐宣宗重新扶植佛教,但终究是大势已去,佛教从此盛极而衰。除禅宗、净土宗尚能维持外,其他宗派大多一蹶不振,甚至法脉断绝。

(四)禅净合流:宋元明清佛教的衰落

五代以后,社会重陷于动荡,佛教一直处于衰微之中,直到宋代,情形才有所改善。宋代统治者对佛教大多持包容态度,佛教得到了一定的恢复,但只有禅宗得以守成,对知识分子保持较大影响,净土宗则成为民间佛教的主流。故自宋以来,禅净合流成为汉地佛教的大势所趋。

到元代,情况又有所改变。蒙古入主中原,蒙古贵族也信奉佛教,不过他们信奉的是流传于西藏的藏传佛教,也就是俗称的喇嘛教。蒙古贵族对西藏采取优抚政策,对喇嘛教大加拉拢。在统治者的大力扶植下,喇嘛教几乎被奉为国教。相形之下,汉地佛教颇受冷落。

明代佛教仍处于衰微之中。明朝开国皇帝朱元璋曾经做过小沙弥,他登上皇帝宝座后,唯恐佛寺成为反叛国家的中心,遂对佛教采取严厉管制的政策。清代统治者偏重喇嘛教,对汉地佛教虽不排斥,但也不重视。在元明清时期,汉地佛教在理论上的创新已经停滞,成为一种民俗化的宗教,它的影响更重要的是在民俗方面,在民间的生活中广泛存在。

从中国佛教史来看,佛教与世俗统治者的关系是中国佛教的生死关键。在中央集权专制国家,皇帝是国家最高权力的象征。皇帝的至高无上地位和强大政治权势,决不会容许神权凌驾于皇权之上,也决不会容许神权漠视皇权的尊严。历史表明,中国古代佛教与政治的关系是决定佛教生死存亡的大事,而佛教保持与世俗政治的协调关系,正是它得以长期流传的重要原因。当佛教获得帝王扶植,佛教便获得发展;相反,当皇帝改信道教或对佛教不满时,佛教在政治上便处于劣势,如佛教势力膨胀影响到政府的兵源、财税收入、土地和劳力,佛教便遭到打击,短时期内出现极大萎缩。中国佛教史上有过四次较大规模的政府对佛教的镇压,北魏太武帝、北周武帝、唐武宗、周世宗"三武一宗"四次灭佛,都是上述原因造成的。

三、月印万川:中国禅宗

(一)六祖革命:禅宗创立

"菩提本无树,明镜亦非台,本来无一物,何处惹尘埃。"这一著名偈语是唐代高僧慧能所作,体现了他明心见性、顿悟成佛的主张。慧能为禅宗六祖,他掀起了一场佛教革新运动,被胡适誉为"六祖革命"。

自佛教于两汉之际传入中国,其与中国传统文化的碰撞与融合就开始了。至唐代,印度佛教经典被大量翻译引入,信众大为增加,宗派不断创立,佛教界呈现一片繁荣兴旺景象。不过繁盛背后也隐藏着严重的危机和挑战。一方面,域外思想和佛教哲学与中国传统伦理观念、文化心理的冲突依然存在;另一方面,佛教理论日趋烦琐,对文化水平普遍较低的一般僧侣和民众来说,学佛的门槛未免太高。慧能顺应时代潮流创立禅宗南宗,引导人们进入一个新的佛学领域。

一般认为,东土禅宗的初创者是来自南天竺的菩提达摩。达摩于南朝梁武帝时乘船来到中国,先见到梁武帝,但双方见解不和,达摩于是离开梁境,来到北魏。达摩在嵩山少林寺面壁九年,证得禅理,被尊为中国禅宗初祖。

中国禅宗的真正创立,应归功于六祖慧能。慧能有《坛经》流传后世。这位目不识丁的高僧,对中国传统佛教做了一次彻底的变革,使佛教用"心的宗教"替代了偶像崇拜,以简洁明了的修行取代了烦琐高深的义理,完成了佛教中国化的历程。同时,慧能吸纳儒家的伦理道德而弥补了儒家不善抽象思辨的欠缺,又融合了道家的精神追求,使外来佛教与中国传统文化密切结合,融为一体,形成具有中国特色的禅宗思想体系,确立了禅宗在佛教界的主流地位,并对中国唐宋以后的文化思想产生了深远的影响。慧能之后,经过几代禅师的努力,南宗禅风席卷中国,形成禅宗的五家七宗,"一花开五叶,结果自然成",终于成为中国禅宗的主流。

(二) 教外别传：禅宗思想

禅宗对中国传统佛教的革新，最重要的是入世与平等的精神。禅宗调和了佛教出世精神与中国文化入世精神的矛盾。慧能主张"佛法在世间，不离世间觉；离世觅菩提，恰如求兔角"，不要求人们离群索居，远离尘世，认为只要真心向佛，出家在家皆可，宣扬"恩则孝养父母，义则上下相怜"及修桥补路、广结尘世善缘等思想，以适应中国文化中的重人伦、尊礼教的伦理精神。

曾有学僧问洞山禅师："寒暑来时，如何躲避？"洞山禅师答说："何不向无寒暑处去？"学僧再问："如何是无寒暑处？"洞山禅师道："寒时寒杀阇黎，热时热杀阇黎。"（阇黎为梵文音译，即僧人之意。）学僧反驳道："你不是说到一个既不寒又不热的地方吗？为什么又寒杀热杀呢？"洞山禅师终于明白地说道："寒冷时用寒冷来锻炼你自己，热恼时用热恼来锻炼你自己。"因此，禅者不逃避人间，永远活跃在现实社会中，无论寒暑冷暖、荣辱苦乐、贫富得失、是非人我，皆不为所动。山林水边，陋巷闹市，不分僧俗，不计男女，人人可参禅，人人可问道。这就使得禅宗成为真正具有入世精神的宗教。

中国禅以"无我无心"的境界为中心，崇尚日常生活行持，主张佛法真理就在"着衣吃饭处"，起居动作应做到无心不动念。禅宗倡导"直指人心，见性成佛"的顿悟方式，鼓励信徒过随缘任性的自然生活，把禅定与行住坐卧等日常活动结合起来，"行住坐卧皆是禅""运水搬柴皆是道"。有人问赵州禅师："什么是禅法？"赵州禅师指示他去洗碗。再有人问什么是禅法，赵州禅师告诉他去扫地。因此，学者不满，责问赵州禅师："难道洗碗扫地以外没有禅了吗？"赵州禅师不客气地说道："除了洗碗扫地，我不知道另外还有什么禅法。"禅宗主张信仰与生活统一，认为人人皆有佛性，不要烦琐的教义和苦修，只要在日常生活中保持超脱的心灵境界就可成佛。

禅宗打破偶像崇拜。禅宗主张人无论高下，都具有佛性，都有成佛的可能，只因本性被妄念所遮蔽，才会迷失本性。"世人性本清净，万法从自性生。"慧能做了一个比喻，人的清净本性犹如天上的明月，时时刻刻高悬在那里，但被乌云遮住，人们才会看不见它。因此慧能一再强调"自性若悟，众生是佛"。佛与众生的差别，只在悟与不悟，并没有高下的分别。唐宋时禅师们常常"呵佛骂祖"，在他们的内心是无祖无佛的，唯存本体心性的真实。禅宗打破了宗教惯有的偶像崇拜，强调每一个人在佛法面前都是平等的。

慧能开创南宗禅是佛教中国化完成的标志。慧能革新后的禅宗浸润着中华传统文化精神，其"明心见性""道由心悟"的观点，肯定了人生实践主体；把神圣的佛性拉回到人们的现实心灵，凭借个人的智慧来实现自我解脱；将看似深奥的禅理蕴含于日常生活中，使原本主张消极出世的佛教开始面向现实人生。

禅宗是传统佛教与中国传统文化融合而形成的。庄子的思想与禅宗颇有相同之处。禅宗的"任运随缘"同庄子的"自然无为"是一个意思。禅宗讲"任运随缘"，众生身上都有佛性，而且众生都可成佛，不必外求。传说"马祖（道一）居南岳传法院，独处一庵,惟习坐禅……(师)一日将砖于庵前磨。马祖亦不顾,时既久,乃问曰:'作什么?'师云:'磨作镜。'马祖云:'磨砖岂能成镜?'师云:'磨砖不能成镜,坐禅岂能成佛!'"(《五灯会元》卷三)而在庄子哲学中,"自然无为"是"道"的根本特性,人们顺应自然、任性而为也达到了"道"的境界。再比如禅宗认为佛是无所不在的,佛在"砖石瓦砾""屎尿"中。这恰恰与庄子的说法相同。有人问"所谓道,恶乎在",庄子回答,"无所不在""在蝼蚁""在瓦甓""在屎溺"(《庄子·知北游》)。

四、雪域灵光:藏传佛教

宋以后汉地佛教整体走向衰落,藏传佛教却呈现出兴盛的局面。我国西藏地区的佛教称为藏传佛教,俗称喇嘛教(喇嘛一词,本义为无上,与汉人对德高望重的僧人尊称师父类似,堪为师者才称为喇嘛)。藏传佛教是中国佛教的重要组成部分,在西藏、蒙古地区具有深远的影响,明清以来在汉族地区也有广泛的信仰。

藏传佛教起源于松赞干布统治时期,在吐蕃王朝后期曾因政治、宗教因素一度衰落,到10世纪后期再次兴起。

与汉地佛教不同的是,藏传佛教逐渐发展为政教合一的宗教,西藏的宗教领袖也是政治领袖。从11世纪到15世纪的几百年中,因宗教教义差异和政治纷争,藏传佛教出现了众多教派。其中影响最大的宗派有格鲁派、萨迦派、宁玛派、噶举派,汉人俗称其为黄、花、红、白四教。

格鲁派产生于15世纪初,以完备的政教合一体制成为藏传佛教的主流。"格鲁"的意思是"善律",其创始人宗喀巴因痛感元朝以来藏传佛教戒律的败坏,于15世纪进行了宗教改革,规定了佛教僧侣的严格戒律,禁止僧人结婚生子及从事经营活动。他率先戴上代表苦修的黄色僧帽,从此格鲁派影响力越来越大,超越了其他教派。格鲁派自兴起并主持西藏事务后,一直受到明清两代统治者的全力支持。宗喀巴的弟子根敦主后被追认为达赖一世。

顺治二年(1645),格鲁派另一位领袖罗桑确吉坚赞被蒙古和硕特部的固始汗尊为"班禅博克多",格鲁派有了班禅一系大活佛。清顺治十年(1653),五世达赖得到中央朝廷册封,从此成为西藏的政治领袖,格鲁派政教合一的地方政权得到确立。康熙五十二年(1713),清廷正式册封五世班禅为"班禅额尔德尼",达赖与班禅成为西藏的两大宗教、政治领袖。

第二节 佛教的教义教规

佛教教义教规博大精深,包含着深刻的哲学思想,具有关切现实人生、严于律己的特点,尤其宣扬和谐平等的精神,其中的积极因素至今仍值得借鉴。

一、解脱之道:原始佛教的基本教义

原始佛教最大的意义在于平等。释迦牟尼时代的印度,社会分成四大种姓,而贵为太子的释迦牟尼眼见社会阶级的不合理,毅然树起平等的旗帜,主张废除阶级对立,倡言众生平等。佛教强调众生一律平等,所谓众生平等,是指众生都具有佛性;众生无高低之别,不论亲疏,一视同仁;对众生要有普遍、平等无差别的爱心。佛教典籍还宣扬"平等大悲"的思想,主张以普遍、平等无差别的悲心怜悯一切众生,不舍一切众生。佛教说:"慈爱众生,犹如己子。"

佛教这种平等慈悲的精神也表现为一种宽大圆融的胸怀。印度历史上以弘扬佛教著称的阿育王,继承释迦牟尼宽大慈悲、兼容并蓄的遗教,有一段雕刻在岩石上的阿育王诰文,至今原文尚存,说:"不可只尊重自己的宗教而菲薄他人的宗教。应如理尊重他教。这样做,不但能帮助自己宗教的成长,而且也对别的宗教尽了义务。反过来做,则不但替自己的宗教掘了坟墓,也伤害了别的宗教。"这种宽容和诚意,正是佛教文化中最珍贵的遗产之一。

佛教最初的出发点是教人如何解脱人生痛苦和追求理想境界。其基本理论包括四谛、五蕴等。

(一) 四谛

佛学对于世界的阐述,以"苦"为起点,在描述、渲染了人生即苦这个现象后,又详细为人们分析苦的来源、种类和解脱痛苦的方式。释迦牟尼的教法据说有八万四千法门,但基本思想概括而言不外乎这四个字:苦、集、灭、道。这就是四谛。具体为:

(1) 苦谛,苦是佛教对人生的根本认识,通常分为八苦,即生、老、病、死、爱别离、怨憎会、求不得和五阴盛苦。外有寒热饥渴等逼恼之身苦,内有烦恼之心苦,所有诸苦都属于苦谛。

(2) 集谛,集是聚集的意思,集谛探讨众生沉沦生死、遭受痛苦的根本原因。佛教将这个原因归结为无明,也就是不懂得人生的真谛,把人生当成真实的存在,执着于人生的种种得失,于是产生了贪欲,这正是一切痛苦的根源,具体可分为贪、嗔、痴三毒。

(3) 灭谛,即指永断无明、欲爱等一切烦恼,一切苦皆消灭之状态,也就是人们常说的涅槃境界。佛教认为人生是虚幻不实的,一旦悟得佛教的真如,就可以灭尽烦恼,进入一个"常乐我净"的境界,这就是涅槃,又称"入灭"。

(4) 道谛,指灭除烦恼、趋向涅槃的修行方法。道谛的具体内容是八正道:正见,正确的见解,亦即坚持佛教四谛的真理;正思维,根据四谛的真理进行思维;正语,即说话要符合佛陀的教导,不说妄语等违背佛陀教导的话;正业,做出正确的行为,不做杀生、偷盗、邪淫等恶行;正命,以正当的手段谋生;正精进,不断地修行佛法,以达到涅槃的理想境界;正念,念念不忘四谛真理;正定,专心致志地修习佛教禅定,达到身心的解脱。

从苦的基本判断出发,佛教的终极理想,就是使人人获得真正的快乐和幸福、真正的自由和平等。那时人是自己的主人、自己的主宰。佛教并不追问世界的本原问题,也不承认有一个造物主。佛教只是思考如何脱离生、老、病、死的痛苦,如何使人得到宁静、解脱的快乐。在佛经里,有一段极精彩的比喻:"有一个人被毒箭所伤,他的亲友带他去看医生。假如当时那人说:'我不愿把这箭拔出来,我要知道是谁射我的,他是刹帝利种?婆罗门种?吠舍种?还是首陀罗种?他的姓名与氏族是什么?他是高是矮,还是中等身材?他的肤色是黑是棕,还是金黄色?他来自哪一城市乡镇?我不愿取出此箭,除非我知道我是被什么弓所射中,弓弦是什么样的,是哪一类型的箭。'如此,这人必死无疑,也不可能闻知这些答案。"这正是佛教的高明之处。

(二) 五蕴

佛教极大地突出了人的主观能动性,其五蕴概括了佛教的认识论。佛教不承认物质是第一性的,而是认为物质与精神在一种因缘关系中结合而存在。佛教谓一切有为法之积聚有五种类别,即五蕴,旧译为五阴。蕴具有"集""积集"的意思,意指人类存在的基本要素。佛家将包括个人身心与身心环境的一切物质与精神分成五种"聚集"(亦即五类),故称为五蕴。

(1) 色蕴,即物质,当然也包括人的肉体。在佛经里,色指五根(眼、耳、鼻、舌、身)、五境(色、声、香、味、触)等有形之物质,色蕴即物质的积聚。

(2) 受蕴,指人的感官对外界事物的反应,指苦、乐、舍等感觉或感情及眼触等所生之诸种感受之积聚,亦即肉体之感受与精神之知觉等的感受作用,就是我们体验到的"领纳之心"。

(3) 想蕴,大致相当于知觉、想象等理性活动。人有想象事物善恶邪正,或想象眼、耳、鼻、舌、身、触之种种"情想",积聚之,称为想蕴。

(4) 行蕴,指思想中决定和支配人行为的因素,如心理趋向、意志等,即决定行动的意志。

(5) 识蕴,识(根境相接而生的)是心理活动,相当于意识。

总之,五蕴即物与心的配合。色蕴是物理和生理的分析,后四蕴是心理的分析。佛教以物理、生理、心理的分析,说明了人生界及宇宙界的一切现象,无一不是无常的、无我的、苦的。若能证得此中道理,正作如是观察之时,便达到了涅槃境界。

所谓四谛、五蕴等只是佛教最基本的教义,佛法博大精深,远不止于此。此后随着佛教的不断发展,小乘佛教和大乘佛教又有了进一步的发展变化。

二、佛教戒律与组织形式

（一）佛教戒律

佛教建立初期制订教团形式是为保证行者能够清净修行、迅速成就佛果，戒律是佛教教制的直接体现。皈依佛教的人，无论出家还是在家，为了发慈悲心，增长功德，都要持佛教戒律。佛教戒律主要有两种：一是出家戒，二是在家戒。出家戒是为出家众制定的相应戒律，如沙弥戒、沙弥尼戒、比丘戒、比丘尼戒。在家众受持的戒律主要为五戒、八戒（八关斋戒）。相对出家戒而言，在家戒在戒条上要少很多。

五戒是指佛家弟子应该遵守的五条基本戒律，包括杀生戒、偷盗戒、邪淫戒、妄语戒和饮酒戒。它体现了佛教的根本教义，也从五个方面对佛家弟子和其他学佛之人的日常生活做了规定。第一不杀生，就是不侵犯其他生命。大至杀人，小至杀死昆虫等，都是杀生。佛教是以人为本的宗教，所谓不杀生，主要是指不杀人。佛陀非常慈悲，他不仅关爱人类的生命，还顾及其他种类的生命，所以这条戒规表明对于一切有生命的存在物都不能随意伤害。第二不偷盗，就是不侵犯别人的财富，凡将无主以外的东西私自据为己有，就犯了偷盗戒；未经许可占有他人的东西是偷盗，光天化日之下强取他人的财物更是盗窃。第三不邪淫，所谓邪淫是指合法的夫妻关系以外的男女性行为，诸如强奸、嫖妓、重婚、诱拐等都犯了邪淫戒。第四不妄语，妄语就是说虚妄不实的话，包括挑拨离间的"两舌"、恶毒伤人的恶语、欺瞒不实的妄言、阿谀奉承的绮语。第五不饮酒，佛教认为世间许多罪恶，莫不以酒为媒介，所以不饮酒是五戒的关键。

至于佛教的出家戒，比丘戒有二百多条，比丘尼戒有三百多条。佛教的戒律虽多，但皆不离五戒的基本原则，都可以看作五戒的展开。

（二）佛教僧团的组织机制及生活方式

佛教信徒大体上可简单地划分为两大类：出家众和在家众。出家教徒男众称为比丘，女众则称为比丘尼，僧尼是佛教的主要实践者和传播者，在佛教中地位极高，故佛、法、僧合称为"三宝"。在家众俗称居士，指那些在家学佛的人。"居士"的"居"是居家、在家的意思。居士居家学佛，在家修行。僧尼出家后就完全舍弃世俗生活，以宗教信仰为生活中心，其饮食起居、衣食住行均有特殊要求。

印度佛教戒律规定僧侣不得"掘土垦地"，以免伤生害命。比丘们身披袈裟，手托钵盂，四处乞食游化，只有在雨季才回到精舍或固定的一处结夏安居。佛教初入，中国沙门也托钵外游。在注重农耕的中国社会，僧人乞食被视为"不事劳作，不事生产"，难免受到责难，后来僧人逐渐放弃托钵乞食的方式。南北朝以降，皇室贵族以赐田与舍田的方式供养僧人，不再直接布施饮食；僧团也必须自行组织生产，以便自给自足。到唐朝时，马祖道一创建禅宗的丛林，百丈禅师提倡"一日不作，一日不食"，正式开启中国僧人的新型生活,僧人开始过着自耕自食的农禅生活。

佛教对出家者有严格的戒律,出家者必须先找到自己愿意皈依的比丘为其剃发,受沙弥戒,成为沙弥。受戒前须经过僧团严格审查,未满七岁或超过七十岁,未经父母允许,身有缺陷或患精神疾病,现任官员,身有负债,等等,均不得受戒。沙弥年满二十岁时正式受具足戒,成为比丘。

东晋时,道安提倡僧人的生活要有严肃的戒律,并制定规式:行香、定座、讲经、上讲之法,常日六时(日三时、夜三时)行道、饮食、唱时法,以及布萨、差使、悔过等法。在仪礼方面,有入教仪式、行持的方式,以及佛教节日的举行仪式等。这些佛教仪礼为后代所继承,成为后代佛教组织的宗教制度和仪礼。

佛教徒的修行方式有学习佛理和修习禅定两种方式。僧人的修行活动还形成了一批词语,诸如五堂功课、浴佛法会、水陆法会等。

五堂功课,佛徒每日有早课两堂,诵读《心经》和《楞严经》;晚课三堂,诵读《佛说阿弥陀经》《礼佛大忏悔文》。

浴佛法会,又称"浴佛节",纪念释迦牟尼诞辰的重大节日,自元代起规定四月八日为浴佛节。

水陆法会,全称是"法界圣凡水陆普度大斋胜会",又称为"水陆道场""水陆会",是超度亡魂、诵经设斋、礼佛拜忏、追荐亡灵,以救度水陆鬼众的法会。水陆法会少则七天,多则四十九天。

印度佛教规定僧人日中一食,过午不食,中唐以前中国僧人皆严格持午。中国幅员广阔,气候差异很大,且僧人耕耘劳动,体力消耗大,僧人终于放弃传统的佛制,寺院提供正式晚餐,称"药石",药石皆吃粥,也称"晚粥"。

僧团成立的初期,佛陀和他的弟子们都穿粪扫衣——一种用破布制成的衣服。戒律规定每位比丘最多只能拥有三衣,三衣也称袈裟,意为染色,即不是正色、纯色。那是在印度炎热气候下的衣着。到了中国,三衣无法御寒,而且偏袒右肩露出臂膀,不被作为礼仪之邦的中国所接受,所以三衣之外需有其他衣服。中国僧侣的服装可以分为两类:一类是常服,由原有的俗家服装稍微改变式样而成,为御寒之用,是僧人日常穿着的;一类是法服,就是只在法会佛事期间穿着的三衣。历代僧服颜色混乱,一直到了明代洪武初年,僧侣的服色才得以统一。现在僧侣的常服大多是褐、黄、黑、灰四色。

至于居住方面,出家僧人增多,集会需要一定的场所,加上信众要求供僧,因此便有伽蓝的产生。伽蓝即僧院,指的是僧众居住修道的宅舍。佛教传入中国,早期建筑以塔为主,塔建立在寺院的中心。院庭有廊围绕,正中院庭的前面有殿堂,房院为僧房。隋唐时代,佛寺建筑就逐渐改变过去以佛塔为主体的布局,而以佛殿为中心了。北宋以后,丛林寺院逐渐形成伽蓝七堂格局,寺院主体建筑一般按"川"字形布列,包括供佛、菩萨、护法神像的三门殿、天王殿、大雄宝殿、观音殿、地藏殿、伽蓝殿,安置法宝、藏经的藏经楼,供祖师的祖师殿,供讲经说法、集会、坐禅、传戒用的法堂、禅堂、念佛堂、学戒堂,供僧众起居、接待用的方丈、茶堂(方丈接待室)、客堂、僧寮、客寮、延寿堂(养老之处),容四海云游僧的云会堂,藏舍利、骨灰的佛塔、塔院、海会塔,置钟鼓的钟楼、鼓楼、放生池、莲池、亭台园林,等等。

第三节　佛教与中国文化

佛教从印度传入,在华夏落地生根,从与传统文化相抵相融,逐步成为中国文化的一部分。佛学和中国哲学的交互影响,有助于哲学提出新的命题和新的方法。佛学思想,尤其是禅宗思想,在中国文化方面的影响极大,政治、社会、哲学、文学、建筑、艺术、绘画及雕塑,乃至日常生活中的衣食住行,到处充满着佛韵禅音。

一、人间佛教:佛教与中国社会

中国佛教徒在生活方式、人生礼仪等方面有着不同于世俗民众的风俗习惯,这一方面来源于印度佛教戒律,另一方面也受到中国传统习俗的影响,这些习俗都随着佛教的发展在民间广泛传播,构成了中国佛教文化的重要内容,也对中国人的社会生活产生了潜移默化的影响。

(一) 士大夫及民众的佛教信仰

佛教初传入中国,其传播的范围主要是在王室及权臣中,也包括少数知识分子。东晋以后,佛教真正进入知识分子的精神世界。隋唐两朝是中国佛教的繁荣时期,士大夫与佛教的关系更趋密切。士大夫出入儒释成为社会普遍风气,许多文人如王维、白居易、裴休等都自称佛教居士。即使像韩愈那样反对佛教的人,在思想理论上也多少受到佛教的影响。当然,崇佛士大夫思想的主导成分仍是儒家思想,但佛教信仰也是他们精神世界中不可缺少的一部分。多数士大夫是把佛教当作人生解脱方法来加以学习的。士大夫通过学习佛教,掌握佛教的世界观、人生观、方法论,用这些修养功夫,重新审视自身及周围的一切,摆脱现世的烦恼,达到精神的解脱。

人们常说"儒教治国,道教治身,佛教治心",佛教比儒家更能贴近人的心灵。唐诗云:"终日昏昏醉梦间,忽闻春尽强登山。因过竹院逢僧话,又得浮生半日闲。"(李涉《题鹤林寺壁》)佛教的寂灭空灵境界更是失意士大夫的精神归宿。士大夫在佛教信仰中缓解、摆脱了悲伤、恐惧、愤怒、烦闷等不愉快的情绪,从而得到自我解脱。这样,儒家的积极入世与佛教的消极出世互为补充,支撑了士大夫的人生观。

佛教在普通民众中广泛传播,尤其是明清两代,民间佛教成为社会生活的重要组成部分,也成为许多民俗的重要依据。所谓"家家阿弥陀,户户观世音",正是当时佛教在民间流行的生动写照。受教育程度不高的下层民众并不像文人士大夫那样去钻研深奥的佛理,只会关心"有求必应"的现实利益,接受通俗易懂的道理。

佛教中对中国普通民众影响最大的观念是因果报应观念。因果报应观念传入中国,对中国传统观念是一个很大的冲击,它给人们提供了一个观照人生的新视角,使人们在对待人的行为、活动的方式上有了新的认识。在古代社会,佛教的因果报应观念有其积极意义。因果报应观念有平衡人们心理的作用,令广大民众相信为善可以在来世升入天堂,反之,则下地狱,普通人可以在二者的巨大反差之中寻找平衡,接受现实的命运。同时佛教教人以平和的态度积极进取,以善因得善果,通过自己的努力去获得相应的福报,因而具有劝善的作用。善恶有报,而且迟早要报,这就给作恶的人以警示,更鼓励人们为善造福,成为稳定社会的一个很有效的积极因素。明清以后的通俗文学,无论是《金瓶梅》《红楼梦》等小说,还是大量的通俗戏曲,无不反映了佛教"因果"二字的深入人心。

此外,很多普通民众的佛教信仰具有强烈的功利性。"无事不登三宝殿,有事临时抱佛脚",到菩萨面前叩头是为了治病消灾,或是为了升迁发财,乃至实现延年益寿、人丁兴旺、生活祥和、安居乐业、婚配嫁娶、学业有成等现实愿望,即希望通过叩头烧香,取得神灵的帮助,克服自己无法逾越的困难。再者,佛教因果报应观念常与儒家的道德伦理相结合。很多民众相信只要遵守佛教"诸恶莫作,众善奉行"的原则积累功德,就可以获得福报。在中国古代社会,多行善事、积功累德成为各阶层人士普遍认同的行为规范;加上佛教因果轮回的观念,将民众在日常生活中深感善恶无报的现实焦虑转化为前生后世终有果报的理想承诺,佛教以劝善的说教来教育百姓,与儒家的道德伦理有共同的价值指向,对社会具有积极意义。

(二)俗语佛源:佛教与中国语言

佛教在中国语言的发展历程上留下了鲜明的印记。南北朝期间因翻译佛经,高僧们发明韵声的反切,为中国音韵学的滥觞。梁朝沈约所整理的声韵学,也是受了佛教的影响。在汉语史上,汉语大规模地吸收外语来源的词共有三次:一是战国时期,主要是匈奴、西域来源的词;二是魏晋至隋唐时期,主要是梵语系统来源的佛教词语;三是明清时期,主要是来自西方语源的词。其中来自佛教的外来词汇对汉语影响最大。

自东汉佛经被翻译为汉语开始,佛教词汇就开始出现在中国人的日常语言中,《后汉书》中便有"沙门""浮屠""伊蒲塞"(优婆塞)等音译佛教名词。东晋以后,佛教盛行,玄学与佛教结合,文人学士大多喜欢谈佛,经常在其诗文中引用佛经禅语,以表情达意。佛教词语的使用则更为普遍。在佛教中国化的进程中,某些佛教词语逐步加入了汉语基本词的大家族,为汉语增加了不少新的构词成分,约有以下诸类:

佛教术语。随着佛经的汉译,相当数量的佛教术语已经超出了宗教的范围,成为人们耳熟能详的词汇,大大丰富了汉语词汇的宝库。如"悲观"一词,本佛教"五观"之一。佛教称给人喜乐曰"慈",救人苦难谓"悲"。"悲观"者,谓以大悲心观察众生之苦,助彼脱离苦海。后日本人借此对译英语的"pessimistic",表示对世事的消极、失望态度,与"乐观"相对。汉语吸收了这个日语名词,成为一个哲学名词。其他又如真理、彼岸、此岸、自觉、因果、唯心、平等、世界、空间等,早已成为人们日常生活中耳熟能详的词汇。

佛经典故。汉语中有大量成语出自佛经中的故事或禅宗公案的典故,如"醍醐灌顶"(醍醐是从牛乳中反复提炼而得到的甘美食品,喻最高教义;灌顶原来是古印度新王登基时的仪式:取四大海之水装在宝瓶中,流注新王之顶,象征新王已享有统治四海的权力。佛教典籍中用以比喻灌输智慧、佛性,除却疑虑,从而心地清凉)、"心心相印"(印是契合、符合的意思。心与心互相契合,形容彼此的心意完全一致)、"衣钵相传"(禅宗师徒间传法,常以衣钵为信)、"顽石点头"(说理透彻,使没有悟性的人也心悦诚服。顽石:无知觉的石头),还有"昙花一现""空中楼阁""天女散花""单刀直入""当头棒喝""天花乱坠"等。

佛教仪轨与民俗词语。许多佛经中记载的宗教礼仪及民俗也随着佛经的传入进入了中国人的日常口语中。礼仪方面的词汇如"顶礼膜拜"(顶礼,也叫顶礼佛足,头面礼足,是佛教最高的敬礼——跪伏在地上,用头顶去触及受礼者的脚)、"五体投地"(用左右膝、左右肘、头顶五个部位着地行礼,是佛教里最为敬重的礼节)。

佛教东来,极大地开拓和扩展了我国的民间习俗。许多在佛经里表达佛家仪礼节日的词,自然也就走向民间,诸如阎王、鬼判、打鬼、超度、断七、火葬、水陆、悲济,这些是关于因果轮回、鬼妖地狱、丧葬礼俗的词语;又如礼佛、浴佛、烧香、礼拜、供养、诵经、还愿、拜忏、持斋、问讯、合掌等,均为关于烧香拜佛、吃素食斋、问讯施礼等礼俗的词语;其他还有化斋、行乞、放生、护生、行善等。

佛经词语无疑是在中外文化交流及社会历史巨大发展条件下的产物,对汉语词汇的发展具有积极的推动作用。

(三)天下名山僧占多:佛教与中国山水

"可惜湖山天下好,十分风景属僧家",中国寺院绝大多数建于山中,或依山而建,大凡名山都遍布佛寺古刹。魏晋时,文人与僧人交游往来,而寺院又往往成为文人避难遁世的世外桃源,文人们便寄情畅神于自然山水。禅宗,更讲究人与自然的融合,禅师们常常沉浸在青山白云、流水清泉之中,领悟生命的真谛,山水之间成为参悟佛理的最佳场所。《楞伽师资记》中禅宗五祖弘忍关于山居的一段问答就表达了这样的思想:"又问:'学问何故不向城邑聚落,要在山居?'答曰:'大厦之材,本出幽谷,不向人间有也。以远离人故,不被刀斧损斫,一一长成大物后,乃堪为栋梁之用。故知栖神幽谷,远避嚣尘,养性山中,长辞俗事。目前无物,心自安宁。从此道树花开,禅林果出也。'"这就是说,幽深的丛林与净土世界更有环境、氛围的暗合之处。僧院筑于山水之间,一来远离尘世的纷扰,僧人较能专心修行;二来山区面积广大,可建造完整、宽广的寺院。

佛教在中国大地上留下了无数胜迹,比如佛教的四大名山,即文殊菩萨道场五台山、观音菩萨道场普陀山、普贤菩萨道场峨眉山和地藏菩萨道场九华山,世称"金五台、银普陀、铜峨眉、铁九华"。菩萨信仰在中国非常普遍,甚至超过对佛陀的崇拜。这是因为入世的菩萨似乎比涅槃的佛陀更亲切,更贴近人。在中国民间,观世音、文殊、普贤、地藏菩萨那种大慈大悲的济世宏愿深入人心。四大佛教名山的形成,正体现了四大菩萨"悲、智、行、愿"的大乘佛教理想。

五台山,又名清凉山,在山西五台东北隅。据佛经说,文殊菩萨在清凉山和五顶山现身说法。因此民间就有了五台山是文殊菩萨显灵道场的传说。文殊菩萨是释迦牟尼的大弟子和左胁侍,以智慧第一而著称,被推为众菩萨之首(法王子)。在佛教世界里,文殊菩萨是智慧、锐利和勇猛的象征。据载,盛唐时五台山中的寺院已有三百六十座,元明之际开始有喇嘛教徒来住。清朝怀柔蒙、藏二族,特别优待喇嘛教,曾屡次在此建立喇嘛塔,康熙、乾隆诸帝也屡屡巡幸该山。今全山寺院可分为禅宗与喇嘛教两大系,是四大名山中唯一兼有显密二宗的名山。

五台山

普陀山在浙江东北部舟山群岛中的一个小岛上,传说观世音菩萨常来此山化现说法。自北宋以来,普陀山观音信仰盛行,到明末清初达到极盛,号称"五百丛林,三千僧众"。在中国佛教徒的心目中,观世音菩萨的名气最响,信徒最多。观世音菩萨在印度是男性,在我国南北朝以后才渐渐以女性形象出现。普陀山传说是观音菩萨的说法、显灵处,因而享誉海内外。

峨眉山在四川峨眉西南,最初流行道教,东汉时就开始建道教庙观。魏晋间僧肇建黑水寺,峨眉始有佛寺;晋代建普贤寺,当为山寺奉普贤菩萨之始。普贤菩萨与文殊菩萨是释迦牟尼佛的两位胁侍,文殊菩萨侍左,专司智慧;普贤菩萨侍右,专司理德。普贤菩萨的坐骑是一头六牙白象。据佛经说,六牙表示六种到达彼岸的方法:布施、持戒、忍辱、精进、禅定、智慧。普贤菩萨的标准形象为着菩萨装,手执如意,坐于白象背上的莲花台之上。

九华山,最初来开山的也是道教信徒,如汉代的窦伯玉、晋代的葛洪、唐代的赵知微等,山上建有开元观、白云观、仙坛观等。从晋代起,佛教信徒也看中这里,占山建庙。唐以后,佛教渐兴,终于使九华山成为佛教的"天下"。九华山出名是在成为地藏菩萨的道场之后。佛经说,地藏菩萨是受释迦牟尼的嘱咐,在其灭度之后、弥勒未降生之前,教化众生、拯救苦难的。相传唐高宗永徽四年(653),新罗国王子金乔觉渡海来华,云游至九华山,见此地风光绮丽,环境清幽,遂居山修行,苦行七十五年,至唐玄宗开元十六年(728),坐化圆寂。传说金乔觉死后颜面如生,其肉身与佛教中的地藏菩萨相像,众人认为他是地藏菩萨的化身,并在他的葬地立"地藏塔",以供朝拜。九华山从此成了地藏菩萨的道场。

二、圆融无碍:佛教与中国文化性格

佛教虽然是外来的宗教,但经过两千多年的发展和传播,已经成为中国传统文化中不可分割的一部分。佛教否认有至高无上的"神",认为事物处在无始无终、无边无际的因缘聚灭之中;佛教强调主体的自觉,并把一己的解脱与拯救人类联系起来。佛教对于中国社会的影响又表现在其对民众心理构成的规范方面,佛教对中华民族精神的影响是巨大的,尤其是佛教倡导的慈悲为怀的济世精神,在传统文化的发展中起着儒、道两家无法替代的作用。

(一)慈悲济世、"与乐拔苦"

佛陀因世间的苦难而产生求道与解脱尘世的愿望,成道后,佛陀到处传法,以解救众生的苦难。因此,以慈悲为根本,恰当地表现了佛教的本质、佛陀的心髓。

慈悲是佛教最基本的精神,慈悲体现为一种同情和怜爱。按佛教经典本来的解释,慈与悲是从两个不同方面来体现佛教的同情和怜爱的,慈是给予快乐,悲是除去痛苦。如《大智度论》卷二十七中说:"大慈与一切众生乐,大悲拔一切众生苦;大慈以喜乐因缘与众生,大悲以离苦因缘与众生。"佛教认为世界根本的特征是苦,求道就是要脱离此无边的苦海。慈悲的精神就是"与乐拔苦",不论亲怨,不分高低,对众生要有无差别的爱心,要慈爱众生并给予其快乐,拔除其痛苦。佛教的这种慈悲精神在后来的大乘佛教中得到了充分的发扬,被视为佛教的基本精神。

在众多的佛教戒律中可以看到,戒杀生总是放在第一位。佛教对有情生命之慈悲,不仅体现于"不杀生"的戒律中,更体现于为救有情众生之生命,不惜牺牲自己的一切乃至生命。在佛典中记载着大量佛、菩萨为救助有情众生,不惜牺牲自己一切的故事,比如"割肉喂鹰""舍身饲虎",虽不免有所夸张和极端化,但它们表达了慈悲利他的理想。佛教的慈悲精神与儒家的"仁"及墨子的"兼爱"等思想不谋而合,都具有"普遍的爱"的特点。佛教的慈悲又超出了儒家的"恻隐之心""民胞物与",以尊重一切生命的博爱精神体现了对众生的尊爱、珍重。

(二) 去恶从善、宽容忍让

唐代诗人白居易有一次请教高僧鸟窠禅师什么是佛教的根本大义,鸟窠禅师说:"诸恶莫作,众善奉行。"(《五灯会元》卷二)佛教的道德核心可概括为"诸恶莫作,众善奉行"。这也就是要求人们认真实行"五戒、十善"。历史上,儒家最强调修身,其道德学说极其发达。而佛教的教义也同样重视这一点。到了唐宋时期,中国佛教逐渐把佛教的"五戒、十善"与儒家的仁义忠孝统一起来,如宋代名僧契嵩说:"夫不杀,仁也;不盗,义也;不邪淫,礼也;不饮酒,智也;不妄言,信也。"(《镡津文集》卷一)佛教的"五戒"和儒家的"五常"被一一对应,也可见二者的相通之处。

佛教讲慈悲,倡导好生恶杀;同时又辅之以三世报应。佛教伦理的因果观认为一切事物皆有因果法则支配,善因得善果,恶因得恶果,有因必有果。果报论与善恶观相结合,使佛教伦理在信徒中产生信仰力量。行善得解脱,作恶遭轮回之苦,成为普通民众道德自律的信念,更发挥了儒家所起不到的作用。在近代,一批先进人物如林则徐、魏源、康有为、谭嗣同、严复、章太炎等,都曾将佛教伦理道德作为改造社会道德乃至改造社会的工具。

佛教讲究圆融,即各事各物皆能保持其原有立场,圆满无缺,而融为完整的一体,且能交互融摄,体现出一种宽厚的相容精神。在历史上,佛教在传入许多亚洲国家后,虽然也与该国的原有民族文化和宗教发生各种矛盾和冲突,但总是不断地使自己适应该国民族的文化环境,与该国的原有民族文化及宗教和平相处。在世界历史上,有相当一部分国家、民族之间的暴力冲突乃至战争是由文化或宗教的矛盾引起的。佛教的宽容精神为世界各国、各民族间的文化交流、宗教对话,提供了丰富的经验,树立了良好的榜样。

三、满目青山:禅宗的人生智慧与现代价值

禅宗既是一种宗教,也是一种生活的态度和智慧,一种独特的思维方式,禅宗一度为中国文化带来活力和生机,也为后来的人们留下了调节心理、释放精神压力的途径和技巧。

二战以来,西方理性文化的危机逐渐地显露出来,工业文明的发达带给人类丰富的物质产品,却也使人类心灵日益贫乏。佛禅由于其代表着东方诗性文化的精华被人们发现,寄予厚望。

即性见我,自得自乐。禅的宗旨在于开启一个人内在纯净的真我,孕育活泼自在的精神生活。大地上长了各色各样的花,它们的种类不同,香气互异,清馨的莲花一定不会把自己变为雍容富贵的牡丹;山坡上的小野花也绝不羡慕院子里艳丽的玫瑰。同样,每一个人都是独特的、唯一的。人只有根据自己的根性因缘,去过现实的生活,才有真正的喜悦,才能绽放出高贵的生命花朵。禅师告诉人们,人最忌讳跟别人比较,因为这样容易起分别心,分别心使人产生贪、嗔、痴三毒。

禅家讲"即心即佛",其所谓的心,就是老老实实地接纳真实的自己。人的一切彷徨、痛苦都是由于不接纳自己,一切空虚和不安也都是由于违背自己的本质,当一个人必须仗着权势、虚荣、占有来肯定自己时,他就显得非常脆弱,容易被物欲所迷,被挫折所激怒,被色相所蒙蔽。唐朝牛头山法融禅师说:"一心有滞,诸法不通。""乐道恬然,优游真实。"(《心铭》)禅的真谛是要人们净心发慧,悟见纯净的自我,去过创造性的生活,去体验现实生活中的意蕴和欢乐。

瞬间永恒,平常即道。禅宗要人们怀着一颗平常心去生活,这样才能体验到生之美和生之喜悦,使自己不被名利物欲牵着走。庄子在《大宗师》中讲过这样一则故事。有一个人生了重病,身体变畸形了,但他仍然生活得很快乐,他对朋友说:"得是时机,失是顺应,安于时机而顺应变化,哀乐自然不侵入心中来。这就是自古以来所谓的'解脱'(悬解)。那些不能自我解脱的人,就要被外物奴役束缚了。物不能胜天,这是不易的理则,当我改变不了它的时候,我又为什么要讨厌它呢?"庄子讲的这则故事也触及了禅的核心。人必须先接纳自己,依照自己的本质,好好地生活,这就是禅宗所谓的"一切现成"。当人们能珍惜生活的点点滴滴,领会其独一无二的意义时,也就在日常生活中体验到了生命的欢乐。

思考题

1. 谈谈佛教与中国文化的相通之处,以及佛教对儒、道之补充。
2. 大乘佛教和小乘佛教主要有哪些区别?中国人为何更乐于接受大乘佛教?
3. 应该怎么评价佛教的因果报应观念?
4. 中国佛教主要有哪些宗派?盛唐后广泛流行的是哪两个宗派?
5. 如何从佛教的中国化看中国文化的包容性?

第六章　神仙之道
——道教文化

丘处机是全真教创始人王重阳的七大弟子中最年轻的一个。丘处机先后拒绝了金、宋的诏请,却在七十高龄之时应成吉思汗之邀,带着十八名弟子,跋涉一万多里,翻越雪山,历时三年,于1222年到达成吉思汗的营帐。成吉思汗在行宫中设宴盛情款待他,并向他请教治国之道和长生之术,他说"敬天爱民"为治国之本,"清心寡欲"为长生之道,并进一步劝诫说:"您已有四海之地,应当停止无益的征伐,选贤能之士并加以起用,适当地免去赋税,使百姓恢复农业生产,重建家园,只有这样才能安定天下。"成吉思汗听了不断地点头,待他为上宾,并留他住在营帐附近,好随时求教。第二年三月丘处机提出东归请求,成吉思汗挽留不住,只好同意。他赐给丘处机虎牌玺书,令他掌管天下道教,还派了一千多名士兵沿途护送。丘处机一行回到燕京,住在北方第一宫观——太极宫中。三年后,成吉思汗谕旨将太极宫改为"长春宫"。同年丘处机去世,安厝于长春宫东侧的白云观,白云观遂成为全真道"第一丛林"。

道教是中国土生土长的宗教,它在古代宗教和民间鬼神崇拜的基础上发展而来,尊老子为教主,奉《道德经》为主要经典,并对其进行了宗教性阐释。"道教"的意思即"道"的教化或说教,意图以精神形体的修炼而"成仙得道"。作为一种完备成熟的宗教,道教不仅有其独特的经典教义、神仙信仰和仪式活动,而且还有其宗派传承、教团组织、科戒制度、宗教活动场所等。

道教曾对中国古代社会的政治制度、学术思想、宗教信仰、文学艺术、医药科技等各方面的发展起过重要作用。中国人的价值观念、人格理想、思维方式、审美情趣,乃至风俗民情等,无不深受道教的影响。鲁迅曾说:"……中国根柢全在道教……以此读史,有多种问题可以迎刃而解。"[1]

---

[1] 鲁迅:《180820　致许寿裳》,《鲁迅全集》第11卷,人民文学出版社2005年,第365页。

第一节　道教概述

作为我国土生土长的传统宗教,道教在它的孕育、产生和发展过程中,较多地保留着中华民族古代文化的内容,因而也使得它比其他的宗教更具有本土特色。

一、杂而多端：道教的思想渊源

道教的内容十分庞杂,从其主体内容来探其究竟,则可以看到其源头来自三个方面:鬼神崇拜、巫术和神仙方术,以及黄老学说中的神秘主义成分。这些道教的原始文化一直伴随着我国古代社会的始终,并且渗透到传统文化的方方面面。

(一) 鬼神崇拜

在人类社会的早期,生产力极其低下,远古先民对各种自然现象缺乏正确的认识。人们将日月星辰、河海山岳等自然物视为神灵;同时先民认为人死后灵魂不灭,因而产生了对鬼神、祖先的崇拜。于是,各种丧葬礼仪、祭神祭祖的仪式随之而生,并逐渐形成了天神、地祇和人鬼的神灵系统。道教承袭了这种鬼神崇拜,并不断将许多神灵纳入道教,这便是道教后来成为多神教的原因。

(二) 巫术和神仙方术

殷周时代的人认为,卜筮可以决疑惑、断吉凶,巫师能沟通鬼神。这种依靠巫术祈福禳灾的方式为道教所吸收。战国以后,神仙方术渐盛,神仙思想在《庄子》和《楚辞》里已屡见不鲜。稍后,在燕齐一带出现了鼓吹长生成仙之术的方士,他们利用战国时齐人邹衍的阴阳五行学说解释他们的方术,从而形成了神仙家,即方仙道。此后,神仙家的神仙信仰和方术皆被道教所承袭,神仙方术演化为道教的修炼方术,方术士亦逐渐演变为道士。

古代关于神仙的传说源远流长。《山海经·海内西经》中说:"海内昆仑之虚,在西北,帝之下都……百神之所在。"还有"方仙道"所传"海上三神山":"自威、宣、燕昭使从入海求蓬莱、方丈、瀛洲,此三神山者,其传在勃海中,去人不远;患且至,则船风引而去。"(《史记·封禅书》)在齐威王、齐宣王和燕昭王时期,探险者已被派到海上去寻求仙山。

(三) 黄老思想

黄老学说起于稷下道家,他们同尊传说中的黄帝和老子为道家创始人。在秉承老子"道"的中心思想的基础上,依托黄帝的立言,根据现实的需求,并吸纳了儒、墨、法等诸家的部分理论,形成了自己的思想。至汉初,文景二帝以黄老清静之术治天下,治黄老之学者蜂起。后来黄老思想逐渐与阴阳五行学说和神仙方术相结合,并向神仙方术的方向发展。至东汉,黄帝、老子思想被进一步神秘化,又由重黄帝转向重老子,逐步形成崇奉老子为神明的黄老道,进而与方术仙道合流,成为早期道教的雏形。这些条件和佛教传入的影响,为太平道和五斗米道的产生奠定了基础。

虽然受到道家思想的影响,但道教不是道家。道家是指先秦诸子百家中以老庄为代表的学派,或指战国秦汉之际盛行的黄老之学。道教则是在汉代黄老道家理论基础上,吸收古代神仙家的方术和民间巫术、鬼神信仰而形成的一种宗教。道家与道教虽不能完全等同,但二者之间确有密切的渊源关系。早期道家关于道生万物、气化宇宙、天人合一的宇宙论,关于阴阳对立统一、相互转化的辩证思维,关于自然无为、清虚朴素的治国与治身法则,以及斋心静观、体道合真的神秘主义认识论,都对道教的神学教义和修持方术产生了直接的影响。

概而言之,道家的哲学理念、神仙家的养生方术、古代民间的巫术和鬼神崇拜活动,是道教宗教神学、修炼方术和宗教仪式的三个主要来源。此外,儒家的神道设教说及忠孝伦理,佛教的轮回报应观念、明心见性之说,墨家的均平思想和刻苦精神,以及阴阳家的占验数术等,也都为道教所吸收融摄。

正是因为有着多种源头,故道教是诸宗教中排他性较弱、包容性较强的宗教。如上所述,道教上溯远古、兼综百家,是多种文化融合的产物,其在后来的发展中,亦以开放的姿态,广纳博采,形成"包罗万象,贯彻九流"的特点。孤立地看,道教自身力量有限,但道教通于百家,所以能成为传统社会三大精神支柱之一。道教始终倚重道家,在理论上沟通两家,使道教的影响成倍增长。道教又大量吸收佛教、儒学,并把自己的思想渗透到两家中去。

历代编修的道藏收罗广博,百家之作多纳其中,由此成为中国文化史资源宝库。因此,马端临称道教"杂而多端"(《文献通考》卷二二五),它能汇合众流而不失其主旨,表现出多神共信、驳杂不纯的信仰特质。

二、盛衰不息:道教的发展历程

(一) 道教的形成与确立

汉武帝时,罢黜百家,独尊儒术,作为汉初治国的黄老之术退出政坛。政治上失去依靠的黄老学说不得不进入民间,逐渐与神仙方术合流,黄帝和老子便由历史人物成为修道成仙的神仙,并形成了对黄老的祭祀仪式,此时的"黄老道"有了成为一种宗教的趋势。到了东汉顺帝、桓帝之际,早期道教太平道和五斗米道相继出现,标志着道教的正式诞生。

太平道为东汉灵帝时的河北巨鹿人张角所创,奉《太平经》(又称《太平青领书》)为主要经典。太平道一方面宣扬长生不死,用符水咒语为人治病;另一方面提倡平均主义,反对统治者聚敛财物,主张人人劳动、自食其力。

这些主张反映了民众的愿望和要求,故使太平道在下层群众中间流行,信徒达数十万人。184年,太平道发动了声势浩大的黄巾起义,瓦解了东汉政权,起义被镇压后,太平道传授情况不明。

五斗米道为东汉顺帝时沛国丰(今江苏丰县)人张陵(张道陵)创立于四川鹤鸣山,因入教者须交纳五斗米,故得此名。因张陵自称天师,故又名天师道。五斗米教奉老子为教主,以《道德经》和《正一经》为主要经典。张陵死后,其子张衡、其孙张鲁继续在四川传教,在民间颇有影响。东汉末年,张鲁还割据关中,建立了政教合一的政权机构,自号师君,统治近三十年,后为曹操所镇压。

(二) 道教的分化与改革

太平道和五斗米道被镇压后,道教开始发生分化,一部分仍在民间流行,保持早期道教的性质,经常与农民起义相结合,如西晋李特、李雄,东晋孙恩、卢循利用天师道起义;另一部分向上层发展,经过葛洪、寇谦之等人的改造,逐渐演化为官方道教。

魏晋南北朝时期对道教的改造,主要从三方面进行。一是抛弃早期道教中某些号召革命的或不利于统治阶级利益的思想主张,葛洪攻讦早期道教是"假托小术""淫祀妖邪",诋毁农民起义,主张"竣其法制",严厉镇压;寇谦之也力主"清整三张(张陵、张衡、张鲁)伪法、租米钱税及男女合气之术"。二是吸收儒家的忠孝仁义思想,葛洪提出了以神仙养生为内、以儒术应世为外的儒道合一思想,认为儒家的忠孝仁恕信义和顺是道士修炼成仙之本;寇谦之也提出了以古代"礼度"和儒家的"佐国扶命"为内容,以礼拜炼丹为形式的道教新教义。三是吸收古代宗法制度和佛教的一些礼仪,建立起道教的斋戒仪范,寇谦之著《老君音诵戒经》,制定了规戒新法,创立了与古代礼教紧密结合的新天师道,史称北天师道;陆修静著《斋戒仪范》等,使道教仪轨臻于完备,史称南天师道。南北天师道的出现,标志着官方道教的形成。

这个时期也是神仙理论的确立时期。源自战国时期的神仙信仰,并没有同步形成理论,因而只能传其术。东晋时期,葛洪所著的《抱朴子》一书,将道教与玄学融为一体,将方术与神学融为一体,将道教丹鼎、符水上升到理论高度,并以此确立了神仙理论体系。

(三) 道教的繁荣与发展

隋唐是道教从兴旺走向鼎盛的时期,尤其是唐代,道教代表人物之多,道教书籍编撰之兴盛,可谓盛况空前,道教文化从此渗透到了上层社会精神生活的方方面面。而北宋又是道教史上的另一个兴盛期,它沿袭了唐代儒释道兼容和对道教崇奉扶持的政策,并在真宗朝和徽宗朝形成两个高潮。

唐宋时期道教的兴盛,源于统治者欲借助神权以提高皇家地位,便于自身统治的需要。唐代皇帝称老子是李姓始祖,奉道教为李姓宗教,三教的顺序是道先、儒次、释最后。唐高宗追赠老子为"太上玄元皇帝"。唐玄宗设崇玄馆,置崇玄博士,在科举中增设庄、老、文、列四子科,带头为《道德经》作注疏,规定士庶须家藏《道德经》。唐玄宗还先后给老子加封"大圣祖玄元皇帝""大圣祖高上金阙玄元天皇大帝"等一连串封号，封庄子、文子、列子、庚桑子为"四真人"，下令搜集整理道经，编成中国历史上最早的道藏《三洞琼纲》（又名《开元道藏》）。在唐统治阶级的扶植下，道教得到了迅速的发展，玄宗时全国道观多达一千六百余座。

宋代诸帝崇道甚于崇佛，宋太宗集天下道经七千卷，令人修治删正。宋真宗因时刻感到自己的统治地位不稳，就效法唐代皇帝欲借助神力以安定人心，巩固其统治。具体的做法便是认道教神灵赵元朗为宗室，封其为"保生天尊大帝"，封老子为"太上混元皇帝"。而宋徽宗信道更笃，自称"教主道君皇帝"，说他是昊天上帝长子神霄帝君下凡，下诏抑佛扬道，焚佛经，改天下寺院为道观，使道士居其中。北宋时，道教的典籍大量编刻，著名道教学者相继出现。

（四）道教的重组与变革

南宋偏安，先后与金元南北对峙，道教内部也发生分裂，形成了众多教派，争夺教会领导权。这些教派经过一番新的分化和组合，形成了南北两大教团。

在江南形成了正一道（又称正一派），由原南北天师道与上清、灵宝、太一、净明等宗派逐渐融合而成。其形成标志是第三十八代天师张与材在元大德八年（1304）为正一教主，总领三山（龙虎山、阁皂山、茅山）符箓。正一道以《正一经》为主要经典，不重修持，崇拜神仙，以画符念咒、降鬼驱神、祈福禳灾为事。信奉正一道者可以不居道观而有家室，俗称"火居道士"或"俗家道士"，世俗性较强，故在民间影响较大。

在北方形成了全真道（又名全真教、全真派），创始人为金代王重阳。全真道主张以道为主，兼融道释，不尚符箓，不事拜忏斋醮等仪式，注重修炼性命，认为"性者，神也；命者，气也"，"气神相结，谓之神仙"，排斥外丹而专修内丹，其教规也较严格，入教者须出家、蓄发、吃素、住丛林。全真道后来分为南北二宗，北宗以王重阳为始祖，南宗尊北宋著名道士张伯端为始祖。南北二宗同为内丹派，均主张三教融合。所不同的是北宗主张先修命，南宗主张先修性；北宗重佛教的出家净修，南宗则和光同尘，注重佛教的禅机。

（五）道教的衰落与世俗化

明太祖建立明朝后，为了防止宗教泛滥造成政治和经济的混乱，便对宗教加以利用和控制，对各种教团更是严加检束，所以明初期与中期，道教根本得不到统治者的重视。一直到明世宗时，情况才大为改观。明代帝王以明世宗信道最笃，他自号"玉虚总管五雷大真人、玄都境万寿帝君"，在宫中日事斋醮，热衷于炼丹和服食，政务有不决者辄咨询于乩仙，听命于神道。道士邵元节、陶仲文备受宠信，大臣能写青词（祈祷表文），必重用之，有"青词宰相"在朝。明世宗之后，道教在上层的政治地位日趋衰落，道教本身逐渐走向世俗化，道教题材的戏曲、小说在社会上广泛流传，道教教义教理及其宗教伦理道德思想也逐渐影响民众，并因此深入民众的日常生活。

虽然清代帝王本身崇尚喇嘛教，但清初的统治者为了笼络汉人，对正一道加以保护,令其掌管天下道教,但在乾隆朝后,道教便失去了朝廷的庇护,地位逐渐下降。张天师的称号被取消,只称"正一真人",官品也由二品降为五品。道光帝停止张天师朝觐,官方道教日渐微弱,对社会的影响也变小。不过民间世俗形式的道教仍很活跃,并与民间宗教相融合。

三、为神而舞：道教科仪

科仪是道教习用的术语,主要包括道教的经诰、戒律、规范、礼仪等。道教之所以称为道教,是因为其不仅有系统的教理、教义和信仰,而且有其特定的宗教仪式。所谓科仪,即对其宗教形式各个方面的概括。道教科仪的内容复杂,小到日常称谓,大到出入行走,皆有一定仪范,其中的斋醮科仪更是道教礼仪的综合展现。每一场斋醮科仪,都像是一场精彩的戏剧表演,通过法师与神灵的沟通,为信众祈福禳灾,拯拔亡魂。

（一）斋醮：独具特色的道教仪式

斋醮是道教礼仪的重要组成部分,道教通过斋醮科仪内容和形式的结合来体现道、神、济贫拔苦的内容。

道教斋醮科仪源于中国古代的祈祷仪式,早期的太平道已有向天祈祷和称谢等仪式,五斗米道还有为病人请祈的三官手书。东晋和南北朝时,斋醮科仪经上清派、灵宝派道士推演,逐渐形成整套的仪范和程式,又经寇谦之和陆修静整编修订,斋醮科仪逐渐定型并走向完善。

斋醮科仪就像一场表演,它是通过建坛、设置用品、诵经拜忏、踏罡步斗、掐诀念咒等步骤来完成的,这些步骤都由道士来完成。斋醮科仪俗称做道场或做法事,主要有阳事科仪和阴事科仪。阳事科仪主要是对活人的,有祝寿庆贺、祈福禳祸、消灾解厄、祛病延寿、祈保平安、酬神谢愿等;阴事科仪主要是对亡人的,有超荐先灵、度亡生方、炼度施食等。

（二）戒律：道教规定的行为规范

戒律通常被称作宗教的基本要素,世界上的所有宗教,都有自己的戒律,通过戒律,对教徒的宗教生活和道德要求做出具体的规定,戒律是教徒必须遵循的行为规范。道教的戒律一般分为三类：第一类是"戒",就是约束道教徒的规定；第二类是"律",就是约束道士的一些具体书面条文；第三类是"清规",具体指各个不同道教宫观约束道士的规章制度。

道教的戒律初期简约,主旨为戒贪欲、守清静。两晋南北朝时期,上清派、灵宝派、新天师道等借鉴佛教戒律,并汲取儒家名教纲常观念制定了"五戒""八戒""十戒"和其他戒律。其内容除"五戒""八戒"与佛教基本相同外,"十戒"中尚列有"不得违戾父母师长""不得杀生屠害""不得叛逆君王""不得淫乱骨肉""不得毁谤道法""不得污漫静坛"等。我们今天看到的道教戒律主要是正一道和全真道流传下来的。

(三) 称谓：道士的不同称呼

在道教两千多年的历史上产生了无数的道士，也产生了许多不同的称谓。了解这些称谓，能够更好地了解道教的历史和礼仪。道教的称谓一般与道士修行程度及教理造诣、担任的教职等相关，主要包括天师、法师、炼师、真人、道长、居士等。

天师是指张陵或其嗣号之后裔，但后世也有个别道士称天师，如寇谦之（北魏）、焦子顺（隋）、胡惠超（唐）等；法师是指精通经戒，主持斋仪，度人入道，堪为众范的道士；炼师起初多指修习上清法者，后泛称修炼丹法达到高深境界的道士；真人通常是用来尊称那些道行高深、"羽化登仙"的道士；道长是当今教外人士对出家道士的尊称，只有在特定情况下才单指宫观负责人；居士则是对居家修持的俗家信众的尊称。

(四) 饮食：利于长生成仙的素食与少食

道教徒的饮食原则是素食和少食，并且吃饭时要先供养神、人、鬼，而后方能食。

道教中的全真道是坚持苦修的，故其道士的饮食习惯是食素。原因之一是持戒，道教认为一切众生，含气以生，蠕动之类，皆不得杀之伤之，戒荤则是戒杀之延伸；原因之二是素食有利于健康长寿，更有利于得道成仙。道教除主张素食外，还提倡少食。因为多食不但影响健康和体形，还会影响精神和情绪。与此相关的就是道教里的辟谷之术，辟谷有利于清理肠胃，断绝污秽之物，减轻消化和转化等功能的负荷，使五脏六腑得到休息，从而可以得道成仙。

第二节　道教的神仙世界

道教是众多宗教中最重视现世生命的宗教。佛教、基督教和伊斯兰教都认为今生短暂而苦难，但只要皈依，死后灵魂就可以得救。只有道教以生为乐，重生恶死，追求肉体长生，白日升天，永远享受欢乐的生活。这种对生命意识的肯定与追求，实际上与古代自然环境的恶劣、生产力的低下、战争的困扰，以及政治的凶险有关；更与帝王们的追求，以及巫士、方士和道士们的宣传有关。当人们产生羽化升仙、长生不死的渴求时，道教的神仙信仰就有了基础，成为表达超越生命局限的理想方式。

道教认为神仙世界同人间世界一样，也是一个等级社会，各个神仙因其等级不同，地位和权力也不一样，各有归属，各司其职，甚至连住所也有区别。道教的神仙世界被描绘为如同世俗的官僚体制一样，等级森严，各相统属，有仙官，有僚佐，有仙吏，也有无官无职的散仙。如《道教三洞宗元》说，太清境有九仙，上清境有九真，玉清境有九圣，共二十七位。三清境以下，每境各列左、中、右三宫，每宫皆有仙王、仙公、仙卿、仙伯、仙大夫，颇类西周封建制的五等爵位。

最初流传的神仙多为上古传说中的人物,如赤松子、王乔、黄帝、彭祖之类;汉魏以后,多为仙化了的道教人物,如三茅君、王玄甫等;唐宋以降,则多为仙化了的历史人物,如张果老、吕洞宾等。在这一过程中,儒释二教的圣贤也被纳入了道教神仙的行列。神仙名号积千累万,不胜枚举,其品位也有高下之分。总之,道教尊奉神仙吸收了我国古代民间的鬼神崇拜,它和社会生活中的民俗传说有着密不可分的联系。

一、得道成仙:道教神仙信仰的文化内涵

道教与其他宗教最大的区别之一就是神仙信仰,它是道教的核心;道教的其他理论和内容几乎都围绕着神仙信仰而展开。

早在先秦时期,神仙信仰观念已经在先民们的现实生活中流行。道教继承了传统的神仙信仰观念,并且把这种观念发展成为一种具有系统意义的信仰。这个神仙信仰系统蕴含着道教对宇宙、人生与社会的认识和思考。它表达了人类试图摆脱生命局限的企盼,同时它本身又是表达超越生命局限的理想方式。

在众多神仙故事中,我们可以感受到先民们对自身能力有限的无奈。为了生存,先民们不得不与各种自然力进行斗争。尽管先民们可以在自然界获得许多果实,饱餐一顿,并且生发出某种自豪感,但自然力在总体上无论如何要比先民们的体能强大得多。在从自然界获取物质来补充自身能量时先民们也耗损了能量,外部环境中的各种恶劣因素给先民们的生存造成了极大的压力,先民们在与巨蛇猛虎之类的动物进行斗争时容易丧失生命,山洪、干旱等自然灾害致使疾病流行,这使他们不仅感受到生存之不易,而且感受到生命的有限。不过,先民们并没有在强大的自然力面前完全丧失生活的信心;相反,他们通过种种办法来尽量延长生命,并且获得某种成效。这使先民们不仅增强了信心,而且开始在思想王国中自由驰骋起来。于是,当老一辈人的肉体死亡时,生者希望主导生命的灵魂继续存在,他们希望这种灵魂能够得到新的形体的寄托。另外,先民们经历了死亡的悲哀之后,抗争死亡的意识也萌发了。他们通过讲故事的办法,塑造了各种各样的神仙,有的神仙能够隐潜入地,有的神仙能够无翅而飞,有的神仙能够坐致风雨、划地为河,有的神仙不怕火烧,有的神仙不怕水淹。在先民心目中,神仙至少有一技之长。先民们之所以赋予神仙超人的技能,是因为他们体会到自身能力的不足,试图通过观念意识的自由创造来补偿。从形式上看,古老的神仙故事大多是荒诞的,但这种荒诞折射出先民们希望增强自身能力和延长生命的要求。

在道教的思想文化建设过程中,一个重要举措就是把上古时期的各种神明搜罗到自己的信仰体系之中,同时又把那些长寿的典型当作效法的对象。于是,追求的目标便有了具体可感的故事形式。事实上,早在道教组织酝酿之前,神仙故事已经开始结集流行,影响最大的要算旧题刘向撰的《列仙传》。《列仙传》把古代传说

中的神予以仙人化。顾名思义,《列仙传》就是专门为仙人作的传,凡在书中立传的,都可以看作仙人。其实《列仙传》中所谓"仙人"有相当一部分是从古老传说中的神转变过来的。如黄帝,在早些时候是作为天帝和祖先之神而受到崇拜的,到了《庄子》,开始把黄帝作为一个长生不死的典型来塑造。在《列仙传》中,黄帝已经是一个由帝王修炼成为仙人的典范了。《列仙传》通过几十个仙人形象的塑造,试图向人们表明:仙门常开,心诚则灵。《列仙传》凡两卷,其时间跨度相当长,涉及的地域也相当广,仙人的形象各种各样:有上等阶层的人物,如王子昌容、大夫彭祖;也有下层劳动者,如养鸡的、沽酒的、卖草履的、铸冶的、卖药的、贩珠的等,应有尽有。这当中透出这样的信念:不分男女贵贱,只要能够得到一种仙术,虔诚地修炼下去,就能获得"仙果";虽人们贵贱有别,但仙法平等,芸芸众生皆可殊途而同归。

神仙信仰也是表达超越生命局限的理想方式。作为道教产生的前奏,先民们已经通过故事形式来表达生命理想,企图超越生存的局限。道教正是在这样的基础上整合了先秦各种资料,来创造生命境界的。检索一下道教早期文献,我们可以发现,道门中人一方面对生命局限表示了强烈的感叹,另一方面又积极地寻找摆脱局限的途径,这种观念明显地反映在神仙意识之中,这时,神仙信仰就成了表达超越生命局限的理想方式。如《太平经》说:"人生比竟天年几何,睹病几何,遭厄会衰盛进退。"[①]《太平经》的作者面对人世间所发生的诸多灾难,意识到人生短促,生存不易,大力宣扬生的可恋,死的可惧,认为要逃脱死亡,就必须努力修行。《太平经》这种神仙思想反映了早期道教摆脱世间苦难、追求生命完善的境界,对后来的道教神仙理想与生命典型之塑造具有很大的影响。

在先民们的精神世界中,最大的局限莫过于生命本身的局限。先民们的理想就是能摆脱这种局限,因而道教的整个神仙信仰体系,都体现了超越生命局限的愿望,祖先或英雄人物在死后往往成为升仙的典型。在先民们的心目中,无论是黄帝、老子、姜太公,还是妈祖、临水夫人、关圣帝君,他们都是"死而不亡"的;飞升到天宫,在天上仙班享有位置,而后又降临人间,作为先民们生存的保护神。

二、先天真圣:由天而人的神祇

我们平时所说的神仙,是对"神"和"仙"的统称,但最初他们的含义是不同的,"神"具有超越人类的力量,能主宰一切;"仙"由人经修炼而成。简单地说,由天而人的是神,由人而天的是仙。先秦时"神"和"仙"是有区别的,秦汉时期,人们逐渐把他们混为一谈。

道教神仙体系的构建是一个历史发展的渐进过程,大约在两宋时期基本定型。

---

① 王明:《太平经合校(上)》第二版,中华书局2014年,第302页。

在具体讨论神仙时,人们往往据其本质属性将其分为先天真圣、后天仙真和大众俗神三大类。先天真圣是指天形成之前的神灵和在自然界存在的天神,三清、四御、三官大帝、四象二十八宿、五岳等都属于先天真圣。

(一) 三清：宇宙万物的创造者

在庄严肃穆的道教三清大殿中,通常供奉着神态端庄的三位尊神,这就是道教的最高神三清。三清是玉清、上清、太清的合称,他们分别又称为元始天尊、灵宝天尊和道德天尊。他们都是"道"的化身,是道教宇宙观的体现。

元始天尊生于太无之先,禀自然之气,最初称为元始天王。他是葛洪根据上古神话中盘古开天辟地的传说创造出来的道教世界的最高神,居"玉清境",在三清殿中位居中位,头罩圆光,手执丹丸,象征"天地未形,万物未生"时的"无极"状态,即宇宙形成的第一大世纪,其圣诞为阳生阴消、昼短夜长的冬至日。灵宝天尊又称太上道君,居"上清境",在三清殿中位居元始天尊左位,手持太极图或玉如意,象征混沌始辨、阴阳初分的"太极"状态,即宇宙形成的第二大世纪,其圣诞为阴生阳消、昼长夜短的夏至日。道德天尊,也称太上老君,就是老子。道教初期崇奉的至高神就是道德天尊,直到元始天尊、灵宝天尊出现,道德天尊才慢慢退居第三位。老子的《道德经》五千言,为道教的神学理论奠定了基础,出于对"道"的信仰,信徒们将老子神化,使其居"太清境",在三清殿中位居元始天尊右位,手摇太极神扇,象征万物化生之"太初"世纪,即宇宙形成的第三大世纪,其诞生日为农历的二月十五日。

(二) 四御：统领天地的领袖

四御是品位次于三清的四位天帝：玉皇大帝、北极大帝、天皇上帝和后土皇地祇。

第一位玉皇大帝是总执天道之神。四御之中以玉皇大帝最为著名,俗话说："天上有玉帝,地上有皇帝。"天上为神仙所居,玉帝也就是天界的最高统治者。因此,民间对玉皇大帝的信仰远远超出了对道教三清的崇奉。第二位是中央紫微北极大帝,为协助玉皇执掌天经地纬、日月星辰、四时气候之神,传说他能呼风唤雨,役使雷电鬼神,为万象之宗师、万星之教主。第三位是勾陈上宫天皇上帝,协助玉皇执掌南北二极与天地人三才,统御诸星,并主持人间兵革之事。第四位是后土皇地祇,又称承天效法后土皇地祇,也称后土娘娘。后土信仰来源于古代土地崇拜。后土皇地祇为执掌阴阳生育,万物生长与大地山河之秀的神。

(三) 三官大帝：主宰人间祸福的大神

在道教神仙谱系中,三官大帝比三清出现的时间还早,是道教最早敬奉的神灵,分别主管天、地、水。三官大帝即天官、地官、水官。三官大帝信仰源于古代人们对天、地、水的自然崇拜。东汉时早期道教就尊奉天、地、水三官为主宰人间祸福的大神,他们在道教神仙谱系中的品位很高。

三官大帝又称三元大帝,所以三官的诞生日就是三元节,即天官的诞生日为农历正月十五,是为上元节;地官的诞生日为农历七月十五,是为中元节;水官的诞生日为农历十月十五,是为下元节。每逢三元节,信仰者都要到庙宇祈福免灾,所以全国各地建有三官殿、三官堂、三官庙和三元庵等,供人们供奉三官大帝。

(四) 四象二十八宿:太上老君的护卫神

四象二十八宿是由天上的二十八星宿而来的,道士在斋醮作法时,常召请二十八宿神下凡除妖伏魔。

四象二十八宿属于中国古代的星宿信仰。古代天文学家把太阳和月亮所经过的天区称为黄道,把黄道中的恒星分成二十八个星座,称为二十八宿。道教认为每个星座都有一位神将,也称作二十八宿,并按东、南、西、北四方分为青龙、朱雀、白虎和玄武四组天神,称为"四象"。东方青龙七宿是角、亢、氐、房、心、尾、箕,北方玄武七宿是斗、牛、女、虚、危、室、壁,西方白虎七宿是奎、娄、胃、昴、毕、觜、参,南方朱雀七宿是井、鬼、柳、星、张、翼、轸。

(五) 五岳:执掌五岳的山神

五岳信仰与中国古代的五行说有关。古人认为五岳皆有山神掌管,对其十分崇拜。五岳是指五座大山,即东岳泰山、南岳衡山、西岳华山、北岳恒山、中岳嵩山。

五岳之中,对东岳泰山的崇拜最为显著。古代王者受命易姓,改制应天,天下初定,功成封禅,会登泰山,以告上帝。在我国历史上,从秦始皇开始,很多皇帝都曾到泰山封禅,借泰山向天下夸耀自己的文治武功。也有传说泰山是阴曹地府,人死之后,魂归泰山,泰山神乃冥司之主,故民间对东岳之崇拜亦甚盛。宋真宗于大中祥符四年(1011)封东岳为天齐仁圣帝,自是以后东岳庙(亦称天齐庙)遂遍及天下,农历三月二十八是东岳大帝的诞生日,东岳庙在这一天要举行隆重的祝祷活动。

泰 山

三、后天仙真:由人而仙的神祇

道教神仙信仰的突出特点就是追求肉体长生,得道升天,永远享受欢乐的生活。

它在肯定生命的现实意义的基础上,引导人们追求更高、更自由的生活,从而超越自然对人类的种种限制和人自身能力的有限性。后天仙真就是指凡人经过一定的修炼深造后而成的神仙,如黄帝、四大真人、八仙等。

(一)黄帝:中华民族的人文始祖

道教的历史源头可追溯到黄帝时期,传说黄帝曾寻仙求道,后乘龙飞升,道教尊其为古仙人,道士多托其名而著书立说,一些地区还建有黄帝庙或轩辕庙祀之。

黄帝,一说姓姬,号轩辕氏,是华夏民族古代领袖中最杰出的一位。相传古代帝王,如尧、舜、禹及夏、商、周三代首领均为黄帝的后裔。黄帝曾居住在涿鹿,联合炎帝族打败了九黎族。其后黄帝与炎帝发生冲突,黄帝战胜炎帝而定居中原,奠定了中华民族的基础,故黄帝被公认为中华民族的始祖。相传黄帝还曾推算立法,教导百姓播种五谷,兴文字、作干支、制乐器、创医学。黄帝飞升后,为"太一君",是传说中远古时代中华民族的共主,五帝之首。

(二)四大真人:修真得道的仙人

道教四大真人源于春秋战国时期的四位道家人物,即南华真人庄子、冲虚真人列子、通玄真人文子和洞灵真人庚桑子,他们都崇奉道,并著书立说,唐代时被尊奉为真人。

庄子认为世间万物本为一体,只有物我两忘,才能进入逍遥境界;列子认为只有心凝形释,方能与道合一;文子认为道就是气,阴阳之间可以互相转化;庚桑子认为保养生命要全形保性,像婴儿一样天真无知,方能成为至人。以上四人对道的精深阐述,多为道教吸收,并成为道教的理论基础。庄子、列子、文子和庚桑子是在唐玄宗时被分别追封为"南华真人""冲虚真人""通玄真人"和"洞灵真人"的。

(三)八仙:百姓心目中的神仙总汇

八仙的传说始于唐代,在民间广泛传播。人们对八仙不但信仰崇拜,而且因为他们没有可怕的形象,富有浓厚的人情味,所以觉得他们比其他神仙更为亲近可敬。直到元朝以后,作为神仙的八仙队伍才基本固定。但是,民间传说中的八仙到底是指哪八位神仙,至少在明朝以前还没有一个固定的说法。我们现在所说的八仙一般指这八位修炼成仙的人物:铁拐李、钟离权、张果老、何仙姑、蓝采和、吕洞宾、韩湘子、曹国舅。

道教宫观中,八仙的设置没有固定的位置。除吕洞宾和钟离权身份特殊,为全真道看重另殿供奉外,多数情况是八仙共祀在同一配殿中。八仙虽然在民间影响深远,但是他们保留着人的形象和性格,没有被彻底神格化,或许还够不上资格与诸神平起平坐、同殿共享香火。

四、大众俗神:民间信奉的主要神祇

在道教的神仙世界中,有一些地位不高,却被人们推崇敬仰的神仙,比起玉皇大帝、太上老君来，他们更贴近世人的生活，因为他们往往主管着人间衣食住行等基本需求和生老病死等不可逃避的宿命。对他们的崇拜，反映了世俗生活的日常需求。

(一) 关圣帝君：统辖人鬼神三界的武圣人

关羽是我国民间家喻户晓、妇孺皆知的历史人物。关公庙遍布我国城乡。关羽本来是历史人物，通过《三国演义》，他的故事在民众中广为流传，"桃园三结义""温酒斩华雄""千里走单骑""华容道上捉放曹"等故事脍炙人口。关羽成了忠义、勇武的化身，在民间受到了极度崇拜，以至成了全社会景仰的精神偶像。到了明清，对关羽的敕封越来越隆重。尤其是清朝入主中原后，除了大兴文字狱外，还大力提倡尊孔崇儒，崇尚程朱理学，大力倡导尊君、忠君的思想，对于"彻底一忠"的关羽，便大加推崇，于是清王朝对关羽的敕封层层加码，顺治帝封关羽只有八个字："忠义神武关圣大帝。"光绪帝的敕封则加到了惊人的二十六个字："忠义神武灵佑仁勇威显护国保民精诚绥靖翊赞宣德关圣大帝"。一武一文，关羽成了与孔子并驾齐驱的形象。

在民间，关羽的影响和所受到的崇拜超出了道释两教尊奉的许多神佛。在广大民间信众的心目中，关羽似乎具有超凡法力：祛病除灾、驱邪避恶、寻财问卜、延寿升官、济民护国……可谓无所不能。这也就是民间专祀关羽的庙宇遍布城乡的原因所在。

关公庙过去的名称很多，有武庙、高庙、关帝庙、关圣庙、关王庙、老爷庙、伏魔庙等。除此之外，关羽还作为财神在民间受到广泛信仰，其供祀的范围早已超出寺观庙堂，甚至进入现在商家的供坛。

(二) 城隍：全城百姓的守护神

在道教护卫神中，有一种专门护卫城邦、扶正祛恶，且在民间信仰极为普遍的地方神——城隍。城隍的信仰最初在吴越地区十分盛行，南北朝时正式称为城隍，唐代时加封爵禄，五代时封侯称王，其庙几乎遍布全国。宋代荣立国家祀典，各府州县皆立庙祭祀。元代在京城建城隍庙，封其神为"佑圣王"，城隍遂成为古代国家的守护大神。

城隍多为去世的英雄或名臣，以其英灵来护佑一方百姓，打击邪恶，故而城隍因时、因地、因人、因事而异，其中较为著名的有会稽城隍庞玉，南宁、桂林城隍苏缄，杭州城隍周新，上海城隍霍光、秦裕伯，北京城隍杨椒山，甘肃天水城隍纪信，等等。

(三) 土地神：庇护一方的地方保护神

土地神又称"土地公公""土地公""土地爷"，是民间信仰最为普遍的神之一，流行于汉族地区，部分受汉族文化影响的少数民族也有此信仰。在中国传统文化中，祭祀土地神即祭祀大地，现代则多有祈福、保平安、保收成之意。土地神是道教诸神中地位较低的神祇。土地神崇奉之盛，是由明代开始的。明代的土地庙特别多，这与皇帝朱元璋有关系。《琅琊漫抄》记载，朱元璋"生于盱眙县灵迹乡土地庙"。土地神的形象大多是衣着朴实、平易近人、慈眉善目的白须白发老人，因土地公生前为官，所以多数身穿官服，有时会有土地婆陪祀，有时则只有土地公。

(四)门神:守卫门户的神灵

在我国,每年春节前夕有贴门神画的习俗。门神的产生和古人的鬼魂崇拜有关。古人认为,每到夜晚,鬼魂会出来游荡,危害人间。人们虽然住在房子里面,也觉得并不安全,鬼魂神通广大,岂是两扇门所能挡得住的。于是人们创造出两位能够降鬼伏妖的神明,如同警卫一样站在门口,保卫自己的家宅免受鬼魂侵害。民间传说的门神原型多种多样,比较著名的有如下几位:神荼和郁垒、秦叔宝和尉迟恭、钟馗。可以说,凡是历史上著名的英雄武将都有资格成为门神的候选人。

门神的功能最初只是为人们驱鬼避邪,保求平安。后来,随着人们对鬼魂恐惧心理的减弱,对门神的要求似乎越来越多,民间出现了许多文官门神和祈福门神,以寄托人们升官发财、福寿延年的愿望。

(五)财神:主管财富的神明

财神是旧时民间供奉的招财进宝之神。我国的财神有多种原型。各个时代、各个地区人们所信仰的财神原型各不相同,而且财神还有文、武之分,这在其他的神仙信仰中是不多见的。一般说来,文财神多认为是比干、范蠡;武财神多认为是关羽、赵公明。他们之中,在民间影响最大的要数关羽和赵公明。

(六)文昌帝君:主持文运功名的神仙

文昌帝君为民间和道教尊奉的掌管士人功名禄位之神。文昌本星名,亦称文曲星或文星,古时认为是主持文运功名的星宿。元明以后,随着科举制度的规模化和制度化,文昌帝君所受到的奉祀也逐渐普遍。各地都建有文昌宫、文昌阁或文昌祠,其中以四川梓潼七曲山的文昌宫规模最大。一些乡间书院和私塾也都供奉文昌神像或神位,其间虽时有兴废,但因文章司命,贵贱所系,所以一直奉祀不衰。旧时每年二月初三为文昌帝君诞生之日,官员和文人学士都要到供奉文昌帝君的庙宇奉祀,吟诗作文,举行文昌会。

第三节 道教与中国文化

道教正式教徒人数之有限与道教文化影响之广大形成鲜明的对比,这在其他宗教中是极为少见的。道教信徒的数量与其他一些宗教的信徒数量相比较少。但道教对中国文化的影响远远超出教徒的范围而达到各阶层、各领域、各地区。可以说,不对中国道教进行深入的研究,就不可能全面地了解中国的传统社会。

一、神入民间:道教与世俗生活

(一)道教的养生理念与方法

"养生"一词在先秦已有。《庄子·养生主》称:"吾闻庖丁之言,得养生焉。"成玄英疏证:"遂悟养生之道也。"古代思想家从人与天地的相互对应角度来思考养生的道理,并且形成了系统理论。这就是"养生学"。顾名思义,"养生"就是为了生命健康长寿。道教养生正是基于这样的理念而形成的,它包含着对生命的主体意义的把握。

既然道教养生体现了主体性,那就必定有一种指导其实践活动的主体精神。这种精神概括起来就是一句话:"我命在我不在天。"《养性延命录》在陈述"我命在我不在天"这个基本命题时还有所发挥:"夫形生愚智,天也;强弱寿夭,人也。天道自然,人道自己。"而《悟真篇》则从金丹修炼的视野来说明通过特殊实践过程能够达到生命自主的境界,该书称:"一粒灵丹吞入腹,始知我命不由天。"与那些把寿命长短完全看作由上天决定的想法不同,道教相信人的生死命运是可以由自己掌握的,生命的主动权就掌握在自己手中。

道教的生命自主观念能够化成具体的养生实践活动,这与生存环境所存在的变化多样性也是有关系的。由于生存的需要和探索好奇心的驱使,道门中人仰以观天象,俯以察地理,发现某些生命的存在可以发生形态的转化,道教甚至认为这种变化可以越过种属类别。道门中人对于生存环境中诸多事物的观察是认真细致的,他们从观察中感受到变化的普遍性,从而与自身生命形态相类比,激发了变化自身生命形态的愿望与热情。在对客体的观察与认识过程中,道门中人也认识了自己,坚定了"我命在我不在天"的主体精神,以激励自身的养生活动。

道教孜孜不倦地探索长生成仙之道,将我国古代社会几乎所有的养生健身法全部吸取进来,加以宗教化的解释和发挥,融入自己的教义和宗教实践中。随着道教的成熟,许多道士修习钻研,也创造出了一些新的修炼方法,形成了丰富复杂、奥秘无穷的道教方术。这些道术作为我国传统文化的一部分,在一定程度上反映了我们民族的科学知识水平和古人卓异的智慧才华。但是它们良莠不齐,科学成分与虚妄邪说混杂,有些确实具有相当的科学价值和实用价值,有些则需要做出科学的解释,剔除迷信成分。

道教长生成仙的修炼方法主要包括守真术、养生健身术、炼丹术、占卜术、房中术等。守真术强调修真之术即守神之道。道教将修真守神的方法归纳为内观、守静、存恩、守一之术。养生健身术包括辟谷、行气、导引等。炼丹术有炼内丹和炼外丹之分。炼内丹是指以自己的身体为鼎炉,以身体中的精气为药物,以神为运用,靠自己的修炼使精气神聚凝不散而生成所谓的"长生不老药"。炼外丹是指用鼎炉等器物烧炼矿物及其他药物而生成丹药,它最主要的理论根据便是幻想借外物以坚固身体,达到养生目的。

(二)道教的养生理念与方法对世俗民众的影响

追求生命的永恒是人类自古以来与生俱有的共同愿望,尽管现实生活充满了艰辛苦难,人们的身心常有种种痛苦和不如意,但是渴望生命永存仍是人们的理想。正是这样的民众心理,为道教形成神仙长生的生命哲学提供了广泛深厚的社会基础。

而道教孜孜不倦地探索的长生成仙之道,本身就是吸取我国古代社会几乎所有的养生健身法并加以宗教化的解释和发挥而成的,这些长期形成的道教长生成仙的修炼方法反过来又对民间的养生产生了持久的影响。

道教贵生恶死,主张人的生命由自己掌握,只要充分发挥自我能动性,挖掘人体潜能,依法修炼,就可以提高生命质量,延长寿命。道教的养生理念与方法长期以来影响着世俗民众,普通民众一般是通过以下几类方法来达到养气养神、强身健体、延年益寿的目的的。首先是调神养生,调神养生强调精神乐观,心思安定,志闲而少欲,心安而不惧;其次是导引养生,导引养生专指以形体动作为主导方法的养生,它也要求有呼吸动作的配合,打太极拳等就属此类养生方法;再次是饮食养生,饮食养生是指通过调节食物的品质、数量,遵循进食规律,以及回避有害的食物以养生,其内容包括食性、食养、食疗、食节、饮食禁忌及药养等;最后是环境养生,人的生活不可避免地要受到环境的影响,因而对水土气候、地形地貌、植被等均应有所选择,尽量选择适宜的环境。

(三) 道教对民间风俗的影响

因为道教文化深深扎根于中华民族的土壤,所以它必然会深入民间风俗之中。无论是结婚、生子、祝寿等人生大事,还是庙会等生活俗事中,都有道教的影子。

道教信仰,几乎对所有民间节日都产生过影响,许多神仙和鬼怪形象都渗透到了民间百姓的认知中。道教的节日有与自己信仰关系重大的日子和所奉神灵、祖师之诞生日,也有与民间的习俗互为作用而成的民间节日。前者有各派共尊的最高神三清、历史悠久的三官、影响很大的西王母,以及东岳大帝、文昌帝君、真武大帝等之诞生日,在这些重大节日,一般会举行盛大斋醮活动以示庆祝。而后者虽与道教有关,却成为全民的节日,如端午节、中秋节和重阳节等,并形成了丰富多彩的节日民俗。

多子多福是中国的传统观念,因此道教中的许多神仙就被认定为送子娘娘,成为妇女生育的保护神,为夫妻们送来小孩。中国传统观念认为"不孝有三,无后为大"。旧时婚后的女子,常由家中年长女眷带领前往寺庙,参拜神灵,祈求神灵早赐子嗣。道教中各地的送子娘娘主要有碧霞元君、花蕊夫人、金花夫人、临水陈夫人和女娲娘娘等。此外与生育相关的还有许多物品上的"五子日升"与"百子图"等图案。

长寿是道教追求的终极目标,也是民众尽力祈求的人生主题,这一切比较集中地表现在寿庆的习俗上。寿庆民俗包括寿庆食物寿桃、拜寿星、祝寿词、祝寿戏等。寿庆时一般首先要拜寿星,因为寿星南极仙翁是掌管人间寿命长短的天界神仙,拜了寿星就可能长命百岁;其次要有寿桃,寿桃与道教的王母娘娘有关,据说吃了它就能长生不老,所以就形成了凡是寿宴必有寿桃的习俗;再次"寿比南山"的祝寿词也是要说的;最后有条件的话还要搭台演祝寿戏,以创造一种喜庆的氛围,而祝寿戏一般都是长寿戏,戏的主角往往是道教的神仙。

当提到庙会,人们必然想到庙。中国最早的庙,当是祭祀先祖与诸神的所在地。

与人有生日一样,神也有生日,道教神仙庆贺诞辰庙会的前身乃是社祭与祖祭。从古代文献上可以得知,周代宗庙之旁便有庙会了。道教的庙会主要有玉皇庙会,时间是唐明皇钦定的农历正月初九;老子庙会,时间为老子的生日农历二月十五日;东岳庙会,时间为东岳大帝的生日农历三月二十八日。庙会因为有许多是由道教神仙的诞生日衍化而来的,所以最初主要以进香敬神等活动为主,后来发展成集纪念、娱乐、购物、会友为一体的大型民间活动,再后来更是发展为在庙中及庙外街巷设立定期集市进行交易、娱乐等活动的庙会,而宗教活动基本不复存在。

二、神境仙界:道教的洞天福地

"洞天福地"是道门认定的神仙居处胜境,是道教宇宙理论模式的一种空间体现。由于修道者的理想典型——神仙就活动在洞天福地之中,道门的基本精神便随之而贯注其中。神仙信仰与修道需要促成了宫观的建造,并使修道者以洞天福地的概念描绘仙人居住的天地。早期所谓的洞天福地具有比较明显的神秘性,一般而言是不对世俗人开放的。后来,洞天福地的空间属性获得发展,它们成为修道者向往的圣地,也是实在的生存场所。像武当山、青城山、龙虎山、鹤鸣山、楼观台及白云观等都是道教著名的洞天福地。

(一)仙山仙岛

仙山仙岛是神仙们重要的居所,道教的仙山主要有昆仑山、蓬莱三神山和方诸山。它们的存在,让人们有了很多现实的寻仙活动。

昆仑山在中华民族的文化史上具有"万山之祖"的显赫地位,古人称昆仑山为中华"龙祖之脉"。中国神话中的昆仑山是神圣之山,传说它有万里之广,一万一千里之高,上面有许多神物,是圣人和仙人的聚集地。很多道教神话都与昆仑山有关,如女娲炼石补天、精卫填海、西王母蟠桃盛会、白娘子盗仙草和嫦娥奔月等。《西游记》《封神演义》等多部通俗小说都提到了昆仑山。

蓬莱三神山包括蓬莱、方丈、瀛海三山,是源于战国新兴神仙思想的神圣之山,其位置大概在今天的渤海地区,但比现在的渤海范围要大得多。战国时的齐威王、齐宣王、燕昭王,秦汉时的秦始皇和汉武帝都曾派人到海上寻找神山、仙人和长生不死药。蓬莱三神山神话依存于海洋的神秘性,比昆仑山神话魅力更大,对中国传统文化的影响也更大,如北京的三海、颐和园等都有蓬莱三神山的影子。

方诸山是道教上清派构想的仙山,是对蓬莱三神山中的方丈山的模仿,大方诸山传说是西王母的第四女南极夫人所造,大方诸山周围又有小方诸山。唐代以后,上清派失去最高等级地位,方诸山的神话也被人们所淡忘。

(二)名山大川

中国的许多的名山大川因风光秀丽而成为众多高道和道派的栖息地;同时也正

因为有了这些高道和道派的存在,使得这些名山大川变得更加神圣。关于道教的四大名山,历来说法不一。现在普遍认为是湖北的武当山、江西的龙虎山、四川的青城山和安徽的齐云山。

武当山位于湖北省西北部丹江口市西南,又名太和山、玄岳山,是我国著名的道教圣地。相传道教信奉的真武大帝即在此修仙得道飞升。唐代时太宗李世民于贞观年间在此敕建五龙祠。到宋代,以崇祀真武大帝为根本理义,直接为皇室服务的武当道教基本形成。明成祖朱棣封武当山为"大岳",明世宗朱厚熜更封之为"治世玄岳"。这时武当道教达到鼎盛时期,成为至高无上的皇室家庙、全国道教活动中心。唐、宋、元、明、清各朝皆在风景优美的武当山上构筑规模宏伟的道教宫观。

武当不仅是道教名山,也是武术名山,武当拳术发源于此,武当意为"非真武不足当之"。令武当山名扬天下的还有一代武术宗师张三丰。他创立的武当派与嵩山少林派齐名。武当武术与道教渊源极深,道士修炼学道,往往伴以习武,以养身练功、防身保健。武当武术以柔克刚,后发制人,自成一派,被称为"内家拳派"。

龙虎山位于江西省鹰潭市西南二十公里处,是正一道的祖庭,在中国道教史上有着承先启后、继往开来的地位和作用。东汉中叶,正一道创始人张陵曾在此炼丹,传说"丹成而龙虎现,山因得名"。据道教典籍记载,张陵第四代孙张盛在三国或西晋时已赴龙虎山定居,此后张天师后裔世居龙虎山。他们曾得到历代王朝的崇奉和册封,形成中国文化史上传承世袭的"南张北孔"两大世家。龙虎山在鼎盛时期,建有道观八十余座,道院三十六座,道宫数个,是名副其实的"道都",是道士的王国。

青城山位于成都平原西北部边缘,也是我国著名的道教名山,道教发源地之一。传说道教天师张道陵晚年显道于青城山,并在此羽化。此后,青城山成为天师道的祖山,全国各地历代天师均来青城山朝拜祖庭。建福宫、天然图画、天师洞、朝阳洞、祖师殿、上清宫等都是道教活动的遗迹。在古人记述中,青城山有"三十六峰""八大洞""七十二小洞""一百八景"之说。

齐云山,古称白岳,位于安徽休宁,历史上有"黄山白岳甲江南"之称。齐云山与武当山均供奉真武大帝,故齐云山有"江南小武当"之美称。唐代元和年间,道教传入齐云山;宋、元两朝,基业初奠;明代嘉靖和万历间,江西龙虎山嗣天师正一道张真人祖师三代,奉旨驻留齐云山,建醮祈祷、完善道规、修建道院,香火日盛,该地渐渐成为江南道教活动中心。据《齐云山志》记载,当时有宫、观、殿、院、馆、楼、阁、亭、台等大小道教建筑一百零八处,仿湖北武当山建制,规模宏大,气势磅礴。以嘉靖皇帝敕建的"玄天太素宫"为主体的月华街一带,是道士和香客向往的圣地。

(三) 宫观

宫观,即道观,是各类道教建筑的总称。它是道教徒们修炼、传道、举行各种宗教仪式和生活的场所。著名的宫观有北京白云观、终南山楼观台、鹿邑太清宫、青城山

青城山

常道观、芮城永乐宫、苏州玄妙观、武当山太和宫和成都青羊宫等。

白云观位于北京西便门外,创建于唐开元二十七年(739),现为中国道教协会所在地。元太祖成吉思汗时,全真道龙门派创始人丘处机住持太极宫,后元太祖谕旨,以丘处机的道号长春子命名原天长观为长春宫。丘处机逝世后,其弟子尹清和等在长春宫东侧修建了一座下院,名白云观。到明朝永乐年间,信徒们以白云观埋葬丘处机的处顺堂为中心进行扩建。现在白云观的大部分殿堂为明清时期所建。

楼观位于陕西周至终南山麓。终南山北看骊山烟云,西眺太白积雪,兼有渭水萦绕,为历代仙逸羽士隐居之所,道教视之为"洞天之冠"。终南名胜之最便是此地。相传周代函谷关令尹喜,曾在其故宅结草为楼,观测星象,瞭望云气,故此称作草楼观或楼观。道教庙宇称作道观,即由此沿袭而来。传说尹喜仰观天象时,忽见有紫气东来,吉星西行,知必有圣人临关。当时老子西游,由楚入秦,经函谷关。尹喜乃前往迎拜老子,将其请入楼观,并请其著书以传后世,老子便在说经台讲授"道德五千言",由此玄风大起,楼观便成为最早的道教圣地,被称作"天下道教祖庭"。楼观迄今还留有说经台、老子墓、系牛柏等遗迹。

总之,道教对中国传统文化的影响和渗透,广播于哲学、宗教、政治、艺术等方方面面。正因为其影响巨大,鲁迅才会说:中国根柢全在道教。许地山也认为,支配中国一般人的理想与生活的乃是道教之思想。道家之思想对古代中国上自朝廷王府,下至市井家庭的影响非常大,这种影响在当今社会也能看到。

三、积德延生:道教与中国的文化性格

道教以"重道贵生"为重要特征,不主张人们离弃社会生活而修道。道教中人始

终认为,"仙道"不离"人道","全人道"是"修仙道"的基础。信奉道教,重要的是将道教的精神、道教的智慧贯彻到生活之中,在社会生活中修道、行道、悟道。道教对中国传统文化性格积极的影响主要有"寿为最善"和"奉道培德"。

(一) 寿为最善

道教积极倡导世人要有长生的人生观,在现实生活中践行这个人生观。道教强调人的生命长短能由自我决定,不由天地掌握主宰;认为人通过存道纳气、积善行德决定生命的长短。生命的存在,就在于个人发挥主观能动性。人们只要在平常的生活当中培养良好的生活习惯,树立健康意识,讲求养生之道,促进人与自然的和谐统一,多行善举,那么就可以改变自己的命运,安神固形,实现长生。

道教在宣扬神仙信仰、劝人为善的同时,还大力倡导天道承负信仰,以长生不死为至善境界的生命观,这种"长生不死"指的是肉体死去,存在的则是精神道德,人若违背了这个承负信仰,就会受到"天道"的报应。所以,长生对道教徒而言,并不是刻意地去追求世寿的长短,道教徒追求的是出离三界外,不在五行中,永断生死苦恼而进入不生不灭的境界,这是一种立足于世法而又不囿于世法的长生之道,是道教徒特有的超然于物外、走向生命之永恒的最高理想。道教提出世人要想终其天年,首先要保持淡泊朴实的生活作风,也就是常言的"节食以祛病,寡欲以延年";其次要养德,大德必得其寿,德行不克,纵服金丹玉液也不能长寿;最后,世人只要以一颗平常心看待人我,看待是非,看待恩怨,看待得失,永远保持一种安详的心态,就能实现现实的长寿。只有很好地履行做人的职责,成为一个道德高尚的人,才谈得上修仙证道。古人云"不离日用常行内,直到先天未画前",就是说要即世间而超世间,不离生活而又升华生活。

(二) 奉道培德

道教经典《度人经》中有一句口号:"仙道贵生,无量度人。"道教信徒不仅要"度己",而且要担负起"度人"的社会责任。"度人"的方式很多,如以自己的德行去感化他人,以自己的能力去辅助他人,以自己的学识去教导他人,以自己的宗教修持为大众服务等。只有积极地为社会作贡献,功德圆满,才能名登仙籍。

神仙信仰对世人起到劝善惩恶、完善人格的功效。一方面,道教告诉世人:神仙拥有一个永恒不变的生命,神仙超越了自然和社会的束缚,生活于自由自在的空间。神仙所拥有的长生、不死、极乐的美好生命境界,激起了世人的向往之情,而这些美好善良的象征,促使世人通过这种境界明白一个道理:只有在身心健康的情况下才能够学得神仙之道,才能够达到这种境界,才能够影响他人,积极向善。另一方面,神仙的自由激励着世人去向往,而达到这种境界的前提则是得道成仙,得道是成仙的前提,修道是得道的前提,这个道即老子"长生久视之道"。所以道教在引导世人向往仙境、追求长生理想的过程中,十分强调与人为善,积功累德,慈心于物,忠孝友悌,正己化人。这对规范和提高人的道德素养产生了一定的积极作用。

思考题

1. 为何用"杂而多端"来形容道教?
2. 道教神仙信仰的文化内涵是什么?
3. 道教是如何从民间宗教变身为官方宗教的?
4. 为何说道教是世俗化的宗教?
5. 如何理解鲁迅说的"中国根柢全在道教"?

第七章 约之以礼
——民俗与礼仪

礼的作用和意义,按照孔子的说法是"以节事天地之神""以辨君臣上下长幼之位""以别男女父子兄弟之亲"。汉高祖刘邦与下属均起于民间,缺乏礼乐素养,也不懂君臣礼节。诸将常在大殿上饮酒争功,醉后狂呼,拔剑击柱,令刘邦感到"威重不行"。叔孙通遂自荐为刘邦制定朝仪,他向刘邦进言:"儒者难于进取,可与守成。"又说:"五帝异乐,三王不同礼。礼者,因时世人情为之节文者也。……臣愿颇采古礼与秦仪杂就之。"叔孙通从儒家的大本营鲁地征选了三十几名儒生,一起参与这项工作。朝仪拟定并实行后,朝廷上秩序井然,"无敢喧哗失礼者"。刘邦十分得意,叹曰:"吾乃今日知为皇帝之贵也。"通过礼,君臣上下的等级秩序就自然而然地形成了。

民俗学家乌丙安曾言:"任何个人都出生于自己所属的群体中,该群体在生存与生活实践中首先约定了自己的习俗惯制体系。"[①]可以说,礼仪与民俗是一个国家或民族中广大民众所创造、享用和传承的生活文化,起源于人类社会群体生活的需要,而且在特定群体、时代与地域中会不断地形成、传播和演变。

儒家文化是礼乐文化,礼是中国文化的核心。在宗法社会,人们通过日常交往中的言谈举止以及约定俗成的仪式而确定彼此的贵贱、尊卑、长幼、亲疏。礼仪者,礼是内容、意义,礼又必然表现为"仪"——特定的行为模式以及仪式。礼的本源是祭神,礼的殷商甲骨文写法像两串玉放在器皿中,用以向鬼神行礼。殷礼主要是通过礼器与牲酒来表达对鬼神的敬意、对丰收的祈盼,而作为中华礼仪核心的人文精神当时尚未形成。周朝建立后,"周公制礼作乐",道德理念成为礼制一以贯之的精神,礼实现了从鬼神之道向人道的转变。春秋末期孔子、子思及其弟子对礼学思想进行了深入发掘,形成礼乐思想,使礼进入理论之域,成为严格意义上的学术。

---

① 乌丙安:《民俗学原理》,辽宁教育出版社2001年,第72页。

第一节 岁时节日

节日的起源多和祭神、谢神有关。从原始时代流传下来的尚巫畏鬼之风,一开始便影响到古代节日的构成,中国大多数古代节日,如元宵节、二月二、寒食节、端午节、七夕节、中秋节、冬至、腊八节,最初均为祭祀性节日。许多节日的娱乐喜庆用具,如门神、桃符、鞭炮、锣鼓,清明节的柳条,端午节的艾、菖蒲、五毒符以及重阳节的茱萸,等等,都曾是驱邪祛病的用具。

岁时节日的形成还与农事活动有关。比如清明节,古代又称三月节,最早是重要农事节日,北方农谚谓"清明忙种麦,谷雨种大田",农村从此进入农忙阶段。又如十二月"腊日",早在秦汉以前便是重要农猎祀日,原是冬至后三戌日,后变为初八,正是俗称的"腊八"。按传统,每逢腊八节要进行隆重的家祭,古腊祭要祭门神、祭户神、祭宅神、祭灶神、祭井神,同时要祭祖先。在北方农村给水井供献腊八粥,正是腊八节古俗的遗风。

历史事件与传说也是影响节日民俗形成的因素之一。如端午节的来历,有屈原说、伍子胥说、东汉孝女曹娥说。不过,民间流传最广的是纪念屈原的说法,端午节祭祀屈原、赛龙舟的风俗显然受到历史传说的影响。总之,节日的由来与发展是十分复杂的,它往往杂糅多种民俗于一体而形成。

一、农业文化传承:节气

中国是世界上古老的农业国家之一,以天象的变化指导农事生产和生活,是农业社会的一大特点。节气其实就是指导农事的一种补充历法。

古代农历把一年分为十二个月,在十二个月中,按一年气候的变化,分为五天"一候",三候为"一气",十二个月共分为"二十四气"。从冬至这天起,太阳黄经每增加30°(约历时30天)便开始过到另一个"中气",一年共十二个"中气",即冬至、大寒、雨水、春分、谷雨、小满、夏至、大暑、处暑、秋分、霜降、小雪。从小寒日起,太阳黄经每增加30°(约历时30天)便开始过到另一个"节气",一年共十二个"节气",即小寒、立春、惊蛰、清明、立夏、芒种、小暑、立秋、白露、寒露、立冬、大雪。"中气"与"节气"相交相间,构成了现在的二十四节气。为了便于记忆,人们编出了"二十四节气歌":"春雨惊春清谷天,夏满芒夏暑相连,秋处露秋寒霜降,冬雪雪冬小大寒。"

这一年四季、十二个月、二十四节气、七十二候、三百六十天(约),就构成了岁时节日的计算基础。在这里,"节"正是对岁时的分节,把岁时的渐变分成像竹节一样的间距,把两节气相交接之日时定为交节,由此转意为节日。在二十四节气中最早形成的重要节日有八个,可简称为四立、二分、二至,即立春、立夏、立秋、立冬、春分、夏至、秋分、冬至八节,这八节是标志阴阳四时始末的时令。这种天文历法的探索由来已久,可以一直追溯到神话传说中的远古时代,《尚书·尧典》中便有记载说:帝尧曾经命令羲和去观察日月星辰的运行、自然鸟兽的变化,从而确定一年四季的历法。

二十四节气的划分看似简单机械,其实有着深刻的文化内涵。从众多农谚、民歌、习俗中我们可以发现,二十四节气是古代中国人通过观察太阳周期运动,发现一年中时令、气候、物候等方面变化规律并结合农业生产特点,指导生产与生活所形成的知识体系和社会实践的总结。其背后蕴含着中华先民从远古以来对天文与农学两方面知识的不断探索,与中国人的信仰、礼仪、民俗、农耕、狩猎等方面的知识都息息相关,对人们的生产与生活等方面产生了重要的影响,是中国独有的一种文化现象。联合国教科文组织已经于2016年将中国申报的"二十四节气——中国人通过观察太阳周年运动而形成的时间知识体系及其实践"列入了人类非物质文化遗产代表作名录。

二、多姿多彩:节日举要

与二十四节气同时并行的节日,主要处于各季各月的朔望之间。定节日的标准之一是月的朔望圆缺。"朔"为"上日",是各月之初一,又称"元日",如正月朔日,谓之元旦,是旧历新年之始。"望"日月圆,为各月之十五。如正月十五上元节(元宵节)、七月十五中元节、十月十五下元节等,道教谓此三节分别是天官、地官、水官之生日,并有天官赐福、地官赦罪(为亡魂赦罪)、水官解厄之说。其中中元节又称"鬼节"或"盂兰盆会"。它是佛教徒追荐祖先的祭日,这一天僧寺举行水陆道场、诵经法会、放灯等宗教仪式,施斋众僧,佛教徒也都上坟祭祖,供佛求助,此举正好和中国的鬼月祭拜不谋而合,因而中元节和盂兰盆会便同时流传下来。

除初一、十五为节以外,古代又以甲子丁支排列日时,因此又出现了许多"日"逐渐上升为节的情况。比如二月二、三月三。此外还有"上九"日,按《风土记》载"俗上九月九日,谓为上九",是为重阳节。九在古数中既为"阳数"又为"极数",是信仰中最崇拜的神秘数字,天为"九天"或"九重",地之极为"九泉",所以逢九之日数在岁时中占有重要位置。在使用干支纪岁时中,古代还有"值五日午"之俗,凡逢五之日都称午,其中五月初五为"重午",俗称"午日"或"端午日",也发展为节日。所以民俗节日的形成从来都不是偶然的,都有其深远的根源。

传统节日很多,这里列举比较具有普遍性的节日:春节、元宵节、清明节、端午节、七夕节、中秋节、重阳节。

(一)春节:岁岁年年人不同

春节是一年中最盛大、最隆重、最热闹的节日,春节是一年之中非常重要的关口,一个新旧交替的标志性符号。人们相信,从除夕之夜到大年初一,是"一夜连双岁,五更分二年"。这一夜的子时一过,就意味今昔大不相同,不可同日而语了,虽然"年年岁岁花相似",但"岁岁年年人不同",所以人们格外珍重和讲究。在当代,元旦指公元纪年的岁首第一天。自西历传入我国以后,元旦一词便专用于新年,传统的旧历年则称春节。而在此之前,元旦一直是指农历岁首第一天。

腊月,按我国传统农历是辞旧迎新、准备欢度新年的一个月,腊月间产生较早的一个节日,是秦汉时期的年终大祭——腊,其在两千多年的流传过程中,逐渐分化成为三个节日:腊八节、腊月二十三或二十四的祭灶节(或"小年")、除夕。腊月的许多活动实际上与春节的庆新年活动是有机联系在一起的。腊月的"忙年"和正月初一至十五的"过年",共同构成了一幅红红火火的迎新年图景。

除夕是一个与"年"有关的概念。就汉字的"年"而言,它是谷穗沉沉下垂的形象,是收获的象征;在民俗信仰中,"年"不是植物,而是一只怪兽,一年四季都在深海里,只有除夕才爬上岸来,所到之处便洪水泛滥,是一位身穿红袍的老人帮助村里人贴红纸、手拿菜刀剁个不停,发出雷鸣般的声音,吓跑了"年"——原来它最怕红色和刀砧之声。后来,人们为了不再受"年"的侵扰,便在除夕贴出对联、张挂彩灯、穿花红柳绿的新衣,还要剁饺馅、包饺子,晚上还要拢旺火、烧柴火。

过年的习俗丰富多彩,如占岁,占卜一年的阴晴雨旱、庄稼收成、人事命运等;岁暮祭祖也是信仰生活中的重要内容;正月初一早晨开始,人们便忙于拜年。此外,过年还有一系列的辟邪习俗,包括焚避瘟丹,埋镇宅石,置放压岁钱,饮屠苏酒,贴春联,燃放爆竹,等等。春联的前身叫"桃符",古人认为桃木能治百鬼,所以用桃木板制成桃符,其上并不写字,而是画神荼、郁垒的画像,用以驱鬼辟邪。爆竹和春联一样,最初并不像现在的鞭炮,而是焚烧竹子,发出噼啪之声,惊吓鬼怪。年节的饮食很多,诸如通行南北的年夜饭,北方人多吃更岁饺子,南方人则喜年糕。

初五是春节以后正月里的一个重要日子。初五也叫"破五",因为前几天的诸多禁忌过此日可破。破五的活动主要是"送穷"。"穷",是春节以来所积存的垃圾,破五之前的垃圾是不能倒的,由此可以聚财,否则就倒了"福气"。其实,这种风俗是以万物有灵信仰为基础的,人们怕倒垃圾触犯了年节期间万物都有的"神",到初五,这些垃圾不能不倒出去,否则影响卫生,于是就将其称为"穷土"。如今,仍有许多地方初五祭拜财神,反映了民众求财祈福的心理。

(二)元宵节:正月十五闹元宵

元宵节,在古代又称元夕、元夜、上元节和灯节。这个节日具有红火、热闹、娱乐色彩强烈、游艺内容丰富的特点。

元宵节俗在汉代已具雏形,史载汉武帝时,汉室正月十五要祭祀"太一"神明。太一也叫"泰一""泰乙""太乙",是当时相当显赫的神明,地位在五帝之上,并有恩于汉武帝,所以受到的奉祀比较隆盛。而元宵节则是由汉文帝所确定。文帝是大将周勃戡平"诸吕之乱"后即位的,而戡平叛乱的日子正是正月十五,所以此后每逢正月十五夜,文帝都要出宫游玩,与民同乐,并确定这天为元宵节。元宵节张灯、放火的习俗,则与汉明帝有关。明帝崇佛,印度摩揭陀国正月十五有观看佛舍利放光雨花之举,届时僧徒俗众云集,颇为可观。明帝为了弘扬佛法,便下令正月十五夜在宫廷和寺院"燃灯表佛"。从关于汉室三位皇帝的记载、传说可知,元宵节张灯之俗最初是在宫廷流行,后来传到民间;其活动又与佛教有关;再加上道教的浸染,可以说是诸多因素的合力铸成了后世完整、丰富的元宵节俗。

燃放花炮烟火、张灯观赏是元宵节最主要的娱乐活动。元宵节庆典规模最大、喜庆气氛最浓、灯花制作最巧、灯火最盛的时期,是唐、宋、明、清四代。明永乐年间甚至以条令规定,元旦(春节)放假五天,元宵节放假十天。中国古代的妇女,尤其是未嫁的姑娘们平时难得出门,但元宵节期间是要做竟日游的,甚至日出灯昏的时候,还有几分恋恋不舍。也正因如此,元宵节才引出无数风流故事,才谱写出许多可歌可泣的爱情传奇。

与灯相关的另一项娱乐活动是打灯谜。

元宵节的食品是元宵,在南方,则叫"汤圆""水圆"。其制法是以各色果饵和蜜糖为馅,用糯米粉包裹搓成球,置水中煮沸而食。汤圆也是月亮的象征物,与中秋节的月饼一样,吃汤圆含有祭月、赏月、家人团圆的意味。

吃元宵之外,还有"走百病"的习俗,又称"除百病""散百病""烤百病""走桥"等,一般在正月十六进行,故此日亦称"游百病日"。而其中的走、散、游、烤等则显示了方式方法的不同。游、走、散基本是一致的,参与者多是妇女,并且须"联袂出游"。烤则不同,也叫跳火。十六日夜晚,拢一堆小火,孩子先跳,大人随后,不能行走奔跑的幼儿也要象征性地烤一下。有些地区的游走还规定了地点,即须过桥(如北京)或走城墙(如南京)。这种习俗的目的是一致的,那就是祛除百病,保佑健康长寿。

(三)清明节:古墓垒垒春草绿

清明最初是一个很重要的节气,清明一到,气温升高,正是春耕春种的大好时节,故有"清明前后,种瓜种豆"的农谚。后来,由于清明与寒食节的日期接近,而寒食节是民间禁火扫墓的日子,渐渐地两者合二为一,寒食节既成为清明节的别称,也变成清明节的一个习俗。清明之日不动烟火,只吃凉的食品。

寒食节在清明节之前一两日,又称"禁火节",周代仲春之末的禁火习俗是它的源头之一。在古人的观念中,仲春正是大火星出现之时,若不禁火,无异火上浇油,会酿成灾害,因此寒食节期间必须禁火。寒食节的另一个源头,是春秋晋国故地山西一带祭奠介子推的习俗。晋国内乱前,晋献公的儿子重耳为了躲避后母骊姬的陷害而流亡国外,颠沛流离。在最艰苦的时候,大臣介子推割下腿上的肉让重耳吃。19年后重耳回国做了国君,犒赏功臣时,唯独忘了赤胆忠心的介子推。介子推不去邀功请赏,背着老母躲进绵山。重耳闻讯差人寻找,始终未见,无奈放火烧山逼其出来。岂料介子推在大火中抱柳树而死。重耳有感于此,诏谕天下,介子推死难那天(清明前夕)严禁烟火,吃寒食。这就是寒食节的由来。

绵山

绵　山

清明节是我国传统节日,在漫长的岁月中,逐渐形成一些独特的清明节习俗,诸如代表性食物青团,表示吉祥的折柳插门,怀念先人的祭扫陵墓,郊外寻春的踏青和打球、荡秋千、放风筝等。尤其是清明节扫墓在我国蔚然成风,清明节成为重要的祭祀节日。

(四)端午节:千方百计避五毒

端午亦称端五,"端"是"开端""初"的意思;端五的"五"字又与"午"相通,按地支顺序推算,五月正是"午"月。又因午时为"阳辰",所以端五也叫"端阳"。此外,端午节还有许多别称,如夏节、浴兰节、女儿节、天中节、地腊、诗人节等。

端午节起源甚早,与祈求农业丰收及防治夏季疫病有关。后来,楚地纪念伟大爱国诗人屈原的活动也与端午节密切联系起来。屈原遭谗去职,被流放到沅、湘流域。传说公元前278年秦军攻破楚国都城,屈原满怀忧愤,于五月五日抱石投汨罗江而死。岸边的百姓听说后,划船追赶营救,并拿来饭团、鸡蛋投入江里,有些郎中还把雄黄酒倒进江中,以便药晕蛟龙水兽,使其免遭伤害。从此,每年的五月初五,就有了龙舟竞渡、吃粽子、喝雄黄酒的风俗,以此来纪念伟大的诗人和忠臣屈原。

端午节习俗包括食粽、赛龙舟、饮雄黄酒,以及沐浴、悬艾叶与菖蒲、佩香囊、挂天师符、戴长命缕等。早在先秦时期,甚至更早,人们就普遍认为五月是个恶月、毒月,重五之日是恶日、死亡之日。所以驱病辟邪成为端午节的重要目的。在端午节,家家洒扫庭院,以菖蒲、艾叶、榴花、蒜头、龙船花,制成人形或虎形,称为艾人、艾虎;制成花环、佩饰,妇人争相佩戴;用菖蒲作剑,插于门楣,有驱魔祛鬼之神效。小孩佩香囊,不但有避邪驱瘟之意,而且有襟头点缀之用。香囊内有朱砂、雄黄、香药,外包以丝布,清香四溢,形形色色,玲珑可爱。

(五)七夕节:忍顾鹊桥归路

七夕节又称为"乞巧节",是中国传统节日中最具浪漫色彩的节日。相传每年农历七月初七夜晚,是天上织女与牛郎相会之时。织女是一个美丽聪明、心灵手巧的仙女,凡间的妇女便在这一天晚上向她乞求智慧和巧艺,也少不了向她求赐美满姻缘。因此,"乞巧"成为七夕节最普遍的习俗。乞巧的方式大多是姑娘们穿针引线验巧,做些小物品赛巧,摆上些瓜果乞巧,还有的地区在七月初一将谷物浸泡水中发芽,七夕这天,剪芽做汤,儿童特别重视吃巧芽,而牧童则会在七夕之日采摘野花挂在牛角上,叫作"贺牛生日"(传说七夕是牛的生日)。七夕节的应节食品,以巧果最为出名。巧果又名"乞巧果子",款式极多,主要的材料是油、面、糖、蜜。《东京梦华录》中称之为"笑厌儿""果食花样",图样则有捻香、方胜等。

直到今日,七夕节的不少习俗活动已弱化或消失,唯有象征忠贞爱情的牛郎织女的传说,一直流传民间。从汉乐府诗中的"盈盈一水间,脉脉不得语",到宋代词人秦观的"两情若是久长时,又岂在朝朝暮暮",再到当代改编自牛郎织女传说的众多影视作品,七夕节的活力凭借这份感人的爱情延续至今。不过要追根溯源的话,七夕节的民俗文化也与古人对天文的观察、对农事的安排息息相关。自古以来,每到夏季,中国古代天文学家所称的织女星、牛郎星以及"天津四"这三颗星便会成为东南方天空中最明亮的星辰,俗称"夏季大三角"。七夕节的牛郎织女"鹊桥会",便源自古人对牛郎星、织女星在夏季星空中运行轨迹的观察。而织女星的命名以及妇女乞巧的习俗,更是直接反映了中国古代男耕女织的生活。正如《诗经·豳风·七月》所云:"七月流火,九月授衣。一之日觱发,二之日栗烈。无衣无褐,何以卒岁。"农历七月后,天气转凉,正是广大妇女开机织布、制作新衣的时节;只有从七月开始抓紧缝制,才能在九月穿上厚实的寒衣,抵御秋冬的瑟瑟寒风。所以说,七夕乞巧正与古代妇女从七月开始织布制衣的生活时序相吻合,寄托着她们能像织女一样心灵手巧的美好祈愿。

(六)中秋节:千里共婵娟

中秋节又称月夕、仲秋节或团圆节,是流行于全国众多民族中的传统文化节日。农历八月是秋季的第二个月,称"仲秋",八月十五又在"仲秋"之中,所以称"中秋",从古至今都有饮宴赏月、拜月的习俗。中秋节是远古天象崇拜——敬月习俗的遗痕。《周礼·春官》记载,周代已有"中秋夜迎寒""中秋献良裘""秋分夕月(拜月)"的活动。汉代,人们又在中秋或立秋之日敬老、养老。唐代将中秋与嫦娥奔月、吴刚伐桂、玉兔捣药、杨贵妃变月神、唐明皇游月宫等神话故事结合,使之充满浪漫色彩,玩月之风方才大兴。

中秋节，人们拜月、赏月、吃月饼。拜月是一种礼拜月亮的习俗，也叫祭月、供月、礼月、供兔爷、斋月宫等。月为太阴，所以拜月者多为女子。最简单的是"徒手"望空（朝向月亮）而祭，有的则将印有桂殿蟾宫的大月饼镶在木架上当神位，更有用"月光马儿"当神位的。焚香礼拜后，撤供，焚"月光马儿"，或分食团圆饼。与拜月相对，赏月、玩月的娱乐成分极大，明清以后许多地方形成了烧斗香、树中秋、点塔灯、放天灯、走月亮、舞火龙等特殊风俗。

中秋节物中最突出的要数月饼，最初是用来祭奉月神的祭品，后来人们逐渐把中秋赏月与品尝月饼结合在一起，寓意家人团圆。因为中秋之月最圆、最明，所谓"月到中秋分外明""十二度圆皆好看，其中圆极是中秋"，这种自然现象与拜月、赏月的习俗为团圆信念奠定了基础。除月饼外，还要吃葡萄等圆形瓜果，吃团圆饭，喝团圆酒，归宁，等等，体现了国人团圆的信念。

（七）重阳节：九九登高会

农历九月初九为传统的重阳节。因为古老的《易经》中把六定为阴数，九定为阳数，九月九，日月并阳，两九相重，故叫重阳，也叫重九。古人庆祝重阳节的活动多彩浪漫，一般包括出游赏景、登高远眺、观赏菊花、遍插茱萸、吃重阳糕、饮菊花酒等活动。

重阳节的活动之一是登高，始于西汉，含有登高驱邪免祸的用意。登高时有插茱萸、佩茱萸囊之俗，所以登高会也叫"茱萸会"，其缘起多推及"桓景避灾"的故事。相传在东汉时期，瘟疫夺走了桓景的父母，他自己也因病差点儿丧命。病愈之后，桓景四处访师寻道，练就了一身非凡的武艺。一天仙长告诫桓景，九月初九，瘟魔又要作恶，你可让大家皆佩戴一只装有茱萸的绛色袋子，系于臂上，登高饮菊花酒，便可消灾免祸。桓景按照嘱咐令全村人登高，并杀死了瘟魔。从此九月初九登高避疫的风俗便年复一年地流传下来。

重阳节的节物之一是重阳糕。九月九日天明时，以片糕搭儿女头额，口中念念有词，祝愿子女百事俱高，乃古人九月做糕的本意。讲究的重阳糕要做成九层，像座宝塔，上面还有两只小羊，以符合重阳（羊）之义。重阳节与菊有关的节俗活动有赏菊、簪菊、饮菊酒、食菊糕等。据传赏菊及饮菊花酒，起源于晋朝大诗人陶渊明。陶渊明以隐居、诗酒出名，也以爱菊出名；后人效之，遂有重阳节赏菊之俗。

第二节　人　生　仪　礼

古人讲"礼乐教化"，是"寓教于礼"，把教育理念隐含在具体的礼仪形式之中。这种礼仪伴随人的一生，出生有诞生礼，成年有成人礼，结婚有婚礼，去世有丧礼和祭礼,所以有"人生仪礼"的说法。

一、重生乐生:出生礼与寿礼

无论何种风俗,其本质都是对生命的重视,力图通过一些仪式和活动引发人们生存的热情与快乐,并希望借助于某种力量,使生命更为坚强和充实。而人的出生是生命旅程之始,自然更受重视。

(一) 生子与鸡蛋

鸡蛋在生育风俗中有着重要的位置。习俗中,妇女怀孕数月后,妇女的母亲便提了鸡蛋来看望,到足月之时再送一回,并且叮嘱女儿在临产时多吃几个煮鸡蛋。产妇生产以后,向岳家、亲戚、邻居朋友送红鸡蛋报喜,谓之"喜蛋",三、五、七、九只皆可,但只能为单数。过去有些地方重男轻女观念严重,生儿子方送鸡蛋,生女儿就不送了。

习俗中,婴儿出生时,有"滚蛋头"的仪式。在给婴儿洗了三遍澡后,产婆用九个鸡蛋分成三组,每次拿三个在婴儿头上滚一圈,边滚边祷告。用九个鸡蛋,是取"九如"之意。"九如"出自《诗经·小雅·天保》:"天保定尔,以莫不兴。如山如阜,如冈如陵。如川之方至,以莫不增。……如月之恒,如日之升。如南山之寿,不骞不崩。如松柏之茂,无不尔或承。"小孩满月,外婆要给外孙送来满月蛋;小孩生日,父母则煮两只鸡蛋。

出生礼中对于鸡蛋的重视,与古人的宇宙观有关。由神话可知,古人认为天地原是从蛋中孕育出来的,蛋是一切生命之母,因而,鸡蛋具有旺盛、强健的生命力,人多吃便能得到这样的生命力。

(二) 抓周

周岁,是孩子出生以来最为隆重的日期,古俗这一天要通过抓周来预测孩子的前途。中午时分,在正厅中间桌上摆放弓箭、珍宝、针线、文房四宝等物件,让婴儿自由抓取,以先取中者为其前途之征兆。如抓弓箭,兆日后从戎;抓笔砚,意味着未来是个文士;抓珍宝,则预示着长大后会理财。若男孩抓住针线,家长往往黯然神伤,因其寓意平庸无能;若是女孩,则家长喜上眉梢,将来定会找到好婆家。《红楼梦》中宝玉周岁时,贾府将世上所有的东西摆了无数叫他抓取,谁知他一概不取,"只把些脂粉钗环抓来玩弄,那政老爷便不喜欢,说将来不过酒色之徒。因此不甚爱惜……"

(三) 寿礼

中国的祝寿文化源远流长,早在春秋战国时代,人们在宴饮取乐时就有"献酒上寿"的做法,随着历史的发展,祝寿的形式与内容越来越丰富,规模也越来越大。

在中国传统文化中,有些动物和植物常常被赋予"长寿"的象征意义,如龟、鹤、松、菊、桃等。在中国传统社会中,最为常见的寿礼是寿桃、寿糕与寿面等物品,它们大多具有祝吉祈祥的色彩,反映了中国人对于生命持久、寿运永继的愿望和迫切心愿。

寿桃一般都是用面粉或米粉做成,桃形红色,桃嘴上还要点上一个红点。寿桃里面,有时还包有豆沙、松子、百果等甜馅。寿桃的数量也是有讲究的:九枚,其寓意是一桃象征寿,其余八桃象征八仙;八枚,以表八福长寿。也有的地方是按寿者年龄来送寿桃的。摆放寿桃时一般不能平放,而是要将其层层相叠堆成尖塔状,装入红漆盘中,有预祝寿者寿高命长、洪福齐天的寓意。过去为一些帝王祝寿时,臣子还要特意制作大寿桃作为寿礼相送。相传有一次周文王寿诞之日,臣下特意制作了一枚大寿桃,将此桃剖开后,里面露出精美鲜艳的九十九枚小桃,暗示文王子孙满堂,多福多寿。这就是中国历史上有名的"百子寿桃"。后来,这种百子寿桃经常被大臣们作为奉献给皇帝寿诞的贵重礼品。

"糕"之所以成为民众中一种沿袭甚久的祝寿礼品,也与其吉祥寓意有关。在中国人的语音中,"糕"与"高"相谐,有"高兴""高升""抬高"等意,因此糕成为旧时人们喜爱的食品,并成为祈祝长寿、幸福的寿礼。摆放寿糕时,也必须一个个地将其放入红漆盘中,堆成塔状,较为讲究的还要在上面放上一些粉捏的吉祥人物塑像,如八仙、寿星、王母等。

说到传统的吉祥寿礼,更不能遗漏在中国人的生日礼仪文化中具有很大影响的寿面。中国人爱吃寿面,也爱送寿面。过去一些富裕人家大寿之时,要专门派人用竹篮或竹筐抬送寿面于其家中,其长度多在三尺以上,分量重达十余斤。摆放寿面时也要像摆寿桃、寿糕一样,必须给人以"高耸"的感觉,盘成塔形,外罩红绿绫纸拉花,放入木盘中。清人徐珂《清稗类钞》中云:"面条长,取其绵绵不断长寿之意也。"祈祝做寿者长命百岁、永享天年,这正是送寿面的根本目的。

除此之外,寿礼还有受文人雅士喜爱的寿幛、寿屏与寿联。

寿幛大多用绸缎、绢布或丝绒等布料制成,如中堂(旧时挂在厅堂中央的大幅字画)大小,红布金字,金红相间的寿幛呈现出一种雍容华贵的风格。送寿幛的风气大约起始于明朝,最初出现之时寿幛上的文字数量较多,后来则日益减少,甚至简单到只剩一个大大的"寿"字。最为典型的幛词一般为四字,如"大德必寿""惟仁者寿""松柏同春""松鹤延年""椿树常青"等。

与寿幛不同的是,寿屏上的赞颂文字一般都是写在一些专门的摆设上,如镜架、屏风、座屏上,材料大多为玉石、黄杨木。在中国传统的文字类祝寿礼品中,用得最多的还是寿联。寿联大多写在裱糊过的字轴上,其形制为上下两联,每联少则四字,多则几十字,其中最为普遍的是五字与七字。早在宋代,寿联就已经出现,我们所看到的最早的寿联是孙奕的《示儿编》:"天边将满一轮月,世上还钟百岁人。"以"天边"对"世上",以"满月"喻百岁老人,构思十分巧妙。宋代以后,写寿联、送寿联的风气广为盛行。

可见,中国的祝寿活动有着深厚的文化内涵,它与中国人的宗教观念、宗族思想、礼仪风俗等都有着密切的关系。在当今社会中,祝寿逐渐转化成为一种符合现代人生活观念和思想情趣的新型文化礼仪。今人在为老人祝寿时,已很少焚香点烛、磕头拜揖,取而代之的是唱祝寿歌、吃生日蛋糕等具有现代特征的新型祝寿方式。

二、成人之始:冠礼

远古氏族社会时代,曾流行过一种"成丁礼"。孩子在达到一定年龄之后,氏族要测试他们的体能和技能,例如射击、搏斗、负重行走、奔跑、忍受毒虫叮咬等,以确定其能否取得氏族正式成员的资格。进入文明时代之后,成丁礼在绝大多数地区消失了,先秦儒家看到了它的合理内核,将之加工改造为"冠礼",作为人生礼仪的重要组成部分之一。

(一) 责以成人:冠礼的意义

男子行冠礼的年龄是二十岁。古代孩子从六岁起,学习数术、礼仪、文字、辞令、音乐,练习舞蹈、射箭和御车。到了二十岁,其具备了一定的文化知识基础,且身体发育成熟、血气强盛,能够独立面对社会,此时便为之举行成年礼,或曰成人礼。成人礼的意义,如《礼记·冠义》云:"成人之者,将责成人礼焉也。"[①] 举行这一仪式,是要提示行冠礼者:从此将由家庭中毫无责任的"孺子"转变为正式跨入社会的成年人,只有能履践孝、悌、忠、顺德行的人,才能扮演合格的社会角色。唯其如此,才可以称得上是人,也才有资格去治理别人。因此,冠礼就是"以成人之礼来要求人的礼仪"。

(二) 三加弥尊:冠礼的过程

古代的冠礼是以家庭为单位完成的。首先,举行冠礼的日子要通过占筮的形式来选择,选择吉日的仪节称为"筮日",希望冠者从此有一个良好的开端。冠礼由一位德高望重的人担任加冠的正宾,还要邀请一些亲属、朋友来观礼。冠礼的主体部分,是由正宾依次将缁布冠、皮弁、爵弁三种冠加于将冠者之首。缁布冠实际上是一块黑布,相传太古时代以白布为冠,若逢祭祀,就把它染成黑色,所以称为缁布冠。到了周代,这种冠已经不用,冠礼先加缁布冠,是为了教育青年人不忘先辈创业的艰辛。其次,加皮弁,皮弁的形制类似于后世的瓜皮帽,用白色的鹿皮缝制而成,与朝服配套穿戴,地位要比缁布冠尊。最后,加爵弁,"爵"通"雀",爵弁所用材料与雀头的颜色(赤而微红)相似,故名。爵弁是人们在国君祭祀等庄重场合戴的,地位最尊。三次加冠,每加愈尊,是隐喻冠者的德行与日俱增,所以《礼记·冠义》说:"三加弥尊,加有成也。"

(三) 成人之道:取字和待字

古人有姓,有名,还有字,如杜甫姓杜,名甫,字子美,诸葛亮复姓诸葛,名亮,字孔

[①] 陈戍国点校:《周礼·仪礼·礼记》,岳麓书社 2006 年,第 458 页。以下所引该书皆出此版。

明。古代孩子生下来三个月,由父亲为之取名。二十年之后,当孩子长大成人,则要在冠礼上由正宾再为他取一个表字,表示对父亲所起之名的敬重。在古代的社会交往中,平辈之间、晚辈对长辈则要以字相称,也就是说,字是成人交际时使用的,所以《礼记·冠义》说:"已冠而字之,成人之道也。"

古代男子有冠礼,女子则有笄礼。笄是插在发髻上的簪子。女孩子满十五岁之后,男家就可以来提亲了,许嫁之后举行笄礼。如果女子迟迟没有许嫁,则可以变通处理,延至二十岁。笄礼的仪式与冠礼的仪式相仿,但要稍微简单一点,《礼记·曲礼》说:"女子许嫁,笄而字。"尚未许嫁的女孩子是没有字的,所以中国人把女孩子还没有许嫁叫"待字闺中"。

三、合二姓之好:婚礼

古代男女行冠、笄之礼后,就有了婚配的资格。古代非常重视婚姻关系,《周易·序卦传》云:"有天地然后有万物,有万物然后有男女,有男女然后有夫妇,有夫妇然后有父子,有父子然后有君臣,有君臣然后有上下,有上下然后礼义有所错。"所有的人伦关系,都是由夫妇的结合而派生的,所以古人认为,婚姻是伦理关系的基础,是万事之始、理之根本。

(一) 纳采亲迎:古代六礼

士娶妻,要经过纳采、问名、纳吉、纳征、请期、亲迎六道程序,称为"六礼",婚姻关系才算确立。

纳采,后世称为"提亲",男家先请媒人到女家提亲,得到允诺后,就派使者到女家致辞,并送上礼物——雁。女家若同意议婚,就收纳其礼物。问名,即询问女子母亲的姓氏,以了解对方的血缘关系,避免出现同姓婚配的情况等。纳吉,男家得知女子姓氏后要占卜,如果得到吉兆,就派使者到女家通报。纳征,相当于后世的订婚,双方的婚姻关系由此确定。请期,男家通过占卜选定了婚期,为了表示对女家的尊重,派使者到女家,请求指定婚期,称为请期。亲迎是新郎迎娶新娘的仪式,是六礼中最核心的内容。由新郎亲自前往女家,而且时间是在"昏"时。之所以在昏时,是因为这与原始氏族社会抢婚的习俗有关,因为抢婚需要借助夜色的掩护。随着时代的进步,抢婚的风俗消失了,昏时成亲的习惯却被保留了下来,而儒家则赋予了其新的哲学诠释:新郎到女家迎亲,新娘则随之到夫家,含有阳往阴来之意,昏时是阴阳交接之时,所以郑玄说:"必以昏者,取其阳往阴来之义。"新婿于昏时而来,所以叫"昏"(先秦文献中写作"昏",后世写作"婚");新娘则因之而去,所以叫"姻"。这就是后世"婚姻"一词的来历。

(二) 待晓堂前:拜见舅姑

婚礼最后一个仪节是拜见舅姑,这是涉及家庭管理权交接的大事。舅姑是古代对公公、婆婆的称呼。婚礼次日的清晨,新娘早早起身沐浴,穿戴整齐后,以新妇的身份拜见公公、婆婆。新娘捧着盛有枣、栗的竹篮,到公公席前行拜见礼,礼毕,将竹篮放在席上。公公抚摸竹篮,表示收下礼物。新娘又到婆婆席前行拜见礼,然后将另一只盛着干肉的竹篮放在席上。婆婆举起竹篮,表示收下礼物。接着,赞礼者代表公婆用醴酒向新娘致礼,表示接纳新娘为家庭正式成员。之后,新娘向公婆"馈特豚",即进献一只煮熟的小猪,表示新娘开始以媳妇的礼节孝敬公婆。最后,公婆款待新娘,以及女家之人,并赠给礼物。拜见完舅姑,婚礼才算正式结束。

四、侍奉逝者:丧礼

按照一定的理念处理亲人的遗体,是人类社会的重要文化现象之一。无论是佛教、伊斯兰教还是基督教,都有相当复杂的丧礼。儒家的丧礼最鲜明的特色是处处体现着生者对于死者的温情。身份地位不同的人,死的称呼是不同的。据《礼记·曲礼》:"天子死曰崩,诸侯死曰薨,大夫死曰卒,士曰不禄,庶人曰死。"称呼不同,丧礼的规格和规范也有区别。这当中折射出等级观念,又体现了生者对死者社会地位和荣誉的尊重。死者的年龄不同,其丧俗也不同。

(一)招魂奠祭

儒家之礼要求,士应该死于适室。适室就是适寝之室,通常称为正寝。古代居室有正寝和燕寝之分,燕寝是平常居住的地方,正寝是正性情、斋戒的地方,生命垂危之时,为了能"寿终正寝",也要移到正寝居住。

古人认为,人的生命由魂和魄组成,魂是灵魂,是一种精气;魄是躯体,是魂的寄寓之处。人刚死的时候,魂气离开体魄不远,大声呼喊,或许能让它回复于体魄之中,因此,丧礼中要举行称为"复"的招魂仪节。复的仪节体现了亲人对死者的至爱之情,所以《礼记·檀弓》说:"复,尽爱之道也。"

从始死到棺柩落葬之前,每天朝夕,以及有新的仪节时,或者遇到特殊日子,都要举行奠祭。丧礼中把酒食等祭品放在地上的祭祀称为奠祭,或称"奠"。现代社会的追悼会上,生者将花圈放在死者遗体的周围,上书"奠"字,正是古代奠祭的孑遗。家人为离世的亲人沐浴梳理之后,要在死者口中放米和贝等,这一仪节称为"饭含",表达了不忍心让亲人空着嘴离开人世的心情。其中,天子以珠,诸侯以玉,大夫以碧,士以贝,平民百姓则含银、铜或米。沐浴、饭含之后要为死者设掩和幎目、穿鞋衣,直至加帽等一系列仪节,总称"袭"。

(二)发丧吊唁

死者有士的身份,是国君的臣下,彼此有恩情。丧事的第一天,丧主首先要向国君报丧。国君得悉噩耗后,随即派一位士前往丧家吊唁,此外还要另外派人致送助丧的物品。吊唁是与死者的告别,是表达情意的最后机会。《颜氏家训》记载,南北朝时期的江南,生活在同一城邑的好朋友,闻丧而三日之内不去吊唁,丧家就会与之绝交,"怨其不己悯也"。因有他故或者路远不能前往吊唁者,可以用书信志哀并说明情况,连书信也没有者,丧家也与之绝交。

(三) 小殓大殓

小殓是死后第二天中最重要的仪节,主要内容是为死者穿衣、加衾,地点依然是适室之内。小殓时应该穿多少套衣服,因死者身份的高低而有不同的规定,但在数量上则一定是单数。士为十九套,含有"法天地之终数"的意思,古人认为天数最终是九,地数最终是十;人死在天地之间,所以小殓的衣服要取天地的终数。老年妇女寿衣中的棉袄,一般为红色,民间有"老丧是喜"的说法,故用红色。寿衣不钉纽扣,意思是不给死者留下永远解不开的疙瘩,只钉布条子。寿衣上也没有口袋,民间以为"袋子"谐音"带子",死人会带走儿子、孙子。

大殓是将尸体装入棺柩的仪节。地点由适室转移到堂上,表示死者正一步一步地离开自己生活过的地方。古人把停柩称为"殡"。如今人们将停放尸体的地方称为殡仪馆,其源盖出于此。

棺材里放有许多陪葬品,如亲人剪下的衣角,让死者不觉孤单;一片瓦、一抔土,意为死者到阴间后有房住,有土地种。不论什么地方,都有放被子的习俗,被子俗称"重被""子孙被""大被"等,严格按照长幼次序放置,越多越体面,说明死者福多。为此,不少吊唁者亦以丝绸被面相赠,将被面悬挂在灵堂里,以表明死者的福分大。

(四) 启殡下葬

下葬的目的是掩藏尸体,包括启殡、朝祖、大遣奠、发引、下葬、反哭几个礼节。旧时,一般人家停尸三天或七天出丧。启殡在天色微明时举行,在殡宫门外点燃两支烛炬,为了避免喧嚣之声的干扰,在场的人都要停止哭泣。先要到祖庙中告别,最后一次表达孝顺之心,这一仪节称为"朝庙"或"朝祖",是一种相当人性化的处理。安葬之日,天明之时,将大遣奠的祭品预先陈设在大门外。大遣奠是为安葬遗体而设的,这是最后一次为死者举行奠祭,所以特别隆重,祭品的规格超过前面所有的奠祭。大遣奠完毕后,送葬的队伍准备前往墓地。葬事完毕,丧家男女从墓地返回祖庙和殡宫号哭的礼节,称为"反哭"。大家触景生情,一同号哭、辟踊,哀尽而止。

在送丧途中,各地均有"撒纸钱"之俗。在子孙的后面,就是手拎钱斗的撒纸钱者。他们一路走一路撒,直至墓地,意为用钱贿赂关官与打发野鬼,让死者顺利到达阴曹地府。

葬毕后有烧缟子、送火种、圆坟等习俗,最为重要的则是"烧七"。所谓烧七,即在人死之后,每隔七天,做一次佛事,设斋祭奠死者,依次至七七四十九天而止。"烧七"之俗,南北朝时就已流行。关于它的来历,有两种说法。一是生缘说,谓人生有六道流传,在人死以后,每七日给予一个投生的机缘。若第一个七日不得生缘,再到第二个七日,依此类推。二是魂魄聚散说,谓人之初生,以七日为腊,死以七日为忌,一腊而一魄成,故七七四十九日为七魄具矣;一忌而一魄散,故七七四十九日而魄泯矣。

(五) 五等丧服

丧服是服丧者的丧饰,丧服制度的原则,《荀子·礼论》说是"称情而立文",意思是说,丧服的节文是按照生者与死者的感情深浅来确立的,而感情的深浅是由彼此关系的亲疏决定的。根据服丧者与死者的亲疏,丧服由重到轻依次为斩衰、齐衰、大功、小功、缌麻五等。五等丧服的区别,主要有两个方面。一是丧服布料的精粗不同,斩衰的布料最粗、线缕最稀,加工也最粗糙;齐衰的布料略好于斩衰;依次向上变化,缌麻的布料已与平常生活所用布料没有太大的差别。二是丧期的长短不同,斩衰要服三年,齐衰的情况比较复杂,有三年、一年和三个月的差别,大功、小功依次减少,缌麻只有三个月。

最后需要提及的是,丧服制度的原则是"亲亲"和"尊尊"。"亲亲"是按照血缘关系亲疏远近的原则来确定丧等。作为丧服制度主体的是本宗的直系亲属,上起高祖、下到玄孙,一共九代,通常称为"九族",九族之内的亲属称为"宗亲",彼此的服丧属于"恩服"。母系的亲属不是同姓,称为"外亲",丧等较轻。"尊尊"是指为没有血缘关系但有很高社会地位的人服丧,例如国君,这类丧服称为"义服"。亲属关系超过五代,不再为之服丧,叫作出服,也叫作出五服。

第三节 交往礼仪

礼,更普遍地体现在日常生活人来人往中,也就是交往礼仪。守礼重仪,体现了人与人的相互尊重。交往礼仪中都包含"敬"的原则,甚至可以用它来概括礼的精神。《孝经》一言以蔽之:"礼者,敬而已矣。"《礼记》开卷为"毋不敬"。我们古代所有的礼,都是试图培养人内心的"敬",对父母、兄弟、配偶、长上、事业等,都应怀有尊敬之心。"敬"不仅仅是下对上而言,在一般人之间,也是讲究互相尊重的。《礼记·曲礼上》云:"礼者,自卑而尊人。虽负贩者必有尊也,而况富贵乎?"人际交往之礼是强调尊敬对方的,即使是肩挑背负、沿街叫卖的小贩,也一定是有尊严的。为了突出这一精神,需要"自卑",这里的"自卑"是指放下身段,自我谦卑,把对方放在受尊敬的位置。比如上车、下车,进门、出门,总是请对方先走,自己则走在后面,又如在称谓中将对方提一辈,长者呼晚辈为"弟",同辈之间将他人尊为"兄"。

中国人在传统礼仪中,往往通过"净"来体现尊敬之意。例如,客人来访,家里要专门打扫一次,把茶具仔细清洗,客人到后,还要专门拂拭客人的座席。打开食器时,器盖一定要反扣着放,以免口沿沾上灰尘后又带到食物里。又如,北京的天坛是明清两代天子祭天的地方,旁边有一座斋宫,天子祭祀之前要在这里沐浴斋戒,以表示对神的敬意。祭祀用的牲,宰杀前都要处理洁净。祭祖也是如此,卫生方面的要求非常严格。

一、自谦敬人：言语

"礼"是从端正容貌、整齐服饰和使用得体的辞令开始的。《礼记》云："礼义之始，在于正容体，齐颜色，顺辞令。"一个有良好修养的人，在公共场合，一定是体态端正、服饰整洁、表情庄敬、言辞文雅的，这既是内在修养的表露，也是对他人的尊敬。

（一）称谓

中国人的称谓有一个复杂的体系，有姓、名、字、号、室名、堂号等，表达了父母对子女的期待以及自己的志向情趣等，是个体文化的重要组成部分。在中国古代文化中，"姓"代表血统；"名"，只有家里的父辈、祖辈以及国君可以直呼，其他人没有资格直呼其名，否则就是严重的失礼。至于其他人，应该称自己的"字"。先秦有姓有氏，秦以后的姓多是先秦之氏。唐代大诗人李白字太白，人称李太白；白居易字乐天，人称白乐天；清代学者纪昀，字晓岚，人称纪晓岚。

古代文人除名、字之外，还有雅号。如陶潜，字渊明，因住宅旁有五棵柳树，号"五柳先生"。苏轼，字子瞻，由于得罪权贵被贬到湖北的黄州，在东坡筑室，自号"东坡居士"。古代文人，还有称呼其籍贯或官职的。如北宋王安石，临川人，人称"王临川"，其文集也名为《临川集》。杜甫曾担任过检校工部员外郎，人称杜工部。王维官至尚书右丞，人称"王右丞"。

在中国人的传统中，师生间的称谓尤其须注意。学生称呼老师为"夫子""函丈"，自称"生""受业"。老师称呼学生，则取决于彼此在学业上有无直接的授受关系。如果对方是自己的正式学生，向他系统传授过学业，则称"弟"，是"弟子"；如果彼此虽然有师生之名，但从未授过课，或者偶尔听过一两次讲座，关系较疏远，则称"兄"。

（二）雅言

在礼仪场合中，为了表达"自谦而敬人"的理念，要借助使用一套相应的语言，这就是敬语和谦语。敬语和谦语都是典雅的语言，体现人的涵养和风度。

古代最常见的敬称之一，是把君王的称号或者五等爵位的名称转换成敬称。例如"君""公""公子""夫人"等。常见的敬称之二，是在他人的称谓前添加表示美好的字，如"令"字。称对方的父亲为"令尊大人"，母亲为"令堂大人"，儿子为"令郎"，女儿为"令爱"或"令媛"等。也可以在称谓前加"贤"字，如"贤伉俪"（夫妇）、"贤乔梓"（父子）、"贤弟"等。讲到自己一方的时候，则要用谦称，如称父亲为"家父""家严"，母亲为"家母""家慈"，妻子为"内人"，哥哥为"家兄"等。如果父母已经去世，则要称"先父""先大人""先母"。对比自己年龄小的，则可称"舍弟""舍妹"等。自称则加"愚"字，如"愚弟"。称呼人家的孩子为"虎子"，是将门出虎子之义，称自己的孩子，则谦虚地说是"犬子"。与人交往，尊对方为"兄"，就要自称"弟"。对长者则要自称"晚生"。

另外，如果是同一辈的，即使对方比自己小五六岁，也称呼"某某兄"，这是表示谦虚，所以并不计较彼此的实际年龄。

中国人历来以典雅为美，与人见面，一般先要寒暄一番。询问对方"贵姓"，是敬重对方的姓氏，含有恭维的意思。自己则应该回答说："免贵，姓……"也有人说"贱姓……"或者"小姓……"而后问候、询问对方的情况，表达自己的仰慕之情，常用的客套话有"久仰久仰""幸会幸会"；"请问先生尊姓大名""请问小姐芳名"；"请问先生贵庚""阁下府上是哪里"；"不知阁下在哪里高就""仁兄目前在何处得意"；"略备菲酌，敬请赏光"；"区区微物，不成敬意""恳请笑纳"……

(三) 书信

传统书信的构成，通常要包含称谓语、提称语、思慕语、正文、祝愿语、署名等几个部分。由于收信人年龄、身份的不同，书信语言都有相应的区别。如提及对方时，用"阁下""仁兄""先生"等词；提及自己时，可以用"在下""小弟""晚生"等词；提及第三方时，用"彼"或者"渠"表示。给父母写信，"膝下"一词用得最多，源出于《孝经》所说的"故亲生之膝下，以养父母日严"，是说人幼年时，时时依于父母膝旁，后来转为对父母的尊称。"台"字在传统书信中用得很多，也是表示敬意的用字。旧说天上有三台星，是辅佐天帝的重要星座，所以称某人为台，或者连带用"台端""台启"等词，都是将对方比作三台星之义。

书信的正文结束后，不能直接落款，而要先写祝愿语，比较常用的有：

用于父母：恭请　福安、叩请　金安；用于长辈：恭请　崇安、敬请　福祉；用于师长：敬请　教祺、敬颂　诲安；用于平辈：敬祝　春祺、顺祝　时绥；用于同学：即颂　文祺、顺颂　台安；用于女性：敬颂　绣安、恭请　懿安。

祝愿词的主题是希望对方幸福平安。上面列举的祝愿词中"祉""祺"等都是"福"的同义词；"绥"也是平安的意思，可以交替搭配使用，避免一成不变。

旧式书信在落款上也有讲究，除了长辈对晚辈、老师对学生可以直书己名之外，一般需要在自己的名字之前注明身份，如儿、女、学生、私淑等，还要根据彼此关系缀上"启禀词"，如对长辈，叩禀、敬叩、拜上；对平辈，谨启、鞠启、手书。师长对晚辈，可以用"某某字""某某示""某某白""某某谕"表示。

信封的书写，同样要体现对收信人的敬意，如在收信人姓名、称谓之后用"俯启""赐启"一类的用语，"某某先生将命""某某先生　茶童收""某某先生　书童收"等，亦可以为书信增添一些雅趣。

二、礼尚往来：交际

在"敬"的原则下，人们行走用得比较多的是"趋"——小步快行。在日常生活中，如果有人慢慢腾腾地、大摇大摆地在别人面前走过，是无视对方存在的表现。此外，师长有事召唤晚辈,被召唤者不紧不慢地过来,也显得漫不经心,均属于失礼。在需要讲究礼仪的场合中,对于步子的走法也有要求,"行不举足,车轮曳踵"(《礼记·曲礼下》),两脚如车轮一样不离开地,慢慢往前,非常稳重;步子非常之小,以至旁人看不到鞋底。这是古代表示特别敬意的一种方式。古代最常见的登阶方式"连步"也体现了"敬"的含义,"拾级聚足,连步以上"(《礼记·曲礼上》),前足走上一级台阶,后足跟着踏上,两足齐平,所以说是"聚足"。

(一)拜访

主客第一次相见,一定是主人先向客人行礼,感谢客人能屈尊前来。如果不是第一次相见,就要看双方谁为尊,客尊则主人先行拜礼,主尊则客人先行拜礼。对方是否要回礼,视情况而定。如果辈分相差较大,关系密切,可以不必回礼。如果彼此关系疏远,则应回礼。如果彼此年龄相差不大,则无论对方身份有多低,对他们的拜礼,都必须作答。

古人的房子大、门多,《礼记》说:"凡与客入者,每门让于客。"就是说,每进一道门,主人都要请客人先走。最后来到寝门前,主人要请客人稍稍留步,自己先进门为客人整理席位。客人要谦虚地说:"不敢当!"

(二)会客

主人请客人入座,客人要谦让,请主人先坐,双方谁的辈分大谁先坐下,最忌讳的就是客人不顾主人,大大咧咧先坐。古时学生到老师家去,彼此席位的距离,是"席间函杖",即两人之间留有一支拐杖的距离,以便老师谈论时有所指画。根据这一原则,客人应该在靠近主人的地方入座,如果远离主人就座,有疏远和怠惰不敬之嫌。

主人为客人沏茶,客人应起身辞谢,如果是初次见面,彼此要交换名片。递送名片要起立、用双手,名片正向朝对方。收下名片后要略看一看,郑重地收好。

如果主人是德高望重的长者,那么客人应备一些见面的礼物,《礼记》说:"不以挚,不敢见。""挚"就是礼物。一般来说,空手去看尊长是失礼的。礼物的作用在于表达心意。

宾主交谈,一般先要寒暄,询问对方的健康、生活、工作状况,然后再切入正题。谈话的话题,把握两个原则:首先,不要谈论某些不适合私下议论的话题。《礼记》说"公事不私议""在朝言朝""在官言官",一般情况下,公事应该到办公室去谈。其次,话题应该由主人主导。《礼记》说:"主人不问,客不先举。"如果客人总是让主人跟着他的话题走,有喧宾夺主之嫌。与主人谈话时要谦逊,如果主人是长者,尤其要注意。《礼记》说:"先生问焉,终则对。"先生问自己某一件事,要等先生把话说完再应答。

(三)辞别

客人要注意掌握时间,以免过多地打扰主人。《礼记》说:"侍坐于君子,君子欠伸,撰杖屦,视日蚤莫,侍坐者请出矣。"意思是说,晚辈陪长者谈话,如果长者不断打哈欠,找自己的手杖和鞋,或者看时间的早晚,说明长者是在委婉地提示客人,客人应该尽早结束谈话,并主动告辞。

主人送别客人,如果对方是晚辈,站在门内道别就可以了。如果对方是师长,则至少应出门送别,送别的路程越长,越是表示尊敬。

礼讲究对等。礼尚往来,来而不往非礼也,往而不来亦非礼也。为了体现对对方来访的感谢和礼尚往来之意,应在双方都合适的时间,到对方府上回访。如果双方年龄、辈分、地位相差悬殊,则不在此例,尊者可能事务冗繁,交流广泛,不必都回访。

三、规范践行:举止

任何民族的礼仪中,都有用肢体动作来表达敬意的礼节。在正式的礼仪场合,一举一动都有规范。

(一)文雅进餐

宴饮是亲人团聚、友朋相会的重要方式。座席的安排也体现着"礼数"。总的来讲,座次是"尚左尊东""面朝大门为尊"。餐桌的席位,主宾居中。若是圆桌,则正对大门的为主宾,主宾的左右是主陪与副陪。主陪和副陪由主人一方中身份最高的人担任,以示对主宾的尊重。随同主宾来的客人,与主人一方的其他与宴者交叉坐在主陪与副陪的外侧,依照年龄和身份的高低为序,越尊者离主宾越近。若为八仙桌,则正对大门一侧的右位为主宾,如果不正对大门,则面东的一侧右席为首席。这套礼仪对后世产生过很大的影响,在中国古代不同阶层的饮食活动中,普遍遵循着礼的规范,体现着尊卑等级的差别。

如果是家宴,首席为辈分最高的长者,接下来可按辈分或年龄依次一左一右地排列。如果是长辈请客,可能要指派一人坐在靠近门口的位置,负责做好招待工作;如果是晚辈请客,请客者会自然坐在靠近门口的位置。

若是朋友、同学等聚会,请客者坐在面向门口的位置,也叫"坐东"或"庄主",有时庄主也可能把此位置让给职位较高或德高望重者,其余人可按年龄大小依次一左一右排列。因为都是朋友,所以有时也不计较这些,坐哪儿都无关紧要,但庄主的位置别人是不会去坐的。

向长辈或客人敬酒,要起身走到尊长面前;碰杯之后,不能面对面地干杯,因为那是平辈间的礼节,应微微侧转身体再饮酒,表示不敢与尊长抗礼;长者杯中酒未饮完,少者不敢抢先饮尽。类似的规定还有不少,例如,筷子与汤匙一般不要同时并用,否则会给人以贪吃的印象;夹菜之前,不要"游筷",应选好吃哪样菜再举筷。古代有教养的人,在餐桌上是非常安静的,《论语·乡党》云:"食不语,寝不言。"用餐的时候不与人谈论问题,是懂得饮食卫生和养生之道。

食毕,按照中国的传统要喝茶,客人告辞时,应该感谢主人的款待,并邀请对方在适当的时候来自家做客。

(二) 规范行礼

古代用得最多的形体礼节是"作揖"。揖是平辈之间的礼节,包括"对揖"和"遍揖"。"对揖"是主客双方的礼仪,彼此平等,相对而揖。"遍揖"是一种变通的作揖方法,有时一人面对许多客人,无法一一与人作揖,可以朝左中右三个方向各一揖,表示向所有客人都作揖。

鞠躬,即把腰弯下来,这是中国人表示敬意的一种肢体语言。在中国所有的礼节中,跪拜礼的礼数最重。古人席地而坐,如果要对别人表示尊敬,就先把双手放在地上,然后把头低下去,碰到地面,称为"叩首",后来叫"磕头"。较叩首更加郑重的是稽首,即叩首后额头在地上略作停顿。古代最重的礼叫"再拜稽首",下跪拱手,手先下地,然后头至地,略作停顿,连作两次。臣拜见国君行此礼。

体现"尊敬"的原则,接受对方赠予物品时,一般要双手捧着,否则,就显得怠慢不敬。此外,尊敬师长也有具体的礼节。《礼记》说:"侍坐于所尊敬,无余席。"在师长旁陪坐,尽量靠近他,中间不留空余的座位。尊长之间见面,陪同的年轻人应该站着,称为"侍立"。如果得到师长允许而坐下,则称为"侍坐"。年轻人与尊长合影,要让尊长坐在正中,如果没有尊长的特许不能与之并排而坐,一般应该站在尊长后面。

(三) 坐立有序

中国人的传统,是"坐有坐相,站有站相"。在正式的礼仪场合,坐立的姿势正确与否,最为显目,因而需要特别注意。先秦时期,人们无论坐卧,都在地上。古人的坐姿是双膝着地,臀部落在脚后跟上,当时男、女坐姿的区别主要在双手。男子的双手平行放在双膝上,而女子则是双手向下交叉放在身前。礼仪场合坐姿的基本要求是保持上身的正直。儒家讲究人的身体"正"和内心的"中",认为这是君子内外一致的表现。

古人很注意坐姿。古代坐姿中最为怠慢不敬的,是将臀部直接坐在地上,然后把两腿岔开向前伸直,样子有些像扫垃圾用的簸箕,所以称为"箕坐"或者"箕踞"。在尊长面前,不与之并排而坐,否则有平起平坐之嫌,一般坐在尊长的侧面或者对面,彼此的距离适中。席次的安排,两人并坐,以右为尊。三人并坐,中间为尊,右次之,左最谦。车的座位,一般是后排右座最尊,左座次之,司机右侧的座位再次之。如果是主人亲自驾车,则客人应该坐在司机右边的座位。

在尊长面前,应该坐在椅子的前半部,上身微微前倾。与普通客人对坐,遵循"虚坐尽后,食坐尽前"(《礼记·曲礼上》)的原则,如果不是吃饭,就应该尽量靠后坐;吃饭时则靠近桌子。坐姿要稳,容颜要正,以表示郑重。此外,要做到"并坐不横肱",与别人在桌子前并坐,不把手臂撑向两边。

一个修养好的人,必神定气闲,沉静从容。《礼记·玉藻》说君子"口容止,声容静",静是君子的气象之一。与人谈话,不打断别人的话题;在公共场所不让自己的声音影响周围的人。例如《礼记》说"城上不呼",城头很高,万众瞩目,在上面大呼,会让别人受惊。在马路上行走时也是一样,隔着马路高声呼喊,会令路边的人不舒服,故而不能"越路与人言"。

思考题

1. 谈谈等级观念在礼仪与民俗中的具体体现。
2. 春节、清明节、端午节、中秋节、重阳节,这些传统节日有什么讲究?
3. 交往礼仪最基本的原则是什么?人与人相处为什么要讲究尊称、谦让?
4. 为什么古人称自己的孩子为"犬子",而称对方的孩子为"虎子"?谈谈古代称谓的原则。
5. 谈谈宴会、聚餐的规矩和讲究。

第八章 华夏营造
——建筑文化

西汉初年,虽说刘邦已灭亡秦朝,建立了汉帝国,但那些不承认新帝国的武装,还需刘邦马不停蹄地东征西讨予以剿灭。一次,刘邦回师长安后发现丞相萧何已下令营造未央宫。宫立有东阙和北阙,又有前殿、武库、太仓;宏伟壮丽,异常奢华。刘邦勃然大怒,责问萧何:天下不安,连年苦战,胜负未知,建造如此豪华的宫殿,未免太过分了吧?萧何回答:"且夫天子以四海为家,非令壮丽无以重威。"(《史记·高祖本纪》)刘邦听后明白了萧何的用心,转怒为喜。

这段历史说明:早在两千多年以前,古人就已经意识到建筑的政治作用,尤其是历史上第一位平民出身的皇帝——刘邦,更加迫切地需要用宏伟壮丽的宫殿来稳固自己的新政权。事实上,当我们今天步入北京紫禁城,虽然君权制度早已成为往事,但通过威武雄壮的午门,进入太和门,站在庄严肃穆的太和殿前,只要稍加体味,仍不难体会到昔日皇权的威严。

中国古代建筑,与古埃及建筑、古西亚建筑、古印度建筑、古爱琴海建筑、古美洲建筑一样,是世界六支原生的古老建筑体系之一。多姿多彩的中国古代建筑艺术,在漫长的历史发展中,逐步形成了有自己特点的体系,从而成为中国古文明的组成标志之一,也是人类建筑宝库中的一份珍贵遗产。

第一节 古代建筑概述

在世界建筑体系中,中国古代建筑独树一帜,无论是它的发展历史,还是它的鲜明特点,都融入了中国传统文化精神,集中反映了中华古文明的高度成就。

一、绵延久远：中国古代建筑的发展

(一) 创立至形成时期：夏商周秦汉

中国建筑具有悠久的历史传统和光辉的成就。从陕西半坡遗址发掘的方形或圆形浅穴式房屋发展到现在，已有六七千年的历史。承继原始穴居和干栏的营造经验，华夏先民突出地发展了夯土技术。在大型建筑工程中，把木构技术与夯土技术相结合，形成了"茅茨土阶"的构筑方式，奠定了中国建筑以土、木、瓦、石为基本用材的悠久传统。春秋、战国时期盛行台榭建筑，推出了以阶梯形土台为核心、逐层架立木构房屋的一种土木结合的新方式，把简易技术建造大体量建筑的潜能发挥到极致。夏商周时期是中国木构架建筑体系的奠定期，组群空间的庭院式布局已经形成，既有体现"门堂之制"的廊院，也出现了纵深串联的合院。中国木构架建筑体系的许多特点，均已初见端倪。

秦汉时期是古代建筑发展的第一个高潮，它首先表现为中国古代建筑的基本类型已形成，包括宫殿、陵墓、苑囿等皇家建筑，明堂、辟雍、宗庙等礼制建筑，坞壁、第宅、中小住宅等居住建筑，在东汉时期还出现了佛教寺庙建筑；其次是多层重楼的兴起和盛行，标志着木架构整体性的重大进展；最后是建筑群组已达到庞大规模，西汉未央宫有"殿台四十三"(《西京杂记》)，建章宫号称"千门万户"(《史记·孝武本纪》)，权贵第宅也是"并兼列宅，隔绝闾巷"(《盐铁论·刺权》)。

所有这些，都显示出中国木构架建筑到两汉时期已进入体系的形成期。

(二) 融会至全盛时期：魏晋隋唐

从建筑发展来看，魏晋南北朝时期有了多方面的进展。首先是东南地区城市建设和建筑活动的崛起。经过孙吴、东晋、宋、齐、梁、陈六朝三百多年的持续经营，东南经济文化后来居上，推动了以"六朝古都"建康城为中心的江南建筑的繁荣发展；其次是佛教的盛行带来了佛寺、佛塔、石窟寺建设的高潮。佛教在东汉初已通过西域传入中原，经魏晋到南北朝，由于统治阶级的大力提倡，佛寺建造数量剧增；再次是皇家园林与私家园林的并立。由于这一时期士人阶层的兴起，魏晋玄学的肇兴，而使得文士园有了较大的发展，中国园林因此进入了承上启下的转折期，园林的营造观念从大尺度的形似自然开始向小尺度的神似自然转变；最后是由于"胡坐"的传入，中国家具从适应席地坐的矮足型开始向适应垂足坐的高足型转变，由此引发了中国建筑室内空间和室内景观的嬗变。

隋唐是中国封建社会的鼎盛时期，也是中国古代建筑的全盛时期。首先表现为建造规模的宏大。唐长安城是世界古代史上最大的城市。其次表现为建筑布局水平的提高。唐代不仅加强了城市的总体规划，宫殿、寺院等建筑都注意突出主体建筑的空间组合。帝王陵墓变"堆土为陵"为"因山为陵"，以长列的神道导引空间，突出组群的纵深轴线。公卿贵戚和名士文人纷纷建造宅园、山庄、别墅,推进了宅居与林木山水环境的密切交融。再次表现为砖石建筑的进一步发展,主要体现在砖石塔的演进。唐代砖石塔已形成楼阁式、密檐式和亭阁式三种主要类型。最后表现在建筑形象呈现雄浑、豪健的气质,从总体、单体到局部都显现有机的联系。山西五台山南禅寺大殿和山西五台山佛光寺大殿,是我们认识成熟时期中国木构架建筑信息的最重要的实物依据。

(三)延续至停滞时期:宋金元明清

两宋辽金西夏时期,中国古建筑从成熟走向繁缛、细腻与多样。在建筑发展上,宋金元时期的建筑首先是规模缩小,无论是建筑组群还是单体建筑,规模一般都比唐代小。建筑总体布局趋向多进院格局,加深了组群纵深发展的程度。其次是建筑类型增多,以城市商业、饮食业、娱乐业建筑最为显著。再次是建筑技术取得重要进展。木构架的殿堂型、殿阁型、厅堂型、堂阁型构架均已齐备,并呈现前两种走向淘汰,后两种跃居主流的发展趋势。最后是小木作发育成熟,门窗从唐、辽的版门、直棂窗演进为宋式可开启的、棂条组合的成列隔扇。藻井、经橱、勾栏之类日趋华美、细腻。彩画装饰趋向绚丽、多彩。这些表明,中国木构架建筑体系在经过唐代粗犷的鼎盛期后,在宋辽金时期开始趋向精致化。更重要的是《营造法式》的公开印刷颁行,既标志着中国建筑已进入总结的阶段,也使其成为世界上最早公开印刷颁行的建筑学技术专著。

中国古代建筑在明代和清中叶之前,经历了最后一次发展高峰。清中叶以后,随着清朝国势的衰落和王朝的覆灭,清官式建筑由成熟的定型化转向僵滞的程式化,构架趋向板滞,园林、家具、装饰、彩画等也由于过分追求精细而导致堆砌、繁缛,建筑风格转向拘谨而欠缺生气,这些都透露出官式建筑在清代中后期的停滞、衰颓,最后终结了帝王宫殿、坛庙、陵寝、苑囿的建筑史。

现存的中国古代建筑,绝大多数都是明清两代的遗存,建筑实物遗产非常丰富。中国木构架建筑体系在经历了两宋的精致化之后,到明清达到了高度成熟阶段。各地区的建筑特色愈益鲜明,它们都显现出切合地域实际的勃勃生气。

二、以材为祖:中国古代建筑的特点

特有的地理环境、经济形式、社会生活、政治制度、文化形态及艺术审美造就了中国古代建筑的固有特点,它主要表现在以下几个方面:

(一)以木为构:中国古建筑的材料与结构

中国古建筑体系与其他建筑体系相比,具有独树一帜的木结构体系。六大古文明中的古埃及、古印度、古爱琴海和古美洲均为石构建筑,古西亚为土石建筑,唯独中国古建筑是以木为材的木架构建筑。

中国古建筑的木结构体系,承重与围护结构分工明确。从立柱和纵横的梁枋组合成的各种形式的梁架,使建筑上部荷载均经由梁架、立柱传递到基础。墙壁只起围护、分割的作用,不承受荷载。这种木构架的形式,在两千年前汉代墓穴中的建筑模型上可以看到,历史上留存下来的大量建筑也多是这种结构。

这种木结构的建筑有许多优点。首先,在使用上有很大的灵活性。所谓的"墙倒屋不塌",就是因为这些房屋都是用立柱,而不是用墙体承受上面的重量,墙壁倒了,房屋依然立在那里。所以房屋的外墙和内墙都可以灵活处理,甚至房屋四周都可以临空而完全不用墙。这样就满足了殿堂、亭榭、廊子等各类建筑的不同需要。其次,防震性能好。因为木结构建筑的各部分之间绝大多数是用榫卯连接的,这些节点都属于柔性连接,加以木材本身所具有的韧性,所以当遇到像地震这样突然的袭击力量时,它可以减少断裂和倒塌,加强了建筑的安全性。最后,木结构便于施工建造。木材是天然材料,它不像砖瓦那样需要用泥土烧制,它比起同样是天然材料的石头,采集和加工都要容易得多,房屋建造的速度也要快很多。

当然,木结构也存在着缺点。例如它的坚固和耐久性不如砖石结构;木材怕火、怕潮湿、怕虫类腐蚀,历史上遭受雷击而毁于火灾的建筑不计其数。所以木建筑比起砖石建筑,寿命要短得多,这也是历史悠久的古代建筑保存下来为数不多的重要原因。

(二) 尊卑有序:中国古建筑的平面布局

中国古建筑以四根柱子组成的"间"为基本单位,由"间"组成各种不同形状的单座建筑,再由单座建筑组成大小不同的院落建筑群组,所以中国古建筑总是成组成群地出现,无论是宫殿还是寺庙,抑或民居无不如此。

当把一组房屋围成一个院子,院子里建筑的位置便有了主次、尊卑之分。所以,一座城市、一座院子的主要建筑在中央,次要建筑在两侧呈均衡对称的布置方式,就成了中国古建筑平面布局的基本形式。

中国古代建筑在平面布局方面有一种简明的组织规律。一般建筑,都是由若干单座建筑和一些围廊、围墙环绕成一个个庭院而组成的。多数庭院都是前后串联起来的,通过前院到达后院,这是中国古代社会"长幼有序,内外有别"思想意识的产物。家中主要人物,或者应和外界隔绝的人物(如贵族家庭的少女),就往往生活在离外门很远的庭院里,这就形成一院又一院层层深入的空间组织。民居是这样,寺庙是这样,宫殿更是如此,只不过宫殿庙宇的单体建筑更讲究,所围成的院子更大,前后左右组成的院落更多,成为更大的建筑群体,一座城市也主要由这许许多多不同用途的建筑组群所组成。

同时,这种庭院式的组群与布局,一般都是采用均衡对称的方式,沿着纵轴线(也称前后轴线)与横轴线进行设计。比较重要的建筑都安置在纵轴线上,次要房屋安置在它左右两侧的横轴线上,北京故宫的组群布局和北方的四合院是最能体现这一组群布局原则的典型实例。这种布局是和中国古代社会的宗法和礼教制度密切相关的,它最便于表达等级观念,使尊卑、长幼、男女、主仆之间在住房上也体现出明显的差别。

(三)浓妆淡抹:中国古建筑的艺术装饰

中国古代建筑的艺术处理,有它鲜明的特点,这主要表现在:它善于将建筑的各种构件本身进行艺术加工而成为有特色的装饰,大到一座建筑的整体外形,小到一个梁头、瓦当都是这样。中国建筑的屋顶,由于木结构的关系,体形都显得庞大笨拙,但古代工匠却利用木结构的特点把屋顶做成曲面形,屋檐四个角都微微向上翘起,看上去,屋顶面是弯的,屋脊是弯的,屋檐也是弯的。在长期实践中,又创造了庑殿、歇山、单檐、重檐等,还把屋脊上的构件加工成各种有趣的小兽,使庞大的屋顶变成了中国古代建筑一个富有特殊艺术形象的重要部分。连一排排屋檐上的瓦头都进行了装饰,刻出各式花草、禽兽,增加了建筑的情趣。为了保护木材,在木结构的露明部分涂上油彩,这又为装饰提供了广施才能的场所,创造了中国建筑特有的"彩画"装饰。

在建筑装饰中,人们不但敢于用而且也善于运用色彩。色彩浓重鲜明成了中国古代建筑的一大特色。一座重要的宫殿建筑,屋顶覆盖着黄色的琉璃瓦,屋顶下是青绿色调的彩画,殿身是红墙红柱和红门窗,下面有白色的石台基和深色的地面,在蓝天的衬托下闪闪发光。这样大胆地把黄与蓝、红与绿、白与黑几组相互对比的颜色放在一起,使整座建筑光彩夺目。古代匠师不但敢于用重彩,而且也善于用淡笔。在南方一些园林中,建筑多用白色的墙和青灰色的瓦,深咖啡颜色的木结构往往不加彩画,四周栽培着青竹、芭蕉,组成了色彩淡雅的园林环境。

第二节 皇 家 建 筑

在中国古代建筑中,皇家建筑是最具强烈精神感染力的建筑形式,帝王的权威通过建筑巍峨壮丽的气势,宏大雄伟的规模,以及对称均衡的空间格局,将彼时的政治伦理和社会秩序进行了凝结和沉淀,并以艺术化和象征化的建筑语言表述出来。所以皇家建筑可以说代表了同一时期建筑技术和艺术的最高水平。

一、宅兹中国:古代都城与皇家宫殿

吕氏春秋中记载,择天下之中而立国,择国之中而立宫。这说明了中央位置的显赫与至高无上。周朝的各种建筑类型中,对后世影响最为深远的是都城形制。《周礼·考工记》载:"匠人营国,方九里,旁三门,国中九经九纬,经涂九轨,左祖右社,面朝后市,市朝一夫。"这些记载清楚地规划了周王城内的建筑与街道布局,其中最为重要的就是左祖右社的形成和前朝后寝制度的确立,其影响一直达于帝国历史的末

期——明清。

皇家建筑是规模最大的建筑类型,强烈凸显了帝王的无上权威,尤其是秦所建宫殿规模之大、数量之多前无古人,后鲜有能与之比肩者,其中最为重要也最具气势的当属咸阳宫。汉都城首先是确定了都城的形制,并奠定了其后南北朝隋唐乃至明清都市布局的基本模式;其次,与后世不同的是都城内宫殿占据了大部分空间,只有极少部分空间为居民所用;最后,都城的名称为后世长期沿用,如长安和洛阳。汉时最著名的宫殿是未央宫、长乐宫和建章宫。

隋唐是中国古代社会的鼎盛时期,长安城和洛阳城是隋唐两代的都城,隋唐相沿,只是唐时将隋大兴城更名为长安城。长安城规模浩大,是中国也是世界古代史上规模最大的城市之一。隋在建大兴城时,隋文帝明确指出都城宫殿形制要远承周汉,而不仿其临近的前朝魏晋各国之制。唐灭隋后没有另选都城城址,而是直接在隋大兴城基础上扩建,并增建了大明宫和兴庆宫,与太极宫并称为唐长安三大宫殿。唐长安城从外城到皇城再到宫城,建筑体量由矮小到高大,建筑规制由简单到繁复,建筑色彩由淡雅到浓郁,布置由疏而密,城墙逐步增高,气氛越来越庄严,节奏越来越紧凑,由此可以看出整个长安城组织有序,也反映了中国古代帝王至高无上的地位。

元朝远接汉唐时期建筑宏大雄伟的风格特征,其大都的营建完全依照周王城营造的理想模式,建有内外三重城:外城、皇城和宫城。城墙由夯土砌筑。元大都宫殿布局在宫殿发展的历史中起到了承上启下的作用,其主殿"工字殿"的布局形式是对宋朝宫殿的继承,同时又影响到其后明清宫殿的形制。

明初朱元璋定都南京,因其地形地势的限制及城池防御的需要,都城形制一改传统的规则而形成不规则格局。南京城仿照宇宙天象进行布局,以求体现朱元璋"皇权神授"的统治地位。其十三座城门的分布位置,恰好暗合了天上的北斗七星与南斗六星。虽然整个都城布局不规则,但处于权力中心的宫城,其总体布局依然比较规整、对称,并沿用了传统的左祖右社、前朝后寝的形制,成为朱棣营建北京都城的蓝本。明朝从成祖朱棣起定都北京,紫禁城在元大都的基础上规划与建造。清入主中原后,基本没有破坏和改变明原有都城和宫殿等建筑,只在原有的基础上进行了恢复、调整和充实,因此清朝的北京城基本保持了明朝时的格局。今天的沈阳故宫是清朝早期都城,是满族统治者自己设计建造的,受汉族建筑的影响相对较小,因而具有较为浓郁的满族特色。

北京故宫又名紫禁城,始建于明永乐四年(1406),完成于永乐十八年(1420),占地72万多平方米,共有九千多间房屋。故宫的总体规划参照古制,以殿前五重门象征"五门"之制,以三大殿象征"三朝"之制,并套用日月、时辰、天干等概念解释建筑安排。在总体布置上,强调中轴线,突出主次,利用建筑体量和庭院大小宽窄调整空间效果,以此展示君臣、父子、夫妻的伦常关系和主次分明、和谐统一的观念,最终强调皇权的至高无上。

故宫建筑群

二、事死如生：古代皇家陵墓

陵墓是安放故人尸体、祭奠故人场所的总称。陵指地上建筑，墓则是地下部分，后来统称为陵墓。从秦朝至清朝，陵墓专指帝王墓。

《荀子·礼论》言："丧礼者，以生者饰死者也，大象其生，以送其死。""事死如生，事亡如存。"大型陵墓的建造既是中国古代伦理对孝道的一种规定，也是对帝王死后"奢侈生活"的维护，因而陵墓的地上、地下建筑和随葬生活用品均仿照世间。秦始皇陵地下寝宫内"以水银为百川江河大海，机相灌输，上具天文，下具地理。以人鱼膏为烛，度不灭者久之"（《史记·秦始皇本纪》），并用金银珍宝雕刻鸟兽树木，完全是人间世界的写照。

（一）"覆斗方上"式陵墓

远古时代殡葬极为简易。"古之葬者，厚衣之以薪，葬之中野，不封不树。"（《易经·系辞》）春秋战国时期，夯土高台建筑的发展影响到了陵墓的形制。此时的陵墓开始立碑、起封土，追求高大明显，并在墓地上建数层高的夯土台，台上建享堂。传说孔子不忍其先人的墓地无法辨识，遂起封土以进行标记，后人于是纷纷效而仿之。厚葬之风日盛，历代不衰，并逐渐形成了一套隆重复杂的祭祀礼仪制度和墓葬制度。"覆斗方上"式陵墓就是在地宫上方用黄土堆成三阶逐级收缩的方形夯土台，形状很像倒扣的斗。这种封土形制沿用的朝代最多，自周朝一直延续到隋朝。之后，又被宋朝选用。

秦汉时皆兴厚葬，地面陵园形式相似，均为"覆斗方上"式陵墓，陵台外围设数重围墙。秦陵现存陵冢高 76 米，陵园布置仿秦都咸阳，分内外两城，陵冢位于内城西南,坐西面东,放置棺椁和陪葬器物的地方,为秦始皇陵建筑群的核心。秦始皇陵备受世人瞩目的另一原因,是震惊世界的出土于墓葬中的兵马俑。汉承秦制,陵体封土,西汉皇帝陵墓区分布在长安城北渭河北岸的咸阳原上。西汉11位皇帝严格按照西周礼制的规定,以此排列,埋葬于此。其中汉武帝刘彻的茂陵,是西汉陵墓中修建时间最长、规模最大、陪葬品最丰富的帝王陵。茂陵周围陪葬的有李夫人、卫青、霍去病、霍光、金日䃅等人的墓葬。

宋朝流行薄葬,皇帝不在生前预先营造陵墓,死后才动工兴建,并在七个月内完成,由于时间紧迫,所以宋陵的规模明显小于前朝。宋朝帝陵,帝、后分葬,后陵一般位于帝陵方城外西北方,一切形制和帝陵相同,也有上宫、下宫、方城、神道等,只是规模尺寸比帝陵要小很多。

(二)"因山为陵"式陵墓

"因山为陵"的帝陵之制,首起于唐太宗之长孙皇后。"因山起陵"的建造观念原初确实具有不重厚葬之意,但是,由于"因山起陵",整个山体都成了陵体,反而凭山体山势的博大、崇高而更显帝王的权威。同追求宏大气魄的都城宫殿建筑一样,唐帝王陵墓也追求陵体的高大,以及陵区总体规模的庞大。唐太宗开创了以真山为陵的先例,并诏令子孙"永以为法",选择有气势的山岭为陵体,凿山开石筑造墓室,充分体现了帝王们唯我独尊和一统天下的意志。

昭陵是唐太宗李世民与文德皇后长孙氏的合葬陵墓,为关中"唐十八陵"中规模最大、陪葬墓最多的一座。昭陵有陪葬墓一百八十余座,其间存在严格的伦理等级关系,是传统儒家"礼"文化的直接反映。乾陵为唐朝李治与武则天的合葬陵,也是中国历史上独一无二的一座两朝帝王陵,或者说是一帝一后陵。乾陵陵区的布局是仿照唐长安城的格局设计的,由内城、外城和享殿及部分附属建筑组成。墓区前部神道宽大而绵长,陵前东侧立着武则天的"无字碑"。

(三)"宝城宝顶"式陵墓

明清帝陵继承了前代帝陵以神道为引导空间的做法,并将唐朝的以山为陵与宋朝在地宫上做方锥形夯土陵台的方法相结合,形成新的制度,即"宝城宝顶"式陵墓:在地宫上方,用砖砌成圆形(或椭圆形)围墙,内填黄土,夯实,顶部做成穹隆状。圆形围墙称宝城,穹隆称宝顶。这种形制用于明清两朝,清朝的宝城宝顶多为椭圆形。

"宝城宝顶"式形制自明太祖朱元璋开始采用,朱元璋建明孝陵,开始将墓丘由历朝的方形改为圆形,并首创宫殿式的陵园布局,仿宫殿前朝后寝形式,创造了以方城明楼为主体、享殿为先导的宫殿式陵园形制,并成为明十三陵的范本。明成祖朱棣迁都北京后,在北京西北郊昌平的燕山山麓修建永陵,之后12代皇帝的陵墓都依次呈扇面分列于长陵两侧,共同形成一个庞大的陵区,称为"明十三陵"。

清朝皇陵建筑继承明制,分为清东陵和清西陵,完全仿照明十三陵的形制,各座皇陵之间既独立,又相互联系,有着统一的规划。诸陵中规模最大的是顺治帝的孝陵,它的前面有一座大石牌坊,进入大红门后,有碑亭及长达五百余米的神道。实际上这也是诸皇陵共同的前导。清朝皇陵与前朝的不同之处是为皇后另建陵墓。朝廷明文规定,凡皇后死于皇帝之前,则随皇帝同葬于帝陵;如死于皇帝之后,则另建皇后陵于帝陵附近,当然规模必须小于帝陵。但清东陵中的定东陵是一个例外,它包括慈安陵和慈禧陵两座陵。两陵并排建置,中间只隔以马槽沟。定东陵以双妃陵共置成为清陵孤例,而其最高等级的建制与高质量的建筑材料,也使之成为清陵后妃陵中无可比拟者。

第三节 宗教建筑

中国古代的宗教建筑主要包括佛教建筑、道教建筑和伊斯兰教建筑。这些宗教建筑既表达了古代中国人的宗教观,也基本遵循了中国古代建筑的建筑理念。

一、大慈大悲:中国佛教建筑

佛教在中国的传播过程中,开凿石窟、修建寺庙、营造佛塔,逐步与中国传统文化相结合,形成了具有中国特色的中国佛教,主要有汉传佛教和藏传佛教。

(一)开山凿洞:石窟建筑

最早开凿佛教石窟的是印度孔雀王朝的阿育王。印度石窟对于当时的印度佛教徒来说就相当于中国汉地佛教的寺庙,所以也称石窟寺。受此影响,佛教在传入中国的进程中,由西向东、自北而南,沿途在山丘旁、在崖壁上开凿了数量可观、大小不一的石窟,其中以西北的新疆、甘肃、陕西,北方的山西、河南、河北等省留存较多,南方的江苏、四川、云南等省也有不少遗存。南北朝至隋唐时期,中国石窟雕凿达到极盛,从以新疆克孜尔石窟为代表的龟兹模式,发展到甘肃武威天梯山石窟为代表的凉州模式,再发展到山西云冈石窟为代表的平城模式,最终在洛阳龙门完成中国化的全过程,使佛教成为中华文明的一部分。

被誉为中国三大石窟的分别是甘肃敦煌的莫高窟、山西大同的云冈石窟和河南洛阳的龙门石窟。甘肃敦煌的莫高窟,始凿于前秦建元二年(366),历经北朝、隋唐到北宋逐渐衰落,元以后停止开窟,之后逐渐荒废湮没。1900年,在莫高窟居住的道士王圆箓在清理洞窟时偶然发现了"藏经洞",最终成就了学术研究的显学"敦煌学"。

山西大同的云冈石窟凿于公元460—524年,依山开凿,东西绵延约一公里,规模宏伟。石窟早期反映了印度佛教风格,后期逐渐本土化,每个阶段都创造出了具有代表性的形式而成为北方各地石窟的典型,称为"平城模式"。云冈石窟雕刻在我国三大石窟中以造像气魄雄伟、内容丰富多彩著称,其雕刻艺术继承并发展了秦汉雕刻艺

莫高窟

莫高窟

云冈石窟

云冈石窟

术传统,吸收和融合了佛教艺术的精华,具有独特的艺术风格,对后来隋唐艺术的发展产生了深远的影响,在我国艺术史上占有重要地位。

河南洛阳的龙门石窟具有很高的艺术、历史考古和宗教研究价值。龙门石窟始凿于北魏孝文帝迁都洛阳之际(493),直至北宋。现存佛像十万余尊,窟龛两千三百多个,其中以宾阳中洞、奉先寺和古阳洞最具代表性。唐代诗人白居易曾说过:"洛阳四郊山水之胜,龙门首焉。"(白居易《修香山寺记》)

龙门石窟

龙门石窟

(二)竹林精舍:佛寺建筑

在印度,早期佛教并无寺院,后来摩揭陀国的频婆娑罗王,布施伽蓝陀竹园,才出现了第一座佛教寺院,成为僧人和信佛者举行佛教活动的场所。一般认为河南洛阳老城以东的白马寺是佛教传入中国后兴建的第一座官办寺院,有中国佛教"祖庭"和"释源"之称。南北朝中期以后,佛教在中国逐渐形成了自己的体系,并最终形成了以传统建筑布局形式为主,兼有外来佛寺建造特色的汉地特有的佛教寺院。之后历经唐宋辽金元,佛教寺院的布局形式先后出现过:以塔为建筑主体的寺院,以高阁为建筑主体的寺院,以前佛殿后高阁为建筑主体的寺院,以佛殿为主体建筑的寺院。

明朝以后汉地佛寺的建筑布局已基本定型。首先,建筑群有明显的南北中轴线,寺院的主要殿堂都坐落在全寺中央的主轴线上,根据佛事的需要,由前往后,依次有山门、天王殿、大雄宝殿,然后是讲经堂、藏经楼等;其次,寺院的次要建筑排列在中轴线的两侧,如大殿前左右两边的钟、鼓楼,还有法堂、罗汉堂、观音殿,以及僧人用房等;最后,这些附属建筑与主要殿堂组成一个或多个院落,有的相互之间还有廊房相连。

从佛教文化的本身来说,汉地著名的寺院有河南洛阳的白马寺、河南嵩山的少林寺、山西五台山的显通寺、陕西扶风的法门寺、江苏苏州的寒山寺、浙江杭州的灵隐寺等。而在建筑史上更具盛名且更具建筑研究价值的当属山西五台山的南禅寺与佛光寺、天津蓟州的独乐寺、河北正定的隆兴寺及山西浑源的悬空寺等。

由于元朝及清朝统治者的大力扶持，藏传佛教在元清两代发展最盛。藏传佛教又称喇嘛教，是传入西藏地区的佛教分支。藏传佛教建筑主要分布于西藏、青海、甘肃、内蒙古及北京地区。著名的藏传佛教寺院有西藏的萨迦寺、夏鲁寺、甘丹寺、哲蚌寺、扎什伦布寺、色拉寺，及青海的塔尔寺，甘肃的拉卜楞寺，内蒙古的五当召及北京的雍和宫。

（三）金盘重楼：佛塔建筑

塔是一种特殊的佛教建筑，最早产生于印度。佛祖释迦牟尼涅槃后，弟子们将其火化，得到的结晶体称为舍利子。弟子们埋葬这些舍利子的半圆形覆盆式的坟称为窣堵波，这就是最初的塔。佛塔传入中国后，经与中国原有的楼、阁、亭、台等建筑形式融合，建造出了种类繁多、风格各异的中国式佛塔。

中国式佛塔有砖塔、木塔、石塔、琉璃塔和金属塔等。从形态结构上分，有楼阁式、密檐式、覆钵式、金刚宝座式、亭阁式等。楼阁式塔是最早中国化的佛塔，因为中国的楼阁皆为木结构，所以早期的楼阁式塔也是木结构的。现留存下来最早也是最高的楼阁式木塔是山西应县的佛宫寺释迦塔，又称"应县木塔"。该塔建于辽清宁二年（1056），高67.3米，所用斗栱多达五十多种，被称为中国古老而完美的斗栱博物馆。

应县木塔

应县木塔

密檐式塔是一种由楼阁式塔发展而成的塔,它的特征是将塔的第一层增高,而以上各层层高压缩得很低,各层层檐相距很近,因此称为密檐塔。它的平面有四方、六角、八角等形,多为砖筑造。这些塔风格华丽,塔身各面砌有假门窗,基座和底层有佛像和动植物纹样砖雕,塔身各层檐下也用砖做出梁、枋等木结构的式样。位于河南登封的嵩岳寺塔,建于北魏孝明帝时期,距今已有约1500年的历史,是中国现存最早的一座密檐式佛塔。

覆钵式塔又称喇嘛塔。喇嘛塔的形式与印度的窣堵波相近,塔身是一个半圆形覆钵,上面安置有高大的塔刹,外表多为白色,整体造型浑厚而雄伟。元清两朝,喇嘛教受到统治者的尊崇,喇嘛塔在元朝传入中原地区,元清两朝都大事兴建。著名的有北京的妙应寺白塔、北海永安寺白塔,山西五台山的显通寺白塔、圆照寺喇嘛塔,内蒙古的席力图召喇嘛塔和江苏的扬州瘦西湖白塔。

金刚宝座塔的塔形直接来源于印度。传说释迦牟尼得道成佛后,曾建立一座纪念塔,这座塔下面有一巨大宝座,座上建有五座小塔,供奉佛教密宗金刚界五部主佛舍利,所以称为金刚宝座塔。中国现存的金刚宝座塔仅有十多座,著名的有北京的真觉寺金刚宝座塔、内蒙古呼和浩特的金刚座舍利宝塔。上海的静安寺塔是一座融合楼阁式塔和金刚宝座塔而成的佛塔。

二、登楼求仙:道教建筑

道教是中国本土的宗教。它的宗教活动有日常的诵经与礼拜、逢年过节的祭神祝愿,以及为信徒祈福消灾做道场等。由于道教与我国的传统文化有着密切的联系,反映在宫观建筑上,它比佛教寺院更具有民族风格和民俗特色。

从总体上讲,宫观的布局吸收了我国古代的阴阳五行学说,根据八卦乾南坤北、天南地北之方位,以子午线为中轴,坐南朝北,讲究对称,两侧日东月西,取坎离对称之意。其选址重视风水,以便于"聚气迎神"。其结构多为土木建筑。道教宫观的建筑群一般由神殿、膳堂、宿舍、园林四部分组成,整体格局采用了传统宫殿和民用住宅相结合的方式,而每座建筑的分布设置又吸收了佛教寺院的一些特点。

道教宫观的建筑群中,沿南北中心线坐落着宫观的主要建筑神殿,以此为宫观的主要宗教活动场所。它们依次为:山门、灵官殿在前,供奉"三清""四御"的三座左右大殿居中,藏经楼等在后,宫观前面大多建有影壁,用来表示藏风聚气或避邪之意。正殿两侧为东西配殿,供奉次要的道教尊神。由于道教的神仙体系复杂混乱,而且各宗各派所供奉的神祇并不统一,所以每座宫观配殿的名称也不一样。正殿两侧的配殿除供神外,还设置有客堂、斋堂、厨房、仓房等生活用房。

山西芮城的永乐宫、北京的白云观及陕西终南山重阳观并称为全真教的三大祖庭,正一道的祖庭则是龙虎山正一观。著名宫观永乐宫位于山西芮城永乐镇,传说"八仙"之一的吕洞宾就出生在此地,又称"纯阳宫"。永乐宫布局严谨,分区鲜明,主次有序,它的布局是根据宗教的需要和宫廷的建筑规制设计而成。永乐宫壁画是我国现存的规模最大的反映道教文化的壁画,这些壁画真实地反映了道教文化在我国的发展历史,同时也反映了道教文化对社会生活产生的深刻影响。北京白云观原名天长观,金代更名为太极宫。元初道教全真派长春真人丘处机奉元太祖成吉思汗之诏,驻太极宫掌管全国道教,遂更名长春宫,为中国北方道教的中心。丘处机逝世后其弟子尹志平在长春宫东侧建立道院,取名白云观。

三、面西礼拜:中国伊斯兰教建筑

伊斯兰教大约在7世纪中叶传入中国,其寺庙清真寺又称"礼拜寺"。清真寺在平面布局和结构形式以及艺术装饰上都有其独特的风格。礼拜寺的主要殿堂称礼拜殿,不论礼拜寺朝哪个方向,礼拜殿的入口总设在东面,西面靠墙设有装饰精美的圣龛,这样引导信徒从东面进殿,面向西方礼拜。麦加位于中国的西方,所以中国穆斯林都向西行膜拜礼。

中国清真寺的建筑构成均有礼拜殿;有的寺前建有高出主体建筑的塔式宣礼楼;有的在寺内辟有经室,存放经典,还有供阿訇和信众办公、学习、休息的地方。清真寺内外装饰多以阿拉伯文字、几何形图纹和花卉画纹等组成的抽象图案为主,没有任何人形和动物形组成的偶像图案。

中国清真寺的建筑形式大致分为两大体系:殿堂式和阿拉伯式。唐宋时期是伊斯兰教建筑向中国移植的时期,遗存至今的几座古寺均在东南沿海地区,多具阿拉伯地区伊斯兰教特色。从明朝开始,各地兴建的清真寺与中国传统建筑相融合,逐渐形成了殿堂式清真寺。它多采用四合院的形式,而且往往是沿中轴线有次序地修建若干进四合院,形成一组完整的伊斯兰建筑群。

如建于明洪武二十五年(1392)的陕西西安的大清真寺就属殿堂式清真寺,全寺坐西朝东,建筑沿东西中轴线整齐排列:东端院墙正中的照壁是全寺中轴线的起点,然后依次排列着木牌楼、五间楼(二楼)、敕修殿(三门)、省心楼(邦克楼)、连三门(四门)、凤凰亭、月台、礼拜大殿等主要建筑。中轴线的两侧有各式石碑,排列井然,形成一座四进的四合院建筑群。

新疆维吾尔族地区较多地保留了阿拉伯建筑的特点。著名的有喀什地区的艾提尕尔清真寺、阿克苏地区的库车大清真寺和吐鲁番地区的苏公塔礼拜寺。

第四节 园 林 建 筑

中国园林建筑是人们对自然环境加以利用与改造,或者模拟自然环境而创造的景观。它通过对山、水、建筑、植物园林四要素,以及道路、室内布置等元素的有机构成,营造了一个供人赏游、休憩的环境。相对于其他建筑而言,园林建筑的精神性品格更加突出,也更具艺术意境。中国的造园艺术在8世纪时传入日本,18世纪后半期又传至英国等欧洲国家。

中国古代园林主要有皇家园林、私家园林、寺观园林及公共园林等类型,皇家园林和私家园林是其中最重要的两种类型。皇家园林和私家园林都属自然山水园,都以模仿自然,得自然山水之真趣为上品,但它们又各有自己的特点。首先是在面积大小上,皇家园林占地几千亩,多选在京城外的郊区;而私家园林附设于住宅之旁。其次在园林内容上,皇家园林兼具处理朝政、居住、游乐、从事宗教活动等多种功能,园中建筑洋洋大观,有宫殿、住宅、寺庙等多种类型;而私家园林则主要供休憩、读书、待客之用。再从园林风格看,皇家园林追求宏大的气魄,讲究园林的整体构图,建筑金碧辉煌,有富贵华丽之象;而私家园林追求的是平和宁静的气氛,建筑风格清淡雅致,力求创造出一种与喧嚣尘世相隔绝的世外桃源境界。

一、王在灵囿:皇家园林

中国早期的园林称为"囿",据文献记载,它最早出现在商代。到了西周,随着帝王打猎、游乐、休憩的需要,囿内逐渐出现了宫室建筑,并且有人工挖筑的水池,池内放养鱼等,供观赏和垂钓。《诗经·大雅·灵台》中称:"王在灵囿,麀鹿攸伏。"之后囿又称"苑",或统称为"苑囿",苑囿作为皇家生活环境的一个重要组成部分,形成了有别于其他园林类型的皇家园林。

秦汉时期,随着宫殿的大事兴建,帝王苑囿得到进一步发展。从相关记载来看,秦汉时期的苑囿大多是与离宫穿插交错建置,形成可处理政务、可居住、可游赏的三者结合规模宏大的宫苑。这里的离宫、苑囿也就相当于后世的皇家园林,不过离宫和苑囿还是有一定区别的,一般来说离宫内有园林景观,而宫殿建筑在其中占据相当大的比例,而苑囿则以景观为主,宫殿等建筑的数量相对较少。上林苑是最著名、最具代表性的宫苑,其汇集了秦汉两朝苑囿的特点。

唐朝的皇家园林依然沿用苑囿之名,它包括以自然景观为主的大囿和宫内以人工造景为主的小苑。唐朝的大型苑囿分布在长安和洛阳,长安囿名禁苑,洛阳囿名西苑。苑囿实际已延伸至都城外,因为禁苑在当时主要还是作为皇帝的狩猎场所,而不仅仅是游赏的园林,所以唐朝的苑囿对秦汉苑囿有着明显的继承性。相对于大型苑囿来说,唐朝的内廷小苑更富有生活气息,更偏重游赏功能,布局也相对自由随意,像兴庆宫就是一座宫殿和苑池合二为一的内苑。宋朝的皇家园林,在北宋、南宋均有营建,不过以北宋为最。北宋皇家园林以都城东京为盛,园林主要分为大内御苑和行宫御苑两种。代表宋朝皇家园林最高水平的大内御苑——艮岳,由宋徽宗亲自参与设计建造,其丰富的园林景观呈现出高超的造园艺术与技术水平,同时也极其显著地体现了宋朝皇家园林的风格与特征。

元朝的皇家园林建筑不多,并且有限的几座也都在元大都皇城之内,主要有宫城西面的太液池、宫城北面的御苑等。太液池的营建模式是仿中国汉族的传统园林,表明了少数民族统治者对中原文化的认同与承继。明朝是我国园林发展史上的成熟期,风格大气,气势圆满,雅而不俗。明朝的皇家园林主要有皇城西部的西苑、皇城东南部的东苑、皇城北部的万岁山等不多的几处大内御苑。在元太液池的基础上修建的西苑是明朝最大的一座苑囿,包括现今的中南海和北海。清康熙至乾隆年间为清朝的造园盛期,当朝帝王不满足于京城以内的皇城和宫苑,而是将目光更多地投向城外。在北京的西郊,自康熙至乾隆,先后建成京城著名的三山五园,为皇家园林的最后兴盛时期。

今天我们所能见到的著名皇家园林几乎都是清朝时期兴建的,如北京的颐和园、圆明园和河北承德的避暑山庄等。颐和园原名清漪园,坐落在北京西郊,清乾隆年间开始花巨资修建。1860年英法联军入侵北京时被毁。1888年,慈禧重修时改名为颐和园,建筑集中了全国园林建筑艺术的精华,堪称皇家园林艺术的典范。圆明园也在北京西郊,是北京西郊园林景区中最大的皇家园林。它第一次将中西方建筑和园林文化结合在一起,却在第二次鸦片战争中遭到了英法联军的疯狂抢掠,1900年又遭到八国联军的劫掠。圆明园遗址残留的西洋楼石柱已成为中华民族曾遭受屈辱的象征,供后人凭吊。承德避暑山庄是清康熙至乾隆时期建造的大型皇家行宫苑囿。山庄以自然山水为基础,略加人工设计与改造,既可供皇帝率领皇族狩猎习武,又有完整的供皇帝处理朝政用的宫殿建筑群,使之成为清朝最大的皇家园林。

二、曲径通幽:私家园林

中国私家园林自魏晋兴起,至唐朝自成一派,并经过漫长的、不间断的发展,至明清时期达到高峰。在此过程中,园林景观的布局、构成与文学、绘画紧密结合,蕴含着被誉为"无声的诗"和"立体的画"的美学特征,成为最具中国传统士大夫特质的建筑。无论是皇家园林、寺观园林、景观园林,乃至私家园林的最终成型,皆与文人直接参与园林规划、园林设计有关。他们将自身的自然观和思维方式融入造园艺术中,既成就了私家园林,更成就了中国园林。

(一)私家园林的发展

汉朝时,因为皇家园林的昌盛,使得达官贵族、富豪财主们纷纷效仿,私家园林开始出现且日益繁盛。魏晋时期,文人士大夫对动乱的社会秩序无能为力,纷纷逃遁至乡郊野外的山林营建宅园、别墅,他们在与大自然的进一步对话中抒发心中的郁悒。为避免跋涉之苦、保证物质生活享受而又能长期占有大自然的山水风景,最理想的办法莫如营造"第二自然"——园林。这一时期最著名的私家园林有洛阳城东的石崇别墅——金谷园、苏州的顾辟疆园和位于今天拙政园园址的戴颙园居,其中顾辟疆园成为史载第一例苏州私人园林。

中唐以后,文人凭借他们对自然风景的深刻理解和对自然美的高度鉴赏能力直接参与造园规划。于是文人官僚的园林所具有的那种清新雅致的格调得以进一步提高和升华,并添上一层文化的色彩。比较有代表性的造园文人有白居易、柳宗元、王维等,以泉石竹树养心,借诗酒琴书怡性。宋朝私家园林的风格特点可以概括为简远、疏朗、雅致、天然四个方面,著名的园林有苏州的沧浪亭和洛阳的独乐园。

明清为私家园林的鼎盛时期,我们今天游览的私家园林及对私家园林的认知、体味大多来自这一时期建造的园林。由以往的全景山水缩移模拟的写实与写意相结合的造园方法,转化为以写意为主的趋向;景题、匾额、对联在园林中普遍使用,犹如绘画中的题款,意境信息的传达得以直接借助文学、语言而大大增加,园林的意境更为深远。私家园林因此而直接影响了皇家园林、寺观园林及公共园林的设计与建造。

(二)私家园林的造园

私家园林多设在宅邸之旁,在不大的范围内,要创造出具有自然山水情趣的环境,满足住房要隐蔽、待客要方便、读书要安静等多种不同要求,并不是一件容易的事情。为此,在设计与建造上,私家园林主要采取了以下手法。首先表现在景点形象的设计上,就是注意采用多种不同的式样而切忌雷同。景点的设计以建筑为主,有厅堂、楼阁、亭榭、画舫等,但又不限于建筑,一棵古树、一丛翠竹、一处堆石等都能成为极具观赏性的景点。其次表现在园中道路的设置上,多采用曲折多变的形式而切忌用径直的大道。经过这样的布局,有限的空间里呈现出丰富多变的景观,从而达到了步移景异的效果。再次是善用概括和提炼的手法再现自然山水。要在园林中创造出具有自然山水情趣的环境,必须"师法自然",达到"虽由人作,宛自天开"(计成《园冶》)的艺术境界,才能做到小中见大,得天地之神韵,享自然之情趣。最后是讲究园林的细部处理。私家园林,由于面积小,更多的是多变的小空间和近观的景点,所以造园者十分注意包括建筑、山水、植物各方面在内的细部处理。

私家园林高超的造园手法也为皇家园林所借鉴,一些园林形式甚至还被整体搬进皇家园林中,如颐和园里的谐趣园就是仿无锡名园寄畅园而建,圆明园中也有仿杭州西湖景点的曲院风荷、平湖秋月等六处,还有苏州的狮子林、买卖街,南京的瞻园和扬州的瘦西湖等。

(三)著名的私家园林

中国的私家园林主要分布在江南一带,其中尤以苏州的私家园林最为著名,传统的苏州四大名园为建于宋代的沧浪亭、建于元代的狮子林、建于明代的拙政园和建于清代的留园。

沧浪亭位于苏州市城南三元坊附近,是苏州现存历史最悠久的园林。沧浪亭始建于北宋,为文人苏舜钦的私人花园,苏舜钦自号沧浪翁,并作《沧浪亭记》。欧阳修应邀作《沧浪亭》长诗,诗中以"清风明月本无价,可惜只卖四万钱"题咏此事,自此,"沧浪亭"名声大振。几经易手后,清康熙三十五年(1696)巡抚宋荦重建此园,把傍水亭子移建于山之巅,形成今天沧浪亭的布局基础,并以文徵明隶书"沧浪亭"为匾额。今天的沧浪亭还部分反映出宋代园林的风格。

狮子林至今已有近七百年的历史。元代至正二年(1342),元末名僧天如禅师维则的弟子"相率出资,买地结屋,以居其师"。因园内"林有竹万,竹下多怪石,状如狻猊(狮子)者",又因天如禅师维则得法于浙江天目山狮子岩中峰,为纪念佛徒衣钵、师承关系,取佛经中狮子座之意,故名"狮子林"。狮子林既有苏州古典园林亭、台、楼、阁、厅、堂、轩、廊之人文景观,更以湖石奇峰而盛名于世,素有"假山王国"之美誉。

拙政园始建于明正德初年前后,现有面积约62亩,分为东区(原"归田园居")、中区(原"拙政园")、西区(原"补园")三部分。中部山清水秀,厅榭典雅,花木繁茂,是全园的精华所在。西部有曲折水面和中区大池相接,清幽恬静。拙政园至今仍保持着平淡疏朗、旷远明瑟的明代风格,被誉为"中国私家园林之最"。

拙政园

拙政园

留园在苏州阊门外,占地三十余亩,集住宅、祠堂、家庵、园林于一身,该园综合了江南造园艺术,并以建筑结构见长,善于运用大小、曲直、明暗、高低、收放等方法,调节四周景色,形成一组组层次丰富、错落相连,有节奏、有色彩、有对比的空间体系。留园与拙政园、北京颐和园、承德避暑山庄齐名,为全国"四大名园"。

此外，扬州的个园，上海的五大古典园林——城隍庙豫园、南翔古漪园、松江醉白池、嘉定秋霞圃和青浦曲水园，也都是江南地区著名的私家园林。

第五节　民　居　建　筑

如果说中国古代的皇家建筑代表的是"官文化"，私家园林建筑代表的是"士文化"，那么民居建筑就是"俗文化"。民居建筑的"俗"主要体现为中国普通民众实用的追求、直白的表达及稚拙的审美。

民居是中国传统建筑中最基本的一种类型。中国地域辽阔，地形多样，结合各地气候、地形、环境等自然因素，再加上各民族、各地区生产生活方式、风俗习惯、文化意识等方面的差异，造成中国各地的民居建筑形式多样、各具特色，其发展与演变也经过了一个复杂而漫长的过程。遗存至今的大量民居建筑，除极少数建于明至清中叶外，绝大多数都建于晚清及民国时期，其主要类型有合院式民居、防御性民居、水乡民居、窑洞民居和少数民族民居等。

一、工整对称：合院式民居

合院式民居是中国最常见的民居，是中国建筑文化中"合"的凸显。合院式民居最早起源于中原地区，随着人口疏散、人员流动，合院式民居逐渐向全国各地传播。合院式建筑以北京四合院最为典型，并有"北在山西（晋中合院），南在安徽（皖南民居）"之说，直至近代，又产生了与西方文化交融的新型合院式住宅，如上海的石库门建筑等。

（一）北京四合院

四合院是北京传统民居形式，辽代时已初成规模，经金、元至明、清逐渐完善，最终成为北京最有特点的居住形式。所谓四合，"四"指东、西、南、北四面，"合"即四面房屋围在一起，形成一个"口"字形，烘托出内外分明、层次井然的家族氛围。经过数百年的营建，北京四合院从平面布局到内部结构、细部装修都形成了特有的京味风格。

通常一座标准的四合院为三进院落，以南北中轴线为骨干，住宅大门多开在东南角，门内迎面有影壁，由此面转至第一进院；二门多为垂花门，跨过垂花门便进入第二进院，第二进院由厢房、正房、游廊组成，正房和厢房旁还可加耳房，第三进院为正房后的后罩房，在正房东侧耳房开一道门，连通第二和第三进院。在整个院落中，主人住正房（上房），长子住东厢，次子住西厢，佣人住倒座房，女儿住后院，互不影响。四合院虽有一定的规制，但规模大小不等，除基本的三进外，还有简朴的二进，宽裕的四进、五进及豪华的并列跨院。

(二) 晋中合院

山西现存的合院式建筑有近1 300处,其中最经典的当数分布在晋中南地区的晋商豪宅大院,被称为晋中合院,因以狭长的庭院为其主要特征,故又称"晋中窄院"。晋中合院的布局以三合、四合院为基本单元,北房为正厅,厢房、倒座为居室。建筑单元多用抬梁式结构,用砖或土坯砌墙,屋顶比较平缓,常用悬山式。晋中窄院的形成有多种原因:一是遮阳避暑,二是防阻风沙,三是紧缩占地。

晋中合院中著名的有祁县的乔家大院、灵石的王家大院和榆次的常家庄园等。综观这些大院,布局严谨,设计精巧,乔家大院俯视成"喜喜"字形,王家大院俯视成"王"字形。大院中,建筑雄伟,精雕细刻,匠心独具,兼具南北建筑文化特征,充分显示了我国传统建筑的高超工艺水平。

(三) 皖南民居

皖南民居又称"徽州民居",它是徽州地区众多古村落民居的统称,以安徽黟县的西递村、宏村为代表。西递村至今完好地保存了典型的明清古村落建筑,有"活的古民居博物馆"之称,而宏村又以仿生学的人工水系及精湛的雕刻工艺著称,集中体现了徽派民居的特色。

皖南民居一般由四面房屋,或者由三面房屋一面墙共同围合在一起,中央形成一个庭院。庭院面积较小,当地人称之为天井,有拔风通风的作用。各屋半坡屋顶都向天井排水,当地人称之为"四水归堂",有财不外流的寓意。皖南民居最常见的居住方式为聚居式,因人多地少而建筑密集,故而每个单元住户,均以高墙相隔,其墙称"马头墙",高峻异常,将户与户之间严格隔绝,兼具防盗和防火两大功能。这些防火山墙轮廓呈阶梯状,变化丰富,墙面以白灰粉刷,墙头覆以青瓦;高墙之间夹着狭窄的街道,形成了这个地区民居建筑的特有风貌。而"马头墙"因其独特的造型已成为中国古建筑的符号而出现在全国各地的仿古建筑中。

(四) 上海民居

上海合院式民居主要有远近闻名的石库门建筑和即将失传的"绞圈房子"。

石库门建筑是近代上海最有代表性的民宅,通常被认为是上海近代都市文明的象征之一。它是合院式建筑与西方文化交融的新型居民住宅。石库门建筑盛行于20世纪20年代,占据了当时民居的四分之三以上。合院仍是石库门建筑的主要特征,但总体布局采用了欧洲联排式建筑风格。石库门建筑的平面和空间更接近于江南传统二层楼的三合院或四合院形式,保持着方正规整的客堂,有楼上安静的居室,还有习惯中常见的厢房。上海的"中共一大会址"就是典型的石库门民居。

石库门民居大多采用单开间或双开间,双开间有一侧为前后厢房,单开间则完全取消了厢房。单开间石库门建筑的格局是:进门就是一小天井,天井后为客堂,客堂后为楼梯,楼梯后为灶披间(厨房)和后门。客堂上面为前楼,灶披间上面为亭子间,前楼和楼梯上面为三层阁,亭子间楼上是晒台。其中的亭子间,作为众多近现代文人居住的空间,成了早年海派文化怀旧的象征性符号。

比起人们更熟悉的石库门住宅,"绞圈房子"才是上海更古老更具传统特色的本地民居。"绞圈房子"是当地人的称呼,意思是绞圈而建。"绞圈房子"大门多开在南面居中,称"墙门间",四面(或三面)由房子围合而成,左右对称,中间为天井。"绞圈房子"主要分散在上海郊区奉贤、嘉定、宝山等地,市区则主要集中在原南市区老城厢。

二、聚族而居:防御型民居

由于战乱等原因,历史上一些北方人曾合族南迁至今福建、广东、江西一带,被当地人称为客家人。他们到达新的地方后,由于生活习俗、文化心理、家族利益等方面的原因,不同氏族之间,或与当地人之间不时发生纠纷甚至武装冲突。他们因此聚族而居,建防御功能强大的各种建筑以防卫自保。与此同时,客家人遵守南迁前的文化传统,重视家族血缘关系,所以这种居住方式也维系了北方汉地固有的文化和习俗。防御型民居中的福建土楼、梅县围屋和赣南围子均与客家文化有关。

(一)福建土楼

福建土楼是我国重要的防御型民居之一,主要分布在闽西、闽南的永定、南靖一带,形状有圆楼、方楼、五凤楼和异形楼等。它们规模大,外墙高而厚,墙上开窗很少,很像一座堡垒。

圆楼在福建土楼中最具特色,它是中外建筑史上十分罕见的民宅。其产生并不

福建土楼

福建土楼

偶然：为突出防御功能而设计成圆形，因圆形没有死角，对外防御时从各个角度都可以观察到外部的情况，所以防御功能是方形土楼、五凤楼等无法与之相比的。

福建永定的承启楼是一座非常著名的圆形土楼。它是福建内通廊式圆楼的典型，外墙高达 14 米，外围直径约 62 米，里面有三层环形房屋相套，共有房屋三百余间，最里面的中心一环是单层房屋，为族人议事、举行婚丧礼仪和其他公共活动的地方。最外一环共高四层，底层作厨房和杂物间，二层储存粮食，三层以上住人。

（二）梅县围屋

梅县围屋又称"围龙屋"，位于广东省梅州市梅县传统客家人的聚居地。其民宅既体现了对中原文化的继承性，又体现了对于社会动荡的适应性，即具有强大的防御性。

围屋一般依山坡而建，前低后高，呈阶梯状；外墙高而窗子小，具有较强的防御性。内部以一进三厅两厢加围屋为基本格局，在此基础上可变化为三厅四厢加围屋、三厅六厢加围屋等。从外在的轮廓来看，围屋的形状饱满圆润、内向围合，是中国传统社会聚族而居、寻求自我保护的理想型住宅。

（三）赣南围子

赣南围子主要分布在江西南部的定南、全南和龙南等地，现存总数在 500 座以上。该区域与福建、广东及湖南三省交界，旧时治安混乱，防御性较强的围子便应运而生。与福建土楼、梅县围屋一样，赣南围子也具有客家聚居地的特征，但又有自身的特点。

赣南围子平面呈四方形，外墙厚 0.8～1.5 米，高 2～4 米，均不设窗，但在楼层上设有一排枪眼，有的还设有炮孔。方形墙体的对角或四角设置有炮楼，炮楼又比外围房屋高出一层。炮楼的设置，让方形的赣南围子，在形式上有别于圆形土楼而在功能上又类同于圆形土楼。赣南围子从建筑材料到造型设计都极富变化，每座围子都极具个性。

（四）开平碉楼

广东开平碉楼是中国民居建筑的一个特殊类型。一方面当地河流多，每遇台风暴雨，洪涝灾害频发；另一方面其地理位置处于新会、台山、恩平、新兴四地交界处，旧时，社会治安混乱，所以当地民众被迫在村中修建碉楼防洪防盗，以求自保，逐渐形成了这种独具特色的建筑。开平碉楼分布于开平市的各地乡村，属于多层塔楼式建筑，兼具防洪防盗与居住功能，最多时达三千多座，现存 1 833 座。

不同于其他防御性民宅的是开平地处侨乡，碉楼的建设开始时多由华侨携资建设，甚至在境外请人设计，故建筑材料、建筑设计，特别是建筑装饰无不带有外国建筑的影子，有古希腊古罗马风格的，有欧洲中世纪哥特式风格的，有伊斯兰风格的，还有文艺复兴时期及 17 世纪欧洲巴洛克风格的；但其设计又以中国传统乡村建筑文化为主，故开平碉楼成为中国近代史上中西建筑艺术相融的成功范例。

三、风格迥异:少数民族民居

(一) 西南少数民族民居

中国西南地区分布着许多少数民族,因为气候、地形、民族习惯等因素,形成了各种不同类型的建筑,常见的有"吊脚楼""三坊一照壁""一颗印""石碉楼"和"石板房"等。

"吊脚楼"由人类早期的居住方式之一"巢居"发展而来。吊脚楼也叫"吊楼",为壮族、布依族、侗族、水族、土家族等的传统民居。吊脚楼一般在平地上用木柱撑起分上下两层,上层通风、干燥、防潮,是居室;下层是猪牛栏圈或用来堆放杂物。房屋规模一般人家为一栋四排扇三间屋或六排扇五间屋,中间为堂屋,左右两边称为饶间,作居住、做饭之用。饶间以中柱为界分为两半,前面作火炕,后面作卧室。吊脚楼上有绕楼的曲廊,曲廊还配有栏杆。

受中原文化的影响,云南少数民族地区也出现了四合院式的民宅,其中以"一颗印"和"三坊一照壁"为代表。"一颗印"民宅主要分布在云南中部地区,因其外观方方正正,如一块印章,所以俗称"一颗印"。它的正房为三间,左右各有两间耳房,临街一面是倒座,中间为住宅大门。四周房屋都是两层,天井围在中央,住宅外面用高墙,很少开窗。正房底层中央一间为客房,左右为主人卧室;楼上中间为祭祖的祖堂或供佛的佛堂,耳房底层分别为厨房和牲畜栏圈。"三坊一照壁"建筑主要分布在云南大理白族聚居区。这种四合院式的民宅是由三面房屋一面影壁围合成院,所以称为"三坊一照壁"。照壁位于正房的对面,白色墙面上绘有彩色装饰,不但构成一道景观,而且由于白色壁面对光线的反射,使得院内更加明亮。

(二) 藏式碉房

藏式雕房主要分布在西藏、甘肃、青海及四川西部一带藏族聚居地。因为是高原地区,建筑大多以石料为主要材料,形状如碉堡,所以称为"碉房"。

藏式雕房一般为两三层的平屋顶小楼房,其底层为牲畜房,二层为卧室、厨房,上层为经堂。外墙下部用粗石垒造,色彩深重,质地粗犷;上部多为白色的粉墙面,墙上开有成排的梯形窗洞,每个窗洞上都带有彩色的出檐口,窗小而高,体现了碉房对于防御性能的强调。这种藏族建筑看上去整体造型严整而色彩华丽,风格粗犷而凝重。

(三) 维吾尔族民居

维吾尔族民居主要分布在新疆维吾尔族聚居地。维吾尔族民居有其独特风格:房屋呈方形,有较深的前廊,室内凿壁龛,并饰以各种花纹图案。建筑装饰多用虚实对比、重点点缀的手法;门窗口多为拱形;色彩则以白色和绿色为主调。

维吾尔族民居最独特的是设置户外型的家庭活动中心,如"阿以旺"等。庭院大多会设置果园,内部种植瓜果与观赏植物,长长的藤条悬挂在屋檐下与藤架上,既绿化了庭院空间,也展示了浓郁的地方与民族特色。

(四)蒙古包

中国北部和西北部的内蒙古、新疆地区,居住着蒙古族和哈萨克族等少数民族。他们长期以放牧牛羊马等牲畜为生,过着逐水草而居的游牧生活。为适应这种生活而建的毡包,就成了他们的住房。因为蒙古族建得最普遍,所以俗称蒙古包。

蒙古包一般用木条编成框架,外面包以羊毛毡。蒙古包里,中间放一炉子,烧水做饭,冬季还可供热取暖;地上和四壁往往铺挂有毡毯;顶部留有圆形的天窗,以便采光与通风。它是一种便于拆装、迁徙的活动房屋。为适应装卸、迁移的需要,毡包的结构、构造力求轻巧方便。在世界各地的传统移动住宅中,它的便捷度是最高的。

 思考题

1. 为何用"墙倒屋不塌"来形容中国古建筑?
2. 中国古建筑是如何强调与环境之关系的?
3. 为何说紫禁城的布局充分体现了传统的礼制秩序?
4. 中国古代私家园林是如何达到"虽由人作,宛自天开"之艺术境界的?
5. 请以"福建土楼"为例,谈谈古代民居是如何体现中国传统文化的。

第九章　器 以 载 道

——器物文化

与其他国家的青铜文明相比,中国青铜器的一个突出特征是礼器占有最重要的地位。中国青铜礼器是商周时期贵族礼制在青铜器上的"物化",具有特殊的文化内涵。例如青铜鼎,本是一种普通的烹饪器,但进入阶级社会后,鼎成了最重要的礼器,不仅在西周形成了一整套用鼎制度,而且演绎出国家政权的象征意义。鼎被赋予神圣的色彩源于禹铸九鼎的传说,九鼎成为古代象征国家政权的传国之宝,鼎也从普通的炊具摇身一变成为传国之重器。这一观念长期延续。公元前606年,楚庄王带兵攻打陆浑之戎,路经洛邑,特意摆开阵势,显示武力。周定王连忙派大夫王孙满前去慰劳。楚庄王咄咄逼人,劈头就问九鼎大小轻重如何。楚王问鼎,显然有取而代周之意。王孙满从大禹铸鼎的历史说起,禹所铸九鼎,三代视之为国宝,也是社稷的象征。此时东周虽然衰弱,仍是天命所归,因而不能容忍他人问鼎之轻重。(《左传·宣公三年》)

人类创造的文明成果,有些以"思想"的形式表现,有些则以"器物"的形式来表现。表面看二者并无关系,其实,二者之间有着深层的共同点。器物是思想文化的载体,是社会观念的体现与展示。中国的器物文化是中国传统文化的重要物质载体,与历代生产发展相适应,充分展现了中华民族的礼仪习俗与审美情趣。中国传统器物文化在世界上有着独特的成就,随着中西文化的交流,为越来越多的人所认识,叹为观止。

第一节　玉 器 文 化

玉是指色彩美丽、质地坚硬而不多见的珍稀石头,用玉雕琢成的工艺制品称为玉器。"玉"字,始见于商代甲骨文和钟鼎文中,意为将三块横玉用一条玉贯连起来,象征着以玉贯通天地。许慎《说文解字》云"玉乃石之美者",从物质(石)和艺术(美)两个方面阐述了"玉"字的概念,凡具坚韧的质地、晶润的光泽、致密而透明的组织、舒扬致远的声音的美石,都被认为是玉。许慎还提出玉有五德之说,即仁、义、智、勇、洁,实际上指的是玉的色泽、纹理、质地、硬度、韧性五个特性。在中国,玉器有着悠久的历史和独特的含义,包含着古人无穷无尽的理想追求和精神向往。古往今来,人们把一切美好的东西以玉喻之,它被赋予"廉而不刿""气如白虹"等多种品格,成为道德的象征,具有广博而深邃的文化内涵。玉,指向一切美好、高尚的人或事物。汉字中偏旁从玉的字近五百个,带"玉"字的成语几乎全是褒义词,比如"宁为玉碎不为瓦全"等。在中国,玉器有着悠久的历史和独特的含义,包含着古人无穷无尽的精神向往和理想追求。

一、玉亦神物:古代玉器发展源流

(一)玉器的初创期

新石器时代玉器与石器分离,开启了中国玉文化的先河。在距今四五千年前的新石器时代中晚期,辽河流域、大河上下、长江南北,已处处闪耀着玉文化的曙光。目前,在全国范围内已经发现新石器时代的遗址六千余处,其中相当多的遗址中都有古玉器出土,例如红山文化、仰韶文化、大汶口文化、龙山文化、大溪文化、河姆渡文化、马家浜文化、良渚文化、崧泽文化等。其中太湖流域的良渚文化以及辽河流域的红山文化的出土玉器,最为引人注目。新石器时代良渚文化的玉器已经制作得十分精美。当时的玉簪、玉环一类是装饰用玉,而玉龙、玉鸟等可能为图腾神物,玉琮、玉璧等则为宗庙礼器,具有宗教或权力的象征意义。良渚文化玉器种类较多,有玉琮、玉璧、玉钺及成串玉饰等。良渚玉器深沉严谨,尤以浅浮雕的装饰手法见长。最能反映良渚琢玉水平的是形式多样、数量众多,又高深莫测的玉琮。红山文化则以动物形玉器和圆形玉器为特色。典型的有玉龙、玉兽形饰等。红山玉器最突出的特点就是神似,熟练的线条勾勒和精湛的碾磨技艺,把动物形象表现得活灵活现。这一时期的玉器已经脱离了石器,成为一种独立的手工艺品。从良渚、红山古玉多出自大中型墓葬分析,玉器陪葬殓尸具有辟邪、祭天祀地的意义,还象征了权力、财富、地位。总体来说,这一时期的玉器,多为礼仪用器,器型繁多,形成了玉最初的文化意义。当时玉器的加工技术已达到相当高的水平,但艺术表现手法仍处于古拙时期。

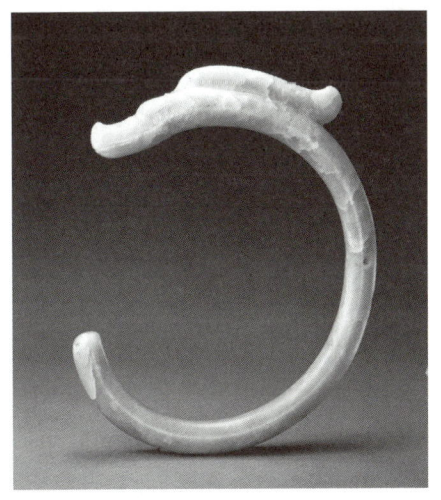

红山文化之玉龙

(二) 玉器的发展期

商周时期,玉石工艺有了显著的发展。商代早期玉器发现不多,琢制也较粗糙。商代晚期的玉器以安阳殷墟妇好墓出土的玉器为代表,这些玉器用新疆和田玉琢治而成,按用途可分为礼器、仪仗、工具、生活用具、装饰品和杂器六大类。从这些玉器可以看出,当时的琢玉技术已达到相当精巧细致的程度。商代玉器以象征性、装饰性的艺术手法琢治了大量的玉琮、玉璧等祭祀礼器以及帝王和贵族们所执的玉圭、玉璋等礼仪用玉。这个时代的玉器多采取象征手法,夸张双眼以突出其神采。

周代玉器体现了严格的宗法、礼仪制度。西周时期玉器最显著的特点是贵族礼仪用玉的制度化和规范化,最明显的体现就是用"六器"以礼天地四方,用"六瑞"来表示爵位的高低。"六器"和"六瑞"是西周著名的玉礼器。在这样的历史背景下,西周的玉器一般显得比较呆板,缺少商代玉器的活泼生动。

春秋战国,玉器在艺术风格上发生了重要变化,装饰上出现了现实主义的萌芽,玉器已开始由礼器向实用装饰品转化。这一时期玉制礼器地位衰落,在前期作为礼器的璧、璜、琮、圭、璋等开始转化为陈设品和装饰品。当时佩玉特别发达,龙、凤、虎形玉佩等具有浓厚的中国气派和民族特色。当时和田玉大量输入中原,王室诸侯竞相选用和田玉。湖北曾侯乙墓出土的多节玉佩、河南辉县固围村出土的大玉璜佩,都用若干节玉片组成一完整玉佩,是战国玉佩中工艺难度最大的玉器。

秦汉时期,玉器中除圭还有一点礼仪性质外,其他玉器都明显成为仅具装饰意义的东西了。璋、琮等礼玉几乎不见,偶尔有一两件也是用旧物改制而成。玉器的礼制内涵逐渐消失。而汉代玉器也由于摆脱了礼制观念的束缚,发展到一个新的高峰。汉玉雄浑豪放的艺术美,反映了汉代统一国家的雄风,也表明玉器已向艺术品转化。

汉代玉器继承战国玉雕的精华,继续有所发展,并奠定了中国玉文化的基本格局。最能体现汉代玉器特色和雕琢工艺水平的,是葬玉和陈设玉。汉人认为玉是陪葬之物,也是防腐之宝。为祈求尸体不朽而制造的葬玉,有玉衣、九窍塞、握玉等。玉衣一般按部位可分为头罩、上身、袖子、手套、裤筒和鞋子六个部分。各部分均由小玉片加金、银、铜丝缕织而成。古人迷信"金玉在九窍,则死人为之不朽"(《抱朴子·对俗篇》),将玉塞放在九窍中,人的精气就不会由九窍逸出。放在口中的玉叫琀,放在耳中的玉叫瑱,放在手中的玉叫握。总的说来,汉代葬玉虽多,但工艺水平不高。相反,具有写实主义风格的陈设玉如玉奔马、玉熊、玉鹰、玉辟邪等,凝聚着汉代浑厚豪放的艺术风格,工艺水平更高,对后世的影响也更大。汉代的雕刻技法"汉八刀",简洁传神,极具特色。

(三) 玉器的停滞期

随后的魏晋南北朝,是古代玉器发展历史上的一个低潮,出土玉器极少。究其原委,当时人不爱好琢玉,而盛行吃玉。本来古人早有食玉可以长生的思想,在神仙思想和道教炼丹术的影响下,觅玉、吃玉达到了疯狂的程度。早期玉器的美术价值和礼仪观念,这时消失殆尽,反而成为养生防老的药物和炼丹术的原料。

(四)玉器的繁荣期

唐代国力强盛,玉器制作出现了新的高峰,玉器与其他工艺品一样洋溢着活力。隋唐时佩玉仍体现着尊卑有序的等级观念。《隋书卷十二·志第七》记天子白玉,太子瑜玉,王山玄玉,自公以下皆水苍玉等,唐代沿用。唐代一般玉器则呈现出新的风貌,宗教用玉、礼仪用玉大大减少,玉质实用工艺品在唐代开始盛行,艺术风格也趋向写实,汉代那种古拙遗风消失了。

宋代在中国文化史上是一个重要时期,玉器艺术极其繁荣。宋徽宗赵佶的嗜玉成瘾,金石学的兴起,工笔绘画的发展,城市经济的繁荣,写实主义和世俗化的倾向,都直接或间接地促进了宋代玉器的空前发展。宋代玉器作为礼器的功能明显减弱,而作为日常欣赏的功能得到了加强,"礼"性大减,"玩"味大增,玉器更接近现实生活。宋代首创的"巧色"工艺,可根据玉材的天然色泽、纹理与形状,雕琢出各种器物,非常精美。

元代玉器承延宋、金时期的艺术风格,其典型器物是"渎山大玉海玉瓮",成于至元二年(1265),瓮口为椭圆形,高70厘米,直径135厘米。玉瓮周身为雕刻的海浪和海龙、海马、海猪、海鹿、海犀牛等怪兽,海浪激起旋涡,怪兽神态生动,整个作品气势磅礴,是中国现存最大的传世玉器,颇具元人雄健豪迈之气魄。

(五)玉器的鼎盛时期

明清时期是中国玉器的鼎盛时期,其玉质之美、琢工之精、器形之丰、使用之广,都是前所未有的。明清皇室爱玉成风,乾隆皇帝更是不遗余力加以提倡。清代玉器具有华丽、典雅的艺术风格。最典型的玉器是陈列在北京故宫博物院的"大禹治水玉山子",据说当时采玉工从海拔四千多米的玉矿中开采出这块巨大玉石,经长途跋涉运到了北京,痴迷美玉的乾隆皇帝见此稀世大玉,让画工临摹古画"大禹治水"制成木样,发往扬州琢治。山子是清朝乾隆年间扬州玉工开创的玉雕品种,它将自然界的山水、人物、亭阁浓缩在玉石上,运用浮雕、圆雕、透雕、镂空等各种技法,表现远近、高低、上下不同层次的景物,实际上是运用立体和透视的艺术效果将中国画的意境表现出来。其时民间玉肆生意十分兴隆,苏州专诸巷是明代的琢玉中心,民间称"良玉虽集京师,工巧则推苏郡"。

二、君子风范:古代玉器的文化内涵

新石器时代出现的玉器,历经七千多年的发展,从最初简单的装饰品发展为宗教祭祀和礼仪用品,又发展为标志高尚道德的佩戴品,最后发展为内容丰富的艺术欣赏品,深刻地反映了不同历史时期的社会意识。玉的自然特性被赋予深刻的道德内涵,使它在政治、宗教、思想文化等领域中,扮演了特殊的角色。这是在世界文化史上,任何其他国家和地区都未曾有过的文化现象,体现了鲜明的民族特色。

(一) 神玉

中国古人很早就有以玉为神灵的观念,玉质坚而脆,决定了它不能作为生产工具和兵器,而玉石的温润光泽是原始初民无法解释的神秘难题。玉被解释为天地之精华,玉具有人们无法解释的神奇特性,被作为祭祀沟通上天的神物,有着其他物料所没有的通灵功能。他们将玉视为神物,顶礼膜拜,认为玉可上达天地鬼神,赋予玉以特殊的尊崇地位。

在中国最早的一部地理著作《山海经》中,记述了玉的神话:"密山之上,丹水出焉,其中多玉膏,其源沸汤,黄帝是食。玉膏之所出,五色乃清,五味乃馨,坚栗精密,泽而有光,五色发作,以和柔刚,天地鬼神,是食是飨,君子服之,以御不祥。"这是说,玉是黄帝所食的玉膏生成的。它有五色,质地紧密坚硬,润泽有光,天地鬼神都以它为食品,如果君子食用,可以防止不祥。《越绝书》中说:"至黄帝之时,以玉为兵,以伐树木,为宫室、凿地;夫玉亦神物也,又遇圣主使然,死而龙藏。""玉亦神物"是古人对玉的神性的强调。伟大的诗人屈原在二千多年前就向往着:"登昆仑兮食玉英,与天地兮比寿,与日月兮齐光。"《尚书》中则记载周武王在伐纣克商取得重大胜利后的第二年,身患重病,周公设坛祭祀。他"戴璧秉圭",诚心地祷告占卜,请求以己身代武王死。在漫长的古代社会里,这个故事一直是宣扬君臣关系的范例。古人以玉敬神,以玉敬祖,同样反映出古人信仰世界中玉沟通上天的神奇功能。在后世的观念中,玉器一直具备通神的特征。清代《红楼梦》里贾宝玉从娘胎带来的命根子——"通灵宝玉"显然也是这种信仰的延续。

(二) 君玉

阶级社会中,玉的这种神性更与统治者的无上权威结合在一起,成为权力的象征。从五千多年前的红山玉龙到妇好墓的精美玉器,伴随着文明的出现与发展,玉器从巫玉时代迈入了君玉时期,玉渐渐走下了祭祀的神坛,演变成君王身份的象征。

据说战国时赵惠文王得到稀世珍宝和氏璧。秦昭王闻之,"遗书赵王,愿以十五城请易璧"。当时秦强赵弱,赵王恐献璧而不得其城,左右为难。蔺相如自请奉璧至秦,献璧后,见秦王无意偿城,当廷力争,宁死而不辱使命,终致秦王妥协,得以完璧归赵。秦破赵,得和氏璧。后秦统一六国,传说始皇帝命李斯书"受命于天,既寿永昌"八字,咸阳玉工王孙寿将和氏璧精研细磨,雕琢为玺。传国玉玺乃成。后经秦、汉、魏、晋、宋、齐、梁、陈、隋、唐、后梁,至后唐时,石敬瑭引契丹军至洛阳,末帝李从珂怀抱传国玺登玄武楼自焚,传国玉玺就此失踪。将美玉与江山社稷紧密相连,且超越朝代更迭而传世,足见玉在古人心中的特殊地位。

(三) 礼玉

古代玉器的礼仪功能也一直占据中国古代玉器的主流。西周时代,周公制礼,更是确立了一整套完备的祭祀礼制。这一时期,玉已经成为周王朝王公大臣生活中不可缺少的部分,祭祀等各种礼仪,都必须用玉。其中"六器"是封建社会礼仪用玉的主干,即用六种不同形制的玉器作为祭祀天地四方的礼器,这就是《周礼·大宗伯》所记载的"以玉作六器,以礼天地四方,以苍璧礼天,以黄琮礼地,以青圭礼东方,以赤璋礼南方,以白琥礼西方,以玄璜礼北方"。这些名称中的第一个字是代表玉的颜色,第二个字则是玉器的名称。书中又记载朝聘用的六瑞:"以玉作六瑞,以等邦国,王执镇圭,公执恒圭,侯执信圭,伯执躬圭,子执谷璧,男执蒲璧。"王及五等诸侯于朝聘时所持之六种玉制信符,叫作瑞。王及公、侯、伯、子、男共是六等爵位,所以有六瑞。王及公、侯、伯的爵位高,他们的瑞是圭;子、男的爵位较低,他们的瑞是璧。宗法社会里,执瑞玉来分别君臣的尊卑等级。而六瑞这种玉器就是他们的信物,每当君臣相见或诸侯互见的时候,都手执瑞玉。《周礼·典瑞》曰:"圭璧以祀日月星辰,璋邸射,以祀山川。"大量的墓葬出土文物也证明了这些文献记载。

(四)德玉

从西周开始,玉又常常被赋予道德观念的意义,其物理特性被比附为君子之德。玉外表温和圆润,本质却至坚至刚,与君子道德追求之境界正相吻合,玉成为高尚品德的象征。如《诗经·大雅·卷阿》中称赞贤士"如圭如璋,令闻令望",即贤士像玉圭、玉璋一样品行美好,有着卓著的声誉流传四方。

春秋战国时期,学术上百家争鸣,玉的道德象征意义被儒家进一步弘扬。这一时期,和田玉大量输入中原,王室诸侯竞相选用和田玉。此时儒生们把礼学与和田玉结合起来,用和田玉来体现礼学思想。儒家的仁、智、义、礼、乐、忠、信、天、地、德等价值观念,比附在和田玉物理特性上,随之"君子比德于玉",玉有五德、九德、十一德等说法应运而生。《礼记·玉藻》中记载,子贡问孔子:你那样赞美玉,是不是因为玉比较少,而石头比较多?孔子回答:这不是多少的问题,这是本质的问题,玉的本质呈现了这样的纯粹性,因此,我们才珍惜玉。当时贵族常常佩玉以洁身明志,所以"古之君子必佩玉"。玉在人们的文化和精神生活中占有特殊的位置。这是中国玉文化经久不衰的理论依据,是中国人几千年爱玉风尚的精神支柱。

贵族知识分子佩挂玉饰,以标榜自己是有"德"的仁人君子,玉质佩饰也就成了显示贵族身份与教养的标记,"君子无故,玉不去身"。每一位士大夫,从头到脚,都有一系列的玉佩饰。玉是君子规范道德、约束行为之标志。《礼记·玉藻》中这样说:"古之君子必佩玉,右徵角,左宫羽。趋以采齐,行以肆夏,周还中规,折还中矩。进则揖之,退则扬之,然后玉锵鸣也。故君子在车则闻鸾和之声,行则鸣佩玉。是以非辟之心,无自入也。"佩玉行走时,向前一步则身体前倾,再抬脚时则身体后仰。连贯行走,就形成不停顿的前倾后仰动作。这样一来就必然牵动身上佩戴的玉饰,使之互相碰撞,发出有节奏的音响。一套玉佩悬挂于身,只有随着连贯、均匀、协调的步伐,才能形成优美的玉振之音,充分显示身为君子的优雅仪态。

除了道德内涵外,当时佩玉仍然包含着严格的等级秩序,根据《礼记·玉藻》的说法,天子以白玉为佩,用黑色的丝带相贯;公侯以山玄玉为佩,用红色的丝绳穿系;大夫用水青色的玉为佩,必用纯色的丝绳穿挂;世子用瑜玉为佩,须用杂色丝绳组系;士用美石作佩,应用赤黄色的丝绳相贯。

玉亦可作为贵重礼物相互赠送,以表达情谊。《诗经》中与玉有关的诗句随处可见。《诗经·国风·木瓜》有云:"投我以木瓜,报之以琼琚。投我以木桃,报之以琼瑶。投我以木李,报之以琼玖。"

总之,在我们民族的历史生活中,玉,这么一种自然物品已经包含了深厚的文化意蕴,诸如象征神性、王权以及道德品格。正如近代学者所说:"抽绎玉之属性,赋以哲学思想而道德化;排列玉之形制,赋以阴阳思想而宗教化;比较玉之尺度,赋以爵位等级而政治化。"①

第二节 青铜文化

中国青铜器的产生很早,新石器晚期,一些考古文化已经进入铜石并用时代,介于龙山文化和夏文化的二里头文化,已经属于青铜器时代。目前已知最早的青铜制品是在甘肃东乡林家马家窑文化遗址中出土的一件单范铸造的青铜刀,距今有五千七百多年。

天然的铜是红色的,故名红铜。青铜是红铜与锡、铅等化学元素的合金,颜色灰青,因而得名青铜。《荀子·疆国篇》中"刑范正,金锡美,工冶巧,火齐得"记载的正是青铜器的制造工艺。制作青铜器有炼矿、制范、熔铸、修整等工艺过程。青铜器的制作由冷锻发展为熔铸,由单范制作简单的工具发展到合范制作容器,在工艺上是很大的飞跃。制范有陶范法和失蜡法之分。《周礼·考工记》中提出的"金有六齐"是青铜器的六种原料配比标准,这是世界上最早的关于铸造青铜器所用合金成分比例的明确记载。青铜器具有熔点低、硬度高等优点,不同用途的器物,所用的"齐"(通"剂",即配比)是不同的。例如"六分其金而锡居其一,谓之钟鼎之齐;五分其金而锡居其一,谓之斧斤之齐"。

中国青铜器不但数量多,而且造型丰富、品种繁多,有酒器、食器、水器、乐器、兵器、农具、车马器、生活用具、货币、玺印等。每一器种在每个时代都呈现不同的风采,同一时代的同一器种的式样也多姿多彩。加之用合范法铸造,一般一范只铸一器,很少有面目完全相同的青铜器。

---

① 郭宝钧:《古玉新诠》,《"中研院"历史语言研究所集刊论文类编·考古编》,中华书局2009年。

一、国之重器：古代青铜器源流

中国的青铜时代开始于夏代，约公元前 21 世纪。远古有夏禹之时"以金为兵""收九牧之金铸九鼎"的传说，禹的儿子夏启采铜矿用以铸造铜器。其事本身未必可信，但可确定当时中国已进入青铜时代。夏代青铜器在考古发掘与传世文物中均有发现，当时已经有了象征身份等级的礼器，与礼制相呼应。

商代后期是中国青铜器发展史上的鼎盛时期。盘庚迁殷后，商朝国力渐强，特别是武丁时期，盛极一时。为适应其神权统治，需要进行大量繁复的祭祀活动。在这些活动中，青铜祭品成为重要道具，因而这时青铜器铸造工艺有了长足的进步，体积厚重、纹饰神秘的青铜器大量涌现，成为我国青铜文化最繁荣的时期。商代前期青铜器的装饰比较简单，多为单层组织，后期装饰精细复杂，出现了多层花纹，呈现繁缛、富丽、神秘的风格。青铜器花纹种类繁多，千姿百态，主要有两大类，即动物象生类和几何线纹类。

周武王灭商后，西周统治阶级为了维护统治秩序，制定了一整套礼仪及等级制度，称为礼制。礼制其实是一种严格的等级制，青铜器就是这一礼制绝佳的物质载体，用于祭祀和宴饮。对于一个贵族及其家族来说，青铜礼器又是他们身份与地位的象征。据文献记载，使用青铜礼器的等级制度，大体上是天子九鼎八簋、诸侯七鼎六簋、大夫五鼎四簋、士三鼎二簋，用以表明等级制度，以器的多寡与不同的组合形式来显示贵族的地位和身份，必须恪守法度，而不能逾越。生前如此，死后埋葬也是如此。所以说青铜器是物质的，但同时又是一种精神产品，这是中国青铜器的奇妙之处。

礼器的这种区别尊卑贵贱的功能，在西周时期最显著，随着其衰落，"礼崩乐坏"，青铜礼器逐渐失去了显示统治阶级等级秩序和权力标志的作用，变得人皆可用。

春秋战国是青铜器的转变时期，青铜器的应用失去了祭祀和礼器的特征，而向生活日用器具发展，重视钟鸣鼎食的组合，以实用为主的小型器物越来越受到欢迎。其相应的器别种类、构造特征、装饰艺术也发生了转折性的变化。其装饰题材的神秘气氛逐步淡化，传统的动物图案逐渐抽象化，演变为几何纹样，并新增了宴乐、射猎、战争等反映社会生活的现实题材。战国以后，由于原有制度的衰落、冶铁技术的发展、陶瓷工艺的提高、漆器的兴起，青铜器逐渐退出中国传统工艺的主流舞台。

二、国之大事，在祀与戎：青铜器的文化特征

（一）青铜器与宗教观念

商人的宗教观念极重，所谓"天命玄鸟，降而生商"，祖先及天帝还有种种自然界的事物，都是他们崇拜的对象。青铜器反映了这种祖先崇拜以及敬天崇神的心理。

商朝统一了黄河流域之后,把自己的祖宗之神,上升为上帝,作为支配整个国家的权威,所以商朝的青铜器中,直接呈现了高度的宗教力量。大多统治者出于对自己氏族、祖先以及当时战争的歌颂,把青铜器作为祭祀的"礼器",供献给祖先或铭记自己武力征伐的胜利。商代统治者将大量的青铜器放置在国家最神圣的地方——宗庙,供他们祭祀和礼拜。他们死后,这些青铜器又被用来陪葬,幻想供死者在另一个世界使用。青铜器皿的形制、纹样无不表现出宗教崇拜的特征。总之,青铜器体现了商代统治者的宗教信仰。

西周同样也有关于本民族起源的神话。不过随着疑天、崇德思想的发展,西周的青铜器开始具有一种庄严的肃穆气质,越来越体现出强烈的人文精神。西周是中国人在宗教上向前跨一大步的阶段,西周将商朝的上帝取消,代之以人本身。中国的人文精神就是从这里开始的。所以即使具有宗教性的图案纹饰仍在,但大多只是装饰性的表现而已。西周末期,主要用于祭祖敬神的青铜器皿,日益失去神秘光彩的威慑力量。自此,青铜器的宗教色彩大大减少了。

(二) 青铜器的礼制特征

中国古代青铜器具有"藏礼"作用。这是中国古代青铜器与其他古文明的青铜器相比最显著的不同。中国青铜礼器是贵族制度在青铜器上的"物化",它用以表明等级制度。形制有别、大小各异、纹饰多样的青铜器皿具,通过不同的组合和搭配,被用来厘定和规范不同人物在社会中的地位,显现贵族的权威和等级法则,象征一个政权的统治。青铜器自产生之日起,即成为社会等级名分制度的重要标志,被赋予了"明贵贱,别等列"的特殊意义。从墓葬中青铜器的出土情况来看,商代贵族主要用酒器的多少来表示自己的身份和地位。商代青铜礼器在使用与埋葬时,组合有严格规矩,商礼以酒器觚、爵的数目区分贵族身份。一般奴隶主贵族墓葬常出一觚一爵,身份高的则多埋藏几套。

西周以后,以觚、爵等酒器为中心的礼器体系宣告结束,取而代之的是以鼎与簋为核心的新体系。从西周中期起,礼器中饮食器的比重逐渐增加,鼎成为表示身份和地位的主要标志。周代有一套严密的礼仪制度,人们衣食住行的一切举动几乎都必须按其规定才能进行。西周盛行鼎、簋组合。尤其是当时形成的"列鼎"制度,天子九鼎八簋,诸侯七鼎六簋,大夫五鼎四簋,士三鼎二簋,都有严格的规矩,不可逾越。这是中国青铜器的重要特点。

(三) 青铜器的国家政权象征

古人云:"国之大事,在祀与戎。"意思是说祭祀和兵戎之争是国家的大事,于是青铜质地的礼器和兵器成为中国青铜器的主要组成部分。青铜器的制造和使用被上升到国家和政治的高度。青铜器一般是在祭祀礼仪中担当最为固定、显赫而重要之角色——礼器,进而被赋予了更多和更特殊的意义,其地位自然日益提升而最终成为所谓国家之重器。青铜礼器甚至被视为国家政权的象征,谁拥有这种礼器,就意味着得到了政权;

若失去了它,就失去了政权。可见青铜器反映出商周不可逾越的尊卑贵贱的等级,以及维护等级秩序的礼制观念。《左传·宣公三年》记载,夏朝初年,大禹令九州州牧贡铜,铸造九鼎,并将全国各地山川奇异之物画成图形,然后分别刻于鼎身。九鼎铸成后,陈列于宫门之外,使人们一看便知道所往之处有哪些鬼神精怪,以避凶就吉。据说此举深得上天的赞美,因而夏朝获得了天帝的保佑。九鼎象征九州,从此就成为天下权力的象征、传国的宝器。对于当时的国家来说,青铜礼器尤其是像鼎之类的重器是社稷的象征,它的存亡就是国家的存亡,楚庄王问鼎这个典故就充分反映了青铜礼器对国家社稷的重要意义。传说夏亡之后,鼎迁于商,商亡之后,鼎迁于周,表明天命之所归。

鼎不仅仅是青铜所铸的一个"器物",它所负载的是国家的权力、天神的威严。在中国古代青铜鼎一直被视为尊贵的宝物,汉代将青铜鼎的出土视为"祥瑞"之兆,《汉书·武帝纪》记载,汉武帝因"得鼎汾水之上",竟将年号改为"元鼎",乃是这种文化在后世的延续。

青铜器的发展是以夏商奴隶制社会的建立为起点,在商末周初奴隶制发展到高峰时期,青铜礼器也达到了它光辉的顶点。随着王室的衰落,礼制也不断地遭到挑衅,在西周后期开始出现了僭越,春秋中期到战国早期基本上所有的诸侯国都出现了僭越,到战国中晚期,诸侯国的卿大夫也开始僭用九鼎。经过这一系列的破坏,这种礼制终于在秦汉后消失了,青铜器也随之没落。

三、狞厉之美:青铜器的美学风格

对于青铜器的美,李泽厚曾《美的历程》中说:"它们呈现给你的感受是一种神秘的威力和狞厉的美。"[①]青铜器的纹样装饰奇特而生动,具有神秘狞厉之美。商人构造了"万物有灵"的形象世界,事事占卜,事事问神,用青铜礼器来供奉神灵,祭祀社稷、祖先,"致其敬于鬼神"。因此宗教和礼法的神圣化,导致青铜艺术造型及纹饰有神秘意味。青铜器纹饰中宗教意味最浓的是饕餮纹,饕餮这个名称最早见于《吕氏春秋·先识览》:"周鼎著饕餮,有首无身,食人未咽,害及其身,以言报更也。"其本身是一种凶怪恐怖的形象。饕餮纹是青铜器最常见花纹之一,也叫兽面纹。这种纹饰最早出现在良渚文化玉器上,有浓厚的神秘色彩。它很可能是原始祭祀礼仪的某种符号,该符号在幻想中含有巨大的原始力量,从而是神秘、恐怖、威吓的象征。其他变形的动物纹饰,如龙纹、夔龙纹、凤纹等,这些动物纹饰把人置于恐惧与威严之下,在祭祀的烟火中,巨睛凝视,阔口怒张,有助于造成严肃静穆、诡秘阴森的气氛,产生震撼人心的威慑力,充分体现出统治者的意志、力量,呈现的是一种神秘的威力和狞厉之美。

---

① 李泽厚:《美的历程》,生活·读书·新知三联书店2009年,第38页。

青铜器纹饰

毛公鼎

青铜器的另一个重要的艺术成就是铭文,又叫金文。铭文被誉为线的艺术。商代金文,形体较为丰腴,用笔雄健有力。青铜器铭文,"铭者,论撰其先祖之有德善、功烈、勋劳、庆赏、声名,列于天下,而酌之祭器,自成其名焉,以祀其先祖者也"(《礼记·祭统》)。青铜器铸刻铭文是从商代中期开始的,起初只是一两个字,即郭沫若先生称为"族徽"的文字。商代晚期开始铭文增多,但最长也不过48字。西周时期是铭文大发展时期,鸿篇巨制不少,如毛公鼎铭文达497字,是铭文最长的青铜器。春秋以后铭文渐趋减少,战国时往往是"物勒工名",长篇铭文罕见。这些铭文书体或粗犷或瘦劲,或工细或秀美,本身具有很高的书法欣赏价值。

青铜器铭文还具有极高的历史价值,尤其是篇幅比较长的铭文,是当时人们现实生活的反映,没有经过后世的修改,保留了当时的真实的面貌,因而具有极高的史料价值。西周中期出现的册命之礼等铭文则更可直视为宗周宫廷文书,并可证《尚书》等传世文献之可靠。铭文本身也是后人对青铜器鉴别断代的重要依据。

青铜器铭文的出现和发展所反映出的正是原始的自然崇拜日趋淡漠而被祭祀文化、礼乐文化先后取代,礼乐文化最终获得强势发展的中国上古社会的实际历史进程。

总之,青铜器是我国古代文明的重要载体之一,其纹饰、造型、铭文体现着当时人们对于美的执着追求;它给后来的雕刻艺术、书法艺术带来了很大的影响,是古代文化史的一个重要的组成部分。

第三节 陶瓷文化

陶瓷是中国传统工艺中最重要的工艺品种之一,特别是瓷器,乃是中国人民的独特创造。中国闻名于世界,瓷器在其中起了极其重要的作用,英文 china 原意是瓷器,后来指代中国。瓷器以其独特的文化特色代表着中国悠久的文明。

一、窑火之珍:古代陶瓷发展源流

陶器的发明,是人类文明发展的重要标志。人们把黏土加水混合后,制成各种器物,干燥后经火焙烧,产生质的变化,形成陶器。它揭开了人类利用自然、改造自然的新篇章,具有重大的划时代的意义。陶器的出现,标志着新石器时代的开端。陶器的发明,也大大改善了人类的生活条件,在人类发展史上开辟了新纪元。

早在 8 000 年前的新石器时代早期,中国就已开始制作和使用陶器。《史记·五帝本纪》里有"舜耕历山,渔雷泽,陶河滨,作什器于寿丘"的记载,说明陶器堪称中国最古老的手工艺产品之一。商代中期就已经出现原始瓷器。就工艺而言,陶和瓷是一种工艺的两个不同发展阶段,瓷是由陶发展而来的,二者在原料、烧成温度和物理特性等方面均有一定的区别。瓷器出现后,陶器并没有终止生产,而是形成了两个支流各自发展。

(一)陶器之源

考古工作者根据陶器的颜色,把陶器分为多种陶系,如分为灰陶、红陶、彩陶、彩绘陶、黑陶以及印纹硬陶等。新石器时代晚期,中国杰出的工艺品种彩陶已经出现,

仰韶文化之
彩陶双连壶

仰韶文化之彩陶双连壶

此时的文化被称为彩陶文化,较为典型的有仰韶文化,以及稍晚的马家窑文化与齐家文化等。先民烧制出各种汲水器、炊煮器和储藏器,并设计出实用与审美相结合的不同器皿造型,还创造了绳纹、划纹、蓖纹、压印纹、指甲纹、锥刺纹以及堆贴、彩绘、镂空等装饰手法。陶器在使用器皿的基础上,发展为原始社会灿烂的艺术之花。半坡彩陶上鱼儿追逐嬉戏的纹饰,马厂彩陶上原始人类手拉手翩翩起舞的图案,马家窑彩陶上奇妙的漩涡波纹,无不记录了先民生存的强烈愿望,描绘着原始人对生活的真诚热爱,演示出人与大自然搏斗的酷烈。李泽厚曾这样论述仰韶半坡彩陶上的鱼纹和含鱼人面:"那陶盆里的人面含鱼形象,它们虽明显具有巫术礼仪的图腾性质,其具体含义已不可知,但从这些形象本身所直接传达出来的艺术风貌和审美意识,却可以清晰地使人感受到:这里还没有沉重、恐怖、神秘和紧张,而是生动、活泼、纯朴和天真,是一派生气勃勃、健康成长的童年气派。"① 这正是看似质朴笨拙的原始彩陶至今仍具有无穷魅力的原因。

彩陶工艺衰落以后,以黑陶为特征的黑陶文化兴起,它最早发现于山东龙山,因此也称为龙山文化。黑陶的制作工艺已采用轮制,有的黑陶胎壁薄如蛋壳,运用快轮制作,工艺水平很高。

春秋战国时期,陶器主要朝建筑用陶和冥事用陶两个方向发展。当时各诸侯国大兴土木,急需大量陶制材料,这样就促进了建筑用陶的工艺水平。陕西省秦始皇陵附近出土的兵马俑,形体巨大、数量众多,生动地反映出秦兵剽悍雄伟的真实面貌。刚毅肃然的将军、凝神待命的骑士、披坚执锐的步兵,以及风神骁骏的战马,共同组成的方阵,张扬着神勇,形象地记录着那个时期的历史,也让后人追忆秦人的尚武精神,是冥事用陶的代表。

陶器的又一次发展高潮是在唐代,因为以黄、褐、绿三色为基本釉色,后来人们习惯地把这类陶器称为"唐三彩"。唐三彩是一种低温釉陶器,在色釉中加入不同的金属氧化物,经过焙烧,便形成浅黄、赭黄、浅绿、深绿、天蓝、褐红、茄紫等多种色彩,但多以黄、褐、绿三色为主。盛唐时期,三彩工艺明显进步,在器型品种上,除了器皿以外,出现了大量生动的三彩人俑。唐三彩所表现的那种激扬慷慨、瑰丽多姿、壮阔奇纵、恢宏雄俊的格调,正是唐代国威远播、热情焕发的时代之音的生动再现。唐三彩

---

① 李泽厚:《美的历程》,生活·读书·新知三联书店 2009 年,第 15—16 页。

多用于随葬,制作宗教用品,制作建筑材料,一般不在日常生活中使用。安史之乱以后,随着唐王朝的逐步衰弱,加上瓷器的迅速发展,三彩陶器制作逐步衰退。

(二) 瓷器的出现

瓷器是用瓷土加水,经过比烧陶器更高温度的火力烧成的。烧制瓷器必须同时具备三个条件:一是制瓷原料必须是富含石英和云母等矿物质的瓷石、瓷土或高岭土;二是烧制温度须在1 200℃以上;三是在器表施有高温下能够形成的釉面。瓷器是中国对人类文化的又一伟大贡献。世界上许多民族在不同的文化背景下都创造了陶器,唯有瓷器是由中国人发明,在公元五六世纪后陆续传播到世界各地的。

原始瓷器最早出现于商代,因为无论是在胎体上,还是在釉层烧制工艺上都尚显粗糙,烧制温度也较低,一般称其为"原始瓷"。当时已有一种青釉器,烧制的温度可达到1 200℃左右,釉下刻有各种纹饰,如云雷纹、水波纹、叶脉纹、圆点网纹等,器形则有尊、瓮、罐、钵等。这种原始青瓷在江南及北方各地多有出土。

真正意义上的瓷器是在东汉出现的,当时的青瓷窑主要在浙江上虞、余姚、绍兴等古越国一带,因此青瓷也称为越窑器。浙江绍兴上虞上浦小仙坛发现东汉晚期瓷窑址和青瓷等,瓷片质地细腻,釉面有光泽,胎釉结合紧密牢固,已经属于真正的瓷器了。东汉后期,瓷器工艺进入成熟阶段,浙江出现专门的瓷窑,在三国、两晋时期成了全国烧瓷业的中心,大量烧制碗、碟、罐、盆、盘、洗、杯等,并有少量的文房用品。

(三) 瓷器的发展期

东汉以来至魏晋时制作的瓷器,从出土的文物来看多为青瓷。这些青瓷加工精细,胎质坚硬,不吸水,表面施有一层青色玻璃质釉。这种高水平的制瓷技术,标志着中国瓷器生产已进入一个新时代。

从三国到隋统一的数百年中,以越窑为代表的瓷器生产有了长足的发展。它品种繁多、式样新颖,已深入生活的各个领域,成为人们离不开的日用品。北朝晚期,白瓷的成功烧造开创了中国陶瓷史上的新纪元。白瓷是由青瓷发展而来的,二者的区别仅在于胎、釉中含铁量的不同。瓷土含铁量少则胎呈白色,含铁量多则胎色较暗,呈灰、浅灰或深灰色。就瓷器本身的发展而言,是从单釉瓷向彩瓷发展的,无论是青花、釉里红,还是斗彩、五彩、粉彩或珐琅彩,都是以白色为衬托,来展现各种色彩的艳丽与美妙的。所以,白瓷的产生,对瓷器的发展有深远的影响。

隋唐时期,中国政治、经济、文化的空前繁荣,推动了制瓷业的进步和瓷器市场的扩大,形成了"南青北白"的瓷器生产格局。青瓷以越窑为代表,釉质温润如玉。白瓷以邢窑为代表,色白如雪,叩之有金石之声。到唐末五代时期,中国陶瓷史上开始出现名窑林立的局面。

越窑青瓷是世界上最早的瓷器品种,隋唐以前独霸中国瓷业,唐、五代、宋初仍然居中国瓷业前列,不仅质地优良,而且美观实用,同时也历来作为贡品而显示其尊贵地位。当时的越窑青瓷与茶文化有密切的关系,也堪称对茶文化的完美演绎。越窑青瓷的茶具优点,陆羽在《茶经》中曾详细阐明:"或者以邢州处越州上,殊为不然。若邢瓷类银,越瓷类玉,邢不如越一也;若邢瓷类雪,则越瓷类冰,邢不如越二也;邢瓷白而茶色丹,越瓷青而茶色绿,邢不如越三也。"陆羽以瓷质、瓷色及茶与器之关系将越窑瓷器与其他瓷器做比较,道出了越窑青瓷的特质所在。唐代诗人孟郊有这样的诗句——"蒙茗玉花尽,越瓯荷叶空",足见唐代文人对青瓷的喜爱。

(四)瓷器的全盛时期

中国陶瓷工艺发展到宋代,达到了炉火纯青的成熟阶段,艺术上取得了空前绝后的成就。宋代名窑遍布全国,当时的钧窑、官窑、哥窑、汝窑和定窑并称为五大名窑。中国陶瓷由此进入了一个新阶段。钧窑瓷器以瑰丽异常的钧釉名闻天下。官窑瓷器釉厚如凝脂,釉面莹润如玉,光泽柔和。釉色有粉青、翠青、灰青、米黄等多种。釉面纹片是官窑器物的特征之一。哥窑釉色以青灰、米黄为多,釉质肥润,釉面有细碎的片纹,纹分两种,一种开较大的黑色片纹,另一种是在黑色片纹中又开细小的黄色片纹,俗称"金丝铁线",是哥窑器物最显著的特点之一。汝窑、定窑"汁水莹润如堆脂",质地像青玉一般。汝瓷胎质细腻,工艺考究,以名贵玛瑙入釉,色泽独特,随光变幻。

汝瓷

汝 瓷

除五大官窑外,宋代各地民窑也精彩纷呈,如浙江龙泉青瓷,江西景德镇青白瓷,福建德化窑青白瓷器,福建建窑黑瓷,河北磁州窑瓷,陕西耀州窑瓷,等等。尤其是景德镇瓷具有"白如玉、明如镜、薄如纸、声如磬"的独特风格,以"假玉器"之美称名冠天下。

宋瓷格调冲淡优雅,体现了有宋一代的美学风格和官方对道家清静无为思想的崇尚。宋瓷造型简洁、优美,尺度比例恰当;装饰方法多样,纹样秀丽,线条流畅;釉层丰腴莹润,肤如凝脂,釉色多变,构成了宋瓷沉静素雅、凝重高贵的艺术风格。其工艺水平和美学境界,不但超越了前人,而且后人也难与之匹敌,达到了中国瓷器史上一个卓绝古今的艺术巅峰。

(五)瓷器的持续繁荣期

元代瓷业较宋代为衰落,然而这时期也有新的发展,如青花和釉里红的兴起,元世祖忽必烈至元十五年(1278),元在江西景德镇设立了"浮梁瓷局",为景德镇瓷业生产的发展创造了有利条件。景德镇造出了著名的青花瓷。青花瓷的出现,在陶瓷史上具有划时代的意义。元以前,瓷器装饰比较单调,以刻花、划花、印花为主,釉色装饰贫乏,因此青花瓷的烧制成功,开创了白瓷彩绘新时代,成为中国制瓷史上的一个重要事件。它一出现,便以旺盛的生命力迅速发展,使景德镇瓷业生产出现空前繁荣的局面。从各博物馆现存的元代景德镇青花瓷看,制瓷工艺相当成熟,质量已达很高水平。青花瓷是一种白地蓝花的釉下彩瓷。这种瓷的釉质透明如水,胎体质薄轻巧,在洁白的瓷体上敷以蓝色纹饰,简朴而典雅,充满生命力。青花瓷一经在景德镇出现,就以极旺盛的生命力而迅速发展,自元以后成为中国瓷器的主要品种,远销国内各地及亚、非诸国。

与青花同时,元代的景德镇瓷工还发明了釉里红瓷,这也是一个重大的技术创新。釉里红瓷以铜在高温还原焰中烧成,纹饰在釉下呈现红色,烧制难度较大,因而流行不广。

明代,彩瓷的发展是中国陶瓷史上的一个重要的里程碑,标志着其发展进入一个新的旅程。彩瓷,特别是青花五彩成为明代彩瓷的主要产品,器物造型、纹饰繁多而精美。而景德镇更成为主要的窑厂,规模最大,一直延续明清两代。明代还发明了"釉下青花"与"釉上彩"相结合的"斗彩"。明代瓷器的造型更加符合实际生活的需要,瓶、罐、壶、盘、碗等器物都有多种样式。

到清代,中国瓷器发展达到顶峰。清朝的康熙、雍正、乾隆三代,是悠久的中国陶瓷史上最光辉灿烂的阶段。清代陶瓷生产,除以景德镇的官窑为中心外,各地民窑都极为昌盛兴隆,并得到很大的成就,尤其是西风渐进,陶瓷外销,西洋原料及技术的传入,使陶瓷业更为繁荣多姿。康熙年间出现新的品种——粉彩,是在五彩基础上产生的新品种,彩绘时掺入一种白色的彩料——"玻璃白",画出的图案可发挥渲染技法的特性,呈现一种粉润的感觉,因此又名"软彩"。珐琅彩始创于清代康熙晚期,至雍正时,珐琅彩得到进一步发展。珐琅彩是将画珐琅技法移植到瓷胎上的一种釉上彩装饰手法,特点是质地细润,色泽鲜艳华丽,画工精致。此后瓷器制作虽时有惊人之作,但渐渐缺少创意而流于匠气。

明代中晚期至清初,中国瓷器通过海路行销全世界,成为世界性的商品,对人类历史的发展起了积极作用。

二、五彩琳琅:古代瓷器的种类

胎质、釉色、装饰、形制和铭文是构成瓷器的五大要素。其中,釉色又是区别瓷器类别的一个重要标准。我国陶瓷在发展中经历了从单色釉到多色釉(彩釉)的过程。历史上著名的瓷器种类主要有以浙江越窑、龙泉窑为代表的青瓷,以河北邢窑为代表的白瓷及以江西景德镇为代表的青花瓷和彩瓷等。

青瓷是施用青釉的结果。越窑青瓷是世界上最早的瓷器品种,在隋唐以前是主要的瓷器品种;唐、五代、宋初仍然居中国瓷业前列。唐代越窑青瓷的釉达到很高水平,光泽滋润,呈不透明或略透明,如冰似玉。青瓷受到唐代文人的极大青睐,被形容为"九秋风露越窑开,夺得千峰翠色来"。人们形容越窑青瓷"类玉类冰"。青瓷有玉的质感,以玉喻瓷,是唐代瓷器审美的重要特征。玉之于文人,是清雅之器,与文人之品格、德性较为吻合,瓷之美者,则类于玉。

白瓷的烧制成功是在隋代。唐代则南青北白,与青瓷平分秋色。白瓷被形容为"扣如哀玉""胜似霜雪"。邢窑白瓷又有粗细之分,而以粗者居多,细者只占少数。粗白瓷胎质较疏松,胎外均敷化妆土。细白瓷胎骨坚实、致密,釉色细润洁白。唐代邢窑白瓷不仅广销国内,而且远销海外,故"天下贵贱通用之"(李肇《国史补》)。白瓷的出现具有划时代意义,为日后青花、彩瓷的出现提供了基础。

青花瓷器以白地蓝花为主要特征,青花瓷器明净、素雅,与中国水墨画有异曲同工之妙,故多为文人们赏玩、赞美和典藏。文人雅士的砚台笔洗,明清宫廷的杯盘碗盏,甚至域外皇室的装点粉饰,均能见到青花瓷器的身影。以巧夺天工、造化神秀来形容青花瓷器是不为过的。

彩瓷则多倾向于宫廷趣味,体现的是富贵气息。代表性的彩瓷品种有雅致优美的斗彩、灿烂绚丽的五彩、柔润调和的粉彩、华丽精致的珐琅彩等。明代在釉下青花轮廓线内添加釉上彩而烧成的瓷器,由于釉下彩青花与釉上彩绘争奇斗艳,故名"斗彩";一般先以釉下青花绘出主要花纹,入窑烧好后,再在釉上或点少许彩色,或用多种彩釉填染再入炉烘烤而成。装饰花纹多为花果鸡虫人物等。明成化"斗彩"制作精良,在明后期就相当名贵,文献记载当时在北京市场上"成杯一对,值十万钱"。

粉彩系在白瓷上用"玻璃白"打底,或在彩料中加铅粉晕染绘画,色彩上富于浓淡深浅强弱的变化,色调丰富而润泽。清代粉彩技艺纯熟,色调丰富。

珐琅彩是在景德镇御窑烧造的优质白瓷上,由宫廷画师用特制的珐琅彩料作画,再经烧制而成。珐琅彩瓷胎白薄润,有的周身绘制复杂的纹饰,有的追求立体效果,画工极为细腻而富立体感,精美绝伦,是宫廷贵族专用的奢侈品。这些彩瓷多以花鸟等题材装饰,以显富丽之气。

三、华夏瑰宝:陶瓷与传统文化

陶瓷是中华民族的伟大发明,也是中国文化的一个重要表征。与许多文化形态一样,陶瓷本身就包容了很大的文化容量,它与茶、酒、绘画、书法等构成了复杂的文化综合体。因此我们可以说,古代陶瓷是中国文化多方面的呈现。

(一)陶瓷艺术与审美观念

陶器和瓷器是人为制作的物品,它们在反映客观世界的同时,必然反映人的主观意识,陶瓷艺术装饰表达了古人的自然观念、人的情绪和理想。例如青瓷,无疑就是古人对玉情有独钟的结果。青瓷的温婉如玉与传统美学的判断标准相符。唐代陆羽《茶经》从文人的审美标准入手,讨论越窑青瓷与茶之关系。晚唐到五代的"秘色瓷",青绿碧玉、釉质晶莹润澈。宋代官窑和龙泉窑等窑口的青瓷,温润如玉,都可证明中国社会对玉质瓷器的喜好和偏爱,原因在于其潜移默化地受到传统文化和审美观的支配。

又如宋瓷之所以能够代表华夏文化审美品质,正是因为同宋代思想中的儒、释、道三者的渗透合流分不开,也与宋代的先进科学技术水平密切相关。在这样一个背景下,宋人对自然,对宇宙的认识有所深入。宋代官窑、哥窑和汝窑的釉面开片,是变缺憾为神奇的工艺杰作,美不胜收。汝窑的青瓷,看似朴实,如雨后天空,纯净无瑕,最接近自然美,却也可以说是最高雅的。这种冲淡之极的美,显然是宋代理学盛行下的审美情趣。

(二) 陶瓷与民俗文化

陶瓷是一种工艺美术,也是一种民俗艺术,它与民俗文化的关系极为密切,广泛地反映了我国人民的社会生活、世态人情。

中国人有追求幸福、和谐、吉祥的传统,因而,表现喜庆、幸福的祥瑞题材,自古及今,一直是陶瓷的一个重要的题材。有许多装饰图案的构思,有着耐人寻味的深刻寓意,表达了人们内心对幸福的向往和对生活的祝福。祥瑞题材,主要围绕着福、禄、寿、喜、吉祥如意等内容而展开。人们将日常生活中司空见惯的事物,以借喻、双关、比兴、象征等手法,利用民间的吉祥用语,赋予图案美好吉祥的情趣,给人们带来愉悦的享受,寄托着人们对幸福生活的追求。

在选择题材表现寓意时,经常选用如下一些事物。动物类如:龙(王权、威严、吉祥的象征)、狮(狮与师、诗同音,象征权势和诗书传家)、鹿(鹿与禄同音)、凤凰、白鹤、鹌鹑、鲤鱼、鳜鱼(鳜与贵同音)。植物类如:牡丹、芙蓉、莲花、梅花、菊花、灵芝、桃子、石榴(象征福,有榴开百子之说)。器物类如:古钱、宝鼎、佛教的八宝(宝伞、海螺、宝瓶、莲花、盘肠、金幢、宝鱼、法轮)。另外,这种祥瑞题材在约定俗成中形成了一整套特有的具有象征意义的纹样体系。如莲生贵子(婴儿抱莲花)、福寿双全(蝙蝠寿字)、喜上眉梢(梅花喜鹊)、龙凤呈祥、四海升平(为四个娃娃抬起一瓶,表示四海升平,以此表达人民厌恶战乱、热爱和平之善良愿望)。中国重视家庭的延续,以子嗣为承传的多子多福思想绵延了几千年,为了表达这种朴素愿望,陶瓷中有象征"榴开百子"的石榴图案,有由石榴、佛手、桃子组成的多子、多福、多寿"三多"图案。

传统文化向来强调天人合一,主张人与自然的和谐关系,将祥瑞寓意赋予花、鸟、虫、鱼、兽等动植物,便是这种人与自然的亲和关系,表现了人和自然的沟通以及对自然的认识。吉祥图案只是一个小的例子,但从中不难窥见陶瓷与传统文化、民族心理的密切联系,对我们更深刻了解中国古代陶瓷文化有重要意义。

思考题

1. 谈谈器物文化所包含的等级观念,器物的讲究从哪些方面体现了社会的尊卑贵贱?
2. 中国人为什么喜欢玉,玉是如何与君子之德相比附的?
3. 谈谈青铜器的文化特征,为什么青铜器被称为"礼器"?
4. 谈谈原始彩陶的人文精神。
5. 古代瓷器主要有哪些品种?

第十章 足食丰衣
——饮食与服饰

《礼记·礼运》中言:"夫礼之初,始诸饮食。"人的饮食以及服饰是社会行为,具有文化内涵,在尊卑、上下的等级秩序中展开,举措动作体现着亲疏、爱憎,进而影响了人与人的社会关系。比如汉代的窦婴、灌夫因为吃饭与丞相田蚡起纠纷,引来杀身之祸。丞相田蚡对窦婴的好友灌夫说准备与他一同过访窦婴。赋闲在家的窦婴听说丞相要来,买酒买肉,连夜准备,早早起来洒扫恭候。不料二人等到中午还未见田蚡踪影。灌夫驾车亲自前往迎接丞相。原来田蚡只是随口一言,并无意前往,便托故说:"我昨天喝醉了,忘记了跟您说的话。"他们驾车前往,但又走得很慢,灌夫更加生气。等到喝酒喝醉了,灌夫舞蹈了一番,舞毕邀请丞相,丞相竟不起身。窦婴掌权时,田蚡还是个郎官,常常去窦家陪窦婴饮酒,时跪时起,像是晚辈一样。现在田蚡得势,说话举止随意,灌夫以言语讽刺,使他们之间的芥蒂更深。过了一段日子,田蚡大婚,太后下了诏令让皇族和列侯都去祝贺。窦婴约灌夫一起去,灌夫推辞说:"我多次因为酒醉失礼而得罪了丞相,丞相近来又和我有嫌隙。"窦婴说:"事情已经和解了。"硬拉他一道去。酒过三巡,田蚡起身敬酒祝寿,在座的宾客都离开席位,伏在地上,表示不敢当。过了一会儿,窦婴起身为大家敬酒,只有窦婴的老朋友离开了席位,其余半数的人照常坐在那里,只是稍微欠了欠上身。灌夫气不平,行酒至临汝侯,临汝侯正和程不识交头接耳,不肯离席。灌夫一腔怒火无处发泄,借酒骂道:"你平日把程不识诋毁得一文不值,今天长者向你敬酒,你竟然学女孩子咬耳朵说悄悄话!"程、李两人面面相觑,不知所措。田蚡指着灌夫道:"程、李两位都是东西宫卫尉,今天你当众羞辱程将军,难道不给李将军留点面子么?"灌夫冷笑道:"今天我准备杀头穿胸,哪里知道什么程、李呢!"客人们见事情闹大了,纷纷借口如厕,起身开溜。婚宴不欢而散。大喜之日被灌夫一闹,不欢而终,田蚡当然不高兴,为挽回他的面子向王皇后告状,灌夫后以不敬罪被灭族,窦婴亦被斩于市。田蚡后来常常梦见窦婴和灌夫的鬼魂,在惊惧和恐慌中暴毙于床榻之上。就这样,酒宴上礼数出了问题,现实世界的利益冲突被诱发并激化,最后两败俱伤。

衣、食、住、行是人类赖以生存的方式,也是创造文明的物质基础。一部人类衣食住行史,从某种意义上说,也是一部感性化了的人类文化发展史。所以,在漫长的中华文明发展过程中,饮食和服饰同样蕴含了独特的文化形态和民族文化传统。

第一节 饮食文化

中华饮食文化历史悠久,源远流长,特色鲜明。人类的饮食生活,是一定历史阶段文明水平与文化风貌的综合反映,中国地域辽阔,物产丰富,人口众多,造就了中华饮食文化的渊博和精深,无论是食文化、酒文化还是茶文化,都精彩纷呈。

一、珍馐玉馔:中国饮食文化

饮食是人类文明最基本的环节,尤其是在农耕社会,生活的主要内容和基本意义几乎都集中于"吃"。"吃"对中国人的文化心理结构有着深刻的影响,这点从大众语汇的构成可看出。"吃"("食")被赋予各种感情色彩,二十世纪初,人们把当兵称作"吃粮",谋生的工作叫"饭碗""饭辙";其他如被人打了嘴巴叫"吃耳光",被冷落叫"吃闭门羹",被人趋奉追捧叫"吃香",一往无阻、走红叫"吃得开",受损失叫"吃亏",得到好处叫"吃到了甜头",衣食有余叫"吃穿不愁"……这都说明"吃"在百姓生活中的地位和对民族心理的影响,也反映了中国饮食心态与文化心态在深层结构上的和谐一致。

中华民族的食物、食技、食气、食艺、食道、食俗、食礼,丰富多彩,以食为题材的诗、词、歌、赋、书、画、剧,丰富多彩。中国历代的食文化书籍,浩如烟海,早在《周礼》一书中就有《天官冢宰》专门记载烹饪史料,宋代的《禽经》、元末的《饮食须知》、明末清初的《饕餮谱》都是关于烹饪的记载。从饮食物品、饮食技艺到饮食器具、饮食环境等,都积淀了丰富的文化内涵。

(一)民以食为天:食的历程

中国是一个以农业为本的国家,因此人们的粮食多为种植之物,其肉食也以家养的畜禽为主。在遥远的古代,先民们的主要作物为黍、稷、菽、稻、麦。人们非常看重构成主食的原料——谷物,把五谷不收称为"饥年",把"社稷"作为国家的代称。《白虎通·社稷》篇中说:"人非土不立,非谷不食。土地广博不可遍敬也,五谷众多不可一一而祭也。故封土立社,示有土;尊稷五谷之长,故封稷而祭之也。"这正是重视五谷的最高体现。

华夏民族的饮食以植物为主,而且逐渐形成有主副食之分的饮食习惯。这就是《黄帝内经》上所说的"五谷为养,五果为助,五畜为益,五菜为充"。我们把赖以充饥的谷类植物制作的食品,称为主食,把肉、蔬、水果、干果等称为副食,这种独特的饮食习惯,在世界上是不多见的。

周秦两汉时期的主食基本上还是粥和饭,但饮食奢侈的贵族在粥饭上有许多讲究,出现了许多花粥、花饭,如汉代自认为在五行中属于"火德",颜色尚赤,故流行赤豆粥;又有所谓"蜜饭",当为甜食。《礼记·内则》记载了"酏"的做法,近于后世的肉粥。这个时期主食上的最大变化是用小麦粉制作的"饼"的出现。饼出现以后,很快就与粥、饭平分秋色,形成北方主要吃面食、南方主要吃米饭的食俗。

汉代是面制食品大发展的时代,最早流行于朝野的可能是"汤饼",即今之面条。张骞通西域后,胡饼传入中原。胡饼类似今日的烧饼,饼上撒有芝麻,在炉中烘烤熟而食。东汉末,发酵法用于制饼,于是又有了蒸饼、馒头、包子。今日通行于全国的主食当时已经基本齐全了。

介于主、副食之间的是豆腐,它以主食作物——菽(大豆)做原料,其成品却是菜肴。豆腐也算是中国对人类的一大贡献。汉代的《盐铁论·散不足》也提到了"豆饧",就是甜豆浆,为当时人们所喜食。豆腐出现以前,人们心目中原本是粗粮的"菽",因豆腐的出现而开辟了广阔的食用前景。

在副食品中,肉类是富含蛋白质和脂肪的营养物质。进入农业经济时代的古人,食肉主要食牛、羊、猪等。出于保护农业的需要,统治者规定"无故不杀牛"。只有在重大的祭祀活动中,才能杀牛,以牛飨祖。羊肉是最为普通的食物,而且古人也喜欢吃羊肉。《说文解字》对"美"是这样解释的:"美,甘也,从羊从大。""大"即"首",意为在所有的食品中,羊肉是最好的一种。"鲜"字由"鱼"与"羊"组成,也说明古人对"羊"的嗜好。猪肉也是较为普通的肉食品,但并非普通百姓餐桌的常见之物,孟子为其"仁政"描述的蓝图是"五亩之宅,树之以桑,五十者可以衣帛矣。鸡豚狗彘之畜,无失其时,七十者可以食肉矣"。到了"仁政"社会,七十岁的老人就可以吃肉了。"人生七十古来稀","仁政"又是百年不遇,可以想象黎民百姓一般与肉无缘。

中国人的饮食从先秦开始,就是以谷物为丰,肉少粮多,随着文化交流的进程,食物原料也逐渐丰富。大规模的食物交流与传播首先发生在国力强盛的西汉时期。张骞两度通西域,带回各国风俗物产,同时汉武帝又连年派遣使官到安息(波斯)、身毒(印度)诸国。从西域传来大量物产,令汉武帝兴奋不已。他命令在都城长安以西的皇家园囿上林苑,修建一座别致的离宫。宫内画有开屏的印度孔雀,点着西域香料,摆设着安息鸵鸟蛋和千涂国的水晶盘等。离宫不远处,栽种着从大宛引进的紫花苜蓿和葡萄。上林苑中还喂养着西域来的狮子、大象、骆驼、汗血马等珍禽异兽,完全是一派异国风光。

在汉代从西域传来的物产还有石榴、胡瓜(黄瓜)、西瓜、甜瓜、无花果、胡萝卜、茴香、芹菜、胡荽(香菜)等,流泽直至今日,成了最大众化的副食品。

唐代疆域广阔,中西贸易频繁往来,宋元期间,中原民族与少数民族发生过战争,这些因素都促进了南北饮食的大交流及各地食物传入中原。如绿豆原产于印度，北宋期间传入中国。

调料中最重要的甜味原料蔗糖，唐代时已出现。战国期间楚人已懂得从压榨的甘蔗浆中获取甜味。唐太宗派遣使臣到印度摩揭陀国学习熬糖法，使臣回国后用扬州进贡的甘蔗制糖，颜色、味道比摩揭陀国所产的还要好。糖后来在烹调中发挥了很大效用，而两汉以前用于调味的麦芽糖、蜂蜜则大多用于制作羹汤。

从外域传入历史最久、声名较著的菜蔬是菠菜，又名菠薐，原名波斯菜，是唐太宗时由波斯（今伊朗）传入，因其根赤红，又有赤根菜之名。茄子原产于印度，南北朝时随佛教流入中国，又名"落酥""酪酥""昆仑瓜"。

从明清到近代，食物内容大大丰富了，哥伦布发现新大陆以来，南北美洲的食物大量传入欧亚大陆，自然也从南北不同渠道流入中国，这是外国食物又一次大规模流入中国，这一次品种最多，影响也最大。现在许多被误认为是原产本土的食品其实来自美洲，如玉米、马铃薯、辣椒、西红柿等。它们传入中国后被认同和普及的速度是很惊人的。近二百年中国人口的激增，也与玉米、马铃薯的传入有很大关系。

玉米原产于美洲，哥伦布发现新大陆后，最先传入欧洲、非洲，后经中东流入中国。李时珍《本草纲目》中已有记载，又名"西天麦""番麦"，不过那时尚未普及，被视为珍异美味，和鹅油蒸饼、烧鹅一起食用。晚清小说《二十年目睹之怪现状》中写道，直到十九世纪末，江浙人到华北看到人们吃玉米面窝头还十分惊讶。原产于非洲的高粱，也在这一时期传入，它耐旱耐涝，被誉为"铁杆庄稼"，在东北和华北一些地区被视为主要食品。

介于主食与菜蔬之间的马铃薯，传说明代有海盗将它带入中国，最初只在福建、浙江一带种植。明中叶徐渭有《土豆》一诗，末四句为："配茗人犹未，随羞箸似知。娇憨非不赏，憔悴浣纱时。"此写出了土豆味美而不为世所知。

辣椒原产于美洲，明末清初从南洋传入中国，湖广、四川等地人食之成癖。

海参、大虾等海产品虽产于中国，但一般都是近海居住的人们食用。自明代以来，随着饮食商业化程度的提高，海味逐渐流传于国内各地。

随着现代西方文化的广泛传播，西餐传入中国，西式饮品如咖啡、汽水、果汁及各种酒类，对中国人而言也早已不是什么稀罕之物了。中国人对于能吃或好吃的东西，不仅是来者不拒，而且往往会主动地"拿来"或"请来"，丰富我们的餐桌。

（二）食不厌精：食的讲究

西方饮食以营养为最高准则，注重蛋白质、脂肪、碳水化合物、维生素及各类无机元素的含量是否搭配合适，热量的供给是否恰到好处，林语堂说："英国人所感兴趣的是怎样保持身体的健康与结实，比如多吃点'保卫尔'牛肉汁，从而抵抗感冒的侵袭，并节省医药费。"这是科学、实用的态度。传统上，中国人对待吃饭则采取艺术的态度，特别是生活优裕、有一定文化素养的人，更注重食物的美（包括色、香、味、形、触）、饮器食具、进餐环境等,其中的核心就是"味",比如孔子讲究"食不厌精,脍不厌细"。

为了美食,人们发明了调料,有了烹调技艺。调料即酸、甜、苦、辣、咸五味之物,为醯(醋)、酒、饴蜜、姜、盐。由古代文献来看,我国烹饪技术与理论成熟于春秋战国时期。其核心一为"和",二为"适度"。《吕氏春秋·本味篇》说:"调和之事,必以甘、酸、苦、辛、咸,先后多少,其齐(按比例搭配)甚微,皆有自起。……故久而不弊,熟而不烂,甘而不浓,酸而不酷,咸而不减(碱),辛而不烈,澹而不薄,肥而不腻(味过厚)。"① "和"是将气味各异、种类纷繁的食料合在一种菜肴之中,让五味相克相生,产生新的平缓融合的新气味。"适度"即中庸,"久而不弊,熟而不烂"与文艺上的"乐而不淫,哀而不伤"同义,以一种恰到好处的状态呈于餐桌之上,其理论与中华民族的文化精神是一致的。

最能反映先秦两汉烹调水平的是羹。最初的羹,约为《左传·桓公二年》所说的"大(音太)羹",是一种不备五味的肉汁。随着烹饪技术的发展,制羹逐渐复杂起来。《说文》解释为"五味调盉(同和)",意味着人们使用五味调料之后,首先用于制羹。制羹是煮肉(或菜)熬汁,做好后可加调料,故也称调羹。调和五味非常复杂,羹又是家常饭菜,因此有"中馈之责"的妇女,嫁到夫家,一脱去新嫁衣就要为公婆做一次羹汤。唐王建《新嫁娘》诗:"三日入厨下,洗手做羹汤。未谙姑食性,先遣小姑尝。"② 所写的就是这种习俗。

羹在周汉饮食中占有重要的地位,当时的主食是饭,贵族官人经常食用的脍、脯、炙以及烹、炮出的肉食,大多淡而无味,没有汤汁,非佐餐下饭的佳品,故一般人吃饭不能没有羹。高级的羹要用肉或鱼煮制,还要加入一些米屑,孔子于陈蔡绝粮,其弟子为他制羹时只能"藜而不糁",即只在汤中放了藜菜而没有加米屑,这样做出的"羹",只是菜汤而已。今日许多羹汤用淀粉勾芡,以增加黏稠度,就是从古羹制法加米屑演变而来的。

羹的名目很多,几乎凡是可以入口的肉类都可以做羹,另外值得一提的是流行于民间的菰菜羹,它产于吴中,甘滑鲜美,《世说新语》中说吴人张翰在洛阳做官,"见秋风起,因思吴中菰菜羹、鲈鱼脍",于是作歌返乡。周秦两汉是羹最兴盛的时期,随着烹调技巧的提高,人们制作的菜肴花样越来越多,羹的地位逐渐下降,以致与辅助性菜肴——汤的地位差不多了。

两汉以前最重要的菜肴可以说是羹,两汉以后重要的菜肴则逐渐转向于炒菜。用炒的方法制作菜肴至迟南北朝时已发明,只是当时尚未用"炒"命名。贾思勰《齐民要术》中介绍的"鸭煎法""菹肖法",与近世之炒肉末、肉丝炒酸菜相类。宋代开始流行炒菜,同时出现或改进的烹法有爆、煎、炸、涮、焙、冻等,炒法又分为生炒、熟炒、南

---

① 邱庞同译注:《吕氏春秋·本味篇》,中国商业出版社1983年,第39—43页。
② 朱炯远、毕宝魁、陈崇宇:《唐诗三百首译注评》第二版,辽海出版社2006年。

炒、北炒。元代出现的烹法有川炒、软炸、贴、烧等。明代出现盐酒烹、酱烹,又有酱炒、葱炒,清代爆炒大行,清宫名肴有炒豆腐脑。我们现在不论荤素,也不论是主食、副食,都可炒,炒菜、炒米、炒面,快捷便当。滑炒、枯炒、清炒、软炒、糖炒、爆炒,方法多样。中国菜的特色一大半就在这"炒"字上表现出来。因为小炒的大量采用,奠定了川、鲁、粤、苏四大菜系形成的基础。

川菜即四川菜肴,是中华料理集大成者。川菜起源于春秋战国时的蜀国,汉晋时期,古典川菜成型,以"尚滋味""好辛香"为其特点。唐宋时期川菜进一步发展,宋朝,"川食店"遍及都城开封和临安,以其"物无定味,适口者珍"的风味特色而赢得众多食客青睐。川菜作为一个独立的菜系是在两宋时期形成的,直至民国时期,近代川菜最终形成"一菜一格,百菜百味""清鲜醇浓,麻辣辛香"的特点,并发展成为中国菜的第一菜系。

辣椒引进四川进行种植并广泛运用于川菜烹调中,是古代川菜与近代川菜的一个分水岭,大致发生在清康熙时代。辣椒与蚕豆(即胡豆)的完美结合创制出了四川豆瓣(以郫县豆瓣最为著名),堪称川菜的灵魂,被视为近代川菜形成的标志。继而泡椒、泡菜、豆豉在川菜烹调中的革新运用,以及川菜三大类二十四种常用味型、五十四种烹调方法和三千余款经典传统名菜的形成,是近代川菜最终成型的标志,这个时间在民国中后期。

川菜中还有一种特征鲜明的种类——火锅。四川作家李劼人在《风土什志》中认为:四川火锅发源于重庆,江边的担夫劳动之余,将水牛内脏洗净切块,于担头置一泥炉,炉上放分格的大洋铁盆一只,盆内翻煎倒滚着一种又辣又麻又咸的卤汁,船工便围着担子享用起来。后来,火锅从担头移到桌上,卤汁、蘸汁也改由食客自行配合,以求干净适人。火锅在重庆扎根,逐渐丰富,成为川人特有的美食,又因为迎合了人们以聚餐方式来联络感情的文化心理,火锅便风行全国了。可以说,吃火锅是中国独有的情感体验方式。

鲁菜是起源于山东的齐鲁风味菜,鲁地是中国饮食哲学的发源地,儒家"食不厌精""五味调和"的饮食理念奠定了中国菜注重精细、中和、健康的审美取向。北魏末年《齐民要术》(成书时间约为533—544年)总结黄河中下游地区的"蒸、煮、烤、酿、煎、炒、熬、烹、炸、腊、盐、豉、醋、酱、酒、蜜、椒"奠定了中式烹调技法的框架;明清时期大量山东厨师和菜品进入宫廷,使鲁菜雍容华贵、中正大气、平和养生的风格特点进一步得到升华。

鲁菜有五大特点:一是以咸鲜为主,善以葱香调味,凡菜都要用葱爆锅,很多馔品都以葱段佐食,大葱除味香激发人的食欲外,还有顺气、散腻、健胃、抑菌的功效。二是以"爆"见长,注重火功,世人称之为"食在中国,火在山东"。三是精于制汤,鲁菜以汤为百鲜之源,讲究"清汤""奶汤"的调制,清浊分明,取其清鲜。四是善烹海味,对海珍品和小海味的烹制堪称一绝。五是注重礼仪、风格大气,山东民风朴实,待客豪爽,在饮食上丰盛实惠,注重质量。

粤菜即广东菜,发源于岭南,由广州菜(广府菜)、潮州菜(潮汕菜)、东江菜(客家菜)三种地方风味组成。粤菜历史悠久,起源可远溯至汉初,广东物产丰富,岭南先民由此形成了喜好鲜活、生猛的饮食习惯。随着历史变迁和朝代更替,中原移民不断南迁,使广东既继承了中原"食不厌精,脍不厌细"的饮食文化传统,又博采各方面的烹饪精华,再根据本地的口味、嗜好,不断吸收积累、改良创新,从而形成了菜式繁多、烹调考究、质优味美的饮食特色,成为最具世界影响力的中国代表菜系,世界各地的中餐馆大多以粤菜为主。

明清两代,是粤点、粤式饮食真正成熟和发展的时期。这时的广州已经成为一座商业大城市,闹市通衢遍布茶楼、酒店,食肆争奇斗艳,食品之丰,款式之多,世人称绝,渐渐有"食在广州"之说。"食在广州"还离不开广东饮茶,各酒店茶楼均设早、午、晚茶,饮茶也就与谈生意、听消息、会朋友连在一起了。如潮州工夫茶,它使用特制的紫砂茶壶、白瓷小杯和乌龙茶,茶汤浓香带苦,回味无穷。广东点心是中国面点三大流派(京式、广式、苏式)之一,历史悠久、品种繁多,造型精美且口味新颖。这些饮食风俗已经超出"吃"的范畴,成为广东的饮食文化。

粤菜最大的特色便是用料广博奇杂,配料多而巧。飞禽走兽、山珍海味、中外食品,无所不有,可谓全国之冠。丰富精细的选材和清淡的口味成为粤菜广受欢迎的重要原因。这种追求清淡、鲜嫩、本味的特色,既符合广东的气候特点,又符合现代营养学的要求,是一种科学的饮食文化。

江苏菜,简称苏菜,主要由金陵菜、淮扬菜、苏锡菜、徐海菜等地方菜组成。其中金陵菜起源于先秦时期,当时吴人善制炙鱼、蒸鱼和鱼片。南宋时,苏菜和浙菜同为"南食"的两大台柱。江苏菜的特点是用料广泛,以江河湖海水鲜为主;刀工精细,烹调方法多样,擅长炖焖煨焐;追求本味,清鲜平和;菜品风格雅丽,形质均美。

(三)调和鼎鼐:食的礼数

周秦两汉之时人们是分餐制,席地而坐,讲究一点的在地上铺以筵席。筵与席都由芦苇、竹篾编成,筵大席小,席设筵上。天子五重席,诸侯三重,大夫两重。尊者和客人面前还有"几",以为凭倚;食物列于筵席之间,基本上是一人一份。贵族们讲究列鼎而食,鼎的多少表明主客的身份、筵席的规格和食物的丰盛程度。

从分餐制到合餐制,古人在进食方式上的变化,是随着椅子(最初叫"胡床")、桌子的发明而引起的。胡床,亦称"交床""交椅""绳床",是古时一种可以折叠的轻便坐具,类似小板凳。它始于汉魏,在唐宋时期盛行,有钱有势人家不仅居室必备,就是出行时还要由侍从扛着跟随左右,以备临时休息之用。不过宋时称胡床者渐少,而称其为交椅的逐渐增多。自从有了桌子、椅子,人们进食便由分餐制变成了合餐制。

中国是礼仪之邦,对礼仪的讲究也渗透到了饮食当中。《礼记·礼运》中言:"夫礼之初,始诸饮食。"也就是说礼俗最初起源于人们对饮食的规范。《礼记·檀弓》曾用"不食嗟来之食"的故事说明对食物应该采取的合乎礼的态度。齐国大饥,黔敖在路边摆弄食摊以接济饥民。有个几天没吃饭的饥民踉跄地走来,黔敖左手举食、右手端浆水,冲他喊道:"喂,过来吃饭吧!"饿者站住,瞪大眼睛说:"我正因为不吃这样的嗟来之食,才弄成这个样子。"黔敖觉察到了自己的失礼,马上致歉。但饥民高傲地走了,最终饿死。

礼要求人自尊和尊重他人。在饮食礼俗中,很重视人们进餐时的互相尊重,这表现在许多细节之中。如《礼记·曲礼》中云:"共食不饱,共饭不择手,毋抟饭,毋放饭……毋咤食,毋啮骨。毋反鱼肉,毋投与狗骨。毋固获,毋扬饭,饭黍毋以箸……"这些禁忌的主旨就是自尊和尊重对方。

饮食文化渗入传统的政治文化之中,主要是指主导传统政治生活的调和观念。儒家主张调和、止息为贵。《古文尚书·说命》下篇有"若作和羹,尔惟盐梅"的名句,意为要调好羹,关键在于掌握好咸(盐)酸(梅)两味,以此喻治国。《诗经·商颂·烈祖》中有"亦有和羹,既戒既平"的句子,"平"就是咸酸适度。做宰相如做宰夫,治理天下如调和羹汤的说法被后世视为固定观念接受下来,"调和鼎鼐"便成为主持国政的代称。周朝就有所谓"以饮食之礼,亲宗族兄弟","以享燕之礼,亲四方之宾客"的方针,饮食宴享成为当时政治活动中不可缺少的手段。吃吃喝喝,实际上是人与人之间情感交流的媒介、调和关系的手段。朋友离合,送往迎来,都习惯于在饭桌上表达惜别或欢迎的心情。这是饮食活动对于社会心理的调节功能。过去的茶馆,大家坐下来喝茶、听书、聊天,也是一种有效的心理按摩。

二、琼浆玉液:中国酒文化

酒在中国历史的长河中,不仅仅是一种客观物质的存在,更是一种文化象征;酒文化作为一种特殊的文化形式,在传统的中国文化中有其独特的地位。在几千年的文明史中,酒几乎渗透到社会生活中的各个领域。

(一) 酒的发展史

中国是米酒的故乡。早在新石器时代中期,我们的祖先就已懂得酿酒,到夏代已较大规模地进行生产,其酿造方法日趋完善。酒的起源,有两种影响较大的说法,一是黄帝造酒说。《素问》中记载了一段黄帝与岐伯讨论用黍、稷、稻、麦、菽五谷造酒的话。另一种是仪狄、杜康造酒说。秦汉人所辑录的关于古代帝王公卿谱系的《世本》中说:"仪狄始作酒醪,变五味。少康作秫酒。"仪狄是大禹的臣子,也是善于烹饪的厨师,他用桑叶包饭发酵造出酒,献给禹以请赏。少康即杜康,曹操《短歌行》云:"慨当以慷,幽思难忘;何以解忧,唯有杜康。"由一些文献来看,仪狄与杜康,皆是夏朝人。实际上,酒不可能是一个人发明的,晋人江统在《酒诰》中谈到的也许更近于历史真实:"有饭不尽,委余空桑。郁积成味,久蓄气芳。本出于此,不由奇方。"或许是远古之时某人将吃不完的果子或饭食盛放在陶罐中,之后又忘记了,数天之间,果子或熟饭在一定的温度与湿度下,经过糖化发酵变质,流淌出的液体便成了酒。

夏、商、周三代,人们已掌握酿白酒的酵母菌曲(大曲)和酿甜酒的根霉菌曲(小曲)。这两种酒曲,在民间一直沿用到现在。《尚书·说命》中载,商王武丁把他的大臣比作"曲蘖","若作酒醴,尔惟曲蘖",大臣应该作为君臣之间的中介,正如酒蘖是粮食与酒之间的中介一样。地下发掘也证明了商朝已经使用酒曲,河北藁城的商代酒坊遗址中曾发现了十八公斤酵母。

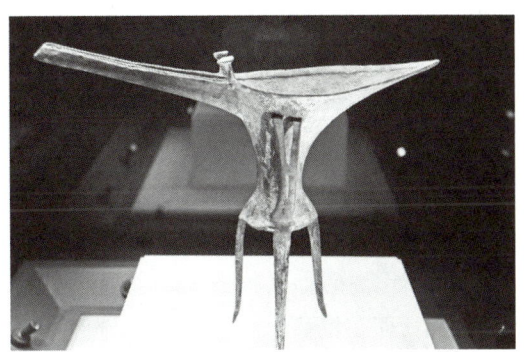

夏代乳钉纹铜爵

夏代乳钉纹铜爵

古人根据酿制时间的长短与成色将酒分为醴、醪、鬯、酎、醸、醇等数种,"醴"是一种带有饮料性质的甜酒,为大多数人经常饮用,它经一宿酿成,曲少米多,属于浊酒类。"醪"也是一种浊酒,饮时不去米粒,米粒漂浮酒上,如同浮蚁,因酿造时间较长,度数比醴稍高。"鬯"为香草酒,是用黑黍米加郁金香草酿造的,芳香扑鼻,专门用于祭祖。鬯、酎、醸、醇都是经过反复多次酝酿的酒,且经过过滤,故酒体清澈,称为"清酒"。

除了谷物做原料的酒以外,我国古代还有果酒与奶酒。果酒中以葡萄酒最为普遍。张骞通西域,带回了葡萄酒,香美醇浓,存放期长,在汉代是极为名贵的饮料,汉时帝王及显贵们对葡萄美酒推崇备至,求之不得。因为虽有葡萄,却不明酿造方法,直到唐代破高昌,得其酿法,中国才有了自己酿的葡萄酒。果酒类中,还有荔枝酒、椰子酒、石榴酒、梨酒、桃酒、枣酒、槟榔酒、甘蔗酒与山楂酒等。奶酒是用马、牛、羊、骆驼的乳汁酿成的酒,多产于北方的游牧民族,其中以蒙古族人所酿最佳,有驱寒活血、消食健胃的功能。

(二)酒礼与酒德

古人自从会酿酒之后,对酒情有独钟。传说尧舜二君能饮千钟。殷商之人也很好酒,《史记·殷本纪》谓纣王"以酒为池,悬肉为林","为长夜之饮",因此而失国。《尚书》中的《酒诰》就是周公告诫康叔及殷的遗民以纣为鉴,不要沉湎于酒的诰示。

不过古人一方面好酒,一方面将酒纳入道德之中。中国古代关于饮酒的等级类别,酒具的式样质地、容量大小,至饮酒的顺序姿势,规定严格而具体。这些酒礼体现了贵贱、尊卑、长幼乃至各种不同场合的礼仪规范。

酒德,即关于酒行为的道德,它是与酒礼互为表里的。如果说礼是中国酒文化内核的话,那么酒德就是中国酒文化的外壳。孔子曾提出"唯酒无量,不及乱",就是说各人饮酒的多少没有什么具体的数量限制,以饮酒之后神志清晰、形体稳健、气血安宁、皆如其常为限度。"不及乱"即为孔子鉴往古、察当时、戒来世提出的酒德标准。古代医学从保健的角度也极为提倡酒德。战国时期的名医扁鹊就说:"久饮酒者溃髓蒸筋,伤神损寿。"明代李时珍也说:"过饮不节,杀人顷刻。"总之,制止滥饮,提倡节饮,文明饮酒,科学饮酒,这就是中国酒文化所提倡的饮酒之德。

酒除了有助成与推广礼教的作用,还能调和人与人之间的关系。明代冯梦龙编的《广笑府》卷八用笑话的形式对酒的社会功能做了阐述。茶谓酒曰:"战退睡魔功不少,助成吟兴更堪夸。亡家败国皆因酒,待客如何只饮茶。"酒答茶曰:"瑶台紫府荐琼浆,息讼和亲意味长。祭祀筵宾先用我,何曾说着淡黄汤?"①

酒的社会作用,具体地说有下列三个方面。一是飨神灵。古人祭祀时有以酒酹地的习俗,即在祝祷之后,将酒先分倾三点,然后将余酒按半圆形洒于地上。古人认为用酒在地上酹三点一长钩的"心"字形,表示心献之祀。二是款待亲朋。亲朋作客,以酒助兴,坦诚交心,增进感情。"十载相逢酒一卮,故人才见便开眉。"(欧阳修)"但使主人能醉客,不知何处是他乡。"(李白)酒酣耳热之际,人们之间的距离缩短了,有误会隔阂者,也在递杯交盏之中,互相谅解,"一笑泯千仇"。三是减轻心理压力与痛苦。魏晋之际,社会政治黑暗,民众有倒悬之苦。有理想、有才能之士欲有所为而不能为,又不敢挺身反抗,内心极度痛苦。为了忘却痛苦,他们便沉湎于酒中,以酒消愁。阮籍即是其中的典型,他常醉卧多日。不为五斗米折腰的陶渊明一生以酒为伴,他在《五柳先生传》中自我介绍说:"性嗜酒,而家贫不能恒得。亲旧知其如此,或置酒而招之,造饮辄尽,期在必醉,既醉而退,曾不吝情去留。"

(三) 酒神精神与艺术

在中国传统酒文化中,最优秀的部分,要数文人墨客,借酒激发灵感,创作出诗词书画,为后人留下宝贵的精神财富。在文学艺术的王国中,酒神精神无所不在,它对文学艺术家及其创造的登峰造极之作产生了巨大深远的影响。因醉酒而获得艺术的自由状态,是古老中国的艺术家解脱束缚获得艺术创造力的重要途径。

酒与诗歌的创作在中国古代有着密切的关系。"李白斗酒诗百篇,长安市上酒家眠,天子呼来不上船,自称臣是酒中仙。""醉里从为客,诗成觉有神。"(杜甫)"俯仰各有志,得酒诗自成。"(苏轼)"一杯未尽诗已成,诵诗向天天亦惊。"(杨万里)"雨后飞花知底数,醉来赢取自由身。"(张元年)酒醉而成传世诗作,这样的例子在中国诗史中俯拾皆是。

在中国文化特有的书法和绘画艺术中,酒神的精灵更是活泼万端。唐代著名书法家张旭,被后人称为"草圣"。相传,张旭酒醉后,呼号狂走,索笔挥洒,逸势奇状,连绵回缭,变化无穷,若有神助。"书圣"王羲之醉时挥毫而作《兰亭序》,"遒媚劲健,绝

---

① 冯梦龙:《广笑府》,尔弓校点,荆楚书社1987年,第81页。

代所无",而至酒醒时"更书数十本,终无及之"。怀素酒醉泼墨,方留其神鬼皆惊的《自叙帖》。"吴带当风"的画圣吴道子,作画前必酣饮大醉方可动笔,醉后为画,挥毫立就。"元四家"中的黄公望也是"酒不醉,不能画"。郑板桥的字画不能轻易得到,于是求者拿肉与美酒款待,在郑板桥的醉意中求字画者即可如愿。郑板桥也知道求画者的把戏,但他耐不住美酒与肉的诱惑,只好写诗自嘲:"看月不妨人去尽,对月只恨酒来迟。笑他缣素求书辈,又要先生烂醉时。"

古代文献中常有关于古人酒量大的记载,他们大多能够豪饮,动辄以斗石计。晋朝的山涛饮酒以八斗方醉(《晋书·山涛传》),武松过景阳冈之前,连喝十八碗酒。这些记载,一是有夸张的成分,二是古代的酒,普遍度数不高。宋代沈括曾在《梦溪笔谈》卷三中揭示了这一原因:"汉人有饮酒一石不乱,余以(志)[制]酒法较之。每粗米二斛,酿成酒六斛六斗。今酒之至醨者,每秫一斛,不过成酒一斛五斗。若如汉法,则粗有酒气而已。能饮者饮多不乱,宜无足怪。"① 三是古今的量器容量不一样。根据今人的研究推算:东汉时一升仅合今天的 200 毫升,唐代的一升较大,约合现在的 600 毫升,饮酒一斗则为 6 000 毫升。因此,古人的酒量并不是我们想象的那么大。

三、清茗浓酽:中国传统茶文化

茶的历史既是一部中华民族的人文发展史,又是一部绚丽多彩的民俗史。茶起源于中国,迄今饮茶的历史已在 3 000 年以上,茶在中国历史发展进程中发挥了重要作用,而且在世界文明史上产生了重要影响。

(一) 茶的渊源

世界上的茶树原产地并不只有中国一个,但世界却公认中国在茶文化上对人类有着卓越的贡献,这主要在于,中国不仅最早发现并利用茶这种植物,而且把它发展成为我国一种灿烂的茶文化,并逐步地传播到中国的周边国家乃至整个世界。

茶,古书上所载其名很多,诸如槚、荈、蔎、茗、荼等,唐代始将"荼"字去一笔,定为"茶"字。

在秦汉以前,巴蜀是中国茶业的摇篮。顾炎武曾道:"自秦人取蜀而后,始有茗饮之事。"他认为饮茶是秦统一巴蜀之后才开始传播开来的,也就是说,中国和世界的茶叶文化,最初是在巴蜀发展起来的。这一说法,已为绝大多数学者认同。战国时期或更早,巴蜀就已产茶,并形成一定规模的茶区,以茶为贡品。

汉代人饮茶,大多不是将茶当作饮料,而是当作一种药。《神农本草》说茶"味苦,生川谷,治五脏邪气"。到了魏晋时,茶经过道士的神化,被认为和金丹一样,有羽化成仙的功能。晋王浮《神异记》说:"丹丘山(在湖北武陵)大茗,服之生羽翼。"一直到

---

① 沈括:《梦溪笔谈》,侯真平校点,岳麓书社 1998 年,第 21 页。

唐宋,仍有人认为茶是人们得道的良药。唐代诗人卢仝的《茶歌》记载喝茶至第七碗时,"唯觉两腋习习清风生",似乎有升天的感觉。真正将茶普及开来,并传到日本,倒不是道教,而是佛教。据载,隋文帝杨坚"素患脑疾",有僧人劝他"煮茗草服之,果收效验"。从此,文帝嗜好饮茶,举国上下,争相效仿。还有一种说法似乎更有道理,唐封演《封氏闻见记》卷六中说:"南人好饮之,北人初不多饮。开元中泰山灵岩寺有降魔师大兴禅教,学禅务于不寐,又不夕食,皆许其饮茶。人自怀挟,到处煮饮。从此转相仿效,遂成风俗。"① 禅坐要求人们静心寂虑,但不能昏昏沉沉,怎样让人日夜保持清醒呢?僧人提倡饮用"令人不眠"的茶。而唐时佛教盛行,善男信女遍及全国,饮茶之风便传播开了。

我国饮茶的风俗唐宋时最盛。皇帝为慰问奖赏科考的士子,招待他们喝茶②。并且茶在唐人心目中是一极美之物,相当于鲜艳的花,故常用"茶"称小女孩。金元好问诗曰:"牙牙娇语总堪夸,学念新诗似小茶。"自注说:"唐人以茶为小女美称。"③ 这种习惯一直延续到明代。明朱有燉《元宫词》说:"进得女真千户妹,十三娇小唤茶茶。"由于饮茶的人较多,茶的买卖极为兴隆,于是朝廷收起了茶税。唐德宗建中元年(780),税茶漆竹木,以济军用,不久废。至贞元九年(793),复税茶,每岁得钱四十万贯。

唐代还出现了我国第一部关于茶的著作——陆羽的《茶经》。该书分上、中、下三卷,共十节,约七千字。这部书对茶的起源、产地,茶树的品种、种植方法,茶叶采摘和制作技术,烹饮方法及器具,等等,都做了比较全面的记述,陆羽受到了人们高度的尊敬,被称为"茶圣""茶神",他的塑像或牌位被供奉在官府的茶叶库和民间茶肆之中,唐朝茶叶商人还在交易时以茶祭像,无交易时则将像置于茶汤锅中。

到了宋代,饮茶之风更盛。茶的贸易有固定的市场,称为"茶市"。由于贩茶利润较高,常有人偷税漏税,于是朝廷实行专卖制度。民间商人只有获得政府的批准,才能贩茶,于是有了"茶引"一物。所谓茶引,即茶商缴纳茶税后,由官府发给的准许行销的凭照。宋代城市中都开有茶坊,即后代的茶馆,茶坊中专业烧茶、烹茗者,称为"茶博士"。

明清以后,茶业的发展主要体现在制法和各茶类的兴衰演变中。人们不再将茶研磨成碎末或制成茶饼,而是通过揉、炒、焙等工序制成或长或圆的卷曲状。根据发酵与否及发酵的程度又可分为绿茶、红茶与乌龙茶。从明代起,我国出现了六大名茶,即虎丘茶、天池茶、阳羡茶、六安茶、龙井茶与天目茶。

(二) 茶的传播

当今世界广泛流传的种茶、制茶和饮茶习俗,都是由我国向外传播出去的。中国

---

① 封演:《封氏闻见记》,中华书局1985年,第71页。
② 《十家宫词》,中国书店1990年,第153页。
③ 元好问:《元好问诗词集》,贺新辉辑注,中国展望出版社1987年,第548页。

茶叶传播到国外,已有两千多年的历史。公元五世纪南北朝时,我国的茶叶就开始陆续输出至东南亚邻国及亚洲其他地区。

宋元期间,我国对外贸易的港口增加到八九处,这时的陶瓷和茶叶已成为我国的主要出口商品。尤其是明代,郑和七下西洋,游遍东南亚、阿拉伯半岛,直达非洲东岸,加强了与这些地区的经济联系与贸易,使茶叶输出量大大增加。

在此期间,西欧各国的商人先后东来,转运中国茶叶,并在本国上层社会推广饮茶。明神宗万历三十五年(1607),荷兰海船自爪哇来我国澳门贩茶转运欧洲,茶叶成为荷兰人最时髦的饮料。由于荷兰人的宣传与影响,饮茶之风迅速波及英、法等国。当茶叶初传欧洲时,价格昂贵,荷兰人和英国人都将其视为"贡品"和奢侈品。后来,随着茶叶输入量的不断增加,价格逐渐下降,成为民间的日常饮料。此后,英国人成了世界上最大的茶客。

"当时钟敲响四下时,世上的一切瞬间为茶而停",这是英国的一句民谚,可见"下午茶"在英国社会生活中的特殊地位。英国人喝下午茶偏爱红茶,有着独特的社会背景和地理原因。中国茶叶传入英国大约是在十七世纪下半叶,从广州出发,要经过漫长的海运才能抵达伦敦港,茶叶在运输过程中需要经受长时间氧化、咸湿海洋环境的挑战,全发酵的红茶显然比绿茶、白茶等更适应这种长时间、长距离的运输。因此,红茶是最先传入英国的茶叶品类,时至今日,英国人最爱喝的还是红茶。中国红茶汤色红艳明亮,气味芬芳,包容性很强,非常适宜加入牛奶、果汁等其他食材进行调味,有利于创造多姿多彩的品饮风格,与英国作为岛国的浪漫风情十分搭配。此外,英国人日常饮食以肉制品、糕点类居多,芬芳甜润的红茶可以消食解腻,减少肠胃方面的疾病,喜欢喝的人自然越来越多。

印度是红碎茶生产和出口最多的国家,其茶种源于中国。印度虽也有野生茶树,但印度人不知种茶和饮茶,1780年,印度由英属东印度公司传入我国茶籽种植。现今,阿萨姆红茶以浓稠、麦芽香、清透鲜亮而出名,成了全球性的大宗饮料。而牛奶与茶的融合,就产生了奶茶。在中国、印度、英国、新加坡、马来西亚等世界各地都有奶茶的芳香,风行世界。

我国茶叶已行销世界五大洲上百个国家和地区,世界上有五十多个国家引种了中国的茶籽、茶树,有一百六十多个国家和地区的人民有饮茶习俗。今天中国的茶文化已经成为世界的共同财富。

(三)茶道与茶的风格

"茶道"一词,始见于唐代。在唐代,人们对饮茶的环境、礼节、操作方式等仪程都很讲究,有了一些约定俗成的规矩和仪式,涉及茶艺、茶礼、茶韵、茶境、茶禅、养生修身和茶德等多方面,使茶道脱离日常啜饮范围而成为一种优雅的精神文化。其后不久茶道传到日本,与日本传统文化相结合,获得了新发展,成为具有深远哲理和丰富艺术表现的综合文化体系。与日本茶道相比,中国的茶道没有烦琐的程仪,突出的家族、宗法特征,它更多地把饮茶与修身养性、心灵交融结合起来。

茶的特点是清,有人把品饮茶的嗜好称为"清尚"。古人常说:"茶如隐逸,酒如豪士。"也是指它与现实功利有一定距离。因为茶是至清之物,所以从采摘、蒸研、烘焙到烹煮的全过程要求加工者保证器具、水质的清洁,品饮过程中环境氛围的清雅则更为重要。明陈继儒《岩栖幽事》说:"品茶,一人得神,二人得趣,三人得味,七八人是名施茶。"意为独饮茶最好,超过三人则失其清幽之趣,近于布施茶汤了。故品茶须远离喧嚣之地。白居易说饮茶要在"婆娑绿阴树,斑驳青苔地"的幽雅之地。明屠隆在《考槃余事》中还特别提出了品饮者的"人品"问题,"茶之为饮,最宜精行修德之人……使佳茗而饮非其人,犹汲泉以灌蒿莱,罪莫大焉;有其人而未识其趣,一吸而尽,不暇辨味,俗莫甚焉"。饮茶艺术所表现出的人生情趣是审美的,它远离功利,直到现在"清茶一杯"还活跃在人们口头。

第二节 服饰文化

服饰文化是人类通过生产劳动创造自身的一种表现。中国人习惯把日常生活概括为"衣食住行",服饰排在第一位,可见它在生活中的重要性。

一、霓裳羽衣:古代汉族服饰

几乎从服饰出现的那天起,人们就已经将其社会身份、生活习俗、审美情趣,以及种种文化观念融入服饰中。

服饰的面貌是社会历史风貌最直观、最真实的反映,从这个意义上说,古代服饰文化的历史也是一部生动的文明发展史。

(一)广袖长袍:中国服装基本形制

古代中国人在相当长的时间里都采用上衣下裳的着装形制,认为这种服饰结构象征着天地秩序,郑重场合时穿用的礼服大多如此。但与此同时,也不乏上下连属的服饰,从战国时期的深衣、始于汉代的袍服、魏晋的大袖长衫,一直到近代的旗袍,都属于长衣样式。中国服装也因此呈现了两种基本形制。

深衣由上衣下裳连接而成,裁剪制作自有特点,《礼记》中专门设了一章,谓其短不能露肤,长不能拖地;前襟加长,成一个大三角,穿深衣时,将加长的衣襟向右裹去,即"右衽",用丝带系在腰胯之间。这种丝带被称为"大带"或"绅带",带子上可插笏板,笏板并非仅供大臣上朝时使用,还相当于记事用的便携笔记本。

到了汉代,深衣变形为曲裾袍——一种有三角形前襟与圆弧形下摆的长衣。同时还时兴直裾袍,即直襟的长袍。刚有直襟袍时,不准将其作为礼服,不准穿着出门或在家中接待客人,《史记》中就有穿此入宫对王不敬的说法。之所以有这样的禁忌,是因为汉代以前中原人的裤子是无裆的,只有两条在腹前连接的裤腿,外衣裹得不严时极易露丑。因此,中原人的标准坐姿是先跪后坐,名为"跽坐",规定不许"箕坐",实际上与当时裤子的样式有关。随后,由于中原人与西北马上民族的密切交往,合裆裤渐渐为中原人所接受,逐渐推广开来。

深衣没有延续下来,袍服倒是一直穿用到近代,穿着者多为文人及统治阶层,久而久之,宽衫大袍成为不事劳作的有闲阶层的典型服饰,也是汉民族的一种传统服饰形象。

(二)胡服汉化:春秋战国服饰变革

战国时期,上衣下裳的服制发生了变化,出现了深衣和胡服。"胡"是指北方少数民族,一般指匈奴,胡服就是他们的服装。战国之后,中原人风行胡服,这一服饰变革与赵武灵王的推广有关。战国时,赵国地处北方,经常与胡人打仗。赵国军队的武器虽然比胡人优良,但大多数是步兵和兵车混合编制的队伍,加上官兵都身穿长袍,甲胄笨重,结扎烦琐,而灵活多变能够迅速出击的骑兵却很少。赵武灵王力排众议,倡导本国的军队效法游牧民族的胡服骑射,也就是穿短衣,着长裤,履皮靴,操练骑马射击,用骑射代替车战。结果赵国的军队很快强盛起来。

不仅如此,这种当初屡遭排斥才被汉族人认可的服装式样,到了魏晋南北朝已经由军服变为中原地区的日常服装。当然,这里还有一个很重要的原因,就是这一历史阶段战乱频仍,南北民众因躲避战争而大规模迁徙,客观上为服饰文化的交流提供了便利。

(三)魏晋通脱:文人名士的风度

在中国政治史上,魏晋无疑是一个黑暗时期,政权更迭频繁,战祸屠杀,几无宁岁,人民生活动荡不安。固有的礼法制度完全崩坏,儒学失去了统治人心的力量。而与此同时,随着老庄学说的流行、佛经的翻译、道教的发展、清谈的兴盛,在当时的士族社会产生了人性觉醒的思潮。他们广泛结交、品评人物、控制舆论,形成了强大的清议势力,引起了传统势力和皇权的恐慌,许多士子因此招来杀身之祸。

可以说,中国古代文人所遭遇的生命危险和心灵的苦闷,无过于魏晋。而魏晋文人的另一种典型形象,却是饮酒、奏乐、纵情山水、服寒食散、扪虱谈玄或潜心参道理佛,政治的险恶促使文人以这样的方式寻找慰藉和解脱。他们反对礼教,要求摆脱虚伪和束缚,回归真实自由的生活,士族阶层的生活情趣和行为方式因此发生了重大变化,在一些日常举止中有意反叛传统道德,着装上也极力营造洒脱、豁达、飘逸、不拘小节的风尚,或不修边幅、解衣当风,或褒衣博带、熏衣剃面、傅粉施朱。士族阶层的情趣最终影响到社会各个阶层的服饰风格。

"竹林七贤"即魏晋时的七位名士,今人还可以在壁画上看到他们的着装形象——个个衣襟曳地,袒胸露怀,手背、小腿、脚都暴露于外。这在中国封建社会的文人形象中是极少见的,因为只有贩夫走卒才会赤裸着胳膊和腿。不仅如此,他们的性情也放荡不羁,如刘伶、嵇康、王戎经常梳着儿童的丫髻,一副桀骜不驯、玩世不恭的模样。

(四)唐代华彩:开放的时代风尚

就封建社会的文化和经济发展状况而言,唐代无疑是人类文明史上的一个巅峰,唐朝政府不仅对外国实行开放政策,允许外国人参加科举考试和出任官职,而且对外来的文化、艺术、宗教采取欣赏和包容的态度,使当时的首都长安成为中外文化交流的中心。特别值得一提的是,唐朝妇女不必恪守传统规范,她们可以穿袒露胸臂的宽领服装。传统的襦裙装上为短襦、长衫,下为裙,但唐女将它穿出了新样,如短襦或长衫,在圆领、方领、斜领、直领和鸡心领交替流行中,竟索性将其开成袒领,这在礼法森严的中国古代社会是空前绝后的。

除此之外,唐女可以穿胡服男装骑射,并享有选择配偶和离婚的自由。唐代典型男服是头戴幞头,身穿圆领袍衫,腰间系带,脚蹬乌皮六合靴。这身装扮使男子干练、潇洒又不失儒雅,女子则别有一种洗尽铅华、俏皮的风度。尽管儒家经典中早就规定"男女不通衣裳",但唐女却喜着男装,可见唐代社会的开放,对女性的束缚很少。

唐代崇尚丰满、浓艳之美,赏花喜欢赏牡丹,人则讲究男无肩女无颈,马也要头小颈粗臀部大。为了显示自己的丰满,唐女特意将裙子做成六幅、八幅、十二幅,而且裙色相当丰富,如深红、杏黄、深紫、月青、草绿等,可以尽人所好,其中以石榴红裙流行时间最长。李白、杜甫、白居易诗中都有关于石榴裙的描述。

今人习惯将对襟袄通称为"唐装",以其代表中国传统服饰,但事实上,现代的唐装远不及唐代的服装璀璨夺目。

(五)宋代矜持:理学思潮的背景

最常见的宋代服装是"背子"。背子的款式,以直领对襟为主;衣服的长度,或在膝上、齐膝,或长及脚踝;衣服两侧开衩,或从衣襟下摆至腰部,或到腋下。

在同一个时代,背子被男女老少不分尊卑贵贱地喜爱,实在是一件奇特的事情。背子的广泛穿着,与宋代文化密不可分。从造型上看,这种衣服的廓形直直的,把人的身体裹成一个圆筒,没有曲线,与袒领、阔裙、轻纱罩体大袖衫的唐服有着鲜明的区别。比较起来,唐人的服装更加张扬,而宋人服装却显得含蓄、内敛,有一种禁欲倾向。这种心理取向与宋代的理学思潮有关,强调严格的秩序,体现出君臣、父子、夫妇绝对的尊卑和从属关系。

在宋代,中国古典美学精神发展到了极致,建筑讲究白墙黑瓦,陶瓷讲究单色釉,绘画讲究写意风格的水墨山水,就连赏花也推崇梅、兰、竹、菊等,用以借喻人的清高品格。背子的样式简约,风格素雅,真正是以简胜繁的杰作,从背子这种特殊的服饰上,我们既可以看到哲学思想、美学思想对宋人日常生活的影响,也能领略到宋代简约至极的物象之美。

汉族女性缠足的陋习一说始于宋代,此后很长时期,尖尖的小脚被视为美女的必备条件,直到清朝末年,有识之士纷纷在各地创办"不缠足会",在争取女权、倡导妇女解放的运动中,女性的双足才得以解放。

(六)剃发易服:清朝对服饰的强制改变

一说到清朝服饰,人们首先想到的就是男子的长袍马褂和女子的旗袍,事实上这并不足以代表清朝两百多年的服饰形象。

清朝建立之后,满族人传统的便于骑射的服饰与汉族的服装大异其趣,统治者为了消灭汉族人的民族意识,在开朝初期严令禁止汉族人穿汉装,强制汉人换掉大襟袄衫、裙、裤等,一律穿上满人的无领对襟袄褂和长裤。其中,最令汉人反感的是按满族习俗在前额剃发,后脑留发梳辫。许多坚持明朝习俗佩戴方巾、拒绝剃发的汉人遭到了杀戮,当时有"留发不留头"的说法。这激起了汉人的强烈不满,有的地方因此发生了战乱;有的人宁可剃光头当和尚,这种激烈对抗的形势迫使清政府采取了相应的妥协政策,男子、官员、成年人、儒生、娼妓的服饰随满族旗服,女子、衙役、和尚、道士等可以沿袭汉人习俗,由此缓和了剃发易服引起的统治危机。

(七)中西杂糅:民国换装与改良旗袍

以1840年鸦片战争为标志,中国进入了近代社会。随着西方生活方式和价值观念的传入,服饰也呈现出前所未有的变化,近代服饰虽然保留着强烈的民族色彩,但却呈现出东西合璧、中外并存的新面貌。

辛亥革命后,服制形式大变,清代的官吏衣着和顶戴都被淘汰。最突出的就是剪辫,当时"剪"与"留",成为革新和保守的分水岭。剪辫的先行者是城市中的官吏和知识分子,偏远乡村仍不轻易接受。当时旗人盛装虽然消失了,但是旗袍仍然存在,女学生中的"蓝布大褂"是领衔的式样,而后日渐流行起来。

近代男装呈现出中西混杂的局面,长袍马褂与西服同存,布鞋与革履共用。长袍马褂是男子的常服和礼服,既有传统的民族韵味又显精干英俊的气派。西服的传入为男装拓展了新领域,适体潇洒的西服有力地冲击了传统的平面裁剪的中式服装。中山装是综合了西式服和中式服特点,为革命党人设计的新款服装;由孙中山先生率先提倡而得名,它是传统与时代的完美结合,成为中国男子的典型服装。

近代女装从繁缛走向简单,从单纯遮体走向开放显体。上袄下裙的穿着方式颇为流行,上袄有大襟、对襟、斜襟,下裙有长裙、马面裙、百褶裙、绣花裙等。此外,上衫下裤或外罩一条纻裙(围系式的或长或短的小裙),是乡间的普遍装束。女装在这个时期变化较大,有保留清式偏襟衣裤的,有上衣下裙仿效西式的。新装的总趋势分两种类型,一种是各种素色或者印花面料的曲线长旗袍,特点是在衣边加镶条、补花或衣外加套小马甲和丝质围巾,另一种是上衣下裙分开的衣裙式。

被称为东方女性第一装的旗袍是近代服饰史的骄子。旗袍即旗人之袍,原本腰身平直,而且很长,后来款式几经变化,长度渐短,腰身收紧,高领系扣,线条明著,使旗袍彻底摆脱了老式样,成为极有东方女性端庄典雅、含蓄风范的改良旗袍,改变了中国妇女长期来束胸裹臀的旧貌,让女性的体态和曲线美充分显示出来,符合当时女性的解放趋势。自 20 世纪 30 年代起,旗袍几乎成了中国妇女的标准服装,民间妇女、学生、工人、达官显贵的太太,无不穿着。旗袍甚至成了交际场合和外交活动的礼服。后来,旗袍传到了外国,被西洋女子效仿穿着。

二、衣冠之治:服饰的文化地位

在古代中国,着装不仅是民间习俗,更是国家礼制的一部分,尊礼成服是中国传统服饰的一个最大特点。《易·系辞下》言:"黄帝、尧、舜垂衣裳而天下治。"我们亦常称中国的统治为"衣冠之治"。历朝历代都有各种条文、律令,对服装的材质、色彩、花纹和款式有详尽的规定,将皇族、文武官员和普通百姓的服饰严格区分开来,违者重罚。

(一) 服饰的等级标志

1. 王权标志——黄色与十二章

中国历史上有个"黄袍加身"的故事,959 年,五代后周赵匡胤在陈桥兵变,诸将给他披上黄袍,拥立为帝。为什么"黄袍"就代表皇帝呢?中国的阴阳五行说认为,金、木、水、火、土相生相克,其中黄色代表土。至唐代,黄色成为天子的专用颜色。自那时起,这种规定一直延续到中国封建社会最后一个朝代——清朝,末代皇帝溥仪十一岁时,看见八岁的堂弟衣服里子有黄色绸,还揪着他的袖子问:"你怎么敢用黄?"可见即使被夺了皇权,在他们心中,黄色仍然有天下独尊的权威性。

冕服和龙袍是古代皇帝的典型服饰。帝王穿的衣服上常绣龙,明清时有袍绣九龙的定制:在龙袍前后两肩、两袖等处绣成对称的八龙,再绣一龙在大襟的里面,以象征君权神授、九鼎之尊的皇家威仪。另外还有十二种花纹,《隋书·礼仪六》记载:"衣则日、月、星辰、山、龙、华虫、火、宗彝,画以为绘。裳则藻、粉米、黼、黻以为绣,凡十二章。"隋顾彪在《尚书疏》中说:"日月星辰取其照临,山取其能兴雷雨,龙取其变化无方,华取文章,雉取耿介,藻取有文,火取炎上,粉取洁白,米取能养,黼取能断,黻取善恶向背。"此成为帝王服饰上最有代表性的图案。

2. 权力等级——官服补子

在服饰制度中,能够彰显身份阶层的朝服官服相当重要。官服首先是通过颜色样式体现等级。明代官员袍色分三种,一品至四品穿绯袍(绛红色袍),五品至七品穿青袍,八品、九品穿绿袍;未入流杂职官与八品以下相同。

纵观中国古代官服,最能体现服饰与权力关系的还是补子。唐代女皇武则天曾赐百官绣袍,文官绣禽,武官绣兽。明朝对此加以仿效,开始在官服前襟饰以有图案的补子来区分文武官员的品级。一品至九品文官补子分别是:仙鹤、锦鸡、孔雀、云雁、白鹇、鹭鸶、鸂鶒、鹌鹑、练雀。武官一至六品为：麒麟、狮子、虎、豹、熊、彪，七品、八品犀牛，九品海马。不同的动物代表不同的官阶。

（二）服饰的身份标志

1. 棉毛丝麻：衣料之别

衣服产生之初，没有贵贱之分，它的功能主要是用来遮羞防寒，而没有多少社会性的功能。考古发现的实物告诉我们：距今约六七千年前的石器时代，我们的祖先便学会了种桑植麻，缫丝抽线，于是，布便代替了树叶、兽皮与羽毛。此时的"布"为丝绸与麻两种。众所周知，丝是中国独特的发明，在相当长的时间内，中国是世界上唯一出产和使用丝的国家。

现代服装原料中占有重要地位的"棉花"，原产地是印度和阿拉伯，至迟在南北朝时期传入中国。不过，此时的棉花，主要是在花园里被作为"花"来观赏的。棉布衣服只有富贵人家才穿得起。直到元朝时，黄道婆从琼州带回黎族人的纺织技术，种植棉花才渐渐多起来。元代元贞年间黄道婆重返故乡，在松江府以东的乌泥泾镇，教人制棉，黄道婆去世以后，松江府曾成为全国最大的棉纺织中心。松江布有"衣被天下"的美称。朱元璋建立明朝后，规定凡有四亩田地的耕种者，必须种植桑、麻、棉各半亩；有十亩田地者，种棉加倍。这样一来，棉花的种植才逐渐在全国普及。

2. 穿衣戴帽：身份之别

商周时代，衣冠服饰便成了"昭名分，辨等威"的标志，尊卑贵贱，各有规定。从河南安阳出土的玉雕、石雕及陶塑人像来看，商代人至少有三种服饰，第一种是窄袖圆领衣，为奴隶与俘虏所穿；第二种是平顶帽、翻领绣衣，衣前的下部有兽头纹蔽膝，这种衣服为平民所穿；第三种为尖顶帽或裹巾子，上为右衽交领衣，下为裙裳，腰间束带，穿翘尖鞋，这是贵族或贵族亲随的服饰。

秦汉之时，"冠"为贵族男子所戴，平民男子不加冠，而是戴帻，即为包头发并覆至前额的头巾。但到了汉末，有地位之人，甚至王公大臣，也都以戴帻为尚，他们多戴丝条或葛制成的头巾，手持羽扇，所谓"羽扇纶巾"，更显儒雅风流。也有不戴冠帻的人，即小孩、罪犯与异族之人。

头巾在头上绾结式样不同，名称也不同，除了帻以外，还有陌头。陌头也叫作"络头""绡头"等，类似北方农民包头的羊肚手巾，从后向前，在额上打结。《陌上桑》中的"少年见罗敷，脱帽著绡头"，即这种头衣。不过秦代规定平民所戴的"陌头"必须为黑色，所以百姓被文人称为黔首。唐代男子裹"幞头"，即"陌头"的转音，但绾扎方法与"陌头"不同。幞头服饰后来一直延续至明代末年。明代由幞头发展成一种圆形官帽，因用青黑色纱做成，所以也叫乌纱帽。

宋代由于大力弘扬传统的伦理道德，于是在服饰上强化了社会功能，让服饰明示人的社会地位与职业，帽子、腰带、靴、饰物皆可显示出人的地位高低与身份。《宋史·舆服志》中记述，宋朝商贾"只许服皂、白衣、铁、角带，不得服紫"。由张择端的

《清明上河图》可以看出,当时宋代不同职业的人的服饰是不同的,官宦、士绅、农民、商贩一望而知。孟元老《东京梦华录》中说各业小民衣着各依本色,不敢越外。如香铺里香人"顶帽披背子";质库(当铺)掌事"着皂衫、角带、不顶帽";当垆卖酒的妇人"腰系青花布手巾,绾危髻";媒人也分级别穿戴,"上等戴盖头,著紫背子,中等戴冠,黄色髻,背子,或只系裙"。

明代亦是如此,对百姓的服饰也有规定。洪武年间曾推行一种"六合一统帽",用六片布帛拼成,顶上用一珠绾结。此帽到清代仍流行着,俗称"瓜皮帽"。"六合一统"意为天下统一,皆归于王化,可见帽子的形状寓含着政治意义。明代儒生被规定戴"四方平定巾",为四方形桶状,人谓似一书橱。当然,到了明代中叶以后,商业迅速发展,市民的思想观念对社会各阶层产生影响,加之朝纲松弛,服制缺少有力的管束,形成多元化的局面。到了明末,僭用的现象大量出现。团龙、立龙已成了寻常百姓服饰的常用花纹。历来被社会视为贱民的乐工倡优,公然仿效士大夫,着有补子的朝服。

清朝让汉人男子易服,改变数千年蓄发冠带的习惯不是轻而易举的事,清代对妇女的服饰不强求一致,因此有满汉两式。汉式与明代相似,满族贵妇的发式多戴钿子,其制同凤冠,以铁丝或藤为骨,以轻纱或线网覆之。前如凤冠,加珠旒,长及肩,后如簸箕,上为穹形,下广,垂于肩。一般妇女,多梳"叉子头",后越增越高,成了"高如牌楼"的固定装饰,又称"大拉翅",用时只须套在头上,插上绢花即可。

纵观中国古代服饰沿革变迁的历史,我们可以从中总结出三个制约与推动服饰发展的主要因素:经济水平、民族关系、等级制度。都市繁华,经济发达,服饰也追求鲜丽多姿;民族之间交流加强之时,服饰的改变则是深层次的;等级制度的强化,限制了制衣者的创造力,在政权稳定的社会环境中,人们只能做一些微小的改变。由此也可以理解,为什么古代服饰的巨大变化大都发生在鼎革之际。

 思考题

1. 中国的哪些食物是从国外引进的?是在什么时候引进的?
2. 为什么古人常说"茶如隐逸,酒如豪士"?谈谈茶、酒与人的精神境界、性格特征的联系。
3. 中国调料的"五味"是什么,举例说明五味调和的原则。
4. 谈谈中国传统服饰所体现的等级观念。
5. 你如何看待胡服骑射?

第十一章　传意传神

——传统艺术

著名古琴大师管平湖先生演奏的古琴曲《流水》被推选入美国发射的"旅行者"2号（1977年8月）太空船的唱片中，该唱片从全球选出人类（地球）最具代表性的"人类的声音"，作为代表着生命痕迹的"地球的名片"被带到茫茫宇宙，去外太空寻求"知音"。这首代表着中国艺术之精髓的著名琴曲《流水》，曾因春秋时期著名琴家伯牙与钟子期"高山流水觅知音"的美好故事而得名。在这时而深沉浑雄、时而悠远空灵的天籁之音中，承载着中华民族自古对自然与宇宙的思索和理想，寄托着对太空旷远的生命之怀想，追寻宇宙间的"人类"和"知音"。

古琴音乐作为中国传统艺术最重要的代表之一，其价值尤其体现为它与西方文化相比，表现方式独一无二，以及其博大精深的文化内涵与艺术魅力。虚实相生、气韵生动、传意传神、崇尚意境与神韵的审美追求，不仅是古琴艺术孜孜以求的境界，也是中国传统艺术，包括音乐舞蹈、书法绘画等一贯的审美精神。

中国传统艺术在美学思想与文化精神方面有着集儒、释、道之大成的特点。儒家美学思想把情感导向伦理，要提升人伦教化，艺术强调美与善的统一。艺术家崇尚气节，追求艺术的中和之美、中庸之道，强调情和理的结合，感情表达有节制。道家的"无为"思想则让艺术朝着更为纯粹的、自然的与审美的方向发展，成为儒家的对立面与补充。在其影响下，艺术作品追求脱俗的品格和自由的精神，倡导人格独立、自然随性；强调人与自然的和谐，心与物的统一，追求艺术内在的、精神的、实质的美；追求"以形写神"，以及"空"与"虚"的超然境界与深邃的意境等；以取法"自然"与"天人合一"为传统艺术的最高追求。中国艺术中儒道精神虽然追求迥异，历代的审美意趣也不同，但总体倾向于崇尚中和婉约的审美理想与宁静淡泊的闲情逸致，注重情感表现的委婉与节制，追求内容与形式、情与理的高度和谐，体现出强烈的写意性。其博大精深的文化与精神境界，充满了深邃的人文精神，也体现了中国传统艺术的深厚魅力。

第一节 书画艺术

中国书画艺术是指中国传统的书法艺术和绘画艺术。透过中国传统书画的美,呈现出来的是民族的文化精神境界。中国的书法绘画是代表中华民族重含蓄、重和谐的艺术,其他形式的艺术作品都或多或少与书法、绘画有某些联系。林语堂曾经说过:如果不懂得中国书法及其艺术灵感,就无法谈论中国的艺术[①]。

一、笔底风云:书法艺术

书法,是世界上少数几种文字所具有的艺术形式,包括汉字书法、蒙古文书法、阿拉伯文书法等。其中的"中国书法",是指按照文字特点及其含义,以其书体笔法、结构和章法写字,通过不同线条去体现笔墨的节奏、韵律、动态、气势与意趣之美,传达书法家的思想情感,使之成为富有美感的艺术作品。它不仅具有形式美、结构美,而且在这种形式结构中能传达出人的种种主观精神境界。它是中国汉字特有的一种传统艺术,有着悠久的历史和诸多的大家、名作。

(一)美的历程:中国书法源流

中国最早的文字始于上古时期的甲骨文。甲骨文经过改革,演变成为大篆。我们可以从出土的钟鼎文物中看到这种字体,周代后,就逐渐向笔画较简单的小篆演变。在先秦漫长的历史时期中,汉字多是以篆书形体存在的。这一时期是中国书法艺术的萌芽期,并由此奠定了汉字书法发展变化的基础。

春秋战国时期,各国文字差异很大,成了发展经济文化的一大障碍。秦兼并天下后,开创了"书同文"的局面。丞相李斯将当时六国不同的文字删改整理而统一成书写起来较简便的小篆,完成了甲骨象形文字的最后转化。小篆又称秦篆,是在金文和石鼓文的基础上删繁就简而来的。小篆的笔画基本上都是粗细均匀的线条,虽然字形都抽象化了,但文字的图画性仍依稀可见。秦时官吏文书繁多,小篆书写仍感不便,于是在小篆基础上发展起一种更为简便的字体,由于秦时办公事的小官叫"徒隶",所以这种字体就被称为隶书。"隶书,篆之捷也"(《晋书·列传第六》),其目的就是为了书写方便。到了西汉,书写完成了由篆书到隶书的蜕变,结体由纵势变成横势,线条波磔更加明显。隶书的出现是汉字书写的一大进步,是书法史上的一次革命,它不但使汉字趋于方正楷模,而且在笔法上也突破了单一的中锋运笔,为以后各种书体流派奠定了基础。

---

① 林语堂:《中国人》,郝志东、沈益洪译,学林出版社1994年,第285页。

隶草是秦末出于军事实用而产生的,是章草的最初形态。章草起源于汉初,由书写较为草率的隶书逐步发展而成。章草写起来更加简便,而其名称可能起源于流传至今的西汉史游的《急就章》。至此,中国的文字还只是朝着实用的方向发展,尚未达到艺术的自觉。

中国书法艺术的自觉自汉末魏晋始。之前,书法写作的目的主要是为了保存、传播作品中的文字内容。例如碑文书法,为了表现碑文内容的神圣、庄严的性质,为了唤起观看者的虔诚崇敬意识,立碑者往往要求用工整端正的书体书写。从魏晋开始书法逐渐发展成为纯粹化的"线的艺术",重视线条之美,"骨法用笔",形成飘逸洒脱的魏晋风格,成为中国文化独具特色的艺术。晋唐时期人们特别推崇王羲之的行草书体,主要是由于王羲之创造性的贡献,使完全成熟起来的今体行草,比以往的碑体书法更能够表现作者的个人艺术意趣,更能满足人们新的审美需要,更能够有成效地促进人们新的审美意识的发展提高。书法艺术至此完成"由实用向审美"的跨越。

唐人将楷书和草书发展到极致,宋人再要有所突破,实在非常困难,因而别求他途,在行草书创作方面蔚然成风,成就不小。最值得一提的是宋太宗倡刻的《淳化阁帖》。该帖集历代书法名作,尤其是王羲之、王献之父子的行草作品,对宋人崇尚行草起了很大的影响。中国书法史上有所谓唐人尚法、宋人尚意之说。行草书体实在是最宜书家宣泄情意的书写方法。至元代,国势积弱,士人萎靡,已无"意"可尚,自然对宋人书风不满,倡导复古,以晋唐为法,赵孟𫖯是其代表。自《淳化阁帖》启帖学之端倪后,至明代帖学大盛。文人大都能作行草,据说不亚唐宋。而董其昌是帖学之集大成者。至清代中晚期,书坛之风一变。尊魏碑、卑唐楷,碑学之风盛行,以复古为创新。虽也不乏名家,终不能有晋唐之盛。

(二)众星璀璨:书法大家及作品

1. 书圣父子

王羲之,东晋时人,人称王右军。王羲之七岁起便师从当时书法名家卫夫人学书,十二岁大有长进。王羲之楷书学钟繇,草书学张芝,又临摹过李斯、曹嘉、蔡邕等著名书家的真迹,博采众长,变革创新出一种飞妍流美的新体书,使汉魏以来的朴质书风为之一变。王羲之的传世之作,以《兰亭序》最为有名。虽是他不经意写下的一篇书稿,且还有涂改痕迹,但线条行云流水,字体结构极尽变化,潇洒之至,用笔、线条、结构、章法无不自然妥帖,被称为"天下第一行书"。他的草书作品,则以《丧乱帖》《十七帖》等为最有名。

王羲之的七个儿子皆擅书法,其中第七子王献之最为杰出。王献之幼承家学,后学张芝草书,用功精深而又勇于创新。书法与父齐名,世并称二王,又以王羲之为书圣,王献之为小圣。王献之自视甚高,勇于变革创新。他身体力行,终于在章草和行书之间,找到与传统书法不一样的路径,创立了破体书,完成了楷书的今体化。王献

兰亭序

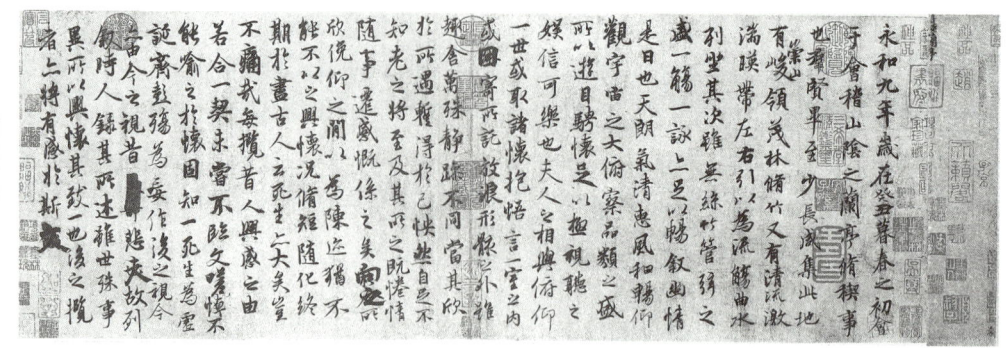

兰亭序

之的行楷作品,以《二十九帖》最具有代表性。此帖用笔收放自如,灵秀洒脱。虽仅三行,却可见其行楷艺术之一斑。王献之的行草作品,最有名的是《鸭头丸》和《送梨帖》等,其行草运笔如游丝,牵连不断,辗转自如。

2. 初唐四家

唐代书法从魏晋南北朝的书法艺术中汲取营养,开创出新的局面。初唐书法以欧阳询、虞世南、褚遂良、薛稷最值得称道,号为"初唐四家"。

欧阳询,字信本,其书法艺术各体俱能,尤以楷书为最精。书法史上以"颜(真卿)、柳(公权)、欧、赵(孟頫)"为楷书四大家,而欧阳询是最早以楷书闻名的大书法家。他的楷书被后世称为"欧体",用笔峻峭险劲、法度森严,以其独特的风格影响后世。欧阳询流传下来的墨迹有《张翰》《梦奠》等帖,碑拓楷帖有《九成宫醴泉铭》《化度寺邕禅师塔铭》等。其中《九成宫醴泉铭》是欧阳询书法的代表作。此铭法度严谨、笔力刚劲,为唐代楷书之冠,历来作为学习欧体的重要范本之一。

虞世南,字伯施。虞世南早年学书,后拜智永为师,学习二王一派的书法,深得其神髓。虞世南的楷书杰作有《孔子庙堂碑》《破邪论序》《千字文》等。《孔子庙堂碑》又称《夫子庙堂碑》,是虞世南最重要的代表作。用笔雅健端丽,刚中有柔。后不幸被火焚毁,今日所见拓本系宋元人重刻,据说仍不失虞书之精神。虞世南与欧阳询,书风虽各有千秋,但欧阳询的书法既有广泛的继承,更有突出的创新,而虞世南则明显是继承多于创新,虽名显当时,但对于后世的影响却远不如欧阳询。

褚遂良,字登善。其书法初学欧阳询和虞世南,尤其得益于虞世南。他将汉隶北碑融为一体,

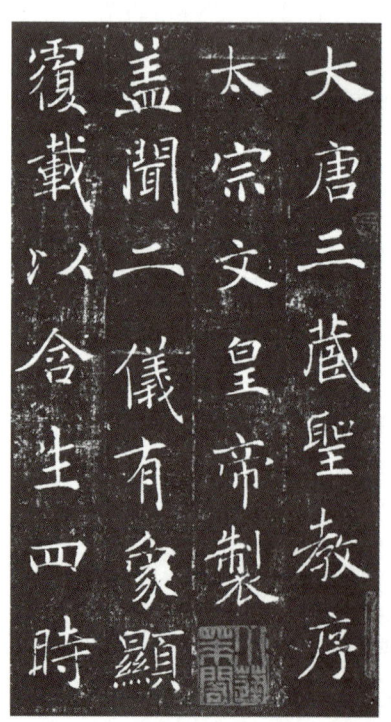

《雁塔圣教序》

创出自己的独特风格:笔画瘦硬,字势飘逸,活泼俊秀,个性鲜明。褚遂良传世的书法作品较多,主要有《伊阙佛龛碑》《孟法师碑》《房玄龄碑》《雁塔圣教序》等,以《雁塔圣教序》最为有名。

薛稷,字嗣通。薛稷主要学褚遂良的书艺,字体偏长,点画瘦硬。虽有褚字之俊美,但少其神髓,时人讥为"得师之半",故初唐四家中薛稷成就最小。传世作品有《升仙太子碑》《信行禅师碑》等。其大字在当时颇有名声,传说写有"慧普寺"三个大字,但此三字今已不传。

3. 颠张狂素

唐代的草书艺术,以孙过庭、贺知章、张旭、怀素四人为最有名。孙、贺继承有余,创新不多;唯张旭、怀素较有个性地发展了草书艺术,世人以"颠张狂素"誉之,并敬称其为"草圣"。

张旭,字伯高。生性嗜酒,与李白、贺知章等同入"醉八仙"之列。时人又以李白歌诗、裴旻剑舞、张旭草书为"三绝"。《古诗四帖》是张旭草书最具代表性的作品。其章法突破了以往的程式,结体的变形、字字之间的连绵已达到不可识别和彼此不分的程度,纯粹变成了线条的舞动,张旭的草书变幻无常,有疾风骤雨般的气势,据说张旭是见到公孙大娘舞西河剑器才悟得草书神采的。

怀素,长沙人,俗姓钱,幼出家为僧,法名怀素,字藏真。曾拜张旭弟子邬彤和颜真卿为师,将草书艺术提高到一个新的境界。其作品虽多,但今日能见到的不过数种,如《自叙帖》《小草千字文》《食鱼帖》等。《自叙帖》是怀素传世的代表作,内容叙述他自幼学书的经过,洒脱不拘、字字飞动,在矫健迅捷中,还让人感到一种出家人不染尘俗的精神境界的存在。因此,若拿张旭的行草与怀素比,除在"狂"这一点上有共同之外,张书肥、怀书瘦,张书雄奇,怀书矫健。

4. 苏黄米蔡

宋代的书法,包括绘画、诗词都以崇尚个人情感、意趣的抒发为旨归,故书风号为"尚意"。苏黄米蔡是其代表。

大文豪苏轼早年追慕晋人书法,但不死守一家,颜真卿、杨凝式的笔意多有渗入。他主张学书以正书为基础,再上溯行书、草书。从他存世的作品来看,行楷较多,草书不多见。他的早期书法作品有《治平帖》,用笔精致,意韵风流,深得二王神髓。《黄州寒食诗帖》是苏轼书法的代表作。其书为两首五言古诗,诗意苍凉,书境沉郁,是诗、书俱佳的作品。

黄庭坚曾师从苏轼,诗文书画无不受其影响,但书法艺术能别创新境界,而不拘泥于所学。他在书法艺术上的成就,得益于他对禅宗学说的参悟,故有"以禅入书"之说。其主要作品有行书《华严小疏》《戎州帖》《范滂传》《松风阁诗》等,以《松风阁诗》最为有名。结构别出心裁,风格洒脱不拘,别有一种从容徐迂、顾盼生风的意绪。

米芾人称"米襄阳""米南宫"等。他性格疏狂,仕途不顺,后被宋徽宗赏识,召为书画博士。米芾学书用功甚勤,在其成名家之后卑唐崇晋,对二王之书下功夫最深。其代表作品有《蜀素帖》《苕溪诗帖》《乐兄帖》等。前两帖为米芾壮年之作,结体欹侧夸张,笔画殊少横平竖直,风格成熟,具有痛快淋漓、雄奇清新之特点。宋四家之中,米芾成就最高,其书、画俱对后世有深远影响,可谓一代宗师。

蔡襄书学王羲之、颜真卿、柳公权,浑厚端严、雄伟楷丽。他在追求古趣的同时,创造了别具一格的"飞白散草体"。传世书迹很多,主要有楷书《谢赐御书表》《万安桥记》,行书《离都帖》《暑热帖》,行草《脚气帖》等。

5. 六分半书

所谓"六分半书"为清人郑燮所创。郑燮,字克农,号板桥,诗书画俱佳,是"扬州八怪"之一,因开仓赈民,被免官,有"三绝诗书画,一官归去来"之誉。他在书法上把真草隶篆四体融为一体,以真隶为骨架,加入行草和兰竹笔意,自成一体,称作"六分半书"。这种书体用笔多变,结体夸张,使窄者更窄,宽者更宽,斜者更斜,散者更散,聚者更聚,舒展者更舒展,糅合自然,浑然天成。行款活泼自由,不是一行直写到底,而是像安排一幅画一样,大大小小,方方圆圆,正正斜斜,疏疏密密,排列穿插灵巧别致,注意避让呼应,形成有主次、有轻重、有节奏、有旋律的类似绘画的章法,人称作"乱石铺阶"。其主要墨迹有《卢延让苦吟诗轴》《王维和贾舍人早朝大明宫诗轴》《节录怀素自叙轴》等。

二、思与境偕:绘画艺术

中国画简称"国画",又称为"丹青"。它是用中国所独有的毛笔、水墨和颜料,在绢或纸上作画并加以装裱的卷轴画。中国绘画艺术历史悠久,经过数千年的不断丰富、革新和发展,形成了独具中国意味的绘画语言体系,在东方以至世界艺术中都具有重要的地位与影响。

(一)墨海沧桑:中国绘画源流

1982年秋在甘肃秦安大地湾仰韶文化遗址发现的地画,据传是中国绘画最早的实物资料。该画中有人物和动物图案,画笔粗狂古朴,画面生动,表明当时的原始先民已具有相当水平的绘画技艺。

秦汉建立起中央集权制帝国,也为艺术繁荣创造了条件。当时疆域辽阔,国势强盛,丝绸之路连接着中外艺术的交流,绘画艺术获得了空前的发展。尤其是汉代盛行厚葬,其墓室壁画、画像砖、画像石以及随葬帛画,皆生动展现了现实生活、历史事件及神话人物形象等。其画风往往气魄宏大,笔势流动,既有粗犷豪放,又有细密瑰丽,内容丰富博杂,形式多姿多彩,具有鲜明的时代特征和民族特色。中国传统绘画艺术至此初启端倪。

中国画自觉于魏晋南北朝时期,士大夫画即发端于此时。绘画越发崇尚艺术内在的精神释放，人们投身于自然界的山山水水之中，与自然融合，以求身心的舒展和情感的宣泄。绘画的题材范围扩大，山水画开始成为独立的画科。而名人名作，更是盛况空前。不仅创作多样，而且思想丰富，艺术创作与理论总结并驾齐驱。至魏晋南北朝，有宗炳撰《画山水序》、王微撰《叙画》，开始阐发山水画的画理画法，说明山水画在此时已上升到理论层面被进行研究。这个时期画家辈出，士大夫如嵇康、谢安、谢灵运等都能作画。这个时期的大画家，当数曹不兴和顾恺之。此外，陆探微、张僧繇等也都有较高的成就。魏晋南北朝时期的佛教绘画也取得了一定的成就，如新疆克孜尔石窟、甘肃麦积山石窟、敦煌莫高窟都保存了该时期大量的壁画，艺术造诣极高。

唐代社会相对稳定，经济比较繁荣，对外交流活跃，给绘画艺术注入了新的机运。唐画领域开阔，画风生动辉煌，后人有"满壁风动"且"灿烂而求备"之称，尤其是人物画最具风采。山水画分为金碧、水墨两派，各有所长。花鸟画虽尚不成熟，亦有成就。

五代两宋之后，中国绘画艺术进一步成熟完备，出现了一个鼎盛时期。文人画、院体画、民俗画三峰并起，达到新的繁荣。中国文人画有"始现于唐，成熟于宋"的说法。院体画是指宫廷画家的画。两宋时期，院体画形成完备的理论和形式。这类作品为迎合帝王宫廷的需要，多以花鸟、山水、宫廷生活及宗教内容为题材，作画讲究法度，重视形神兼备，风格华丽细腻。因时代风尚和画家擅长有异，故画风不尽相同而各具特点。宋人的山水花鸟画达到了成熟的高峰。其形式和技法更加丰富多样，构图大势逼人，笔墨严谨，意境清远高旷，气韵生动，具有一种崇高的艺术美感。

绘画发展至元、明、清，文人画获得了突出的发展。在题材上，山水画、花鸟画占据了绝对的地位。文人画强调抒发主观情绪，"不求形似""无求于世"，不趋附大众审美要求，借绘画以示高雅，表现闲情逸趣，倡导"师造化""法心源"，强调人品画品的统一，并且注重将笔墨情趣与诗、书、印有机融为一体，形成了独特的绘画样式，涌现出了众多的杰出画家、画派以及难以数计的优秀作品。

(二) 千姿百态：传统绘画的类型

中国绘画按其题材分有人物画、山水画、花鸟画等。

1. 人物画

中国人物画是中国画中的一大画科，出现较山水画、花鸟画早；大体分为道释画、仕女画、肖像画、风俗画、历史故事画等；画法上又分白描、工笔重彩和写意。人物画力求将人物个性刻画得逼真传神，气韵生动，形神兼备。其传神之法，常把对人物性格的表现，寓于环境、气氛、身段和动态的渲染之中。故中国画论上又称人物画为"传神"。历代著名人物画有东晋顾恺之的《洛神赋图》，五代十国南唐顾闳中的《韩熙载夜宴图》，北宋李公麟的《维摩诘像》，南宋李唐的《采薇图》等。

2. 山水画

中国山水画是以山川自然景观为主要描写对象的中国画。形成于魏晋南北朝时期，但尚未从人物画中完全分离。隋唐时始独立，五代、北宋时趋于成熟。传统上按

《韩熙载夜宴图》(局部)

画法风格分为青绿山水、金碧山水、水墨山水、浅绛山水、小青绿山水、没骨山水等。唐时的山水诗,从不同角度深化了人们对诗境的认知,以诗入画成为一个重要的美学范式,而以禅入画又成为另一个重要的立境模式。诗境与禅境一经交汇,中国山水画的大象、大音之境便油然而生,至此儒、释、道的融合,在中国山水画的意境中得以闪现升腾。

3. 花鸟画

在中国画中,以花卉、花鸟、鱼虫等为描绘对象的画皆称为花鸟画。花鸟画的画法有"工笔""写意""兼工带写"三种。工笔花鸟画即用浓、淡墨勾勒动象,再按深浅分层次着色;写意花鸟画即用简练概括的手法描绘对象;介于工笔和写意之间的就称为兼工带写。中国花鸟画在长期的历史发展中,适应中国人的社会审美需要,形成了以写生为基础,以寓兴、写意为依归的传统。

(三)名家荟萃:绘画流派与代表人物

1. 吴带曹衣

相传唐吴道子画人物,运笔中锋,笔势圆转,衣袂飘举,波折起伏的线条,产生"天衣飞扬,满壁风动"的艺术视觉效果;而北朝齐曹仲达则笔法稠迭,衣服紧窄,后人故称"吴带当风,曹衣出水"。这两种风格,也流行于古代雕塑、铸像。吴道子,阳翟人,曾从张旭、贺知章学草书,后又改学绘画,擅画道释人物、车马、桥梁,以及山水花木等,最有成就的还是宗教壁画的创作。其代表作是长安景云寺《地狱变相图》。吴道子兼工山水,所画的怪石崩滩,使观者有亲临攀挽触摸的感觉。曹仲达,曾任朝散大夫。擅画人物、肖像、佛教图像,尤精于外国佛像。之所以著名,在于与吴道子并称"吴带当风,曹衣出水",无作品传世,但现存的北朝佛教造像中有与其相似的风格。

2. 南北宗

南北宗原是指佛教史上禅宗的派别,即所谓"南顿""北渐"。明代画家董其昌标榜以王维为首的"南宗画"即文人画,是出于"顿悟",因而视为"高越绝伦",同时,认为以李思训父子为首的"北宗画"是出于"渐修"[①],也就是从勤习苦练中产生,对其甚轻视和贬低。由于董其昌是当时东南地区艺坛领袖,这一理论附骥者众多,影响力很大。虽然这个理论在画史上历有异议,后来甚至遭到批评,但从评论王维、李思训父子在山水画风格的贡献这个意义上来看,并不是毫无可借鉴之处的。王维,字摩诘,唐代人,工诗善画又通音乐。绘画方面,王维成就最高的是山水画。王维流传的作品不少,传为王维画的《济南伏生图》《江山霁霁图》,笔致潇洒俊逸,而《辋川图》则是其最著名的山水画作品,其原作早已不存,从北宋开始陆续有多种摹本。

3. 元四家

元四家是代表元代山水画风的赵孟頫、黄公望、吴镇、王蒙的统称。元代士人隐逸风尚与山林精神高涨,使元代山水画在抒情写意上达到了巅峰。他们在长期的绘画实践中,通过对山林精神的推崇和对抒情写意的强调,逐渐形成了整体的尚"逸"、尚"意"的山水画风,并因自己的思想渊源和对山川自然及传统的独特的审美要求,而形成了元四家整体的绘画美学精神,概而言之,一是"脱俗",二是"自娱"。

4. 吴门派

吴门画派是明代影响甚大的绘画流派,因其领袖人物沈周、文徵明均为长洲(又称吴门)人而得名。其后又有唐寅和仇英。四人均精通诗文书画,并善熔诗书画于一炉,中国画史上把他们并称为"吴门四家"。其画以山水、花鸟为主,虽然风格不同,画法各异,但总体特征是笔墨,或秀润或苍逸,追求墨韵自然和意境平和,世俗气息较浓,野逸韵致削弱,表现为更成熟的文人画作。

5. 扬州八怪

清康乾年间,江苏扬州一带活跃着一群革新派书画家,史称"扬州八怪"或"扬州画派"。他们反对画坛流行的尚古模拟之风和书法主流派的清规戒律,力主破格创新,强调突出艺术创作的个性风格,被时人目为"偏师""怪物"。其画作多以花卉为题材,亦画山水、人物,而以写意花鸟、人物的成就最高。扬州画派在风格上同中有异,但总的来说是突破了当时形式主义画风的束缚,以一种清新的生气蓬勃的姿态,振奋了中国的画坛。

第二节 音乐舞蹈艺术

中国传统音乐舞蹈起源于充满神秘色彩的以歌、舞、乐三者融为一体的"原始乐舞"。在漫长的历史进程中,古代音乐舞蹈经历了若干阶段的发展、演变,逐渐形成具

---

① 董其昌:《画旨》,毛建波校注,西泠印社出版社2008年,第11页。

有中国独特形态和神韵的东方音乐舞蹈艺术,并产生了众多的艺术家和艺术作品。就时代划分而言,中国传统音乐在隋唐以前可以概括为"以歌舞音乐为中心的时代",而宋元以降则可概括为"以戏曲音乐为中心的时代"。

一、华夏之音:音乐艺术

中国传统音乐是指中国人运用本民族固有方法,采取本民族固有形式创造,因而具有本民族固有形态特征的音乐。中国传统音乐是在以黄河流域为中心的中原音乐和四域音乐的交流融合之中形成发展起来的。

(一)乐者乐也:中国音乐源流

中华民族最初的音乐叫"乐舞",后世称乐舞为古乐,泛指传说中的远古音乐和夏商两代的乐舞。乐舞以图腾祭祀、对祖先的崇拜和对君主及征服自然的英雄的歌颂为主要内容。如黄帝时期的《云门》是崇拜天神的乐舞,唐尧时期的《咸池》是崇拜星辰的乐舞,虞舜时期的《韶》是歌颂舜浩荡功德的乐舞。

远古及夏商的乐器大致有吹管(骨笛、埙等)和打击乐器(鼓、磬、钟或编钟等)。早期的器乐音乐也是集诗、歌、舞为一体的艺术。西周时建立了完备的礼乐制度,并设立礼乐教育机构——大司乐。周时兴起的雅乐主要是配合周礼的祭祀音乐和仪典音乐,其时主要总结之前的典章乐舞,有《六代乐舞》。周代还有采风制度,收集民歌以观风俗察民情,后经孔子删定编成《诗经》。周代器乐音乐的完善使演奏技术越来越高,先秦的钟鼓乐队和古琴音乐成为这一时期有代表性的演奏形式。其中"琴"(古琴、七弦琴)成为文人或宫廷乐师演奏的重要乐器。这一时期出现了许多重要的琴家,如伯牙、成连、师况等,也出现许多著名的琴曲。

音乐思想也在百家争鸣的影响下产生了第一个繁荣时期。在儒家思想的影响下,音乐的审美体现"仁"的精神,要"尽善尽美""中且平和""乐而不淫,哀而不伤",统治阶级用音乐作为"教化"的工具,来完成人格的塑造。

秦汉时开始出现"乐府",它继承周代采风制度,收集、整理改编民间音乐,集中大量乐工在筵宴、郊祀、朝贺等场合演奏。汉代主要的歌曲形式是相和歌,后发展为相和大曲,对隋唐时的歌舞大曲有重要影响。汉代在西北边疆还兴起了鼓吹乐,主要用于军乐礼仪、宫廷宴欢以及民间娱乐。

魏时由相和歌发展起来的清商乐占了主导地位,并设置清商署。晋朝时期清商乐流入南方,与南方的吴歌、西曲融合,北魏时又回到北方,从而成为流传全国的重要乐种。此时,传统音乐文化的代表性乐器古琴趋于成熟,出现了一大批文人琴家,如阮籍、嵇康等。

隋唐两代政权统一,特别是唐代,以歌舞音乐为主要标志的音乐艺术达到了全面发展的高峰。唐时的宫廷音乐称为"燕乐",以原有音乐和汉魏以来陆续传入的西域各族音乐和外国音乐为基础。当时传入了各种异域曲调和乐器,龟兹乐、西凉乐融合传统的雅乐、古乐,出现了很多新的创造,风靡一时的歌舞大曲就是燕乐中独树一帜的奇葩。"大曲"是将诗歌、器乐、舞蹈融为一体的形式,如太宗的"秦王破阵乐"、玄宗的"霓裳羽衣曲"。当时,文人音乐逐渐成为越来越重要的音乐形式。隋唐文人音乐主要有词乐(唐诗与音乐紧密结合,即所谓"吟诗")和琴曲,古琴艺术日益成熟,古琴记谱法产生,进一步推动了古琴音乐的传播和发展,涌现出许多影响深远的著名琴师,也产生了许多传世的名曲和琴学论著。风格上形成四大流派:"吴声""蜀声""秦声""楚声"。琵琶音乐兴起,由西域传入的曲项琵琶经不断发展,成为唐代重要的乐器。唐朝音乐文化的繁荣还表现为有一系列音乐教育的机构,如教坊、梨园、大乐署和鼓吹署等。唐代音乐的繁荣与各民族之间的音乐交流有着密切的关系。

宋金元时期音乐文化的发展是以市民音乐的勃兴为重要标志的。随着城市经济的繁荣,"瓦舍""勾栏"应运而生,各种说唱艺术争奇斗艳。承隋唐曲子词的发展,宋代词调音乐获得了空前的发展。宋代还是戏曲趋于成熟的时代,戏曲逐渐取代了歌舞大曲的核心地位,并在元代达到了高峰。

明清时期的说唱、民歌、戏曲、歌舞音乐、器乐等五大类音乐发展形成体系。由于明清社会市民阶层日益壮大,音乐文化的发展更具有世俗化的特点。特别是戏曲音乐的繁荣,使明清音乐文化的发展达到了一个新的高度和水平。而在理论发展方面,明朝音乐家朱载堉写成了集乐律、乐谱、乐经、舞谱、数学和历学于一身的综合性巨著《乐律全书》。在《乐律全书》中,他创建了"十二平均律",此理论广泛适用于世界各国的键盘乐器,包括钢琴,故朱载堉被誉为"钢琴理论的鼻祖"。

(二)五音汇聚:传统音乐的分类

根据音乐家杜亚雄先生的分法,从音乐的文化属性出发,按照音乐操纵主体文化阶层来分类,中国的传统音乐分为宫廷音乐、宗教音乐、文人音乐和民间音乐。①

1. 宫廷音乐

在中国传统音乐的四大类别中,宫廷音乐是地位最高的一类。一方面它身居庙堂,只为统治者的宴会和朝廷意识而演奏,另一方面它还必须起到歌功颂德、祭祀祖先、娱乐君王及教化民众的作用,所以其他音乐无法望其项背。宫廷音乐风格优美典雅,节奏舒缓,讲究和谐,富有中和之美。宫廷音乐大致可分为雅乐和燕乐:雅乐主要是用于祭祀及朝会典礼等场合的音乐,风格庄严肃穆,音律中正和平,歌词典雅纯正;燕乐主要是供统治者欣赏及娱乐的音乐,往往取材于民间音乐和外来音乐,比雅乐更具活力。

2. 宗教音乐

宗教音乐是由宗教信仰者演奏,为了宣扬宗教理念而演奏、演唱的音乐。它与宗

---

① 王耀华、杜亚雄:《中国传统音乐概论》,福建教育出版社 1999 年,第 49 页。

教紧密相连,具有神秘的性质,是最为特殊的一种音乐。在中国,宗教音乐主要有五大类:佛教音乐、道教音乐、基督教音乐、天主教音乐和伊斯兰教音乐。其中佛教音乐和道教音乐影响最大。佛教音乐有汉传佛教音乐和藏传佛教音乐:汉传佛教音乐有法事音乐和民间佛曲;藏传佛教音乐有诵经音乐、羌姆乐舞音乐和寺院器乐。道教音乐既有配合法事活动的歌舞乐,也有因强调修身养性而形成的清丽雅致、超尘脱俗的乐曲。

3. 文人音乐

文人音乐是有一定文化修养的知识阶层创作的音乐,具有强烈的个性色彩和较高的艺术水平。其主要包括琴乐和词调音乐。琴为"圣人治世之音,君子养修之物",琴乐即古琴音乐,是中国文人音乐的象征,在古代居于"琴、棋、书、画"之首位,它寄寓了中国文人风凌傲骨、超凡脱俗的品格,成为文人音乐超越精神的重要表现方式。古琴音乐崇尚含蓄恬淡、清雅隽永、意境深邃的表达方式和风格;清、微、淡、远的意境;追求"味外之旨、韵外之致、弦外之音"的韵味;寻求"天人合一"的宇宙观。这种审美追求,也是整个中国艺术审美趣味不懈追求的最高境界。历代文人对七弦琴音乐创造和发展的贡献,主要表现在琴歌、琴曲、琴论和琴谱四个方面。词调音乐主要是配合词而歌唱的一种音乐体裁形式。文人对于诗词吟诵调的贡献主要在择腔、创调及词调音乐的理论研究上。著名文人音乐的代表人物有屈原、宋玉、蔡邕、嵇康、阮籍、柳永和姜夔等。

4. 民间音乐

民间音乐是人民自发的口头创作,主要借助口传心授的形式而传播。在世世代代传播的过程中,它经过了无数人的加工和改编,是不断积累、沉淀、筛选而形成的思想感情的体验,凝结着历代人民集体的智慧和才能。如著名的民间歌曲《茉莉花》已经成为中国文化、中国音乐的象征而出现在世界各地。

民间音乐具有乡土性、即兴性和流传变异性的特点。其种类繁多,主要有民间歌曲、民间舞蹈音乐、说唱音乐、戏曲音乐和民间器乐。从《诗经》的《国风》开始,民间音乐的表现内容经常是普通老百姓的情感与生活日常,如对爱情的赞美,对美好生活的憧憬,对为富不仁者的痛恨和嘲笑,对昏庸统治的不平和反抗,对穷苦人不幸遭遇的同情,等等。由于其表现内容经常与封建统治不合拍,故其发展长期处于边缘化状态,在人民大众中倔强地生存与生长。

二、余音绕梁:传统音乐名曲

(一)《高山流水》

《高山流水》为中国古曲之一。传说先秦的琴师伯牙一次在荒山野地弹琴,志在高山,樵夫钟子期竟说:"善哉,峨峨兮若泰山!"伯牙又鼓琴,志在流水,钟子期接着说:"善哉,洋洋兮若江河!"伯牙惊道:"善哉,子之心而与吾心同。"钟子期死后,伯牙痛失知音,摔琴绝弦,终身不奏,故有高山流水之曲。"高山流水"比喻知己或知音,也比喻乐曲高妙。

(二)《阳春白雪》

《阳春白雪》为古琴十大名曲之一。相传为春秋时期晋国的乐师师旷或齐国的刘涓子所作。现存琴谱中的《阳春》和《白雪》是两首器乐曲,明朱权编辑的《神奇秘谱》在解题中说:"《阳春》取万物知春,和风淡荡之意;《白雪》取凛然清洁,雪竹琳琅之音。"[①] 由于《阳春白雪》音域跨度非常大,很少有人能演唱,于是渐渐地被人们指代为高雅的艺术作品,并与下里巴人相对。《下里巴人》是战国时代楚国的民间乐曲,后泛指通俗的、普及的文学艺术,与阳春白雪对举。

(三)《胡笳十八拍》

《胡笳十八拍》原是一首琴曲,相传为汉魏时期著名的女诗人蔡文姬所作,是由18首歌曲组合而成的声乐套曲,由琴伴奏。"拍"在突厥语中即为"首","笳"则是中国古代北方少数民族的一种吹奏乐器,似笛。琴曲内容既有对故乡的思念,又有对惜别幼子的隐痛和悲怨。全曲始终萦绕着一种缠绵悱恻、凄婉哀怨的思念之情,让人听了不禁肝肠寸断,具有极强的艺术感染力。

(四)《广陵散》

《广陵散》又名《广陵止息》,是一首大型琴曲,东汉末年至三国时已流行。"散"有散乐之意,是指有别于宫廷雅乐的民间音乐。它讲述的是关于刺客的悲壮故事,因此全曲始终贯注着一股慷慨不平的浩然之气。《广陵散》之所以著名,与竹林七贤之一的嵇康有关。嵇康在临刑前弹奏一曲《广陵散》,慷慨赴刑。

(五)《阳关三叠》

《阳关三叠》为唐代著名的歌曲,又称《阳关曲》或《渭城曲》。歌词是根据唐代诗人王维《送元二使安西》谱写而来。因为歌词要反复咏唱三遍,所以又称作《阳关三叠》。曲调简单淳朴,带有一丝挥之不去的淡淡离愁,并用反复咏叹深化对友人的依依惜别之情,因此成为历来送别友人的千年绝唱。

(六)《梅花三弄》

《神奇秘谱》记载此曲最早是东晋时桓伊所奏的笛曲。后由笛曲改编为古琴曲,全曲表现了梅花洁白及傲雪凌霜的高尚品性。此曲借物咏怀,通过梅花的洁白、芬芳和耐寒等特征,来歌颂具有高尚节操的人。此曲结构上采用循环再现的手法,重复整段主题三次,每次重复都采用泛音奏法,故称为《三弄》。

(七)《十面埋伏》

《十面埋伏》为中国著名的琵琶传统大套武曲,它的前身是明代的《楚汉》,1818

---

① 朱权:《神奇秘谱乐诠》,吴文光释谱,上海音乐出版社2008年。

年由华秋萍编成《琵琶行》,后终成《十面埋伏》。乐曲取材于中国历史上楚汉相争的故事,主要描绘刘邦和项羽在垓下决战的情景。乐曲高昂激越、气势磅礴,具有很强的感染力。直到今天,《十面埋伏》仍是中国古代琵琶表演艺术的巅峰之作。

三、生命律动:舞蹈艺术

舞蹈是人类最古老的艺术形式之一。从蒙昧的上古时代开始,中国传统舞蹈经过了多个阶段的发展和演变,逐渐形成了具有中国独特形态和神韵的东方舞蹈艺术。

(一)歌舞魅影:中国舞蹈源流

在远古时代,舞蹈是文化的基本形态。举凡狩猎、战争,或者性爱、生殖,以及祭祀、祈祷等活动,都是伴有舞蹈来进行的。远古氏族的乐舞充满了活力,也反映了原始宗教的祈求幻想和巫术礼仪。

周代舞蹈是中华乐舞文化中的第一个高峰,其乐教思想在先秦儒家著述中得到了系统的阐述。当时的舞蹈有维护社会等级制度的功用,不仅有"通神"的功能,而且还有"治人"的作用。周朝整理前代的乐舞,加上创制,形成了自己的六套乐舞,合称《六代舞》。周朝还设立了专门的乐舞机构——大司乐,负责管理舞蹈的演出和教育。

秦汉统一,客观上有利于各国的舞蹈得到更好的交流,汉代设立了专门管理歌舞的音乐机构——乐府,把过去的舞蹈百戏收集整理,使之更加丰富。乐府还收集民间俗舞,对它们进行专业的加工,以期提高舞蹈的水准。俗乐舞在两汉时代兴盛,当时的舞蹈特色是包含了杂技、武术、幻术、歌唱、音乐、舞蹈等的百戏,代表作为《槃舞》。汉代舞蹈又强调女子身姿的柔美、婉转,舞姿的轻盈、飘逸,临风飘举,风情万种,著名的有《长袖舞》《折腰舞》和《巾舞》等。

魏晋基本继承了汉朝的舞蹈。到了唐朝,舞蹈艺术获得了前所未有的大发展。从宫廷雅乐到民间俗舞,舞种繁多,舞技高超,盛况空前。唐朝盛行胡舞、假面舞、剑舞、踏歌等。最具代表性的便是《霓裳羽衣舞》。

宋代的宫廷舞蹈主要是对唐朝宫廷大曲的继承,但已不复唐时的全貌,与僵化的宫廷乐舞相对照的是民间舞蹈的兴盛。元朝时,蒙古族舞蹈随着统治者的进入传到了中原,元朝统治者在保持本民族舞蹈特色的同时,吸收了汉族的宫廷雅乐。元朝的杂剧有机地融入了舞蹈,舞蹈成为元杂剧中不可缺少的组成部分。明清的昆曲更是进一步把舞蹈和戏曲完美地结合在一起,中国古典的舞蹈寄身于戏曲艺术,获得了另一种发展。

(二)异彩纷呈:传统舞蹈的类型

1. 宗教祭祀舞蹈

宗教祭祀舞蹈产生于远古的图腾崇拜时期,人们把自娱的舞蹈用来娱神,祈求图腾和神灵的庇护。甲骨文中,"舞"和"巫"很相似,那时的巫通过舞蹈和神灵沟通。后来夏启把娱神的歌舞用来娱乐自己,便体现了宗教祭祀舞蹈的衰落。中国古老的宗教祭祀舞蹈"傩",是一种头戴面具、驱鬼辟邪的巫舞。后来这种舞蹈在宫廷和民间依然有所保留,但已兼具娱神和自娱两种功能。

2. 自娱性舞蹈

自娱性是舞蹈的天性,所谓"手之舞之,足之蹈之"。人用肢体语言表达自己内心的情愫,自然形成了自娱性舞蹈。它简单易学,节奏感和抒情性强,强调舞者的自由发挥,不受时间和场所的限制,具有浓厚的生活情趣。早期人类的舞蹈及后来的民间舞蹈大部分属于自娱性舞蹈。如汉族的秧歌舞和花鼓舞,都是源于农耕时节的自娱性舞蹈。

3. 表演性舞蹈

我们平时所讲的舞蹈艺术大都是指"表演性舞蹈"。它是经过一定的规范化和程式化,并由经过一定训练的专业或业余舞者,表演的舞蹈。在古代,表演性舞蹈主要有宫廷舞和民间舞;在现代,表演性舞蹈一般分为古典舞、民族舞、芭蕾舞和现代舞。

(三) 舞动四方:历代著名舞蹈

中国舞蹈产生于遥远的远古社会,并随着人类历史的发展而发展,在每一个发展的过程中都留下了绚烂的歌舞魅影。从历代的最有代表性的舞蹈中可以看到一个个时代的风貌与缩影。

1.《六代舞》

《六代舞》是周朝在集中整理前代舞蹈的基础上,加新创制的《大武》编制而成,它是周代的礼仪祭祀乐舞。这六套乐舞的内容都是歌功颂德的,分别用来祭祀天神、地神、四方之神、山川、女性祖先和周代先祖。周代的这套乐舞制度,被历代帝王尊为"先王之乐"。周代的礼乐,开掘出了舞蹈在统治中的社会功用,并成为历代的典范。

2.《槃舞》

汉代《槃舞》是汉代诗文和绘画中常见的舞蹈。这个舞蹈是在盘鼓上跳舞,所以又名《盘鼓舞》《盘舞》《七盘舞》。舞者有男有女,在盘、鼓上高纵轻蹑,浮腾累跪,踏出有节奏的音响。《盘鼓舞》将舞蹈与杂技巧妙地结合,体现了中国传统舞蹈的特殊风格。此舞传至后世,表演形式有所变化。

3.《白纻舞》

《白纻舞》出现于三国时期的吴国。原是织造白纻的女工用来赞美自己劳动成果而产生的民间舞蹈。在南朝时开始盛行于上流社会,成为宫廷豪族的常备娱乐节目,表演极为频繁。唐诗中有许多歌咏《白纻舞》的作品,《白纻舞》至少流行了六百年。

4.《霓裳羽衣舞》

唐代最具代表性大曲中的法曲,产生于盛唐,终于唐末的舞蹈,是唐朝繁华兴盛的代表。法曲又名"法乐",是唐大曲中的一种歌舞体裁,内容多与道教有关。唐玄宗借鉴印度佛教法曲《婆罗门曲》,最终创作成了歌舞大曲《霓裳羽衣曲》。并在宫中排练,其中杨玉环表演的《霓裳羽衣舞》是最著名的。后世文艺作品多有提及,如白居易专门写有《霓裳羽衣舞歌》,洪昇的《长生殿》中也有《霓裳羽衣舞》表演。

第三节 戏曲艺术

戏曲艺术是一门综合艺术。它起源于原始歌舞,由文学、音乐、舞蹈、美术、武术、杂技以及表演艺术综合而成。中国戏曲约有三百六十多个剧种。戏曲艺术有着自己独特的审美特征,即综合性、虚拟性、程式性。这些特征,凝聚着中国传统的美学思想精髓,构成了独特的戏剧观,使中国戏曲在世界戏曲文化的大舞台上闪耀着独特的艺术光辉。

一、雅俗共赏:中国戏曲源流

(一)原始歌舞

王国维说:"戏曲者,谓以歌舞演故事也。"[①]其言简意赅地揭示了中国古典戏曲的本源。《尚书·舜典》记载的"予击石拊石,百兽率舞",反映的是古代狩猎生活中的歌舞情景:伴随着击打缶和石磬的节奏,人们或披着兽皮装扮兽形,或模拟狩猎者追逐野兽。这种歌舞已具备歌唱、器乐和舞蹈的综合性。后世戏曲中的歌舞因素也与上古歌舞不尽相同,但上古时代的这种原始歌舞不断发展和演变,终为戏曲所吸收,成为戏曲成分之一。此外,汉魏时期的角抵、南北朝时期的乐舞也对中国戏曲的形成有较重要的影响。

(二)隋唐参军戏

中国戏曲较为直接的源头是隋唐时代的参军戏。参军戏,又称"弄参军"("弄",是一种角色表演)。它最初是先秦俳优表演的一种节目名,后发展成一种表演形式。参军戏的表演形式,类似于今天的戏剧小品或滑稽故事,主要有两个角色:一个参军,一个苍鹘。一问一答,间有动作,滑稽调笑。角色主要由男性扮演,也有女性参加。宋时参军戏又称为"杂剧",角色有所增加。宋杂剧、金院本中的"副净"即由参军发展而来。参军戏也在原有的基础上进一步发展,中国戏曲至此初具规模。

(三)宋杂剧与金院本

杂剧这个名词最早出现在晚唐。到宋代,杂剧在参军戏基础上汇集了各种歌舞、杂技和滑稽表演。宋杂剧后来与温州戏文结合,发展为南戏。宋时北方的金也有杂剧,称为院本,即行院之本。行院为艺人所居之所,本即脚本。金院本后来发展成为

[①] 王国维:《戏曲考原》,《王国维戏曲论文集》,中国戏剧出版社 1984 年,第 163 页。

北杂剧(元杂剧)。宋金时期,宋杂剧与金院本均已初具规模。后来二者各自走上自己发展、成熟的道路,在大体相同的时间内各自成为成熟的戏曲。但是由于其后北方的蒙古族入主中原,因而北杂剧取得了主体地位,得到较快的繁荣和发展,成为被后世称道的"元杂剧"。

(四)元杂剧与南戏

元杂剧的出现标志着中国戏曲走向了成熟期。元杂剧的发展,前期以大都(今北京)为中心,作家全是北方人,且大多是下层文人或民间艺人,与普通百姓联系紧密,与演员关系密切,主要作家有关汉卿、王实甫、白朴、马致远、郑廷玉、康进之等。其作品的思想内容较深刻,时代气息浓厚,艺术上朴素自然,舞台的演出效果也较好。元杂剧的后期以杭州为中心,作家基本上是南方人或久居南方的北方人,代表作家有沈和甫、肖德祥、郑光祖、宫天挺、乔吉、秦简夫等。后期作品以家庭题材居多,社会内容削弱,艺术上追求华丽、典雅,往往流于艰涩而难有满意的演出效果。

元中叶之后,杂剧开始走下坡路,南戏逐渐兴盛。南戏,即南方戏文,又名温州杂剧(发源地为温州)或永嘉杂剧(温州唐时为永嘉郡),诞生于北宋、南宋交替之际。元顺帝时,宫廷"亲南疏北",开始欣赏南戏,而南戏也积极通过自身改造而发展、成熟,出现了"四大南戏",即柯丹邱所作的《荆钗记》、无名氏的《刘志远白兔记》、施惠所作的《拜月亭记》以及徐仲由所作的《杀狗记》。元末高明的《琵琶记》标志着南戏进入了一个更成熟的阶段,为南戏发展起了示范作用,并使南戏这一戏曲形式从此定型。在南戏舞台上出现了生、旦、净、末、外、贴等角色分配。全剧围绕生、旦的表演展开故事情节,辅以净、末、丑的插科打诨,这是中国戏曲史上最早且完备的行当分配制度。

(五)明清传奇

从元末到明中叶,南戏一度沉寂。经过长期的积累、改造后,形式上更臻完美,在明初成化年间,南戏定名为传奇。传奇在艺术形式上取得了突破性的进展,形成四大声腔,其中的昆山腔经创新改革后于明万历年间进入宫廷,成为曲坛霸主,被称为"雅音"。同时一些地方戏也开始产生,同一声腔中还形成了不同的风格流派,相互竞艳争奇,中国戏曲呈现出繁荣局面,进入了一个大发展时期。著名戏曲作家有明中晚期的汤显祖、清初的李渔、清中叶的洪昇和孔尚任以及其后的蒋士铨等。

(六)近代京剧与其他地方戏

至清中叶后,各地方戏逐渐繁盛,当时称为"乱弹""花部",与正宗的昆曲展开了竞争,即所谓的"花雅之争"。经过这场竞争,地方戏曲进一步发展,而昆曲则不断地衰落。乾隆五十五年(1790),四大徽班进京献演,轰动京师,成为昆曲的谢幕戏,同时也是后来京剧发展的一个契机。道光年间,京剧正式形成,并不断走向成熟,至清末民初更遍及全国。与此同时,一些来自民间歌舞表演与说唱故事的民间艺术在我国近现代城市中逐渐发展成各种地方戏曲,中国近现代的戏曲舞台由此而姹紫嫣红。

二、别具一格:传统戏曲的艺术魅力

戏曲作为名扬世界的中华国粹,具有鲜明的中国特色。无论是它的虚拟性、程式化,还是它独有的唱腔、脸谱、行当、道具以及世俗特点都充分展现了中国艺术的魅力。

(一)以形写神:戏曲艺术的特点

1. 综合性

戏曲艺术囊括了多种艺术因素。剧本中有人物,有情节,有唱词,有说白,有吟诵,这就有了戏剧、小说、说唱和诗词的成分,这是文学因素;演员唱、念的谐调性、旋律性、节奏性则是音乐因素的体现;演员的形体动作和造型、人物化妆、服饰设计、布景绘制、道具制作、灯光调配等,又包含了绘画、雕塑、剪裁艺术的成分,这是美术因素。戏曲将多种艺术因素糅合在一起,并加以戏曲化,从而也就有了多种艺术的表现力,而这种综合性艺术表现力又比单独孤立的艺术因素的表现力要强烈得多,因而也更能打动人、感染人。

2. 虚拟性

虚拟性是中国戏曲区别于其他戏剧艺术的重要特征之一。它是指通过演员的表演,用一种变形的方式来比拟现实环境或对象,借以表现生活。中国戏曲的虚拟性首先表现为对舞台时间和空间处理的灵活性方面,所谓"三五步行遍天下,六七人百万雄兵",这就突破了西方戏剧的"三一律"与"第四堵墙"的局限;其次表现在具体的舞台气氛调度和演员对某些生活动作的模拟方面,诸如刮风下雨、船行马步、穿针引线等,更集中、更鲜明地体现出戏曲的虚拟性特色。中国戏曲的虚拟性,既是戏曲舞台简陋、舞美技术落后的局限性带来的结果,也是以少胜多、以简代繁、以虚拟实、以形写神的民族传统美学思想积淀的产物。这种中国传统艺术一贯的审美精神,极大地解放了作家、舞台艺术家的创造力和观众的艺术想象力。

3. 程式化

程式化也是中国戏曲区别于其他戏剧艺术的重要特征之一。它是指对生活动作的规范化、舞蹈化表演并被重复使用。程式直接或间接来源于生活,但它又是按照一定的规范对生活进行提炼、概括、美化而形成的。此中凝聚着古往今来艺术家们的心血,又成为新一代演员进行艺术再创造的起点,因而戏曲表演艺术才得以代代相传。如戏曲表演中的关门、推窗、上马、登舟、上楼等,皆有固定的程式。

除了表演程式外,戏曲从剧本形式、角色行当、音乐唱腔、化妆服装等各个方面,都有一定的程式。优秀的艺术家往往能够突破程式的某些局限,创造出自己具有个性化的规范艺术,从而推动中国戏曲艺术的发展。

(二) 梨园奇葩：戏曲艺术的诸要素

1. 脸谱

脸谱是指中国戏曲演员脸上的绘画，主要用于舞台演出时的化妆造型。对于不同的行当，脸谱各有不同的颜色与图案。戏曲脸谱色彩齐全，有单色、双色、混色。色彩虽然繁多，但每个脸谱都有一种"主打色"，用来勾画出人物的基本色调，给人物定型以显示其性格特征：红脸象征忠义、耿直、有血性，比如关羽；黑脸既表现性格严肃、不苟言笑，比如包拯，又象征威武有力、粗鲁豪爽，比如李逵；白脸表现奸诈多疑，比如曹操；黄脸一般表现性格猛烈，比如廉颇；而金色、银色多用于神话戏中的神仙鬼怪。

戏曲的脸谱艺术是程式化特征的一个极好的说明。它在人物塑造上无疑具有艺术形象鲜明、典型性格突出的效果，长期为戏曲观众喜闻乐见，培养出一种人物一登台即先辨好坏的审美心理，与传统文化的道德判断十分契合。

2. 行当

行当是指戏曲演员根据角色类型和表演艺术的不同进行分类，形成稳定的各自专业分工。不同的行当有着各自规范的脸谱、戏装及表演程式。戏曲行当是依据人物性别、年龄、身份、性格、地位进行分类综合的，生、旦、净、末、丑是戏曲行当的基本类型。

生泛指剧中男角，有老生、小生、武生之分；旦是女角的统称，有青衣、花旦、武旦、老旦、彩旦之分；净俗称花脸，多是气质、相貌特异的男性角色，或粗犷、或刚烈、或阴险、或鲁莽；丑是喜剧角色，由于面部化妆多用白粉在鼻梁眼窝勾画小块脸谱，故又称小花脸，有文丑、武丑之分。

3. 四功五法

四功五法是中国戏曲界经常说的一句术语，它是指戏曲演员的基本功及表演手段。四功，就是唱、念、做、打。唱功是戏曲表演中占第一位的重要表现手法，其要求是字清腔纯、节奏准确、以字生腔、以情带腔；念功是与唱功同样重要的表演手段，其要求是注意字音的准确，掌握吐字发音的正确方法，念白要有音乐感和节奏感，念出人物个性及情感意境；做功即身段动作的表演，其要求是有规范，有章法，有舞蹈的韵律，有深厚的基本功；打功也就是武功，其要求是规范、自如地掌握武功技巧，以武功来表现人物和剧情。五法，一般是指手、眼、身、步、法：手指手势，眼指眼神，身指身段，步指台步，法指以上几种基本功的规格和方法。一般认为五法需与四功同时并用。

4. 剧种

中国戏曲本质上属于"俗文学"的一种，所以它的形成发展、审美情趣、叙事结构都带着鲜明的世俗气息。由于中国地域辽阔，民族众多，各地的方言不同，各地民风习俗不同。所以除了京剧之外，还形成了丰富多彩的剧种。据统计，戏曲的剧种有三百多种,遍及全国各地,可以称得上世界之最。其中影响较大的有轻柔委婉的昆曲、高亢激昂的秦腔、奔放质朴的豫剧、生活气息浓厚的评剧、楚腔楚韵的汉剧、"蜀戏冠天下"的川剧、柔和优美的沪剧、温婉秀丽的越剧、淳朴明快的黄梅戏和华美奇巧的粤剧等。这些都是传统文化的重要组成部分,也是展示古代民风民俗的重要非物质文化遗产。

三、气象万千:戏曲艺术的代表人物与作品

(一)蕴藉风流:关汉卿与元曲四大家

关汉卿,元代杂剧作家,中国古代戏曲创作的代表人物,一生创作了六十多个杂剧。他的剧作为元杂剧的繁荣与发展打下了坚实的基础,他因此成为元代杂剧的奠基人。他的杰出代表作悲剧《窦娥冤》是中国古典悲剧的典范,他的喜剧轻松、风趣、幽默,是后代喜剧的楷模。他的杂剧无论在艺术构思、戏剧冲突、人物塑造、语言运用等方面,都为后世提供了宝贵的艺术经验。

关汉卿位于"元曲四大家"之首,另外三家分别是马致远、郑光祖和白朴。马致远是元代著名的杂剧家,描写昭君出塞故事的代表作《汉宫秋》被后人称作元曲的最佳杰作。在众多的元杂剧作家当中,马致远的创作集中表现了当时文人的内心矛盾和思想苦闷,由此反映了一个时代的文化特征。郑光祖和白朴同为当时著名的杂剧家,郑光祖的代表作为《倩女离魂》,白朴的代表作为《梧桐雨》,后者直接影响了洪昇的传奇名作《长生殿》。

(二)团圆之趣:王实甫与《西厢记》

王实甫大约与关汉卿同时或稍后,关于他的生平资料很少,他却凭一部《西厢记》而与元曲第一人关汉卿相比肩。《西厢记》的故事来源于唐元稹小说《莺莺传》,金代曾出现董解元的《西厢记诸宫调》,俗称《董西厢》。《董西厢》把莺莺受张生引诱失身而终遭遗弃的悲剧故事改为莺莺与张生互相爱慕,争取理想婚姻而共同与封建家长作斗争,终于取得圆满结局的喜剧。元代王实甫在《董西厢》的基础上又做了重大的再创造:删减了许多不必要的枝叶,使结构更加完整,情节更加集中,人物性格更加饱满。

《王西厢》在中国文学史上第一次表达了"愿普天下有情的都成了眷属"[1]的思想,并给予张生与莺莺的爱情以最完美的结局,从而形成中国戏曲特有的大团圆情结,也就是李渔所总结的"团圆之趣"[2]。七百年来,《西厢记》长唱不绝,明清两代的剧本不下百种,各种地方戏中也有《西厢记》的改编演出。

---

[1] 王实甫:《西厢记》,中国文史出版社2002年,第313页。
[2] 中国戏曲研究院:《中国古典戏曲论著集成·七》,中国戏剧出版社1959年,第69页。

(三)玉茗绮梦：汤显祖与临川四梦

汤显祖是明代著名的戏曲剧作家、文学家。因为汤显祖祖籍江西临川，后弃官寓居"玉茗堂"，故他的代表作被称作为"临川四梦"，又名"玉茗堂四梦"，分别是《牡丹亭》(原名《还魂记》)、《紫钗记》《南柯记》和《邯郸记》，其中《牡丹亭》是最为人知的代表作。

《牡丹亭》通过对杜丽娘、柳梦梅之间的生死离合爱情故事的描写，揭露了礼教对青年男女的束缚。作者通过浪漫主义手法，来写"情"与"理"的矛盾，要以人的"至情"去战胜虚伪的"理"。作者歌颂了"生者可以死，死可以生"①的生生死死的热烈爱情。《牡丹亭》具有过去一些爱情剧所无法比拟的思想高度和时代特色，其中个性解放的思想倾向影响更为深远，从清朝曹雪芹的《红楼梦》中也可看出这种影响。

(四)东方莎士比亚：李渔与《闲情偶寄》

李渔是清代初期的戏曲理论家、剧作家，也是中国古典戏曲理论的集大成者。他不仅在中国文学理论史上具有重要的学术地位，而且也具有一定的世界性影响，人称"东方莎士比亚"。中国戏曲发展到清初，历经了元杂剧和明传奇两次高潮，但无人系统地在理论上加以总结，是李渔的《闲情偶寄》从词曲、演习、声容等方面对戏曲的语言、结构、人物等方面进行了论述。此外，李渔作为剧作家，前后创作了十余部传奇作品，最著名的是《风筝误》。

(五)双子星座：南洪北孔

清初戏曲舞台上，出现了洪昇和孔尚任两位剧坛巨星，"南洪北孔"分别以《长生殿》和《桃花扇》轰动剧坛。洪昇的《长生殿》以唐明皇李隆基与杨贵妃的爱情故事为主线，一改"红颜祸水"的传统基调，着重表现了李、杨之间刻骨铭心的帝妃之恋，展示了安史之乱前后广阔的社会背景，揭露了帝国政治的腐朽，寄托了自己的政治理想和爱国感情。孔尚任的《桃花扇》也以"桃花扇"这一具有象征意义的道具串联起名士侯方域与秦淮名妓李香君悲欢离合的爱情线索，"借离合之情，写兴亡之感"②，描绘了南明弘光王朝由建立到覆灭的动荡而短暂的历史，为后人提供了历史借鉴。

(六)如雷贯耳："四大须生"与"四大名旦"

在京剧漫长的发展过程中，各个行当的一代代名派名家层出不穷。在这些艺术大师中，最如雷贯耳的名号就是20世纪上半叶的"四大须生"和"四大名旦"。须生即为老生，因为戴髯口而得名，俗称胡子生，扮演的是中年以上、性格正直刚毅的正面人物。20世纪20年代，京剧史上第一次出现了"四大须生"的概念，他们是余叔岩、言菊朋、高庆奎和马连良；到了40年代又有了"后四大须生"，他们是马连良、谭富英、杨宝森和奚啸伯，马连良是其中承上启下的代表人物。这七位须生各有绝活，唱腔十分优

---

① 汤显祖：《牡丹亭》，中国文史出版社2002年，第229页。
② 孔尚任：《桃花扇》，中国文史出版社2002年，第6页。

美,在听众和票友中享有极高的声誉。

在京剧旦角领域的众多名家中,最广为人知的莫过于"四大名旦":梅兰芳、程砚秋、尚小云和荀慧生。在京剧发展过程中,男旦首次昌盛的局面与清政府颁布"城里禁止女戏,城外女艺人不准进京"的禁令有关。因为女子无法登台唱戏,便形成了京剧中独特的男旦艺术,而四大名旦的艺术成就更把男旦艺术推向了高峰。他们改变了当时京剧舞台上老生唱主角的"天下一统"局面,形成了旦角挑班唱戏的新局面。

(七)脍炙人口:"三国戏"与"杨家将戏"

中国传统戏曲有很多经久不衰反复咏唱的曲目,如众多的"三国戏"与"杨家将戏",这些曲目在塑造民族文化心理、形成传统的道德价值等方面起到了正统文学所起不到的作用。"三国戏"主要塑造忠奸形象,歌颂异姓兄弟情谊和强调有恩报恩、有仇报仇等,"杨家将戏"主要强调满门忠烈,突出保家卫国,倡导恪尽职守,等等。

早在元杂剧中就有大量的三国戏,这些剧目主要来源于《三国志》和《三国评话》以及一些民间传说,且当时已经形成了拥刘反曹的倾向,并突出了刘、关、张、诸葛等鲜明的形象,如《连环计》《千里独行》《单刀会》等,对后来《三国演义》的小说创作产生了重要的影响,如深入人心的红脸关羽和白脸曹操都是由三国戏而形成的固定的忠奸形象。京剧兴盛以后,三国戏多到几乎可以将整部《三国演义》唱下来的地步,最主要的有《群英会》《借东风》《华容道》《空城计》和《斩马谡》等。

宋元之际,民间艺人把杨家将的故事编成戏曲,搬上了舞台。到了明代,又有了小说评书的《杨家将演义》《杨家将传》。小说评书与戏曲互为影响,形成了诸多的"杨家将戏"。著名的有《穆桂英挂帅》《杨门女将》《四郎探母》和《雁门关》等。《七郎八虎闯幽州》《血战金沙滩》《穆桂英挂帅》《佘太君百岁挂帅》《十二寡妇征西》等塑造了一个个栩栩如生的爱国者形象,一个个激昂惨烈的保家卫国故事在戏曲舞台上反复演绎,家喻户晓,将忠孝节义的故事深深根植于大众的心里。

 思考题

1. 如何理解林语堂说的"如果不懂得中国书法及其艺术灵感,就无法谈论中国的艺术"?
2. 请从中国早期的"乐舞"谈谈孔子为何如此重视"乐"的作用?
3. 谈谈古乐《高山流水》的意境及对后世的影响。
4. 为什么中国戏曲艺术表演体系可以独树一帜?谈谈中国戏曲的独特性。
5. 以"三国戏"为例,谈谈中国传统戏曲是如何塑造民族文化心理及培养传统道德的?

参 考 文 献

[1] 邵汉明.中国文化研究二十年[M].北京：人民出版社,2003.
[2] 冯友兰.中国哲学简史[M].涂又光,译.北京：北京大学出版社,1985.
[3] 梁漱溟.中国文化要义[M].上海：学林出版社,1987.
[4] 阴法鲁,许树安,刘玉才.中国古代文化史[M].北京：北京大学出版社,2008.
[5] 冯天瑜,何晓明,周积明.中华文化史[M].上海：上海人民出版社,2005.
[6] 许倬云.万古江河：中国历史文化的转折与开展[M].上海：上海文艺出版社,2006.
[7] 北京市社会科学院哲学所.中外人文精神钩沉[M].开封：河南大学出版社,2005.
[8] 马振铎,徐远和,郑家栋.儒家文明[M].北京：中国社会科学出版社,1999.
[9] 王长华.孔子答客问[M].上海：上海人民出版社,1997.
[10] 崔大华.儒学引论[M].北京：人民出版社,2001.
[11] 陈迎年.感应与心物：牟宗三哲学批判[M].上海：上海三联书店,2005.
[12] 梁启超,胡朴安,陈撄宁,等.道家二十讲[M].北京：华夏出版社,2008.
[13] 冯友兰,钱穆,胡适,等.庄子二十讲[M].北京：华夏出版社,2009.
[14] 陈鼓应.老子注译及评介[M].北京：中华书局,1984.
[15] 陈鼓应.庄子今注今译[M].北京：中华书局,1983.
[16] 胡晓明.万川之月：中国山水诗的心灵境界[M].北京：北京大学出版社,2005.
[17] 刘修明.老子答客问[M].上海：上海人民出版社,1999.
[18] 陈雪良.墨子答客问[M].上海：上海人民出版社,1997.
[19] 徐希燕.墨学研究：墨子学说的现代诠释[M].北京：商务印书馆,2001.
[20] 汪涌豪,陈广宏.侠的人格与世界[M].上海：复旦大学出版社,2005.
[21] 汤勤福.商子答客问[M].上海：上海人民出版社,1999.
[22] 葛兆光.禅宗与中国文化[M].上海：上海人民出版社,1986.
[23] 汤用彤.隋唐佛教史稿[M].2版.北京：中华书局,2016.
[24] 方立天.中国佛教与传统文化[M].上海：上海人民出版社,1988.
[25] 魏承思.中国佛教文化论稿：修订版[M].上海：上海人民出版社,2015.
[26] 南怀瑾.中国道教发展史略[M].2版.上海：复旦大学出版社,2016.

[27] 金正耀.中国的道教：增订版[M].北京：商务印书馆,1996.

[28] 詹石窗.道教文化十五讲[M].北京：北京大学出版社,2003.

[29] 张兴发.道教神仙信仰[M].北京：中国社会科学出版社,北京中软电子出版社,2001.

[30] 牟钟鉴.中国道教[M].广州：广东人民出版社,1996.

[31] 彭林.中华传统礼仪概要[M].北京：商务印书馆,2017.

[32] 乌丙安.中国民俗学[M].沈阳：辽宁大学出版社,1985.

[33] 楼庆西.中国古建筑二十讲[M].北京：生活·读书·新知三联书店,2004.

[34] 罗哲文.中国古代建筑：修订本[M].上海：上海古籍出版社,2001.

[35] 张驭寰.中国古代建筑文化[M].北京：机械工业出版社,2007.

[36] 楼庆西.中国古代建筑[M].北京：商务印书馆,1997.

[37] 梁思成.中国建筑史[M].天津：百花文艺出版社,2005.

[38] 侯幼彬,李婉贞.中国古代建筑历史图说[M].北京：中国建筑工业出版社,2002.

[39] 昭明,利群.中国古代玉器[M].西安：西北大学出版社,1993.

[40] 马承源.中国青铜器[M].上海：上海古籍出版社,1988.

[41] 冯先铭.中国陶瓷：修订本[M].上海：上海古籍出版社,2001.

[42] 聂菲.中国古代漆器鉴赏[M].成都：四川大学出版社,2002.

[43] 王维堤.中国服饰文化[M].上海：上海古籍出版社,2001.

[44] 王学泰.中国饮食文化史[M].桂林：广西师范大学出版社,2006.

[45] 华梅.中国服饰[M].北京：五洲传播出版社,2016.

[46] 欧阳中石.书法与中国文化[M].北京：人民出版社,2000.

[47] 秦梦娜.中国绘画文化[M].北京：时事出版社,2008.

[48] 徐改.中国古代绘画：增订版[M].北京：商务印书馆,1996.

[49] 乔建中.中国传统音乐[M].上海：上海音乐学院出版社,2009.

[50] 黄允箴,王璨,郭树荟.中国传统音乐导学[M].上海：上海音乐学院出版社,2006.

[51] 王耀华,杜亚雄.中国传统音乐概论[M].福州：福建教育出版社,1999.

[52] 张以慰.中国古代音乐舞蹈史话[M].郑州：大象出版社,2009.

[53] 金秋.中国传统文化与舞蹈[M].北京：中国社会科学出版社,2006.

[54] 郑传寅.中国戏曲文化概论：修订版[M].武汉：武汉大学出版社,1998.

[55] 郑传寅.传统文化与古典戏曲[M].长沙：湖南人民出版社,2004.

郑重声明

高等教育出版社依法对本书享有专有出版权。任何未经许可的复制、销售行为均违反《中华人民共和国著作权法》，其行为人将承担相应的民事责任和行政责任；构成犯罪的，将被依法追究刑事责任。为了维护市场秩序，保护读者的合法权益，避免读者误用盗版书造成不良后果，我社将配合行政执法部门和司法机关对违法犯罪的单位和个人进行严厉打击。社会各界人士如发现上述侵权行为，希望及时举报，我社将奖励举报有功人员。

反盗版举报电话 （010）58581999 58582371
反盗版举报邮箱 dd@hep.com.cn
通信地址 北京市西城区德外大街4号 高等教育出版社知识产权与法律事务部
邮政编码 100120

教学资源服务指南

扫描下方二维码，关注微信公众号"高教社极简通识"，学生可学习名校通识课，教师可学习教师培训课程、免费申请课件和样书、观看直播回放等。

 ## 名校通识课

点击导航栏中的"名校通识"，点击子菜单中的"课程专栏"，即可选择相应课程进行学习。

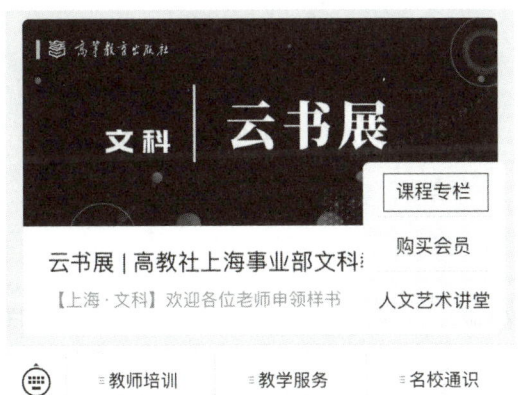

 ## 教师培训

点击导航栏中的"教师培训"，点击子菜单中的"培训课程"，即可选择相应课程进行学习。

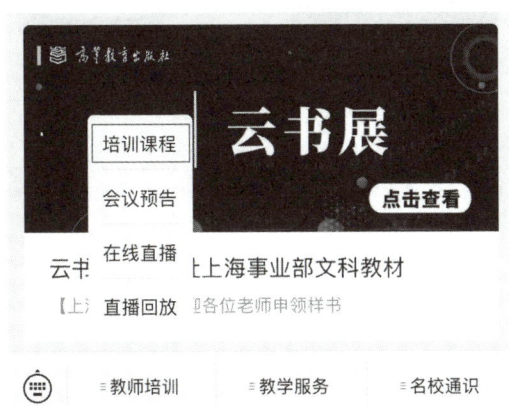

教学资源服务指南

 课件申请

点击导航栏中的"教学服务",点击子菜单中的"课件申请",填写相关信息即可申请课件。

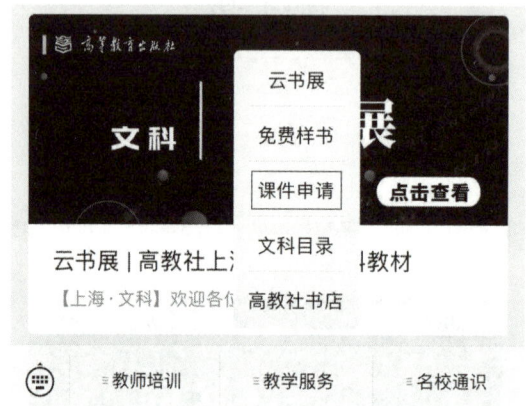

 样书申请

点击导航栏中的"教学服务",点击子菜单中的"免费样书",填写相关信息即可免费申请样书。

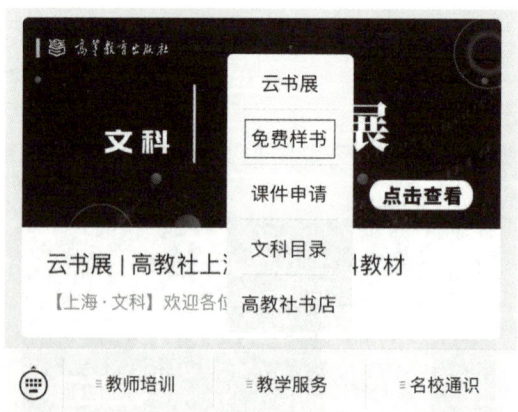